2696.

4° Y²
1150

WALTER SCOTT

ILLUSTRÉ.

TYPOGRAPHIE FIRMIN-DIDOT. — MESNIL (EURE).

MARIE STUART

WALTER SCOTT
ILLUSTRÉ.

L'ABBÉ.

TRADUCTION DE M. P. LOUISY.

DESSINS DE MM. DETTI, DUNKI, FERDINANDUS, FR. FLAMENG, KURNER ET GOSSELIN.

PARIS,
LIBRAIRIE DE FIRMIN-DIDOT ET CIE,
IMPRIMEURS DE L'INSTITUT, RUE JACOB, 56.

1886.
Tous droits réservés.

CHAPITRE PREMIER.

Domum mansit, lanam fecit.
Ancienne épitaphe romaine.

E temps, qui au-dessus de nous s'écoule d'une manière insensible, modifie peu à peu nos habitudes, nos mœurs et notre caractère ainsi qu'il a fait de nos personnes. Un lustre passe, et sa révolution nous trouve tout autres, et les mêmes pourtant : l'horizon de nos idées a changé, comme le jour sous lequel nous l'observons ; notre conduite cède à des motifs nouveaux.

Or, un assez long temps, presque un double lustre, avait passé sur la tête d'Albert Glendinning et sur celle de Marie Avenel, depuis la conclusion de l'histoire où ils jouaient un rôle important jusqu'à l'époque où celle-ci commence (A*).

Leur union, fondée sur une affection mutuelle, avait été des plus heureuses ; deux choses seulement en altéraient les joies. Encore la première, fléau commun à toute l'Écosse, venait-elle de l'état de

---

* Pour les notes A, B, C, etc., voir à la fin du volume.

désordre qui mettait chaque citoyen de ce malheureux pays dans la nécessité de s'armer contre ses voisins. Glendinning n'avait point trompé l'attente du comte de Murray : c'était pour lui un ami solide, hardi au combat, prudent au conseil, et fidèle par reconnaissance en des occasions où, de son propre mouvement, il eût mieux aimé rester neutre, sinon se ranger du parti contraire. Aussi, quand le danger menaçait, et il n'était jamais bien loin, sire Albert, — comme on appelait désormais notre chevalier, — recevait un pressant appel, soit pour accompagner son protecteur dans une expédition lointaine ou un coup de main hasardeux, soit pour l'aviser à propos au milieu des ténébreuses intrigues d'une cour à demi barbare. Cette obligation, qui s'imposait fréquemment, le tenait, une bonne partie de l'année, hors de sa demeure et loin de sa dame.

A cette première cause de chagrin s'en ajoutait une autre plus amère : aucun fruit n'était sorti de leur union, pour consoler la châtelaine des longues absences de son époux.

Confinée dans le manoir de ses pères, elle vivait en recluse et comme retranchée du reste du monde. On ne se fréquentait guère alors, si ce n'est dans les grandes circonstances, et encore entre proches. De parents, Marie n'en avait plus ; et quant aux dames du voisinage, elles affectaient de la traiter, non en héritière d'une race illustre, mais comme la compagne d'un paysan, du fils d'un vassal de l'Église, élevé par le caprice de Murray à une grandeur passagère.

Si les vieux nobles dissimulaient au fond du cœur le culte orgueilleux de la naissance, leurs femmes en faisaient volontiers étalage, et les haines politiques du moment attisaient le feu : en effet, la plupart des barons du midi s'étaient déclarés pour la reine et contre les pouvoirs délégués à Murray.

Tout cela rendait le château d'Avenel une résidence fort triste et la plus solitaire du monde. En revanche, il offrait l'avantage d'une parfaite sécurité.

Comme on se le rappelle, c'était une véritable forteresse : bâtie sur un îlot au milieu d'un petit lac, elle n'avait d'accès que le long d'une chaussée étroite, coupée en deux endroits et défendue par un double pont-levis ; de sorte qu'à moins d'amener de l'artillerie, on ne pouvait guère la forcer. Il restait à la garantir d'une surprise, et une demi-douzaine d'hommes d'armes qui gardaient le logis suffisaient à ce soin-là. En cas de péril, on eût trouvé un renfort considérable chez les habitants d'un village, qui, sous les auspices d'Albert Glendinning, s'était élevé sur une sorte d'esplanade située entre le lac et la montagne, près de l'endroit où la chaussée joignait la terre ferme.

Il n'avait pas été difficile au nouveau châtelain de les attirer : outre un renom mérité de bienfaisance, son expérience militaire, sa droiture, son intégrité et la faveur dont il jouissait auprès d'un personnage tout-puissant, le mettaient en état de soutenir et de défendre ceux qui venaient s'abriter sous les plis de sa bannière. Ainsi, en s'éloignant du château, quelle que fût la longueur de son absence, il avait la consolation de penser qu'au moindre signe d'alarme on pourrait trouver dans le village une trentaine de solides volontaires, renfort plus que suffisant à la garnison ; et, pendant ce temps-là, suivant l'usage en temps de guerre, leurs familles, chassant le bétail devant elles, iraient chercher un refuge parmi les retraites de la montagne, laissant l'ennemi disposer à son gré de leurs misérables chaumières.

Un seul hôte logeait sous le toit d'Avenel, sinon à demeure, du moins presque toute l'année.

C'était Henri Warden.

L'âge pesait à l'ancien prédicant ; il n'était plus guère propre à remplir la vocation périlleuse imposée aux apôtres de la réforme, et son zèle intempérant avait froissé l'amour-propre de maint seigneur de haut parage.

Aussi ne se croyait-il tout à fait en sûreté que derrière les fortes murailles de quelque ami éprouvé. Toujours dévoué à la bonne cause, il y consacrait sa plume à défaut de la parole. Il avait même engagé, touchant le sacrifice de la messe, une polémique violente et des moins courtoises avec l'abbé Eustache, ci-devant prieur du couvent de Kennaquhair. Chacun des adversaires s'attaquait à coups pressés, et déployait dans ses réponses, répliques, dupliques, tripliques et quadrupliques autant de fougueuse ardeur que de charité chrétienne, exemple assez fréquent chez les théologiens, comme le prouve la dispute de Jean Knox et de l'abbé de Cosraguel.

Ce genre d'occupation où le bouillant sectaire s'absorbait tout entier ne rendait pas sa compagnie bien divertissante pour une femme isolée. La gravité de ses manières, son air sévère et méditatif, son indifférence pour les choses en dehors des opinions religieuses, tout cela faisait de sa présence presque continuelle un aliment de plus à la noire mélancolie qui semblait planer sur Avenel.

Quant à la châtelaine, elle passait à surveiller les travaux de ses nombreux domestiques la plus grande partie de la journée ; ses fuseaux, sa Bible, une promenade solitaire sur les créneaux du castel, le long de la chaussée, ou quelquefois, mais bien rarement, sur les bords du lac, en remplissaient le reste. S'il lui arrivait, par nécessité ou fantaisie, de s'aventurer au delà du village, le guetteur avait ordre de redoubler de vigilance, et trois ou quatre hommes se tenaient prêts à monter en selle en cas d'alerte.

Telle était la sécurité qui régnait alors en Écosse.

Après une absence de plusieurs semaines, on attendait au logis le retour du maître, c'est-à-dire du chevalier d'Avenel, titre qu'on donnait le plus souvent à sire Albert Glendinning. Cependant les jours succédaient aux jours, et il ne revenait pas. Une lettre missive était chose rare en ce temps-là, et pour user d'un pareil moyen, notre chevalier aurait eu besoin de recourir au savoir d'un secrétaire. D'ailleurs, toute espèce de communication offrait des dangers ; nul ne se souciait d'annoncer publiquement l'époque et le but d'un voyage, de peur de rencontrer sur ses pas plus d'ennemis que d'amis, ce qui n'eût pas manqué d'arriver, la route étant connue d'avance. Albert n'avait donc point assigné à son retour de date précise ; mais celle où la tendre sollicitude de sa femme avait espéré de le revoir était passée depuis longtemps, et la déception commençait à lui mettre la mort dans l'âme.

On était à la fin d'une journée brûlante de l'été ; le soleil plongeait à demi derrière le lointain rideau des montagnes du Liddesdale.

La dame d'Avenel faisait sa promenade accoutumée sur la galerie, pavée en larges dalles de pierre, et qui se prolongeait, à l'abri des créneaux, sur le toit des bâtiments de la façade. La surface unie du lac n'était troublée un instant que par les ébats d'un canard ou le plongeon d'une sarcelle, et sous les obliques rayons de l'astre qui allait disparaître, elle réfléchissait, comme en un miroir d'or, l'amphithéâtre des hauteurs voisines. Du dehors montaient des bruits qui paraient cette solitude d'une animation passagère : tantôt une clameur affaiblie des enfants du hameau, tantôt le cri d'un berger ramenant son troupeau du pâturage, tantôt le gai babil et la chanson des jeunes laitières qui, le pot en tête, semblaient venir, comme à un rendez-vous, au mugissement des vaches dolentes.

Marie voyait et entendait ces choses, et l'image des jours passés lui revenait en mémoire, alors qu'elle aussi aidait la vieille Babet à l'étable de Glendearg, affaire importante et l'une de ses plus grandes joies.

La dame d'Avenel.

« Qu'étais-je alors aux yeux du monde? » se disait-elle tristement. « Une simple vassale. Ah! que ne le suis-je encore! Albert et moi nous aurions vécu en paix dans le vallon qui l'a vu naître, sans être tourmentés l'un ou l'autre par les fantômes de la crainte ou de l'ambition. Avoir le meilleur bétail des domaines de l'abbaye, donner la chasse aux maraudeurs de la frontière, voilà où il eût mis son orgueil et couru le plus de risques; et son absence n'aurait pas dépassé le temps de traquer un chevreuil dans la montagne. Mais las! à quoi sert de verser son sang, d'affronter mille dangers pour soutenir l'honneur d'un nom qui lui est cher parce qu'il l'a reçu de moi? Nous n'avons pas d'enfant qui en héritera, et en ma personne doit s'éteindre le nom d'Avenel. »

Mélancoliques réflexions qui lui arrachaient des soupirs!

En ce moment, venaient de s'attrouper en face d'elle, sur le bord du lac, une douzaine de garçons et de marmots, affairés autour d'un petit bateau, chef-d'œuvre de quelque artiste villageois, et qui allait tenter sur l'eau sa première navigation. Des cris aigus et des battements de mains saluèrent son départ, et il vogua fièrement, poussé par un vent favorable, qui promettait de l'amener au plus tôt de l'autre côté. Voyant cela, les plus grands de la bande firent le tour du lac en courant pour le recevoir à son arrivée; ils luttaient de vitesse à qui aurait ce bonheur, et bondissaient comme des faons, le long de la berge pleine de galets. Leurs camarades, hésitant devant la fatigue d'une telle course, se contentèrent de suivre des yeux la marche du joli navire.

La vue de ces ébats enfantins accabla d'un nouveau poids le cœur de la châtelaine, et la fit retomber dans sa douloureuse méditation.

« Pourquoi, » pensait-elle, « aucun de ces mignons n'est-il à moi? Leurs parents ont grand'peine à les nourrir grossièrement, et moi, qui pourrais les élever dans l'abondance, je suis condamnée à n'entendre jamais un enfant m'appeler sa mère! »

Cette pensée cruelle la jeta presque hors d'elle-même, tant est profondément gravé au cœur d'une femme le désir de la maternité! Elle se tordit les mains de désespoir et leva les yeux vers le ciel, où sa condamnation lui paraissait écrite. Attiré peut-être par le geste, un lévrier d'Écosse, de la grande espèce, s'approcha d'elle, lui lécha les mains et y frotta sa grosse tête.

« Wolf, » dit-elle tout haut, comme si l'animal eût pu comprendre ce qui la désolait, « tu es un beau chien, un brave chien ; mais la tendresse qui déborde en moi est de trop pure essence pour t'appartenir, et pourtant je t'aime beaucoup. »

Tout en parlant, et comme pour s'excuser auprès de son favori de lui refuser une part quelconque de son affection, elle le flattait, lui caressait les oreilles ; de son côté, la bonne bête semblait chercher dans les regards de sa maîtresse le secret de ses besoins et comment il pourrait lui prouver son attachement.

Soudain un cri de détresse partit du groupe d'enfants, qui jouait sur les rives. D'un coup d'œil, la noble dame en comprit la cause et fut saisie d'effroi.

A la distance d'un trait de flèche, le navire, objet de la sollicitude générale, s'était embarrassé entre des touffes de nénufars, qui formaient une sorte de banc. Un petit garçon, plein de hardiesse, ne balança pas un instant : il mit veste bas, se jeta à l'eau et nagea vers le lieu de l'échouage. Le premier mouvement de la châtelaine fut d'appeler au secours. Ayant remarqué toutefois que l'enfant se tirait bravement d'affaire, et que deux paysans, témoins éloignés du fait, n'avaient pas l'air de s'en préoccuper autrement, elle supposa que l'habitude de cet exercice lui avait enlevé tout danger. Mais soit qu'en passant il eût heurté contre un écueil, ou qu'il eût trop présumé de ses forces, à peine le nageur parvint-il à dégager l'esquif de l'enlacement des herbes et à le remettre à flot, comme il regagnait le bord, il se dressa brusquement hors de l'eau, agita les bras et poussa des cris de frayeur.

Aussitôt la dame d'Avenel donna l'alarme à ses gens.

« La barque ! Vite, dépêchez-vous ! »

Mais il y fallut un bout de temps. La barque, la seule dont il fût permis de se servir, était amarrée dans une tranchée qui communiquait avec un fossé intérieur, et quelques minutes s'écoulèrent avant qu'elle pût être détachée et mise en mouvement. Quel poignant spectacle pour Marie, celui d'une pauvre victime épuisant un reste de vigueur en efforts désordonnés qui touchaient aux convulsions de l'agonie ! La mort allait saisir sa proie, si le salut ne survenait pas foudroyant, inespéré...

Wolf, qu'un merveilleux instinct avertit de ce qui tourmentait sa maîtresse, s'élança du côté du lac, et comme, à l'exemple de plusieurs de ses pareils, il nageait en perfection, il courut au plus près pour s'y jeter. Allant en droite ligne vers le point où son aide était si urgente, il happa l'enfant par sa chemise, en le maintenant hors de l'eau. A mi-chemin de la chaussée où il allait le déposer, la barque, montée par deux rameurs, vint à la rescousse. On aborda près de la poterne. La châtelaine attendait là, avec ses femmes, se mourant d'impatience et prête à administrer les premiers secours.

D'après son ordre, on porta dans sa propre chambre le petit noyé, qui fut étendu sur son lit. Pour le rappeler à la vie, on employa tous les moyens en usage, et ceux que suggéra Henri Warden, qui se piquait de certaines connaissances en médecine. Peine perdue ! Raide, livide, il ne se ranimait pas. C'était un bel enfant, d'une dizaine d'années, grossièrement vêtu ; ses longs cheveux frisés et l'harmonie de ses formes semblaient jurer avec cette apparence de pauvreté. Tout noble d'Écosse eût été fier de l'avoir pour fils. L'âme serrée d'une indicible anxiété, Marie, osant à peine respirer, ne pouvait se détourner de ce jeune visage, lorsqu'elle y vit le sang affluer par degrés. Puis les paupières s'entr'ouvrirent, la poitrine exhala un profond soupir, les mains se levèrent, et une voix faible murmura : « Maman ! » le mot le plus doux qui résonne à l'oreille d'une femme.

Partagée entre la terreur qu'elle avait eue de le perdre et la joie de le voir miraculeusement sauvé, elle se jeta sur l'enfant et le couvrit de baisers.

« Madame, » dit Warden, « Dieu a exaucé vos désirs en le rendant à la vie dans son état d'innocence. C'est à vous de l'élever de telle sorte qu'il n'ait pas un jour à le regretter.

— Soyez tranquille, » répondit-elle, « j'y veillerai.

— Mais vous n'êtes pas ma mère, » dit le garçon, revenu à lui et qui résistait doucement à ses caresses. « Je n'ai pas de mère et, si j'en ai parlé, c'est en rêvant.

— Eh bien, ton rêve deviendra une réalité, cher petit, et ta mère, ce sera moi. Dieu sans doute a entendu ma prière, et, par ses voies admirables, il m'a envoyé un être que je puis combler de toute mon affection. »

Ces derniers mots s'adressaient à Warden ; mais celui-ci, n'y voyant qu'une phrase sentimentale, et d'un élan plus passionné peut-être qu'il n'était nécessaire, garda le silence.

Le grand chien, tout dégouttant d'eau, avait pénétré dans l'appartement, et s'était tenu assis près du lit, en spectateur tranquille des efforts tentés pour ranimer le petit garçon qu'il venait de sauver. Impatient de voir qu'on ne prenait plus garde à lui, il se mit à geindre et à gratter avec ses grosses pattes poilues la jupe de sa maîtresse.

« Oui, mon bon Wolf, » dit-elle, « je n'oublierai pas ton exploit d'aujourd'hui, et je t'aimerai plus encore pour avoir arraché à la mort une si charmante créature. »

Peu satisfait de la maigre part d'attention, qu'il venait d'obtenir, Wolf persista dans ses plaintes et ses flatteries importunes. Ordre fut donné à un domestique de le faire sortir; il résista, et ce ne fut qu'au ton irrité de sa maîtresse qu'il consentit à céder. Alors se tournant vers le petit malade, il allongea le cou, fronça le nez, troussa les lèvres, et, montrant une rangée de dents blanches et pointues comme celles d'un loup, il poussa un grognement rauque et sauvage. Après quoi, il suivit le domestique, l'air boudeur et l'oreille basse.

« Voilà qui est étrange! » fit observer la dame. « Cet animal est d'un naturel fort doux, et il aime beaucoup les enfants. Que peut-il avoir contre celui-là précisément?

— Les chiens, » répondit le prédicant, « ne ressemblent que trop aux hommes par leurs défauts : toutefois l'instinct leur est un guide moins trompeur que la raison au pauvre mortel, quand il prétend se fier à ses seules lumières. La jalousie est une passion qui ne leur est pas étrangère; ils en donnent souvent des preuves, non seulement en voyant leurs maîtres flatter des individus de leur espèce, mais s'ils ont des enfants pour rivaux. Vous avez prodigué les caresses à ce petit garçon, et l'animal s'est regardé comme un favori en disgrâce.

— Quel singulier instinct! et de quel ton sérieux vous en parlez, mon respectable ami! Cette jalousie extraordinaire vous paraît-elle donc bien fondée, excusable même? Je serais tentée de le croire. Allons, c'est une plaisanterie, n'est-ce pas?

— Je plaisante rarement; la vie ne nous a point été donnée pour la perdre en ces badinages qui pétillent sans objet comme des fagots sous la marmite. Je voudrais, ne vous déplaise, tirer une simple leçon de mes paroles. Il y a dans l'expression de nos meilleurs sentiments une limite qu'on ne saurait franchir sans blesser autrui. Le seul auquel notre âme puisse s'abandonner de toutes ses forces, certaine à l'avance de n'aller jamais trop loin, c'est l'amour de Dieu.

— N'est-il pas commandé aussi d'aimer notre prochain?

— Si, Madame, avec cette différence : l'amour du prochain a des bornes, celui de Dieu n'en connaît pas. Dieu exige de sa créature tout l'effort dont elle est capable ; mais il a prescrit à ses attachements terrestres des mesures précises. Aimer autrui comme soi-même, telle est la loi ; faire à autrui ce qu'on voudrait qui fût fait, tel en est le commentaire. Que devons-nous à notre prochain? Une somme d'affection égale à celle que nous avons le droit d'attendre de lui, selon son rang ou sa condition. D'où il suit qu'en bonne règle ni mari ni femme, ni amis, ni enfants ne sont tenus, l'un vis-à-vis de l'autre, à un culte de latrie. Le Seigneur notre Dieu est un Dieu jaloux, qui ne souffre point de partage dans l'adoration qui lui appartient. En vérité, je vous le dis, les émotions de notre nature, et je parle des plus pures et des plus louables, portent la tache originelle du péché, ce qui devrait être une barrière à l'excès de nos épanchements.

— Où voulez-vous en venir? Je ne vois rien, dans ma conduite ou mon langage, qui ait pu m'attirer de votre part une admonestation qui m'a tout l'air d'une réprimande.

— Pardonnez-moi si mon zèle m'a entraîné un peu loin. En vous engageant à servir de protectrice, que dis-je! de mère à cet abandonné, avez-vous réfléchi si votre dessein s'accordait avec la volonté de sire Albert? Les marques de tendresse dont vous avez comblé ce malheureux enfant, tout aimable qu'il est, vous ont déjà valu en quelque sorte le reproche du chien de la maison. Craignez de déplaire à votre époux. Les hommes, ainsi que les animaux, sont jaloux de l'affection de ceux qu'ils aiment.

— C'en est trop, mon révérend! » s'écria la châtelaine, piquée au vif. « Depuis des années vous êtes notre hôte, et vous avez reçu du chevalier d'Avenel et de moi les égards si justement dus à votre caractère et à vos mérites. Mais je ne sache pas qu'en aucun temps nous vous ayons autorisé à intervenir dans nos affaires de famille, ou à vous ériger en juge de nos sentiments réciproques. Dorénavant épargnez-nous cette peine, je vous prie.

— Écoutez, dame, » répliqua Warden avec la hardiesse qui caractérisait les ministres de la réforme. « Quand mes avis vous deviendront à charge, quand mes services ne vous seront plus agréables, je saurai que mon divin maître ne tolère point ici ma présence. Alors, tout en le priant de vous continuer ses bénédictions, je partirai, fût-ce au cœur de l'hiver, fût-ce à l'heure de minuit, je m'en irai seul et sans aide, à travers landes et montagnes, comme le jour où je rencontrai votre époux dans le val de Glendearg, et plus misérable encore. Jusque-là, vous ne dévierez point du droit chemin, non, pas d'une ligne, sans entendre la voix et la remontrance du vieil hôte.

— Allons, mon digne ami, » reprit la dame d'Avenel, qui chérissait et respectait l'homme de bien, quoique parfois choquée des emportements de son zèle, « ne nous séparons pas ainsi. Les femmes sentent vivement et agissent à la hâte ; mais, croyez-moi, tout ce que je me propose de faire pour cet enfant aura l'approbation de mon mari et la vôtre. »

Le ministre s'inclina et sortit.

CHAPITRE II.

> Avec quelle persévérance il attachait ses yeux sur moi, ses yeux noirs brillants et encore mouillés de pleurs ! Il me tendit ses petits bras et m'appela sa mère. Que faire ? J'emportai le bambin avec moi. Pouvais-je avouer à ce cher mignon qu'il n'avait pas de mère ?
>
> J. BAILLIE, *le Comte Basile*, tragédie.

UAND Warden eut quitté l'appartement, la dame d'Avenel donna libre carrière à la vive tendresse que lui avait inspirée son protégé, et, n'étant plus retenue par ce qu'elle appelait la sévérité glaciale du ministre, elle l'accabla de caresses.

A peu près remis des suites de la noyade, l'enfant se laissait faire, non sans quelque surprise. La figure de Marie lui était inconnue, et jamais il n'avait vu de vêtements aussi riches que les siens. Mais la nature l'avait doué d'un caractère hardi ; subtil physionomiste comme la plupart des enfants, il se sentait attiré vers tout ce qui était beau, distinguait en un clin d'œil les gens réellement affectueux et savait répondre à leurs avances. Cette secrète sympathie le rapprocha vite de sa bienfaitrice, qui s'arracha enfin d'auprès de lui pour qu'il pût goûter un repos nécessaire.

Dès qu'elle fut rentrée dans la grand'salle avec Lilias, sa chambrière préférée :

« A qui appartient, » lui demanda-t-elle, « le petit bonhomme que nous venons de sauver ?

— A une vieille femme du hameau, » répondit l'autre. « Elle est même venue à la poterne demander de ses nouvelles. Vous plaît-il de la recevoir ?

— Si cela me plaît ? » répéta sa maîtresse, étonnée et mécontente à la fois. « Peux-tu en douter ? Quelle femme n'aurait pitié des souffrances d'une mère, des angoisses que lui cause le sort d'un si bel enfant !

— Oh ! Madame, elle a bien trop d'âge pour être sa mère ; sa mère-grand à la bonne heure, ou une parente encore plus éloignée.

— Qu'elle soit ce qu'elle voudra, elle doit cruellement souffrir de le savoir en danger. Fais-la entrer tout de suite. D'ailleurs je ne serais pas fâchée d'obtenir d'elle quelques renseignements. »

Lilias sortit et ne tarda point à revenir, en compagnie d'une grande femme, très pauvrement vêtue, mais d'une façon propre et décente qui ne s'accordait guère avec sa condition misérable. La dame d'Avenel la reconnut au premier coup d'œil.

Il était d'usage que tous les dimanches, et deux fois en outre pendant la semaine, Henri Warden fît un prêche ou une instruction dans la chapelle du manoir. Autant par principes que par politique, sire Albert attachait beaucoup d'importance à l'extension des doctrines de la réforme. Il invita donc les villageois à venir assister aux pieuses conférences du pasteur, et la plupart se laissèrent gagner à la religion que professait leur seigneur et maître. Cette active propagande avait singulièrement contrarié l'abbé Eustache, et ce fut un véhément aiguillon à l'animosité de ses controverses avec son ancien condisciple. A plusieurs reprises, il fulmina contre le château d'Avenel et menaça d'aller, à la tête de ses vassaux, raser jusqu'au sol ce repaire d'hérétiques. En dépit de sa colère impuissante et de la froideur que le reste du pays témoignait aux idées nouvelles, Warden poursuivait sans relâche le cours de ses travaux, et chaque semaine il ravissait quelques brebis au bercail de l'Église catholique.

Au nombre des fidèles les plus assidus aux exercices de la chapelle, se trouvait cette matrone. Sa taille haute et droite, son maintien grave, et jusqu'à la dignité de sa misère, avaient frappé la châtelaine; aux questions faites à son sujet on avait toujours répondu qu'elle était Anglaise d'origine, et nouvelle venue ; on n'en savait pas plus long.

Cette fois, Marie l'interrogea elle-même.

« Quel est votre nom, » dit-elle, « et qui êtes-vous ?

— Je m'appelle Madeleine Græme, » répondit l'étrangère, « et je descends d'une ancienne famille du Cumberland, sur la frontière.

— Que faites-vous si loin de votre maison ?

— Ma maison ? Je n'en ai plus ; vos coureurs écossais y ont mis le feu. On a tué mon mari et mon fils. Il n'existe pas au monde un seul être qui ait dans les veines une goutte du sang des miens.

— C'est un sort, hélas ! trop commun dans le temps et le pays où nous vivons. Les Anglais, du reste, ont souillé leurs mains de notre sang autant de fois que les Écossais du vôtre.

— Vous avez le droit de le dire, Madame, car ce château même, à ce qu'on rapporte, n'a pas été assez fort pour préserver les jours de votre père ni pour offrir à sa veuve et à sa fille une retraite assurée. Comment donc vous étonnez-vous si je n'habite pas une maison et dans ma famille ?

— C'est vrai, la question était inutile alors que la guerre a dispersé tant de gens. Cependant on ne se réfugie pas d'ordinaire en pays ennemi.

— J'avais pour voisins des papistes, des mangeurs de messes, et il avait plu au ciel d'ouvrir mes yeux à la vraie lumière. Aussi me suis-je arrêtée ici pour jouir du ministère d'Henri Warden, ce saint homme qui, au reconfort des fidèles, prêche l'Évangile en toute vérité.

— Vous êtes sans ressources ?

— Je ne demande la charité à personne. »

Il y eut un silence.

Le ton de la vieille femme était peu gracieux, et, sans manquer précisément de respect, il n'encourageait pas à lui poser de nouvelles questions. La châtelaine, en reprenant la parole, aborda un sujet différent.

« Votre enfant, » dit-elle, « a couru un grand danger.

— Je l'ai appris, Madame, et aussi par quelle grâce de la Providence il lui a été permis d'y échapper. Fasse le ciel qu'il ne l'oublie jamais, ni moi non plus!

— Êtes-vous sa parente?

— Je suis sa grand'mère, ne vous en déplaise, et la seule alliée qu'il ait sur terre pour avoir soin de lui.

— Charge bien pénible pour vous dans l'abandon où vous êtes!

— Vous a-t-on dit que je m'en sois plainte?

— Si une noble famille consentait à s'en charger, ne serait-ce pas un avantage pour lui et pour vous? »

Madeleine fit un haut-le-corps; ses sourcils froncés, son front creusé de rides, sa bouche contractée donnèrent à sa physionomie, déjà sèche, une expression de dédain sauvage.

« Une noble famille s'en charger, dites-vous? » répliqua-t-elle en mettant bas son masque d'insensibilité. « Et à quelle fin, s'il vous plaît? Pour être le page de madame ou l'estafier de monseigneur, pour manger au bas bout de la table et disputer à la cohue de valets les débris de la mangeaille? Est-ce pour le voir occupé à éventer sa maîtresse, à chasser les mouches quand elle dort, à porter la queue de sa robe à la promenade, à lui tendre une assiette au dîner, à courir devant si elle monte à cheval et à marcher derrière si elle sort à pied, à chanter ou à se taire sur un signe? A quoi cela ressemble-t-il, sinon à un vrai coq de clocher, fourni d'ailes et de plumes en apparence, mais incapable de prendre l'essor, de s'envoler du lieu où il est attaché, et virant au gré du souffle capricieux d'une mijaurée? Non, non. Quand l'aigle des monts d'Helvellyn viendra se percher sur le beffroi de Lanercost pour y montrer, en guise de girouette, comment le vent tourne, alors Roland Græme sera devenu tel que vous le souhaitez. »

Cette sortie fut débitée avec une véhémence et une volubilité qui semblaient accuser quelque dérangement d'esprit. Remettre l'orphelin sous la garde d'une telle femme, c'était forcément lui préparer un avenir plein de dangers. De toutes façons, il valait mieux le retenir au château.

« Vous m'avez mal comprise, ma bonne dame, » reprit Marie. « Je n'ai pas dessein de prendre l'enfant à mon service; s'il entrait à celui d'un brave chevalier, comme mon mari, qu'en diriez-vous? Fût-il le fils d'un comte, il ne pourrait mieux apprendre le métier des armes et tout ce qui sied à un gentilhomme que par les leçons et sous la discipline de sire Albert Glendinning.

— Oui, » riposta la matrone du même ton d'ironie amère, « je sais aussi ce qu'on gagne à ce service : une malédiction quand la cuirasse ne reluit pas assez, des coups quand la sangle du cheval est un peu lâche, le fouet si la meute est en défaut, des injures parce que la maraude n'a

pas réussi. L'on doit, à l'ordre du maître, souiller ses mains de sang, homme ou bête, n'importe ! égorger le daim inoffensif ou mutiler l'image du Créateur. La belle vie, ma foi, que celle d'un ribaud éhonté ou d'un vil coupe-jarret ! Souffrir le froid, le chaud, la faim, toutes les misères ; rendre l'âme sur un gibet ou dans quelque ignoble bagarre, s'endormir le corps repu, et se réveiller parmi les flammes éternelles, voilà ce qui l'attend.

— Ne craignez rien de ces horreurs pour votre petit-fils, » dit doucement Marie. « Mon époux traite avec justice et bonté ceux qui suivent sa bannière, et d'ailleurs, vous le savez bien, la jeunesse a ici un guide sévère en la personne de notre chapelain. »

La vieille Anglaise parut réfléchir un moment.

« Cette dernière circonstance me décide, » reprit-elle. « Bientôt il me faudra repartir, la vision le veut... Impossible de m'arrêter nulle part... Il faut marcher, marcher toujours... C'est mon lot... Eh bien, jurez-moi de protéger l'enfant comme s'il était vôtre jusqu'à ce que je vienne le réclamer ; je consens à m'en séparer à ce prix. Surtout jurez-moi qu'il ne sera point privé des conseils du saint homme qui a mis la vraie lumière de l'Évangile hors des atteintes de la prêtraille et des frocards idolâtres.

— Soyez tranquille ; j'aurai de l'enfant les mêmes soins que s'il était le fruit de mes entrailles. Voulez-vous le voir ?

— Non, c'est assez de m'en séparer. A quoi bon amollir mon cœur dans des regrets inutiles ? Le devoir m'appelle ailleurs.

— Laissez-moi vous offrir l'obole du pèlerinage. »

Ce disant, la châtelaine lui donna deux couronnes d'or ; mais la vieille les jeta dédaigneusement sur la table.

« De l'or pour acheter ma chair et mon sang ! » s'écria-t-elle. « Me croyez-vous de la race de Caïn, femme orgueilleuse ?

— Loin de moi une telle pensée ! Vous m'accusez d'orgueil, moi ? Hélas ! mes propres infortunes m'auraient appris l'humilité, quand même elle ne serait pas née avec moi.

— Vous êtes de noble maison, » dit l'Anglaise, un peu radoucie, « sans quoi nous n'aurions pas si longtemps conversé ensemble. »

Puis elle continua, l'accent bref et la tête haute :

« Oui, vous êtes de noble maison, et l'orgueil ne messied pas plus au noble que le panache à un casque. Mais quant aux pièces d'or, dame, il faut les reprendre. Qu'en ferais-je ? Je n'ai nul besoin ; je ne peux ni ne dois songer à moi, encore moins me préoccuper de l'avenir... Adieu, et tenez-moi parole. Qu'on m'ouvre la poterne et qu'on baisse les ponts-levis ; je dois être en route ce soir même. A mon retour, vous aurez un compte sévère à me rendre, car je laisse entre vos mains le trésor de ma vie... Il n'y aura plus pour moi contentement ni repos avant d'avoir revu mon Roland. Encore une fois, adieu ! »

Comme elle se retirait, Lilias l'arrêta par la manche, en disant :
« Et la révérence, bonne femme ? Vous oubliez de la faire à Sa Seigneurie, et de la remercier aussi, comme de juste, pour toutes ses bontés.

— La révérence ? » fit vertement la vieille en se retournant tout d'une pièce. « Qu'elle commence par me la faire, et je la lui rendrai. Pourquoi m'abaisser devant elle ? Parce que sa mante est en soie et la mienne en grosse toile ? Allez, ma mie, apprenez que le rang du mari règle celui de la femme : celle qui épouse un manant, fût-elle fille de roi, n'est que la femme d'un manant. »

Suffoquée d'indignation, la chambrière avait la riposte sur les lèvres quand sa maîtresse lui ordonna de reconduire poliment Madeleine jusqu'au bout de la chaussée.

« Poliment ! » grommelait Lilias exaspérée, tout en s'acquittant de la commission. « Je dis, moi, qu'on devrait la plonger dans le lac, et l'on verrait alors si elle n'est pas sorcière, comme le bruit en court dans tout le village. Une mal embouchée de sa sorte ! Madame a été vraiment d'une patience qui passe les bornes. »

Une fois sortie du château, Madeleine fut abandonnée à sa fortune. Fidèle à sa parole, elle ne fit pas long séjour au village, car elle partit dans la soirée, et nul ne prit garde à s'informer où elle allait.

Marie procéda sur son compte à une enquête plus minutieuse, d'où il résulta quelques lueurs nouvelles. On la croyait veuve d'un des principaux membres de la famille Græme, alors établie sur un pays frontière appelé *le Territoire contesté,* parce que l'Angleterre et l'Écosse s'en disputaient la possession. Chassée de sa demeure après avoir beaucoup souffert, elle était venue, on ne savait pourquoi, dans le village de Lochside, où les uns la tenaient pour une sorcière, les autres pour une enragée catholique. Ses propos étaient incohérents, ses façons peu engageantes ; elle avait l'air de se comporter sous l'influence d'une force invisible, ce qui donnait à penser qu'elle était assujettie à un vœu ou à un sortilège. Détails maigres et trop contradictoires pour en tirer une conclusion satisfaisante.

Dans le fait, les malheurs des temps et les vicissitudes de fortune inhérentes à un pays frontière obligeaient sans cesse à déloger ceux qui n'avaient ni protecteurs ni moyens de défense. Il en passait tant sur les chemins, de ces fugitifs, qu'ils n'excitaient guère d'intérêt ou de curiosité. En général, on leur baillait le secours qu'arrache aux indifférents un sentiment banal d'humanité, encore qu'il s'y mêlât chez plusieurs, par crainte ou compassion, l'arrière-pensée que faiseur d'aumône et mendiant pourraient un jour changer de rôle.

La vieille matrone ne fit donc que paraître et disparaître comme une ombre dans le voisinage d'Avenel.

L'enfant que la Providence avait confié à ses soins par des voies si étranges, ainsi qu'en était persuadée la bonne châtelaine, devint d'emblée son favori. Quoi de plus naturel? En exauçant son plus cher vœu, il comblait ce besoin d'aimer qui, n'ayant pas trouvé autour d'elle d'expansion suffisante, lui avait rendu plus sombre le séjour du manoir, plus cruel son isolement. Lui enseigner le peu qu'elle savait, veiller à son bien-être, assister à ses jeux, tel fut désormais son délassement quotidien. Réduite à n'entendre que le mugissement lointain des bestiaux, ou les pas pesants de la sentinelle en faction, et à presque envier la grosse gaieté des filandières, elle prenait maintenant à ces incidents vulgaires, depuis l'arrivée de son favori, un degré d'intérêt à peine concevable aux yeux des gens qui mènent une existence mondaine et active. Qu'est-ce qu'une fleur placée sur la fenêtre d'une prison pour le malheureux captif qui la soigne et la cultive? Une chose délicate qui exige une part de lui-même et le réconforte. Ainsi agissait la présence de Roland sur la noble recluse. En lui prodiguant son amour, elle acquittait en quelque sorte une dette de reconnaissance envers celui qui l'avait arrachée à l'état de langueur où la plongeait d'ordinaire l'éloignement de son époux.

Cette distraction inattendue n'eut pas cependant le pouvoir de bannir les inquiétudes sans cesse renaissantes que lui causait l'absence prolongée de sire Albert. Peu de temps après l'adoption de l'enfant, un serviteur, dépêché par le chevalier, était venu annoncer que des affaires d'importance le retenaient encore à la cour d'Holy-Rood. L'époque la plus éloignée que ce messager avait indiquée pour le retour de son maître se passa; l'été fit place à l'automne, l'automne allait disparaître devant l'hiver, et sire Albert n'arrivait pas.

CHAPITRE III.

> La lune des derniers regains jetait des clartés mourantes, lorsqu'en pleine nuit sonna l'appel du cor ; on ouvrit la poterne, et le pavé retentit sous les pieds des chevaux.
>
> J. LEYDEN, *Poésies.*

SSISE sur un banc de pierre à l'extrémité du rempart, la dame d'Avenel regardait le jeune garçon, qui, armé d'une canne, s'efforçait d'imiter les mouvements qu'il voyait faire au soldat de faction avec sa hallebarde.

« Eh ! quoi, Roland, » lui demanda-t-elle, « voudrais-tu aussi partir en guerre ?

— Oui, dame, » répondit l'enfant, dont la nature primesautière s'était promptement apprivoisée, « je veux faire la guerre. Un vrai gentilhomme doit avoir l'épée au côté.

— Toi, gentilhomme ! » fit observer Lilias, debout derrière sa maîtresse. « Oui, comme j'en taillerais dans une gousse de fève à la pointe d'un eustache.

— Voyons, Lilias, ne le taquine pas, » dit la châtelaine. « Je gagerais, ou je me trompe fort, qu'il sort de souche noble. Ta plaisanterie malséante lui a fait monter le rouge au visage.

— S'il ne tenait qu'à moi, il aurait des couleurs à bon escient, avec une bonne poignée de verges.

— Sur ma foi, Lilias, on croirait que le pauvre petit t'a fait du mal, ou bien qu'il suffit d'avoir l'heur de mes bonnes grâces pour être mis à la porte des tiennes.

— A Dieu ne plaise, Madame! J'ai vécu trop longtemps chez les grands, le ciel en soit loué, pour trouver à redire à leurs lubies, qu'il s'agisse d'un chien, d'un perroquet ou d'un marmot. »

C'était aussi dans son genre une favorite, cette Lilias, une suivante gâtée, et toujours prête à abuser en paroles de l'indulgence qu'on lui témoignait. Mais lui échappait-il un propos déplaisant, sa maîtresse en était quitte pour faire la sourde oreille; ainsi agit-elle en cette occasion.

A la réflexion, elle se promit de veiller de plus près sur Roland, qui jusqu'alors avait été presque entièrement laissé sous la garde de la chambrière. « S'il était né gentilhomme? » se disait-elle. « Oui, certes. C'était lui faire injure de penser autrement de formes si nobles et d'un si fin visage. Et son caractère à la fois violent, altier, téméraire, indiscipliné, n'accusait-il pas même origine? Sans nul doute, il était de haute naissance. »

Une si forte conviction l'amena à y conformer sa conduite. Les autres serviteurs, plus indifférents ou moins scrupuleux que Lilias, suivirent le courant et flattèrent, suivant leur intérêt, l'inclination de la châtelaine. Bientôt l'enfant se donna ces airs de supériorité que manque rarement d'inspirer une servile obéissance. On eût dit en vérité qu'il était né pour le commandement, tant il montrait d'aisance à exiger ou à recevoir toute marque de soumission à ses fantaisies. Henri Warden avait l'autorité nécessaire pour rabaisser la crête de notre jeune coq, et il n'eût assurément pas refusé de lui rendre un tel service; mais il avait quitté le château et s'occupait, dans une partie éloignée du royaume, de régler avec ses coreligionnaires certains points épineux de discipline ecclésiastique.

Par une après-midi d'automne, le son aigu et prolongé d'un cor se fit entendre assez loin sur l'autre bord du lac, et l'on s'empressa d'y répondre des créneaux du donjon. La dame d'Avenel, qui reconnut le signal de son mari, courut à la fenêtre de l'appartement où elle était assise.

Au même instant débouchait du val, dans la direction de la chaussée, une troupe de cavaliers armés de toutes pièces ; ils étaient au nombre d'une trentaine, et l'un d'eux portait une bannière, qui flottait au vent. A leur tête, s'avançait un chevalier, dont la brillante armure réfléchissait par moments les rayons du soleil d'octobre. Ses couleurs, le panache et la brindille de houx qui ornaient son heaume, son maintien fier, son air de dignité, l'adresse magistrale avec laquelle il guidait son cheval bai brun, tout annonçait le maître de céans, sire Albert Glendinning.

La vue de son mari exalta le cœur de Marie jusqu'à l'ivresse. Ce transport calmé, elle fut saisie d'une appréhension qui n'était pas nouvelle : avait-elle eu raison de traiter l'orphelin en fils de famille, et qu'en dirait Albert? Cette appréhension lui venait de la conscience d'avoir péché vis-à-vis de Roland par excès d'indulgence ; car, dans sa maison, Albert était pour le moins aussi bon et tolérant que ferme et raisonnable, et jamais elle n'avait reçu de lui que des preuves de l'affection la plus tendre.

Dans cette disposition d'esprit, elle résolut de renvoyer au lendemain ce qu'elle avait à dire de son protégé, et donna ordre à Lilias de l'emmener hors de l'appartement.

« Je ne m'en irai pas, » s'écria le garçon ; la ténacité lui ayant maintes fois réussi, il en essayait encore pour arriver à ses fins, tactique adoptée avec succès par des gens plus âgés. « Non, je n'irai pas dans la vilaine chambre de Lilias. Je veux rester ici pour voir ce brave chevalier qui traverse si fièrement le pont-levis.

— Non, » dit la dame d'un ton plus ferme que d'habitude, « vous ne resterez pas.

— Je le veux !

— Comment, vous voulez? Que signifie cette façon de parler? Je veux que vous sortiez, moi.

— C'est aux hommes à dire *je veux*, et non pas aux femmes.

— Vous faites l'insolent, petit drôle! Emmenez-le tout de suite, Lilias.

— Eh ! eh ! » fit celle-ci en ricanant, « je l'avais prévu : mon jeune maître cédera tôt ou tard la place à l'ancien.

— Paix ! mauvaise langue. La lune a-t-elle donc changé qu'on s'oublie à ce point aujourd'hui ? »

La chambrière prit Roland par la main, et l'emmena sans plus de résistance. Il était trop fier pour cela, mais en sortant il lança à sa bienfaitrice un regard qui voulait dire clairement : « Si j'étais le plus fort, je n'aurais pas cédé. »

Une vétille après tout que cette petite scène ! Et pourtant la châtelaine y fut très sensible, et mécontente d'en avoir le cœur remué en un moment où la joie du retour de son mari aurait dû le remplir tout entier.

Elle n'avait pas repris possession d'elle-même lorsqu'Albert entra, sans épée ni casque, mais couvert de son armure. Ne songeant plus qu'à lui, elle courut à sa rencontre, le serra dans ses bras, et l'embrassa éperdument. Le guerrier, toujours épris, lui rendit ses caresses, car aux ardeurs romanesques du jeune âge avait succédé chez lui un amour profond et raisonné, que ses fréquentes absences du château empêchaient de dégénérer en indifférence.

Après cette première effusion de tendresse, la jeune femme, fixant un regard ému sur le visage de son mari :

« Vous êtes changé, mon Albert, » lui dit-elle. « Est-ce la route qui vous a fatigué, ou avez-vous été malade ?

— Ni l'un ni l'autre, Marie, » répondit-il. « Je me suis porté assez bien, et une longue traite n'a rien qui m'effraie, vous le savez ; affaire d'habitude ! C'est bon pour la vieille noblesse de s'acoquiner toute une vie entre les quatre murs d'un château ; mais celle d'hier, qui ne relève que de ses propres actions, doit prouver qu'elle est digne d'une faveur si haute en ne ménageant pas sa peine. »

Il prononça cette dernière phrase d'un ton morose et non sans une nuance d'amertume.

Albert Glendinning, tout en restant le même au fond, ne ressemblait guère au personnage dont nous avons ailleurs raconté les aventures. La franchise impétueuse du jeune ambitieux avait fait place au sang-froid du soldat et à la réserve du politique. Le souci avait creusé plus d'un sillon dans ses traits énergiques, sur lesquels autrefois chaque émotion glissait aussi vite qu'une vapeur légère en un ciel d'été. Il avait le front plus découvert, et ses cheveux, abondants au sommet du crâne,

Albert Glendinning.

commençaient à ne plus garnir les tempes, par suite de la pression continue des faces du casque. Suivant la mode de l'époque, il portait la barbe courte et épaisse, se terminant en pointe et relevée en moustaches sur la lèvre supérieure. Si ses joues brunes et hâlées avaient perdu le coloris de la jeunesse, elles offraient le teint animé d'une robuste virilité. Bref,

Albert était un chevalier digne de marcher à la droite d'un roi, de porter son étendard à la guerre et de le conseiller dans la paix, car sa physionomie respirait cette fermeté réfléchie qui sait allier la prudence à l'audace.

Le nuage de mélancolie qui voilait ses nobles traits ne put échapper à la sollicitude attendrie de sa compagne.

« Il s'est passé, » lui dit-elle, « ou il va se passer quelque chose. Vous avez la mine soucieuse, et ce n'est pas sans raison. Un malheur nous menace, nous ou l'Écosse.

— Rien de nouveau, que je sache, » répondit-il. « De tous les maux qui peuvent assaillir un royaume, il n'en est guère qu'on ne doive redouter pour le nôtre.

— Allons, je vois qu'il y a anguille sous roche. Monseigneur de Murray ne vous aurait pas si longtemps retenu à Holy-Rood s'il n'avait eu besoin de votre concours dans quelque grosse affaire.

— Je ne viens pas d'Holy-Rood, Marie; j'ai passé plusieurs semaines à l'étranger.

— Sans m'avoir prévenue?

— A quoi vous eût-il servi de le savoir, sinon à vous rendre malheureuse? La plus légère brise qui aurait ridé la surface du lac, votre imagination l'aurait transportée sur la mer sous forme d'une tempête furieuse.

— Comme cela, vous avez traversé la mer; bien vrai? » s'écria Marie, que l'idée d'un élément inconnu frappait d'admiration et d'épouvante à la fois. « Vous avez quitté votre pays natal, et foulé aux pieds des terres lointaines, où l'on ne parle point écossais?

— Vrai, bien vrai, » répondit Albert en lui tapotant les mains d'un air enjoué. « J'ai accompli cet exploit merveilleux, de rouler trois jours durant et trois nuits sur la mer Océane, dont les vagues mugissantes se brisaient à côté de mon lit, et entre elles et moi rien qu'une mince cloison de planches.

— Oh! mon cher Albert, c'était tenter la Providence. Jamais je ne vous ai empêché de ceindre l'épée ou de lever la lance, jamais je ne vous ai conseillé de préférer le repos à la voix de l'honneur; mais les armes ne mettent-elles pas la vie d'un homme en assez grand péril sans aller s'exposer à la fureur des flots?

— En Allemagne, et dans les Pays-Bas, comme on les appelle, la réforme compte beaucoup de partisans ; déjà unis par la communauté de la foi, il convenait de nous unir plus étroitement par une alliance. C'est vers certains d'entre eux que j'ai été envoyé pour traiter d'une affaire d'importance et secrète. Aller et retour, j'ai voyagé en pleine sécurité. Que parlez-vous de danger? Il y en a plus à craindre d'ici à Édimbourg que sur les mers qui nous séparent de la Hollande.

— Et les gens de là-bas ressemblent-ils à nos bons Écossais? Quel accueil font-ils à l'étranger?

— C'est un peuple riche et point guerrier, fort de ce qui fait la faiblesse des autres et faible de ce qui fait leur force.

— Je ne vous comprends pas, mon ami.

— Le Hollandais et le Flamand dépensent leur activité dans le négoce, et non à guerroyer ; l'argent leur sert à louer des mercenaires, qui les défendent. Ils construisent des digues au bord de la mer pour conserver le terrain qu'ils lui ont arraché, et ils lèvent des régiments en Suisse et en Allemagne pour protéger des trésors péniblement acquis. Voilà comme ils sont forts de leur faiblesse ; car la fortune qui excite la convoitise de ceux qui veulent les opprimer arme les étrangers pour leur cause.

— Misérables poltrons! » s'écria Marie, qui partageait les injustes préjugés de ses compatriotes. « Ils ont des bras et ne savent pas combattre pour la terre qui les a portés. On devrait leur couper à tous le poignet.

— Tout beau ! la justice serait un peu dure. S'ils ne vont pas comme nous à la bataille, ils n'en servent pas moins leur patrie. Tenez, ma mie, voici l'heure où rentrent les bestiaux ; ils ont été chercher une maigre pâture à travers un val stérile et des montagnes pelées. Si nous étions chez ces poltrons, leur industrie aurait couvert nos montagnes de forêts et transformé en champs de blé nos inutiles champs de bruyère. Le cœur me saigne à l'aspect de cette terre abandonnée. Quel avantage sauraient en tirer les gens que je viens de voir! Au lieu de se parer d'une gloire décrépite, héritage des aïeux, ou d'en cueillir une toute neuve à la faveur des discordes du jour, ceux-là s'occupent de la terre qu'ils habitent pour l'entretenir et l'améliorer, non pour la ravager et l'asservir.

— Une entreprise de ce genre aurait ici la durée d'un songe. Vos bois, l'Anglais y mettrait le feu avant de leur donner le temps de pousser, et votre blé, le premier voisin qui aurait un train plus redoutable que le vôtre se chargerait d'en faire la moisson. Quittez un tel souci. Le destin qui vous fit Écossais vous a pourvu d'une tête, d'un cœur et d'un bras en état d'en soutenir le nom.

— Quel nom ? » répliqua le chevalier en se promenant à pas lents. « Je n'en ai point à soutenir. Mon bras a été levé le premier dans toutes nos querelles ; ma voix entendue dans tous les conseils, sans laisser prise à la critique des sages. L'astucieux Lethington et le sombre Douglas ont eu avec moi des conférences secrètes ; Grange et Lindsay m'ont proclamé bon chevalier sur le champ de bataille... Et puis, l'heure où j'étais nécessaire une fois passée, ils ne voyaient plus en moi que le rejeton de l'obscur tenancier de Glendearg. »

C'était la blessure cachée que Marie appréhendait sans cesse de voir se rouvrir.

L'orgueilleuse noblesse ne pardonnait pas à Albert la tache d'une naissance commune ; forcée de l'admettre à son niveau, elle était jalouse de la faveur dont il jouissait auprès de Murray et des talents qui semblaient la justifier. La conscience de tout devoir à son seul mérite ne lui suffisait pas, et, malgré sa fermeté naturelle, il était resté sensible au mirage d'une illustre généalogie, espèce de supériorité tenue en très haute estime parmi ses contemporains. Il y avait des moments où, — telle est notre faiblesse que l'envie se glisse dans les plus nobles cœurs, — mortifié de voir sa femme en possession des avantages dont le sort l'avait privé, il regrettait de n'être seigneur et maître d'Avenel que du gré de celle qui en était l'héritière. Certes il ne poussait pas l'injustice jusqu'à se livrer tout entier à des inclinations si basses ; pourtant elles renaissaient de temps à autre, et le jetaient dans un malaise dont la clairvoyante épouse pressentait la cause.

« Si le ciel nous eût accordé des enfants, » se disait-elle alors, « si un fils issu de notre sang eût allié nos divers mérites, haute naissance et qualités supérieures, cette pensée amère, obsédante, n'aurait jamais troublé notre union. Hélas ! un pareil trésor, où affections et intérêts seraient confondus, nous a été refusé. »

Avec de tels sentiments, il n'y a pas lieu de s'étonner si elle s'affligea d'entendre Albert aborder un sujet de mutuelle contrariété. Aussi s'efforça-t-elle, cette fois comme toujours, de détourner le cours de ces pénibles réflexions.

« Comment pouvez-vous, » lui dit-elle, « vous attrister ainsi en pure perte? Est-il vrai que vous n'ayez pas de nom à soutenir? Bon et brave comme vous l'êtes, aussi utile au conseil qu'à la guerre, n'avez-vous pas à soutenir une gloire due à vos mérites? Et celle que vous auriez héritée d'une longue suite d'aïeux est bien pâle auprès de cette gloire-là. Les gens de bien vous aiment et vous honorent, les méchants vous craignent, les mutins vous obéissent; autant d'avantages qui exigent de votre part les efforts nécessaires pour en maintenir la durée.

— Tu as raison, chère Marie, » répondit-il en lui pressant doucement la main, et son regard brilla d'un nouveau courage ; « tes reproches sont justes : regretter ce que je ne peux être, c'est oublier qui je suis. Où en étaient les plus illustres ascendants de ceux qui me font envie? Juste où j'en suis moi-même, à s'élever par leurs propres actions. Ainsi firent Guillaume Hay, un simple laboureur, dont le joug sanglant figure dans les armoiries de sa lignée, et l'Homme Noir, qui a fondé la maison de Douglas ; ni l'un ni l'autre n'avaient d'ancêtres comparables aux miens. Car, tu le sais, Marie, j'ai reçu mon nom d'une famille d'anciens guerriers, quoique mes proches parents aient préféré l'humble situation dans laquelle tu les as connus. La gloire des armes ne rehausse pas à un moindre degré le blason des Glendonwyne, même dans leurs derniers représentants, que celui des plus fiers barons de l'É-cosse. »

Il s'était animé au feu de sa parole, et arpentait la salle à grands pas. Mais tout en affectant de mépriser les prérogatives de la naissance, il en avait l'esprit entiché, et cherchait, avec une ténacité singulière, à démontrer qu'il avait, lui aussi, le droit d'y prétendre, si antique, si mince qu'il fût. C'était un travers dont sa femme souriait, en se donnant de garde d'en signaler la puérilité, ce que l'orgueil masculin eût malaisément souffert.

« Où donc est Wolf? » demanda tout à coup le chevalier. « Je ne l'ai pas encore aperçu, lui qui, d'habitude, était le premier à saluer mon retour au logis.

— Wolf est à la chaîne, » répondit-elle avec un peu d'embarras. « Il a voulu mordre mon page.

— Que me dites-vous là? Jamais animal ne fut moins hargneux, et la chaîne ne fera que l'alourdir ou le rendre sauvage. Holà! qu'on détache Wolf à l'instant! »

On obéit, et le gros chien se précipita dans la salle, où, dans la vivacité de ses gambades, il saccagea l'ordonnance des rouets, quenouilles et dévidoirs qui servaient au travail en commun des chambrières. Aussi Lilias, en les remettant en place, ne put-elle retenir l'exclamation « que le favori du maître était aussi insupportable que le page de la maîtresse ».

« Au fait, Marie, » reprit le chevalier, « qui est ce page qu'on semble mettre en balance avec mon vieil ami Wolf? Depuis quand avez-vous aspiré à un semblable honneur?

— Votre femme y aurait-elle moins de droit que toute autre personne de son rang? Vous ne le pensez pas, je l'espère.

— Non, certes; il me suffit que vous l'ayez désiré. Toutefois je n'ai jamais aimé à entretenir des fainéants de cette espèce. Un page de dame! Que les coquettes anglaises s'en embarrassent, à leur aise; mais nos ménagères savaient jadis prendre le dessus de ces frivolités. Quant à nos garçons, le mieux est de les rompre de bonne heure au maniement de la lance et de l'étrier.

— Ne voyez-vous pas que j'ai parlé de page en plaisantant? En réalité, c'est un orphelin que nous avons retiré du lac, où il a manqué périr; depuis, je l'ai gardé près de moi par charité. Lilias, allez quérir Roland. »

Le petit garçon arriva, et, courant se blottir contre sa bienfaitrice, saisit à poignée les plis de sa robe, et tourna les yeux, avec une attention mêlée de crainte, sur la figure imposante du seigneur d'Avenel.

« Roland, » dit la châtelaine, « va baiser la main de ce noble chevalier, et prie-le de t'accorder sa protection. »

L'enfant ne bougea de place.

« Roland, » dit la châtelaine, « va baiser la main de ce noble chevalier. »

« Va donc, te dis-je. De quoi as-tu peur, mignon? Allons, va baiser la main de sire Albert.

— Non, » répondit-il enfin, « je ne veux baiser d'autre main que la vôtre.

— Votre présence l'intimide, mon ami. Ne trouvez-vous pas que c'est un bel enfant?

— Wolf aussi est un beau chien, » dit Albert en caressant son favori à quatre pattes ; « mais il a sur votre protégé le double avantage d'obéir à ce qu'on lui commande et d'être sourd aux éloges.

— Bon! vous voilà fâché à présent ; il n'y a vraiment pas de quoi. Est-ce un mal de secourir un malheureux orphelin, ou d'aimer ce qui est aimable en soi et digne d'affection? Je devine, vous avez vu M. Warden, à Édimbourg, et il vous aura prévenu contre le pauvre enfant.

— Ma chère Marie, M. Warden connaît trop bien ses devoirs pour se mêler de vos affaires ou des miennes. Quant à l'enfant, vous l'avez secouru et choyé, c'est tout naturel ; mais, vu sa naissance et le sort qui l'attend, vous ne deviez pas, à mon avis, le traiter avec tant d'indulgence ; vos gâteries ne serviront qu'à le dégoûter de l'humble place à laquelle il semble destiné.

— Regardez-le donc, et voyez s'il n'a pas l'air d'être appelé à fournir une carrière plus haute que celle d'un vassal. De l'humble place dont vous parlez d'autres ont réussi à s'élever aux honneurs ; ne saurait-il lui en advenir autant? »

L'idée lui vint tout à coup qu'elle s'aventurait sur un terrain brûlant ; elle rougit, et prit le parti ordinaire en pareil cas, et toujours le pire, celui de s'arrêter court. Le chevalier fronça un instant le sourcil ; un instant, disons-nous, car il était incapable de se méprendre aux sentiments de sa femme, ou de lui supposer l'intention de l'humilier.

« Il en sera ce que vous voudrez, mon amie, » dit-il ; « je vous ai trop d'obligations pour vous contrarier en rien de ce qui peut alléger l'ennui de votre solitude. Faites de l'enfant ce qu'il vous plaira ; là-dessus je vous donne carte blanche. C'est votre pupille, non le mien. Seulement souvenez-vous qu'il a un corps pour agir en homme et une âme pour adorer Dieu, et qu'il faut l'élever de manière à ce qu'il soit fidèle à son maître et à sa foi. Le reste ne me regarde pas ; ce sera votre affaire. »

Cette conversation décida du sort de Roland Græme. Si dès lors le maître du logis ne s'occupa guère de lui, la maîtresse continua de le gouverner avec des flatteries et des caresses ; situation regrettable qui eut pour conséquence de dégager les tendances excessives de son caractère. Comme le chevalier le laissa libre de ses faits et gestes, le majordome, de son côté, ne jugea point opportun de ramener dans le devoir le favori de la dame d'Avenel, d'autant plus qu'elle avait apporté en dot à son époux le domaine seigneurial.

Maître Gaspard Wingate, le majordome en question, — titre pompeux que s'arrogeait le principal domestique du moindre hobereau, — était un fin matois qui se vantait de connaître le grand monde, et habile à conduire sa barque, même contre vent et marée. Il fermait l'œil sur bien des choses, et évitait de fournir au petit page aucun prétexte à désobéissance en n'exigeant de lui rien au delà de son humeur volontaire. Qu'eût-il gagné, d'ailleurs, à le morigéner ? De se rendre haïssable à la châtelaine, sans être sûr de plaire au châtelain. D'après cette prudente tactique, qui s'accordait avec ses aises et convenances, il ne soumit Roland à aucune règle et se contenta de le diriger le moins possible, l'oreille ouverte à toute excuse alléguée par son insouciant élève.

La suite assez nombreuse de sire Albert témoignait à celui-ci des dispositions peu bienveillantes. Il y avait, entre autres, plusieurs jeunes garçons, à peu près de son âge et sortis d'une condition pareille ; assujettis à la rigoureuse discipline que, selon l'esprit du siècle, on imposait aux apprentis du service féodal, ils portaient envie au brillant favori, qui devint leur bête noire et l'objet de leurs médisances.

Malgré tout, on ne pouvait s'empêcher de lui rendre sur certains points justice. L'orgueil, joint à une ambition précoce, fit pour lui ce que la sévérité et une application constante faisaient pour les autres. La vérité est qu'il avait reçu de la nature cette souplesse de corps et d'esprit qui aplanit toute chose, de sorte qu'il paraissait acquérir, au hasard et par boutades, les connaissances qu'à force de leçons, de réprimandes et parfois de châtiments, on parvenait à inculquer à ses camarades. Il fit donc, comme en se jouant, le rude noviciat de la vie militaire, et nul envieux n'aurait été admis à se vanter d'avoir sur lui quelque supériorité.

Ce fut dans ces conditions particulières que se développa le caractère de Roland. Hardi, tranchant, résolu, il aimait à dominer ; la soumission à ses volontés le trouvait généreux, la résistance emporté jusqu'à la fureur. Il ne croyait avoir de compte à rendre qu'à la dame d'Avenel, et il avait obtenu par degrés sur l'esprit de son unique maîtresse cette sorte d'ascendant, conséquence naturelle d'une indulgence excessive.

Quoique un favori n'ait point d'amis, suivant l'assertion d'un poète, il est rare qu'il manque de partisans et de flatteurs. Roland comptait surtout les siens parmi les habitants du hameau de Lochside. Comparant leur misérable situation avec celle des hommes d'armes attachés au service immédiat du chevalier, ces villageois prenaient plaisir à se regarder comme les vassaux de sa femme ; aucune démarche de sa part n'avait encouragé une distinction si malséante, mais ils étaient persuadés qu'il devait lui être agréable de recevoir leur hommage. Or, le moyen de mettre d'accord leur conduite et cette façon exclusive de voir était d'entourer de respect le favori de la descendante de leurs anciens seigneurs. Il n'y avait guère lieu de blâmer une flatterie si douce et si indirecte, et l'occasion qu'elle fournit au jeune protégé de se former, pour ainsi dire, un parti au cœur même de la baronnie ne fit qu'ajouter à la présomption d'un esprit naturellement hautain, fougueux et impatient de toute contrainte.

Quant à Henri Warden, il n'avait cessé d'être prévenu contre Roland. Simple et charitable au fond, le digne chapelain avait de son ministère une idée un peu trop haute ; il s'exagérait surtout la déférence qui lui était due, et dont le page faisait volontiers bon marché. Aussi le dénonçait-il comme un vase d'impureté, un pécheur endurci que l'orgueil, l'amour de la parure, la paresse d'esprit, condamnaient à une ruine prochaine. Roland n'ignorait pas combien pénible et fausse était pour lui une telle situation. Plus on lui marquait de froideur et de dédain, plus il se raidissait en prenant un ton de maîtrise qui forçait les plus obstinés à baisser pavillon. Peu lui importait de semer des haines autour de lui s'il pouvait inspirer de la crainte !

L'aversion manifeste du prédicant eut pour effet de recommander celui qui en était l'objet à l'attention du propre frère de sire Albert.

On n'a probablement pas oublié dans quelles circonstances Édouard Glendinning avait pris le froc chez les bénédictins de Sainte-Marie. Il y avait prononcé ses vœux sous le nom d'Ambroise, et maintenant il était du petit nombre de moines autorisés à résider dans l'abbaye de Kennaquhair avec dom Eustache, leur abbé. Par égard pour les services du nouveau seigneur d'Avenel, on ne les avait pas expulsés, bien que leur ordre fût supprimé en grande partie ; mais il leur était défendu de procéder en public aux cérémonies du culte, et des magnifiques revenus dont ils avaient joui on ne leur avait laissé qu'une chétive pension alimentaire. De temps à autre, et bien rarement, dom Ambroise montait au château ; chaque fois, il eut avec Roland un entretien particulier, et — ce qui fut remarqué des curieux, — Roland répondit à ses avances avec plus de sympathie et d'expansion qu'il n'en témoignait à personne.

Ainsi s'écoulèrent des années. Le chevalier continua de prendre une part fréquente et honorable aux vicissitudes politiques de l'Écosse, et le jeune Græme devançait, par ses vœux et par ses talents personnels, l'âge où il pourrait enfin sortir de l'obscurité.

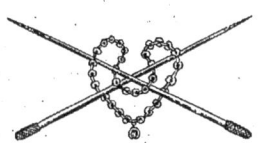

CHAPITRE IV.

> Au milieu du festin, tandis qu'ils s'abandonnaient gaiement aux plaisirs de la table, un jeune seigneur reprocha à Valentin la bassesse et l'obscurité de sa naissance.
>
> *Valentin et Orson*, ballade.

N jour d'été, Roland — il avait alors dix-sept ans environ, — descendit, le matin, dans la fauconnerie du château; il y venait surveiller le dressage d'un jeune faucon, ou *niais*, qu'il avait déniché lui-même, au risque de se rompre le col et les membres, sur un rocher du voisinage nommé l'*Aire des milans*.

N'étant pas satisfait des soins qu'en avait eus le fils du fauconnier, il ne faillit pas à le lui faire voir, et de la bonne manière.

« Quoi! mon jeune drôle, » s'écria-t-il, « est-ce ainsi que tu appâtes un niais? Avec de la viande non lavée, comme s'il s'agissait du brancher d'un sale corbeau! Et, par la messe, voilà deux jours que tu ne l'as pas nettoyé... T'imagines-tu que j'aie été dénicher cette bête au péril de mes os pour la voir gâter par ta négligence? »

Et, afin de donner plus de force à ses remontrances, il lui appliqua deux ou trois gourmades. L'indolent garçon se mit à pousser des cris de mélusine, et le tapage fit accourir son père.

Le maître fauconnier, Adam Woodcock, était Anglais de naissance; mais le long temps qu'il avait passé au service de Glendinning le rendait moins attaché à son pays qu'à son maître. C'était dans son poste une manière de favori, jaloux et infatué de son savoir, ainsi qu'il arrive aux gens de métier. Au demeurant, il aimait à rire et rimaillait volontiers, ce qui ne diminuait pas, bien au contraire, la bonne opinion qu'il avait de lui-même; joyeux vivant, il préférait un pot de bière à un long prêche, bien qu'il eût les papistes en horreur; gaillard solide et toujours prêt à jouer des poings, il servait fidèlement le chevalier, et n'était pas peu fier de son influence auprès de lui.

Un tel personnage, — on le comprend sans peine, — devait être fort mécontent de la liberté grande que Roland s'était permise vis-à-vis de son héritier.

« Holà! beau page, » dit-il en se jetant en avant, « tout doux, n'en déplaise à votre casaque brodée! Lever la main n'est pas de jeu. Si le garçon est en faute, je me chargerai de la correction, ce qui vous évitera des écorchures à la peau.

— C'est moi qui vous corrigerai l'un et l'autre, » répliqua Roland sans hésiter, « si la besogne n'est pas mieux accommodée. Il va joliment profiter, cet oiselet! Votre lourdaud de fils était en train de le bourrer de viande non lavée, un niais!

— Niais toi-même, mon petit homme! Où diable as-tu appris à appâter les faucons? Je te dis, moi, qu'un niais doit ainsi avaler son pât jusqu'à ce qu'il sache brancher; autrement, ce serait un bon moyen de lui faire avoir le mal de bec. Quiconque est capable de distinguer un faucon d'un épervier connaît ces choses-là.

— Tu plaides pour ta paresse, chien d'Anglais. Boire et dormir, il ne t'en faut pas davantage, et tout le travail retombe sur un nigaud, qui s'en soucie autant que toi.

— Alors avec trois couples de faucons à soigner sur la perche et à la mue, sans parler du vol, je nage dans la paresse? Et un mignon de dame en saura assez pour me faire la leçon? Et je suis un chien d'Anglais, par-dessus le marché?.. Qui donc es-tu toi-même? Ni Anglais ni Écossais, ni chair ni poisson, un bâtard du Territoire contesté, sans famille, parents ou alliés. Va-t'en au diable, méchant épervier, qui voudrais passer pour un noble tiercelet ! »

La réplique à cette injurieuse tirade fut un horion si rudement détaché qu'il envoya l'Anglais rouler dans le bassin de la fauconnerie. Adam, tout ruisselant d'eau et bouillant de colère, se releva aussitôt, et saisit un gourdin qui était à sa portée. Roland attendit de pied ferme, mais tirant son poignard :

« Ne me touche pas, » jura-t-il par tout ce qu'il y avait de plus sacré, « ou je t'éventre ! »

Ce fut un tumulte épouvantable. Les gens du château accoururent, et avec eux le majordome, décoré de ses insignes, chaîne d'or et verge blanche.

L'arrivée de ce grave personnage suffit à mettre le holà. Il profita néanmoins d'une si belle occasion pour adresser au page une mercuriale sur l'inconvenance de sa conduite envers ses camarades, l'assurant qu'il ne ferait pas long séjour au logis si cette frasque venait aux oreilles du maître.

« Comme il est absent, » ajouta-t-il par prudence, « je commencerai par en instruire sa haute et puissante dame.

— C'est cela ! fort bien ! » s'exclamèrent plusieurs des curieux. « Tirer le poignard pour un mot en l'air ! — C'est offenser Dieu. — Autant vivre parmi les brigands. — Oui, oui, Madame décidera. »

La langue démangeait furieusement au jeune homme de décharger son mépris sur le troupeau de ses prétendus camarades ; il eut pourtant la force de se contenir, remit le fer au fourreau, et tournant sur les talons, s'ouvrit sans façons un passage pour sortir de la fauconnerie.

« Ah ! bien, » dit Adam, « ce n'est pas l'arbre où j'accrocherai mon nid si ce pierrot-là doit y piailler sur la tête des autres.

— Pas plus tard qu'hier, » ajouta un palefrenier, « il m'a cinglé le dos d'une houssine parce que le bidet de Sa Seigneurie n'avait pas la queue coupée à sa guise.

— Qu'il y ait une tache à sa fraise, » fit observer une lavandière, « et le freluquet n'est pas gêné pour qualifier de salope une honnête femme.

— Si maître Wingate, » s'écria l'assemblée en manière de conclusion, « ne dénonce pas le coupable sur l'heure, il n'y aura plus moyen de vivre sous le même toit que lui. »

Le majordome écouta les doléances de chacun, réclama d'un geste le silence, et débita ce qui suit :

« Mes amis, — sans oublier les dames, — l'affaire exige des précautions, et si j'y apporte quelque lenteur, ne vous pressez pas de me jeter la pierre. Notre châtelain est un brave chevalier, qui veut rester le maître dedans comme dehors, au salon et dans l'écurie, suivant le proverbe. Notre châtelaine — que Dieu la bénisse ! — est une personne noble, de famille ancienne, et l'héritière en ligne directe du castel et de la baronnie ; elle aime aussi à faire ses volontés, et là-dessus montrez-moi la femme qui ne l'aime pas. Or, elle a patronné, patronne et patronnera ce faquin de page. Que lui a-t-elle découvert de bon ? Je l'ignore. Mais telle dame de qualité raffole d'un bichon, telle autre d'un perroquet criard, une troisième d'un singe de Barbarie ; de même, il plaît à la nôtre d'octroyer sa faveur à un petit démon, pour aucun motif, sinon qu'elle l'a empêché de se noyer, ce qui est fâcheux. »

Ici maître Wingate fit une pause.

« Je me porte sa caution pour un liard contre tout accident d'eau douce ou d'eau salée, » dit le fauconnier. « S'il ne gigotte pas un jour au bout d'une corde, je consens, mordieu ! à ne plus chaperonner un faucon de ma vie.

— Chut ! Adam Woodcock, » reprit le majordome en l'apaisant du geste. « Soyons calme, mon brave... Ainsi que je le disais, Madame s'est laissée entortiller par ce gringalet, et Monseigneur ne donnerait pas un patard de sa peau ; voilà en quoi ils diffèrent. A présent, est-ce à moi d'amener une brouille dans le ménage et de fourrer le doigt entre l'arbre et l'écorce à propos d'un cadet suffisant, que je verrais sans remords, croyez-moi, chasser de la baronnie à coups de verges ? Un peu de patience ; l'abcès crèvera sans que nous y mettions la main. Je suis en service depuis que j'ai barbe au menton, et ce n'est pas d'hier qu'elle est grise. Eh bien, lequel vaut mieux de soutenir l'un contre l'autre la maîtresse ou le maître ? J'ai vu le premier parti réussir deux ou trois fois, le second jamais.

— Par ainsi, » intervint Lilias, « nous voilà réduits, hommes et femmes, coqs et poules, à nous laisser écraser par un va-nu-pieds? Ah! mais, non! Il aura d'abord de mes nouvelles. Or çà, maître Wingate,

Le fauconnier Adam Woodcock.

j'espère qu'en dépit de votre sagesse, vous ne refuserez pas de raconter ce qui s'est passé à Madame, si elle vous l'ordonne?
— Dire la vérité quand on m'y invite, » répondit l'avisé majordome, « est jusqu'à un certain point mon devoir, Lilias, par exemple si cela se peut sans préjudice ni inconvénient pour moi-même ou pour aucun

des camarades. Un coup de langue, dit un vieil adage, est pire qu'un coup de lance.

— Mais il n'est ni de vos amis ni de vos camarades, ce suppôt de Satan, » reprit la tenace chambrière, « et je me flatte que vous n'avez pas envie de le soutenir envers et contre tous?

— Croyez-moi, chère dame, l'occasion venue, je n'épargnerais pas ma salive, et de bon cœur, allez!

— Suffit, maître Wingate! Il ne tardera pas à déchanter, je vous en réponds. D'ici à un quart d'heure, Madame m'interrogera sur ce qui est arrivé en bas, ou bien elle n'est pas femme et je ne m'appelle pas Lilias Bradbourne. »

Aussitôt dit, aussitôt fait. La bonne pièce remonta dans la salle en se composant la mine d'une femme en possession d'un grand secret, à savoir les yeux levés pour attester le ciel, la bouche pincée pour n'en rien laisser choir, et cet air de mystère dont toute la personne est empreinte, et qui semble dire : « Je sais quelque chose, mais je le garde pour moi. »

Si parfaite qu'elle fût, la dame d'Avenel n'en était pas moins fille d'Ève. Il lui fut impossible d'assister au manège de la fine mouche qui l'avait si bien jugée, sans brûler du désir d'en pénétrer la cause. Mais Lilias se fit prier : elle soupirait, elle roulait les yeux, elle espérait que « ça s'arrangerait »; autant de simagrées qui attisaient la curiosité de sa maîtresse. Comment se serait-elle contentée des lambeaux de phrases qui tombaient à regret des lèvres de sa suivante?

« Dieu merci, je ne suis pas une faiseuse d'embarras ou d'histoires... Une jalouse et moi, ça fait deux... Si l'on se conduit mal, est-ce ma faute?.. Enfin, grâce au ciel, il n'y a pas de sang répandu!

— Que radotez-vous-là, pécore? » s'écria Marie. « Parlez clairement ou gare à vous!

— Eh bien, Madame, » répondit Lilias, qui ne demandait qu'à soulager sa bile, ou, suivant l'expression de Chaucer, qu'à déboucler sa valise, « puisque vous m'ordonnez d'être franche, ne vous fâchez pas de ce que je vais dire. Roland Græme a poignardé Adam le fauconnier, voilà tout.

— Bonté divine! Est-il mort?

— Non, Madame, on est arrivé à temps; mais peu s'en est fallu. Après ça, peut-être est-ce le bon plaisir de Votre Seigneurie que le jeune monsieur traite ses gens à coups de dague, ainsi qu'il les pourchassait déjà à coups de bâton.

— Taisez-vous, insolente! Allez dire au majordome de venir me trouver. »

Lilias courut en diligence chercher Gaspard Wingate.

« J'ai mis le feu à la mèche, » lui dit-elle en chemin; « tâchez qu'il ne s'éteigne pas. »

Le compère, trop circonspect pour se compromettre davantage, cligna de l'œil et hocha la tête. A peine fut-il en présence de la châtelaine dans l'attitude d'un profond respect, mi-sincère, mi-affecté, qu'elle lui lança cette apostrophe :

« Que m'apprend-on, Wingate? et comment maintenez-vous l'ordre au château? Les gens de sire Albert se battent à coups de poignard, comme dans une caverne de brigands... Le blessé est-il en danger? Et le... le malheureux enfant, qu'est-il devenu?

— Personne n'a été blessé, Madame, jusqu'à présent, du moins, » répondit l'autre; « combien il y aura d'écloppés d'ici à Pâques si l'on ne tient le jeune homme en bride, cela passe mon faible jugement. Un beau garçon pourtant, » ajouta-t-il en se reprenant, « et fort et adroit, quoiqu'un peu vif à jouer des mains, de la houssine et du poignard.

— A qui la faute? Votre devoir n'était-il pas de lui apprendre à se bien conduire?

— S'il plaît à Votre Seigneurie de rejeter le blâme sur moi, je n'ai qu'à me soumettre. Seulement je la prie de considérer une chose : à moins de clouer la dague du page au fourreau, comment m'y prendre pour qu'elle n'en sorte pas? Autant vouloir fixer le vif-argent, et Raymond Lulle lui-même n'a pu en venir à bout.

— Eh! que m'importe votre Raymond Lulle! » s'écria la dame, perdant patience. « En vérité, l'on devient trop savant pour moi au château pendant les longues absences du chevalier. Plût à Dieu que ses affaires lui permissent de rester chez lui et de gouverner sa maison! La tâche est au-dessus de mes forces.

— Est-il possible, Madame, que ce soit là le fond de votre pensée?

Veuillez rendre plus de justice à d'anciens serviteurs ; ils ont droit d'espérer qu'après tant d'années de service, vous ne ferez pas cette honte à leurs cheveux gris de les abandonner, parce qu'ils sont incapables de régenter l'humeur fantasque d'un jouvenceau, qui lève peut-être un peu trop haut la tête.

— C'est bien. Sire Albert ne tardera point à revenir ; il arrangera tout cela. Laissez-moi, Wingate, et prévenez M. Warden que je l'attends ici. Pas un mot de plus. Vous êtes un honnête homme, et Roland est vif, je le sais ; mais on dirait que mes bontés pour lui vous ont tous acharnés à sa perte. »

Avec le chapelain ce fut bien autre chose. Au lieu d'en recevoir quelque satisfaction, elle le trouva disposé à entamer sans ménagement le procès de son indulgence, cause des désordres passés et futurs excités par le caractère indomptable du favori.

« Je regrette, honorable dame, » dit Warden, « que vous n'ayez pas daigné en principe régler cette affaire d'après mes conseils. Le mal qu'on arrête dans sa source devient difficile à contenir en pleine effervescence. Quant à vous, honorable dame, — et c'est un mot dont je me sers, non par un vain respect des formules mondaines, mais à cause de l'affection que je porte aux âmes d'élite, — il vous a plu d'élever ce jeune homme hors de sa condition et de l'admettre en quelque sorte dans la vôtre.

— Qu'entendez-vous par là, mon révérend ? J'en ai fait un page. Y voyez-vous rien d'inconvenant ?

— Non, Madame. C'est par bonté pure que vous avez pris charge de l'enfant, et je ne vous conteste nullement le droit d'en avoir fait un page, si tel était votre plaisir, bien que je ne voie pas à quoi peut tendre une telle éducation féminine, si ce n'est à greffer la fatuité sur l'amour-propre et la mollesse sur l'arrogance. Ce dont je vous blâme formellement, c'est d'avoir négligé de le garantir des dangers de sa position, en maîtrisant chez lui des penchants innés à l'orgueil et à la révolte. Vous avez introduit dans votre retraite un lionceau ; séduite par la beauté de son pelage et la gentillesse de ses allures, vous avez oublié de le mettre à la chaîne comme l'exigeait son naturel féroce. Il a grandi sans plus de frein que s'il eût habité une

forêt, et maintenant qu'il bondit, qu'il mord, qu'il déchire, suivant son instinct, vous êtes surprise et vous appelez à l'aide.
— Monsieur Warden, » répliqua la châtelaine, blessée à l'extrême, « vous êtes l'ancien ami de mon mari, et je crois à la sincérité de votre dévouement pour lui et pour sa famille. Toutefois, permettez-moi de vous dire qu'en demandant votre assistance, je ne m'attendais pas à subir un si dur réquisitoire. Admettons que j'aie eu tort de m'attacher un peu trop à ce pauvre orphelin sans naissance,

Roland Græme.

est-ce une erreur qu'il faille redresser de la sorte? J'en doute. Si, d'autre part, il y avait nécessité de le maintenir sous une discipline rigoureuse, il se peut que je me sois trompée; alors vous deviez, ce me semble, réfléchir que je suis femme, et que la tâche d'un ami était, avant tout, de venir à mon secours. Cette situation fâcheuse ne saurait durer jusqu'au retour de mon époux. Il n'aime pas à voir la discorde éclater parmi ses gens, et s'il apprenait qu'un de mes protégés y a donné lieu, j'en serais tout à fait marrie. Que me conseillez-vous ?

— De renvoyer le page.

— Est-ce là le conseil d'un cœur bienveillant, d'un vrai chrétien ? Congédier sans autre forme de procès une créature déshéritée, à qui ma protection, peu judicieuse si vous voulez, a suscité tant d'ennemis ! Non, vous ne le feriez pas.

— Il n'est pas nécessaire de l'abandonner tout à fait, Madame. S'il quitte votre service, on peut lui trouver une place qui convienne mieux à ses goûts et à sa condition. Ailleurs, il se rendra utile à la société ; ici, ce n'est qu'un boute-feu, une pierre d'achoppement. Le damoiseau a des éclairs de raison et d'intelligence, quoiqu'il manque d'esprit de suite. Je lui donnerai des lettres de recommandation pour Olearius Schinderhansen, un savant, qui occupe une chaire à l'université de Leyde ; il a justement besoin d'un garçon de classes. Outre l'instruction gratuite dont il pourra profiter, si Dieu lui en fait la grâce, il recevra cinq marcs de gages par an, sans compter la défroque du professeur, qui renouvelle tous les deux ans sa garde-robe.

— Nous sommes loin de compte, mon bon monsieur Warden, » dit-elle en réprimant un sourire. « C'est une affaire à méditer à loisir. En attendant, je m'en fie à vous pour morigéner le malheureux enfant, ainsi que nos gens ; veuillez enjoindre à l'un de réprimer son impétuosité, aux autres les éclats d'une haine incompréhensible, et les rappeler tous au sentiment du devoir envers le ciel et leurs maîtres.

— Vous serez obéie, Madame. Jeudi prochain, je prêcherai à cet effet. Avec l'aide du Seigneur, j'engagerai la lutte contre le démon d'orgueil et de violence qui s'est glissé parmi mon petit troupeau, et j'espère, en bon chien de garde, chasser le loup de la bergerie. »

La fin de cette conversation n'était pas pour déplaire à Henri Warden.

La chaire agissait alors sur l'opinion publique avec la même puissance que devait le faire la presse de nos jours. Notre chapelain, comme nous l'avons déjà vu, y avait obtenu des avantages signalés. Qu'il s'exagérât le pouvoir de son éloquence, et qu'à l'exemple de ses plus zélés confrères il ne négligeât aucune occasion de prendre pour texte un sujet d'intérêt général ou particulier, cela découlait de source. Dans ce siècle barbare on n'avait point idée des règles de bienséance en fait d'admonition religieuse. A la cour, le prédicateur interpellait souvent le roi en personne et lui dictait la conduite qu'il devait tenir dans le gouvernement de l'État; au fond des châteaux, en pleine chapelle, il lui arrivait de même, au service du soir, de s'attaquer en face au noble maître ou à quelqu'un de sa suite pour discuter le mérite de ses actes ou l'accabler de reproches, et cela rudement, sans rien déguiser du nom ou de la chose.

Le sermon au moyen duquel Henri Warden se proposait de rétablir la concorde dans le manoir d'Avenel avait pour texte cette parole fameuse: *Celui qui frappe du glaive périra par le glaive.* C'était un bizarre mélange de bon sens et de pédantisme, d'élévation oratoire et de mauvais goût.

L'orateur disserta longuement sur le verbe *frapper*, démontrant à ses auditeurs qu'il fallait entendre par là les coups d'estoc ou de taille, les coups d'arbalète, de flèche, de lance, d'arquebuse, enfin de toute arme propre à donner la mort; et d'une manière non moins satisfaisante, il prouva que le mot *glaive* s'appliquait aux lames de toutes sortes, espadon ou claymore, rapière ou coutelas, sabre ou cimeterre.

« Ainsi donc, » poursuivit-il en s'échauffant par degrés, « l'Évangile prononce anathème contre quiconque frappe d'un de ces engins que l'homme a inventés pour commettre des actes d'hostilité; mais, à plus forte raison, il condamne l'usage de ceux qui, d'après leur forme et volume, semblent destinés à satisfaire par traîtrise une vengeance privée plutôt qu'à combattre un ennemi armé et sur ses gardes. Dans ce nombre je range tout particulièrement tel instrument de mort que, par un caprice des mœurs nouvelles, portent non seulement les larrons et coupe-jarrets, dont c'est la véritable enseigne, mais aussi des jeunes gens admis à la faveur d'escorter et de servir d'honnêtes dames. »

A l'appui de cette assertion accusatrice, le prédicant jeta un regard sévère sur Roland, qui l'écoutait, assis aux pieds de sa maîtresse, et un élégant poignard à manche doré passé dans la ceinture.

« Oui, mes amis, » reprit-il en insistant, « cette arme de malheur, utile à rien et pernicieuse en tout, est comprise dans la malédiction qui s'attache aux méfaits du glaive : que ce soit le stylet du perfide Italien, le *dirk* du montagnard sauvage, le coutelas de nos maraudeurs, ou le poignard de merci, autant d'inventions de Satan mises à la portée des passions mauvaises, promptes à asséner des coups qu'il est difficile de parer. Il n'est pas jusqu'au sacripant, jusqu'à l'ignoble traîneur de sabre qui ne dédaigne d'y recourir. A qui convient-il donc cet outil de malice et de trahison ? A des hommes faits, à des soldats ? Non. Il sied à des êtres amollis qui, élevés sous la jupe des femmes, finissent par devenir des femmelettes, et joignent aux faiblesses et aux emportements de leur sexe l'humeur couarde et tracassière de l'autre. »

On ne saurait décrire l'effet que produisit cette homélie d'un nouveau genre sur la congrégation d'Avenel. La châtelaine semblait honteuse et irritée à la fois ; les gens de sa maison pouvaient à peine dissimuler, sous les dehors d'une attention hypocrite, la joie avec laquelle ils entendaient le ministre fulminer contre le favori détesté et contre le port d'une arme qu'ils enviaient comme une arme de distinction. Dame Lilias levait la crête et se rengorgeait dans tout l'orgueil d'une haine assouvie. Quant au majordome, neutre d'apparence, il s'inquiétait de garder une attitude correcte : les yeux obstinément fixés sur un vieil écusson suspendu en face de la chaire, il paraissait en faire une étude minutieuse, aimant mieux sans doute être accusé de tiédeur dans sa dévotion que d'une ombre d'assentiment à ce qui pouvait contrarier sa maîtresse.

Et l'objet de cette sortie, lui qui n'avait pas encore appris à corriger la fougue de sa nature, quelle colère le mordit au cœur en se voyant ainsi publiquement livré au mépris et à la censure du petit monde où il vivait ! Il rougit, il pâlit, il grinça les dents, il serra les poings, il tracassa la poignée de l'arme si odieusement travestie. A la fin, comme l'invective devenait des plus sanglantes, il sentit sa rage au comble, et, craignant d'être entraîné à quelque acte de désespoir, il se leva, traversa la chapelle, et sortit en courant.

Saisi de surprise, le chapelain s'interrompit tandis que le bouillant jeune homme lui lançait en passant un regard auquel il aurait voulu donner la puissance mortelle de la foudre. Mais sitôt qu'il eut fermé avec violence la porte de la galerie voûtée qui communiquait au château, Warden puisa dans l'inconvenance de sa retraite un prétexte à l'un de ces mouvements oratoires où il excellait pour remuer fortement ses auditeurs.

Après une courte pause, il prononça d'un ton lent et solennel le terrible anathème : *Il s'est retiré d'entre nous parce qu'il n'était pas des nôtres*, et le commenta ainsi :

« Le malade a refusé de guérir à cause de l'amertume du remède, et le blessé à cause des tranchants outils de l'opérateur ; la brebis a fui du bercail et s'est livrée au loup, parce qu'elle n'a pas voulu tenir la conduite humble et régulière qu'exige de nous le Bon Pasteur. Ah ! mes frères, gardez-vous de l'orgueil ! gardez-vous d'un péché mortel et destructeur qui se montre si souvent à nos faibles yeux sous les dehors les plus engageants ! Qu'est-ce que l'honneur d'ici-bas ? Orgueil, pur orgueil. Que sont les talents d'ici-bas et les agréments ? Orgueil et vanité. Il y a des Indiens qui, au rapport des voyageurs, parent leur corps de coquillages et le peignent de mille couleurs, aussi vains de leur attirail que nous le sommes des tristes avantages de la chair.

« Oui, l'orgueil a précipité dans l'abîme Lucifer, l'archange de lumière. L'orgueil a fait flamboyer l'épée qui nous a chassés du paradis ; l'orgueil a fait d'Adam l'esclave de la mort et l'a condamné à errer péniblement sur la terre, dont il avait été jusque-là le maître immortel ; l'orgueil, en nous apportant le péché, en a doublé la noirceur. C'est l'avant-poste d'où le démon et la chair résistent quand même aux assauts de la grâce, et jusqu'à ce qu'il soit emporté et détruit au ras du sol, il y aura plus à espérer d'un fou que d'un pécheur.

« Arrachez donc de vos âmes cette pousse maudite de la pomme fatale ; enlevez-en les racines, fût-elle entremêlée avec les liens de votre vie ! Profitez de l'exemple du misérable pécheur qui nous a quittés et des moyens que vous offre la grâce agissante, avant d'avoir la conscience desséchée comme un brasier ardent, les oreilles aussi sourdes que celles de la couleuvre, et le cœur plus dur qu'une meule de moulin. Debout, et à l'œuvre ! Combattez pour la victoire ; résistez, et l'ennemi tournera le dos. Veillez et priez, par crainte de succomber à la tentation ; et que la chute d'autrui vous serve d'avertissement et d'exemple. Surtout ne comptez pas sur vos propres forces, car une pareille confiance est le plus grave indice du mal même. Rappelez-vous le pharisien : peut-être croyait-il faire acte d'humilité en allant adorer Dieu et le remercier de n'être pas semblable au reste des hommes et au publicain en particulier ; mais, tout en pressant le parvis de ses genoux, il élevait le front jusqu'au pinacle du temple. Prenez garde à l'esprit de vertige, et n'allez point offrir un vil alliage sur l'autel, où le plus pur métal est à peine une balayure ; il serait dénoncé au creuset de la suprême sagesse. Cependant, mes frères, que la tâche ne vous rebute pas à cause des difficultés que le devoir m'a prescrit d'étaler sous vos yeux. Faites votre examen de conscience, recueillez-vous et attendez tout de la grâce. »

Et dans une conclusion pathétique, il mit en relief la nécessité d'implorer le secours de la grâce divine, avec laquelle rien n'est impossible à la fragilité humaine.

L'assemblée n'entendit pas ce prêche sans en éprouver une impression profonde, bien que le sentiment de triomphe qu'inspirait la honteuse déroute du jeune favori amoindrît singulièrement l'effet des exhortations de l'orateur à l'humilité chrétienne. A dire vrai, chacun des auditeurs avait un vrai visage de jubilation ; ils ne ressemblaient pas mal en cela à une bande d'écoliers qui, ayant vu punir un des leurs pour une faute isolée, se remettent au travail avec une satisfaction d'autant plus entière qu'ils ne sont pas dans la peine et qu'un camarade s'y trouve.

Ce fut, on le pense bien, en des sentiments tout différents que la dame d'Avenel regagna l'intérieur du château. Elle en voulait à Warden d'avoir choisi pour thème de sermon un incident domestique auquel elle prenait un intérêt personnel. Mais c'était là un droit que réclamait le digne ministre en faveur de la liberté de la chaire, droit consacré en quelque sorte par l'usurpation générale, et il fallait s'y résigner.

Le coup de tête de son protégé l'affectait plus sensiblement. En manquant d'une manière si éclatante au respect de sa personne, et surtout à celui de l'homme de Dieu qui le réprimandait au prône, il avait donné une preuve de l'orgueil indomptable que lui reprochaient ses ennemis. Était-ce donc cela qu'elle avait pris si longtemps pour l'ardeur du sang et la vivacité de la jeunesse ? Qu'elle eût été trop partiale en cette occurrence, elle le sentait à présent, et aussi qu'elle avait erré par excès de bonté ; mais s'être trompée de tout point dans l'idée qu'elle s'était formée de son caractère lui semblait chose incompréhensible. Violence et hypocrisie ne font pas longue route ensemble, et malgré les charitables insinuations de Lilias, qui déclarait l'alliance positive en certains cas, il lui répugnait de s'en fier à des rapports directement contraires à sa propre expérience.

La pensée de l'orphelin s'attachait au cœur de la châtelaine, et l'inondait d'une tendresse dont elle ne pouvait s'expliquer la cause. Elle voyait en lui un présent du ciel, destiné à combler ses longues heures d'isolement et d'ennui. D'autres motifs contribuaient peut-être à le lui rendre plus cher : d'abord il n'avait qu'elle pour l'aimer, ensuite lui retirer sa protection, c'était incliner son jugement devant celui de son mari, du prédicant et de toute la maison, marque d'humilité qui sourit rarement au meilleur des époux, sans distinction de sexe.

Bref, elle se résolut à soutenir son page avec moins d'indulgence et plus de raison, et, en vue de s'assurer comment elle allait s'y prendre, elle ordonna qu'on l'amenât en sa présence.

CHAPITRE V.

> Quand la tempête fait rage, le matelot jette bas son mât, et le marchand précipite dans les flots tout ce qu'il a de plus précieux. De même, en pleine tourmente populaire, monarque et seigneur se débarrassent de leurs favoris.
>
> *Vieille Comédie.*

L s'écoula un certain temps avant que Roland comparût devant sa maîtresse.

La messagère, sa bonne amie Lilias, avait d'abord tenté d'ouvrir sans bruit la porte de la petite chambre qu'il occupait, avec l'arrière-pensée de surprendre le coupable et de se délecter du spectacle de sa confusion. Par malheur, un verrou mis à l'intérieur déjoua ses intentions bienveillantes. Elle en fut réduite à frapper en appelant à haute voix :

« Roland !.. Roland Græme !.. *maître* Roland (ceci d'un ton d'emphase ironique) ! Auriez-vous la complaisance de m'ouvrir ?.. Qu'est-ce qui vous prend ?.. Faites-vous vos prières tout seul, puisque vous n'avez pas jugé bon de les finir à la chapelle ? On vous y fera une tribune grillée, et comme ça le commun des martyrs n'aura plus les yeux sur votre noble personne. »

Pas un mot, pas un murmure ne se fit entendre.

« Soit, maître Roland, » ajouta la chambrière, « je vais dire à Madame que, si elle veut une réponse, elle se dérange elle-même, ou qu'elle fasse enfoncer la porte.

— Ah! c'est votre maîtresse? » répondit le page sans se montrer. « Que désire-t-elle?

— Ouvrez-moi d'abord, et vous le saurez. Un ordre de Madame doit être transmis en face, il me semble, et je n'irai pas pour vos beaux yeux le souffler par le trou de la serrure.

— Le nom de votre maîtresse, » dit Roland en ouvrant la porte, « me fait passer sur vos impertinences. De quoi s'agit-il?

— De descendre sur-le-champ à la grand'salle, où l'on vous apprendra, je présume, comment il faut se comporter dans une église.

— J'y vais. »

Là-dessus, il rentra chez lui et ferma l'huis au nez de la curieuse chambrière.

« Quel modèle de politesse! » grommela-t-elle en se retirant, et de retour auprès de Marie, elle lui rapporta effrontément que son page viendrait la trouver quand il aurait le temps.

« Quoi! est-ce là sa propre réponse? » dit froidement la dame. « On l'avez-vous arrangée à votre façon?

— Ah! bien, Madame, » répondit Lilias en faisant la bête, « il m'en aurait dégoisé bien d'autres si j'avais eu la patience de l'écouter. Du reste, le voici qui entre; il s'expliquera. »

Roland se présenta d'un air fier et le teint plus animé que de coutume; si sa contenance dénotait quelque embarras, ce n'était l'effet de la crainte ni du repentir.

« Jeune homme, » dit la châtelaine, « que dois-je penser de la conduite que vous avez tenue aujourd'hui?

— Si elle vous a offensée, Madame, » répondit-il, « j'en ai eu chagrin sincère.

— Si l'offense ne regardait que moi, j'en ferais bon marché; mais elle atteint aussi votre maître, qui la ressentira vivement. De plus, vous avez maltraité mes serviteurs, et manqué de respect à Dieu en la personne de son ministre.

— Permettez-moi de répéter que si j'ai offensé mon unique maîtresse, la seule personne qui m'aime et me protège, c'est là toute ma faute; c'est là tout mon regret. Sire Albert ne me compte pas à son service, et je ne puis l'appeler mon maître; de quel droit me blâmerait-il d'avoir châtié un insolent valet? Quant au courroux du ciel, je n'en ai cure; tant pis pour le brouillon de prêcheur qui met le nez où il n'a que faire! »

Certes Roland avait donné mainte preuve de son naturel irritable et de l'impatience avec laquelle il souffrait semonce ou reproche. Mais, en cette occasion, il s'exprima d'un ton sérieux et décidé, qui frappa sa maîtresse au point qu'elle se demanda si elle n'avait pas affaire à un homme résolu plutôt qu'à un adolescent.

« Est-ce à moi, Roland, que vous tenez un pareil langage? » lui dit-elle en prenant l'air de dignité qui lui était naturel. « Est-ce pour me faire repentir des faveurs dont je vous ai comblé que vous ne reconnaissez plus de maître, ici-bas ni là-haut? Avez-vous oublié ce que vous étiez, et à ce qui vous attendrait si je vous retirais ma protection?

— Non, dame, je n'ai rien oublié; ma mémoire n'est que trop fidèle. Sans vous, je le sais, j'aurais péri dans ces eaux, » et de la main il indiquait le lac, dont on apercevait par la fenêtre la surface agitée par un vent d'ouest. « Votre bonté a été plus loin, car vous m'avez défendu contre la méchanceté des autres et contre mes propres sottises. Rien ne vous oblige, si bon vous semble, à garder l'orphelin dont vous avez pris soin. Vous avez tout fait pour lui, et il ne se permet aucune plainte. Cependant ne m'accusez pas d'ingratitude; pour l'amour de vous, j'ai dû souffrir ce que je n'aurais souffert pour personne au monde, excepté ma bienfaitrice.

— Pour l'amour de moi! Que vous ai-je donc forcé de souffrir, dont la mémoire vous soit restée avec des sentiments autres que ceux de la reconnaissance?

— Dois-je être reconnaissant, Madame, à sire Albert de la froideur dédaigneuse qu'il n'a cessé de me témoigner, froideur presque voisine de l'aversion? reconnaissant à vos gens d'une malveillance qui ne s'est pas démentie un seul jour, ou à votre chapelain de l'homélie dont il a régalé à mes dépens toute la maisonnée? Vous êtes trop juste pour l'exiger.

— A-t-on jamais ouï des horreurs pareilles ! » s'écria Lilias en levant les bras au ciel. « Il parle comme s'il était fils d'un comte ou d'un chevalier banneret pour le moins. »

Le page ne répondit à l'intervention de la suivante que par un regard de souverain mépris.

« Lilias parle durement, » reprit la dame, « mais au fond elle a raison, et m'est avis qu'il n'y a plus à ménager cet orgueil qui vous a si complètement tourné la tête. On vous a paré de riches vêtements, on vous a traité en fils de gentilhomme, et vous avez fini par oublier la bassesse de votre origine.

— Avec votre permission, très honorable dame, Lilias n'a point eu raison, et Votre Seigneurie ne connaît rien de ma famille qui puisse l'autoriser à en parler avec tant de mépris. Je ne suis pas l'enfant d'une pauvresse ; ma grand'mère n'a jamais mendié, ici ni ailleurs ; elle serait plutôt morte de faim en pleine lande. On nous a pillés et chassés de notre maison, ce qui est arrivé plus d'une fois et à bien d'autres. Le château d'Avenel, avec son lac et ses tours, n'a pas toujours mis ses habitants à l'abri du chagrin et de la misère.

— Quelle effronterie ! » s'écria la suivante. « Il ose reprocher à Madame les malheurs de sa famille.

— C'est une allusion, » dit sa maîtresse, « qu'une âme reconnaissante aurait dû m'épargner.

— Elle était nécessaire à ma justification, Madame, » reprit le jeune homme, « sans quoi je n'aurais pas hasardé un mot qui pût vous faire peine. Quant à être sorti de bas, n'en croyez rien. Je ne connais pas, il est vrai, mon propre lignage ; mais l'unique parente qui me reste l'affirme, et sa parole a éveillé un écho dans toutes les fibres de mon être, je suis de race noble, et je mérite d'être traité comme tel.

— Et sur la foi d'un tel oracle, vous auriez le fol espoir de prétendre au respect et aux privilèges qui sont l'apanage du rang et de la naissance, et d'en disputer l'octroi ? Allez, jeune homme, rentrez en vous-même, ou le majordome vous apprendra comment on redresse les petits insolents. Vous n'avez point assez tâté des corrections qui conviennent à votre âge et à votre état.

— Qu'il y vienne, le majordome, et il tâtera auparavant de mon poignard! » riposta Roland, dont la colère contenue jusque-là éclata avec violence. « Dame, j'ai été trop longtemps le vassal d'une pantoufle et l'es-

clave d'un sifflet d'argent. Cherchez un autre qui vous serve, et qu'il soit assez vil de cœur et d'origine pour endurer les lardons de la valetaille et appeler son maître un ancien serviteur des moines.

— Vous me faites payer cher, » dit-elle, toute rougissante sous l'affront, « la faiblesse d'avoir si obstinément fermé les yeux sur votre insolence. Retirez-vous ; quittez le château ce soir même... Je pourvoirai à vos besoins jusqu'à ce que vous soyez en état d'y suffire honnêtement, si vos ambitieuses visées ne vous entraînent pas, comme j'en ai peur, dans des voies de violence et de rapine. Sortez, et ne vous présentez jamais plus devant moi. »

Le page se jeta à ses pieds. En proie à un désespoir sincère, il ne pouvait dire autre chose que « Maîtresse ! chère maîtresse ! » au milieu des sanglots qui l'étouffaient.

« Laissez-moi, » reprit-elle. « N'ajoutez-pas l'hypocrisie à l'ingratitude.

— Ah ! ni l'une ni l'autre, j'en suis incapable, » s'écria-t-il, et à l'instant il fut debout avec cet emportement de passion qui distinguait son caractère mobile. « Moi, supplier qu'on me garde ici ? Non. Ma résolution de partir était prise, et bien prise, et je ne me pardonnerai jamais de vous avoir laissé dire : « Allez-vous-en, » avant d'avoir dit moi-même : « Je vous quitte. » Dans l'excès de ma douleur, une parole irréfléchie m'a échappé, parole inconvenante de moi à vous, et c'était pour vous conjurer de me la pardonner que j'embrassais vos genoux. Je n'implore pas d'autre grâce... Vous avez fait beaucoup pour moi ; mais, je le répète, vous savez le compte de vos bienfaits et non celui de mes souffrances.

— En ce cas, » demanda la châtelaine un peu apaisée et qui se laissait gagner à l'attendrissement, « pourquoi ne pas s'adresser à moi ? Placé sous ma protection, vous n'étiez pas plus obligé de dévorer un affront qu'autorisé à en tirer vengeance.

— Et si l'affront me venait de vos familiers, devais-je troubler votre tranquillité par des rapports insignifiants et des plaintes sempiternelles ? Fi ! j'ai rongé mon frein en silence, et le respect dont vous m'accusez d'avoir manqué est le seul motif qui m'ait empêché de vous demander justice ou de me la faire par mes mains, prompte et certaine. Au reste, il est bon que nous nous séparions. Le sort d'un subalterne, favori de sa maîtresse jusqu'à ce qu'il soit victime d'un venimeux entourage, ne me convenait pas. Puisse le ciel répandre ses bénédictions sur votre tête vénérée, et, pour l'amour de vous, sur tout ce qui vous est cher ! »

Il était sur le point de quitter la salle quand, à l'appel de la châtelaine, il s'arrêta.

« Je n'avais pas l'intention, » dit-elle, « et il ne serait pas juste, toute mécontente que je sois, de vous congédier sans moyens d'existence. Voici ma bourse.

— Non, dame, c'est une aumône, » reprit-il; « laissez-moi partir sans avoir la conscience de m'être abaissé jusque-là. Si mes faibles services peuvent compenser les frais de mon entretien et de ma nourriture, je vous suis encore redevable de la vie, et c'est une dette qu'il m'est impossible d'acquitter jamais. Gardez donc cette bourse, et donnez-moi en place votre parole que vous n'avez plus de colère contre moi.

— De la colère, non, mais votre obstination m'afflige. Allons, prenez cet argent; il vous sera nécessaire.

— Ah! toujours bonne et indulgente! Dieu vous le rende un jour! Quant à l'argent, je ne le prendrai pas. Je suis jeune et vigoureux, et l'aide ne me fera pas aussi complètement défaut que vous paraissez le croire. Un temps viendra, je l'espère, où je pourrai vous prouver ma reconnaissance autrement que de vive voix. »

Il fléchit le genou devant elle, baisa une de ses mains qu'elle ne retira point, et sortit d'un pas rapide.

La dame d'Avenel, affaissée sur son fauteuil, était si pâle qu'elle semblait sur le point de tomber en défaillance; mais à l'aspect de sa chambrière qui la regardait d'un air singulier, elle se leva brusquement, lui tourna le dos et rentra dans son appartement.

CHAPITRE VI.

> Tu connais déjà le fort et le faible de chacun, François. Tout en arrosant ta curiosité d'un pot de bière, tu es allé à l'office, je gage, bavarder avec le sommelier ou la femme de charge, qui ont la clef de tous les secrets de la maison.
>
> *Ancienne Comédie.*

Ce fut au lendemain de sa dernière entrevue avec la châtelaine que le favori en disgrâce quitta Avenel de grand matin.

A l'heure du déjeuner, le politique majordome et dame Lilias, assis dans la chambre de cette dernière, devisaient ensemble de l'événement du jour, tempérant la gravité de leur conférence par un régal de menues friandises et de vieux vin des Canaries.

« Enfin le voilà parti! » dit la suivante en sirotant la liqueur. « Bon voyage!

— Ainsi soit-il, » fit l'autre. « Je ne lui veux pas de mal à ce pauvre diable.

— Et parti comme il est venu, en vrai canard sauvage. Pas de ponts-levis à baisser, pas de chaussée à parcourir. Mon gaillard s'est embarqué à bord de *l'Hérode* — quelle honte d'avoir baptisé d'un nom chrétien un tas de planches et de clous! — il a empoigné les rames et s'est conduit tout seul jusqu'à l'autre côté du lac. Puis bonsoir la compagnie, plus personne !.. Il a laissé tous ses jolis atours éparpillés dans sa chambre. Quelle friperie ! Je ne sais qui va la ramasser, quoiqu'elle en vaille la peine.

— Oh! alors j'ai dans l'idée qu'elle n'encombrera pas longtemps le carreau.

— Là, entre nous, maître Wingate, n'avez-vous pas le cœur réjoui jusqu'au fin fond de voir la maison débarrassée d'un petit gueux qui prétendait nous mettre le pied dessus ?

— Hum! dame Lilias, quand on a consumé sa vie au service des grands, on n'est jamais pressé de se réjouir de quoi que ce soit. Quant à Roland Græme, c'est un fier débarras, j'en conviens ; mais rappelez-vous le proverbe : On sait ce qu'on quitte...

— Et moi je vous dis que nous avons joué à qui perd gagne. Il aurait fini par ruiner notre pauvre maîtresse, » et elle tira son mouchoir en pleurnichant, « notre maîtresse adorée, corps et âme, et ses biens aussi... car elle dépensait, rien qu'à l'attifer, plus d'argent que pour quatre de ses domestiques.

— M'est avis que notre maîtresse se passerait fort bien de tant de sollicitude ; elle a qualité à tous égards pour administrer son corps, son âme, et ses biens par surcroît.

— On voit bien que vous ne l'avez pas vue au moment où le page a fait ses adieux, blanche et immobile comme la femme de Loth! C'est une dame sage, vertueuse, bienfaisante, de bonne renommée ; mais pour tout l'or du monde, je ne voudrais pas que sire Albert eût été là hier soir.

— Ah! ma chère, fi! Un bon serviteur doit voir et entendre, et se taire. D'ailleurs Madame est profondément attachée à sire Albert, et elle fait aussi bien : où trouver dans le pays un chevalier plus couvert de gloire?

— C'est bon, c'est bon, je n'y entends pas malice. Seulement à chercher moins de gloire au dehors on gagne plus de sécurité chez soi, voilà tout. Et puis vivre presque toujours seule, croyez-vous cela bon pour une femme ? Aussi a-t-elle été ravie de recueillir cette graine de mendiant que le chien avait pêchée dans le lac.

— Et voilà justement pourquoi je dis : Soyons moins pressés de nous réjouir. S'il fallait autrefois à votre maîtresse un favori pour passer le temps, aujourd'hui qu'il est parti le temps ne lui pèsera pas moins, comptez là-dessus. Elle éprouvera le besoin de s'en procurer un autre, et ces joujoux-là, voyez-vous, ne manquent jamais à l'appel.

— Elle n'aura que l'embarras du choix parmi tant de serviteurs fidèles et éprouvés, qui ont depuis si longtemps le boire et le manger à sa table. J'ai connu de par le monde mainte dame, aussi honnête, qui n'avait jamais songé à prendre en faveur ou amitié que sa chambrière, sans rien sacrifier, bien entendu, des égards dus à son ancien et dévoué majordome.

— Sans doute, dame Lilias ; le but que vous visez n'est pas difficile à voir, mais l'atteindre me semble douteux. Les choses étant comme il vous plaît de les supposer, ce ne sera ni votre coiffe à barbes, — soit dit sans lui manquer de respect, — ni mon poil gris ou ma chaîne d'or qui remplira la brèche ouverte par le départ de Roland dans les loisirs de votre maîtresse. Parlez-moi d'un jeune prédicant aux idées nouvelles, d'un savant docteur avec un remède à tous maux, d'un vaillant cavalier qui fera triompher ses couleurs en courant la bague, ou encore d'un ménestrel aussi habile à jouer de la harpe que du cœur d'une femme, ainsi qu'a fait David Rizzio chez notre pauvre reine. Telle est l'espèce de gens qui supplée à la perte d'un favori adoré, et non pas un vieux bonhomme d'intendant ou une chambrière sur le retour.

— Ah! maître Wingate, quelle expérience vous avez! Mais là, de bonne foi, si le chevalier, au lieu d'errer sans cesse par voies et par chemins, veillait un peu plus aux affaires de sa maison, ça vaudrait mieux. Le papisme s'y glissera un jour ou l'autre. Savez-vous ce que j'ai trouvé dans une des poches du petit? Un chapelet à grains d'or. Regardez plutôt... En voilà des *ave* et des *credo!* Je me suis jetée dessus avec la rage d'un faucon.

— Vous ne m'étonnez pas, » et le majordome branla la tête d'un air entendu. « Ce garçon-là se livrait en cachette à d'étranges pratiques qui sentaient le papisme d'une lieue, je l'ai remarqué. De nos jours, un catholique se cache sous le manteau d'un puritain aussi souvent qu'un fripon sous une cagoule de moine. Qu'y faire? Nous sommes tous pécheurs... Oui, c'est un rosaire, et les grains valent bien quatre onces d'or fin.

— Je vais me dépêcher de les faire fondre, de peur qu'ils n'entraînent quelque pauvre âme à sa perdition.

— La précaution est bonne.

— Je les mettrai en boucles à mes souliers. La bimbeloterie du

pape! A Dieu ne plaise que j'en porte sur moi, à un pouce au-dessus de la cheville, quand même elle serait en diamants!.. Voilà ce qu'on a gagné aux allées et venues de dom Ambroise, qui vous a un air de sainte n'y touche comme un chat à l'affût d'un plat de crème!

— Dom Ambroise est le frère de notre maître.

— Hélas! oui, maître Wingate; mais enfin ça lui donne-t-il le droit de corrompre les fidèles sujets de la reine pour en faire des papistes?

— Le ciel nous en préserve! et pourtant il y a des gens pires encore »

Cette fois, la réponse du majordome, qui ménageait sans cesse la chèvre et le chou, eut le don d'agacer fort les nerfs de la commère.

« Des gens pires que les papistes ! » répéta-t-elle. « Et où en trouverait-on ? Je me le demande. Si l'on vous parlait du diable, vous seriez, ma foi, capable de dire qu'il y a plus mauvais que lui.

— Pourquoi pas, si j'avais le diable en face de moi ?

— Miséricorde ! » s'écria-t-elle en tressautant sur sa chaise. « Quel plaisir avez-vous, maître Wingate, à faire des peurs pareilles ?

— Ce n'était pas mon intention ; mais écoutez voire. Pour le moment, les papistes ont le dessous ; combien ce moment-là durera-t-il ? Dans le nord de l'Angleterre, nous avons deux seigneurs redoutés, assez forts pour jeter par terre n'importe quel trône chrétien, le comte de Northumberland et celui de Westmoreland ; enragés papistes, ils abominent jusqu'au mot de réforme. Notre futur roi d'Écosse, que Dieu le protège ! sera un bon protestant ; mais il est encore au maillot, et n'oublions pas sa mère Marie, quasiment notre reine, — il n'y a pas de mal à dire aussi pour elle : Dieu la protège ! — Celle-là est catholique dans l'âme, et on commence à dire un peu partout qu'elle a été trop durement traitée, par exemple à l'ouest chez les Hamiltons, au nord chez les Gordons, et parmi certains clans de la frontière. Tout ce monde soupire après un changement. Or, s'il advient du nouveau, il est probable que la reine rattrapera le bon bout, et alors on chantera la messe, et adieu les pupitres, les robes de Genève et les mortiers de soie noire !

— Eh ! quoi, maître Wingate, après avoir entendu prêcher le Verbe par notre excellent ministre, pouvez-vous déclarer, que dis-je ! penser sans frémir que le papisme crèvera sur nous comme un orage, et que la femme Stuart fera derechef du trône royal d'Écosse un siège d'abomination ? Cela ne m'étonne plus si vous montrez patte blanche à ce tondu d'Ambroise quand il nous arrive avec ses yeux bien fendus, qu'il tient toujours baissés devant Madame, avec sa petite voix flûtée, ses souhaits et ses bénédictions. Qui aurait pour tout cela plus de complaisance que notre majordome ?

— Dame Lilias, » répondit l'autre du ton d'un homme qui va porter un coup décisif, « chaque chose a sa raison d'être. Si j'ai accueilli poliment dom Ambroise, si je lui ai permis d'échanger par-ci par là un bout de causette avec le page, croyez-vous que j'aie songé à ses bénédictions dont je me soucie comme d'une épingle? Non, c'est par égard pour le sang de mon maître. Puis, dans le cas du retour des papistes, qui sait s'il ne pourra pas nous fournir un appui solide, ainsi qu'a fait son aîné jusqu'ici? Que la reine rentre dans son bien, voilà le comte de Murray à bas, et bien heureux de s'en tirer les braies nettes. Une fois Murray par terre, ainsi arrivera-t-il du chevalier. Alors qui aura le plus de droits à tenir sa place, si ce n'est le susdit frocard? Le pape de Rome peut le relever de ses vœux, et au lieu d'Ambroise le bénédictin nous aurons sire Édouard le guerrier. »

Suffoquant d'indignation, stupéfaite d'ouïr son compère lui débiter, non sans une forte dose d'amour-propre satisfait, la kyrielle de ses spéculations politiques, Lilias écouta d'abord, bouche béante. A la fin, elle éclata comme une trombe en paroles furieuses et outrageantes.

« Ah! maître Wingate, » s'écria-t-elle, « avez-vous mangé si longtemps le pain de ma maîtresse, sans parler de celui de mon maître, pour venir me conter qu'elle pourrait être dépossédée de son château d'Avenel par un gueux de moinillon qui n'a pas une goutte du même sang dans les veines? Moi qui ne suis qu'une femme, je voudrais voir auparavant lequel est de meilleur aloi, de son froc ou de ma cornette. Honte à vous! Si je n'avais pas un reste de pitié pour une ancienne connaissance, cela irait droit aux oreilles de Madame, au risque de me faire appeler bavarde et rapporteuse pour ma peine, comme la fois où je lui dis que Roland avait tué le cygne à coups d'arquebuse. »

Qui fut penaud? Mons Gaspard, qui, à force de raffiner sur la politique, avait fait soupçonner sa fidélité au lieu de voir applaudir sa prévoyance. Par une prompte volte-face, il tenta sa justification avec commentaire, glose et paraphrase à l'appui. Ce qui ne l'empêchait pas d'être horriblement vexé à part lui.

« Cette Lilias, » se disait-il, « est une sotte qui n'entend goutte à un raisonnement. Une chose l'a frappée, c'est qu'en devenant maître du château, dom Ambroise aurait besoin d'un majordome et plus du tout d'une chambrière. »

Après cette explication, qui eut le sort commun aux tentatives de cette espèce, les deux amis se séparèrent avec un peu de moins de déférence et de cordialité qu'auparavant; l'un sentait sa diplomatie tenue en échec par un attachement moins intéressé que le sien, l'autre était forcée de s'avouer qu'il n'y avait guère plus dans l'intendant que l'étoffe d'un flatteur.

CHAPITRE VII.

> Quand j'ai sous mon pouce une pièce de douze sols, on me fait crédit partout ; et quand je n'ai rien, l'on me dit de passer au large. Sans argent, adieu la bonne compagnie !
>
> *Vieille Chanson.*

Sur ces entrefaites, le ci-devant favori d'Avenel continuait à grands pas sa route solitaire, sans trop savoir quel en était le but et ce qui en résulterait.

Il avait débarqué le plus loin possible du village, afin de pouvoir s'éloigner à l'insu de ses habitants. L'orgueil lui disait tout bas que, tombé en disgrâce, il ne serait plus pour eux qu'un objet d'étonnement et de pitié, et la générosité lui faisait redouter toute marque de sympathie publique comme préjudiciable à leurs intérêts. Il ne tarda pas à se convaincre qu'en ce dernier point il avait peu de chose à craindre pour ses amis.

Chemin faisant, il rencontra un jeune homme, nommé Ralph Fisher, plus âgé que lui de trois ou quatre ans, et qui se trouvait naguère fort honoré de l'accompagner à la chasse et de lui donner un coup de main. Ralph se confondit aussitôt en démonstrations de servile politesse.

« Eh! quoi, Monsieur Roland, » dit-il, « déjà en campagne? sans faucon ni chien?

— J'en ai fini avec eux, » répondit l'ex-page, « et pour toujours peut-être. On m'a renvoyé... c'est-à-dire j'ai quitté le château.

— Bah! » fit l'autre en écarquillant les yeux. « Vous allez donc rejoindre le chevalier, et prendre à sa suite la cuirasse et la lance?

— Oh! non, par exemple. J'ai renoncé au service d'Avenel une fois pour toutes.

— Alors où allez-vous?

— C'est une question que le temps se chargera de résoudre, car je n'y ai pas encore pensé.

— Bon! bon! ça ne fait rien à l'affaire, j'en réponds; notre maîtresse ne vous aurait pas laissé partir sans vous bourrer les poches comme il faut.

— Sordide manant! me crois-tu donc capable d'accepter un liard de celle qui m'a livré en pâture aux traits de la calomnie, à l'instigation d'un hypocrite à rabat et d'une chambrière intrigante? Le pain acheté d'une telle aumône m'étoufferait à la première bouchée. »

Le paysan ahuri le regarda d'un air tant soit peu méprisant.

« Ouais! » dit-il enfin. « Il n'y a pas de quoi se fâcher; chacun connaît la mesure de son estomac. C'est égal, si j'étais à courir la lande à cette heure matinale sans savoir que devenir, je me consolerais en sentant une couple de gros écus danser dans ma pochette, n'importe d'où ils me viendraient. Pourtant, s'il vous plaisait de faire un tour chez mon père... pour la nuitée s'entend, car demain nous attendons mon oncle et toute sa séquelle; mais, je le répète, pour la nuitée... »

A cette invitation, faite à contre-cœur, et qui mesurait avarement l'hospitalité à la durée d'une nuit, la fierté de l'ex-favori se révolta.

« J'aime autant dormir sur un lit de bruyère, à la belle étoile, » s'écria-t-il, « comme cela m'est arrivé tant de fois sans nécessité, que chez ton père, dans un taudis enfumé, qui empeste la tourbe et l'eau-de-vie comme un plaid de montagnard.

— A votre choix, mon maître, puisque vous êtes si dégoûté; mais en cheminant au hasard et la bourse vide, vous serez bien aise, un de ces matins, d'empester aussi la tourbe et l'eau-de-vie. Au surplus, l'invitation valait un merci ; car tout le monde ne s'exposerait pas à déplaire au seigneur pour héberger le valet qu'il a mis à la porte.

— Ralph, n'oubliez pas, je vous prie, que je vous ai houspillé maintes fois, et voici la houssine qui m'a servi. »

Ralph, gaillard épais et trapu, plein de confiance dans l'écrasante supériorité de ses forces, s'esclaffa de rire aux menaces de son frêle adversaire.

« Que ce soit le même bâton, » dit-il, « c'est possible, mais le même garçon, nenni, comme on chante on à peu près dans la ballade. Sachez une chose, mon page raté : quand vous leviez la houssine et que je baissais le dos, c'était la crainte de vos maîtres qui me travaillait. Mais reculer devant vous... Ah ! je ne sais ce qui me retient de régler l'ancien compte avec cette baguette de coudrier, et de vous apprendre comment je respectais la livrée d'Avenel, et non ce qu'il y avait dessous, Monsieur Roland. »

Malgré la colère qui grondait en lui, Roland eut un éclair de raison : il comprit que prolonger la dispute, c'était s'exposer aux brutalités d'un rustre taillé en force, et qui n'attendait en ricanant qu'une provocation. Cette pensée lui fit faire un retour pénible sur l'état d'abaissement où il était réduit, et, plongeant la tête dans ses mains, il pleura de rage. Cette explosion de désespoir ne laissa point de toucher son grossier compagnon.

« Allons, Monsieur Roland, » dit-il, « c'était pour me gausser. Rien qu'à cause de l'ancienne connaissance, est-ce que je voudrais vous faire du mal ? Désormais, mesurez votre homme de l'œil avant de parler de houssine ; votre bras n'est qu'un fuseau à côté du mien... Ah ! j'entends le vieil Adam qui siffle son faucon. Venez, nous passerons avec lui une joyeuse matinée, et nous irons ensuite chez mon père, en dépit de la tourbe et de l'eau-de-vie. Qui sait ? on vous trouvera peut-être un moyen honnête de gagner votre vie, quoique ça ne soit pas commode en ces temps du diable. »

L'infortuné page ne fit aucune réponse, et demeura absorbé dans son chagrin pendant que Ralph poursuivait le cours de ce qu'il croyait être des consolations.

« Voyez-vous, mon cher, quand vous étiez le mignon de madame, on vous disait bouffi d'orgueil, un brin papiste même, et je ne sais quoi avec. A présent que vous n'avez plus de chaperon, il faut vous montrer aimable et gentil compagnon, subir les semonces du ministre, ôter enfin de la tête des gens les idées qu'ils ont de vous. Si le ministre vous déclare en faute, mettez les pouces ; si un seigneur, ou seulement un de ses favoris, vous caresse d'un coup de houssine, dites-lui merci d'avoir épousseté votre jaquette, ou quelque chose d'approchant, comme je faisais avec vous... Mais c'est encore la voix du fauconnier. Hâtons-nous, et en marchant, je vous apprendrai plus d'un tour.

— Je vous rends grâce, » répondit Roland en revenant à ses airs de supériorité dédaigneuse ; « notre route n'est pas la même, et en serait-il autrement, je ne pourrais vous emboîter le pas.

— A merveille ! Chacun se gouverne à sa mode, et, quelle que soit votre route, je ne vous en détournerai pas. N'importe, topez là, camarade, en souvenir de l'ancien temps !.. Pas même une poignée de main avant de nous quitter? Soit. Liberté entière aux gens têtus. Adieu donc, et une bonne matinée que je vous souhaite! »

Sur cet adieu sans cérémonie, Ralph s'éloigna d'un pas relevé, en sifflant, nullement fâché d'ailleurs de se voir débarrassé d'une connaissance qui pouvait devenir gênante sans lui être d'aucun profit.

De son côté, Roland accéléra sa marche aussi longtemps qu'il fut en vue du paysan, afin de n'avoir pas l'air d'hésiter dans sa résolution ou d'errer à l'aventure. Mais combien l'effort lui fut pénible ! Il se sentait comme étourdi et pris de vertiges ; le sol semblait céder sous ses pieds et se fondre comme à la surface d'une tourbière ; et deux ou trois fois il faillit tomber, bien qu'il traversât une plaine verdoyante et très unie. Il n'en mit que plus d'énergie à se porter en avant, malgré l'ébranlement nerveux dont ces symptômes révélaient la gravité, jusqu'au moment où le penchant d'une colline eût enfin dérobé Ralph à ses yeux. Alors le cœur lui manqua tout à coup : il s'assit sur l'herbe, et, loin du regard des hommes, il donna cours à l'expression naturelle de la souffrance, de la crainte et de l'orgueil blessé, en versant un torrent de larmes, d'une amertume, celles-là, qu'il ne connaissait pas encore.

Lorsque le tumulte des passions qui le déchiraient fut un peu apaisé, le pauvre abandonné éprouva ce soulagement moral qui suit d'ordinaire les crises de la douleur. Des pleurs continuèrent de couler le long de ses joues, mais ils n'avaient plus la même âcreté de désespoir. L'image de sa bienfaitrice vint rafraîchir son âme endolorie d'impressions tristes et douces à la fois : il se rappela son infatigable bonté, son affection vigilante en dépit de mille traits d'insubordination qu'il se rappelait comme de noires offenses, la protection dont elle n'avait cessé de le couvrir envers et contre tous ; biens inestimables à jamais perdus par l'excès d'une présomption ridicule.

« Les humiliations que j'ai eu à souffrir, quelles qu'elles soient, » pensait-il, « ont été le juste châtiment de ma conduite. En profitant de son hospitalité et de sa tendresse toute maternelle, ai-je eu raison de lui cacher ma religion? Elle saura du moins qu'un catholique a le cœur aussi bien placé qu'un puritain ; que j'ai pu être écervelé, non pas méchant ; qu'au milieu de mes extravagances, je l'ai toujours aimée, honorée, respectée ; que l'orphelin, coupable de tant de fautes, n'y a point ajouté celle de l'ingratitude. »

Sous l'influence de ce nouveau train de pensées, Roland se leva, changea de direction et reprit le chemin du château à grands pas. Repentir précipité, dont la première ardeur se dissipa bien vite à la réflexion ! Quel accueil lui réservait la malveillance de ses ennemis ? Ne verrait-on pas en lui un fugitif contrit et bassement résigné? un suppliant qui venait solliciter, avec le pardon de ses erreurs, la faveur de reprendre sa chaîne ? Il ralentit sa marche, tout en regimbant contre sa propre faiblesse.

« Peu m'importe! » se dit-il. « Qu'on cligne de l'œil, qu'on me montre au doigt, qu'on hoche la tête, qu'on parle d'amour-propre humilié, d'orgueil déchu, que me fait tout cela? Je l'accepte en expiation de mes folies, et je l'endurerai sans me plaindre... Mais elle, ma bienfaitrice, si elle allait me croire assez vil et lâche pour ne viser, en implorant mon pardon, qu'à rentrer dans la jouissance d'une place avantageuse? Oh! un tel soupçon de sa part, je n'en puis supporter l'idée. »

Cette fois, il s'arrêta net, et l'orgueil, venant à la rescousse de son obstination naturelle, lui remontra l'inanité d'une démarche qui, loin de le rétablir dans les bonnes grâces de la châtelaine, l'exposerait au contraire à ses dédains.

« Encore si j'avais un prétexte à alléguer, » reprit-il, « une excuse valable, un motif quelconque de mon retour, à quoi l'on vit clairement que le besoin ou la bassesse ne m'oblige pas à revenir au château, je pourrais m'y rendre. Autrement, c'est impossible. Mon cœur éclaterait dans ma poitrine. »

Tandis que son esprit était en balance, quelque chose de flottant passa comme un trait devant lui au point d'éblouir ses yeux et de froisser la plume de sa toque. Il leva la tête, et reconnut le faucon favori de sire Albert qui, voltigeant de ci de là, semblait réclamer l'attention d'un ancien ami. Il étendit le bras, et, au signal accoutumé, l'oiseau vint se poser sur son poing : tout en lissant ses plumes, il dardait de ses fauves prunelles un regard vif et perçant sur le jeune homme qui lui faisait attendre les caresses dont il avait l'habitude.

« Ah! Diamant, » s'écria Roland, comme si l'oiseau eût pu le comprendre, « toi et moi, nous ne devons plus nous connaître. Je t'ai vu accomplir mainte prouesse, et abattre plus d'un brave héron ; mais à présent c'est fini... Adieu la chasse et les faucons !

— Et pourquoi cela, Monsieur Roland ? » demanda Adam Woodcock, sortant d'un bouquet d'aunes qui l'avait jusqu'alors dérobé à la vue. « Pourquoi dire adieu aux faucons ? Que serait la vie, camarade, s'il fallait renoncer aux plaisirs de la chasse ? Rappelez-vous la vieille chanson d'Allan :

> Foin d'un pays sans faucons !
> Autant vaut l'air des prisons.
> Mais vivre sans courre ni vol,
> Autant vaut plonger, comme un fol,
> Dans la mare, une pierre au col !

La voix du fauconnier était amicale, et la façon dont il débita son couplet pleine de rondeur et de cordialité. Mais le souvenir de leur querelle de la veille et des suites qu'elle avait eues embarrassait Roland, et il ne savait que répondre. Adam vit son hésitation et en devina la cause.

« Quoi ! donc, Monsieur Roland, » lui dit-il, « vous, une moitié d'Anglais, pensez-vous que moi, un Anglais tout entier, j'irais vous garder rancune, et dans le malheur encore? C'est bon pour des Écossais de ma connaissance, — révérence parler à cause de mon maître; — on les voit, ceux-là, faire bonne mine à vilain jeu, attendre que la roue

tourne, et, leur secret renfermé sous triple serrure, vivre avec vous de pair à compagnon à l'auberge, à la chasse, partout; et crac! au bon moment, un coup de poignard les venge d'une vieille querelle. Dans mon pays, on n'a pas la mémoire si longue. Vous m'avez bourré un peu fort, c'est vrai ; et s'il me plaît à moi de préférer un de vos coups de poing au coup de langue d'un autre ? Au moins, vous aimez mes bêtes, et vous vous y connaissez, hormis sur l'article de la viande lavée. Ainsi, camarade, donnez-moi la main, et sans rancune ! »

Bien que révolté dans son orgueil du ton familier qu'employait l'honnête Adam vis-à-vis de lui, Roland ne put résister à la franchise de ses avances ; se couvrant la figure d'une main, il tendit l'autre au fauconnier, et échangea de bon cœur avec lui une cordiale étreinte.

« Voilà qui est au mieux, » reprit Woodcock. « J'ai toujours soutenu que vous aviez un bon cœur, sauf un grain de diablerie qui vous possède, pour sûr... J'étais venu rôder par ici avec le faucon dans l'espoir de vous rencontrer, et c'est le gros pataud de Ralph qui m'a remis sur la voie. En voilà un, par exemple, dont vous étiez par trop coiffé : est-ce qu'il entend miette au vol des oiseaux, sinon ce que vous lui avez appris ? J'ai deviné à son air ce qui s'était passé entre vous deux, et il ne se vantera pas de la manière dont j'ai expédié sa compagnie. Quelle peste qu'un faux camarade ! J'aimerais autant une corneille sur mon perchoir... Ah ! ça, Monsieur Roland, de quel côté allez-vous prendre l'essor ?

— Ce sera, » répondit le jeune homme en soupirant, « à la grâce de Dieu.

— Voyons, n'arrachez pas vos plumes parce qu'on vous a rendu la volée. Qui sait si vous ne planerez pas haut et ferme un de ces jours ? Regardez-moi Diamant : une noble bête, n'est-ce pas, et comme il a l'air brave avec son chaperon, ses sonnettes et ses lanières ! Ça n'empêche qu'il y a en Norvège plus d'un faucon sauvage qui ne troquerait pas son sort contre le sien. J'en dirai autant de vous. Vous n'êtes plus un page de dame, et bonsoir les beaux habits, les fins repas, le coucher mollet, la galante tournure ! Eh bien, après ? Une maîtresse perdue un maître retrouvé, et c'est vous-même, qui sera libre, sans s'inquiéter qu'on l'appelle ou qu'on le siffle, d'aller et venir à sa guise. Le plus triste est de n'avoir plus de chasse ; et encore là-dessus qu'en savez-vous ? Sire Albert a failli dans le temps, à ce qu'il paraît, devenir garde-chasse chez l'abbé de Sainte-Marie ; aujourd'hui il possède faucons et lévriers, et qui plus est, Adam Woodcock pour fauconnier.

— Oui, Adam, » s'écria Roland, dont les joues se couvrirent d'une rougeur brûlante, « vous avez raison, cent fois raison ! Otez les sonnettes à Diamant, toutes d'argent qu'elles sont, et il montera encore plus haut.

— Précisément. Et avez-vous un but?

— Je comptais me rendre à l'abbaye pour demander conseil à dom Ambroise.

— Que la joie vous accompagne ! Probablement vous trouverez les vieux frocards pas mal tourmentés. Le bruit court que les gens du pays menacent de les jeter à la porte et de chanter dans leur église la grand'messe des Fous, divertissement qu'ils ont trop longtemps négligé, en quoi je les approuve.

— En ce cas, tant mieux pour dom Ambroise, qui aura un ami à ses côtés !

— Hum ! mon jeune coq, tant pis pour l'ami, qui attrapera peut-être un mauvais coup dans la bagarre.

— C'est le moindre de mes soucis. La peur des horions ne me retiendrait pas, mais plutôt celle d'apporter la zizanie entre les deux frères en allant voir celui de l'abbaye. Auparavant, je me rendrai à l'ermitage de Saint-Cuthbert ; on m'y donnera l'hospitalité, et de là je ferai demander aux moines s'ils peuvent me recevoir.

— Le plan est raisonnable. Parlons d'autre chose, » dit Woodcock avec une sorte de gaucherie bien éloignée de la franchise habituelle de ses allures. « Vous connaissez ma fauconnière, où je serrais ce dont j'ai besoin ; mais quelle en est la doublure ? Devinez.

— Du cuir, parbleu !

— Oui, du cuir, et de la monnaie avec. Voyez-vous cette poche pratiquée entre deux épaisseurs : il y a là-dedans une trentaine de gros d'argent, aussi bons qu'on en ait jamais frappé sous le roi Henri ! J'en mets dix à votre service, et de tout cœur, ma foi. Là, le grand mot est lâché. »

Le premier mouvement de Roland fut de refuser ; se rappelant ensuite le vœu d'humilité qu'il venait de faire, l'occasion lui parut bonne de mettre sa résolution à l'épreuve. Il s'arma donc de courage et répondit, avec toute la sincérité dont il était capable au moment où il violentait ainsi ses inclinations, qu'il acceptait volontiers l'amicale proposition.

« Et j'espère, » s'empressa-t-il d'ajouter comme un calmant à sa vanité sans cesse renaissante, « j'espère être bientôt à même d'acquitter ma dette.

— A votre aise, jeune homme, à votre aise, » dit Adam, et il lui compta en fredonnant la petite somme si généreusement offerte. « A présent, vous êtes le roi du monde. Quand on sait monter à cheval, sonner du cor, guider une meute, voler au faucon, jouer de la targe et de l'épée, et qu'avec cela on a aux pieds une bonne paire de brodequins, sur le dos une casaque verte, et dix gros d'argent dans la poche, on peut dire au bonhomme Souci d'aller se faire pendre ailleurs. Adieu, et que le ciel vous conduise! »

A ces mots, il tourna brusquement sur ses talons, comme s'il eût hâte de se dérober aux remercîments, et laissa le jeune page continuer seul son voyage.

CHAPITRE VIII.

> Les cierges sont éteints, une mousse grisâtre couvre l'autel, la croix est abattue et la cloche muette. Le feu a détruit les ailes du chœur, la terre a englouti les reliques, et le pieux ermite n'est plus; que le Seigneur ait son âme!
>
> *Rediviva.*

'ermitage de Saint-Cuthbert rappelait, suivant la légende, un des lieux de halte qu'il avait plu au vénérable saint d'assigner aux moines de sa communauté durant leur longue pérégrination à travers l'Écosse. Chassés de Lindisfern par une incursion des Danois, et portant le corps de leur patron sur leurs épaules, ces péripatéticiens d'un nouveau genre ne s'arrêtèrent que par delà les frontières, dans la majestueuse cathédrale de Durham, où le bienheureux se résolut à élire sa demeure définitive. L'odeur de sa sainteté resta attachée à chacune des stations du voyage; on y bâtit des chapelles, et ceux qui en avaient dans leur voisinage n'étaient pas peu fiers de l'honneur fait au pays.

Parmi les plus célèbres et les plus fréquentés, on comptait l'ermitage vers lequel Roland Græme dirigeait ses pas. Il était situé tout à fait au nord-ouest de la grande abbaye de Kennaquhair, dont il dépendait, et se recommandait par quelques-uns de ces mérites extérieurs que l'Église romaine savait apprécier pour rehausser l'emplacement de ses sanctuaires.

Tout près de l'ermitage coulait une source, placée naturellement dans les attributions du saint et qui avait certaines vertus médicinales. A l'occasion, l'ermite tirait de là le plus clair de son revenu, car pouvait-on, en bonne logique, rien attendre de la grâce du patron sans se montrer généreux envers son représentant? Deux ou trois parcelles de terre végétale formaient une espèce de jardin. Une colline bien boisée s'élevait en arrière de l'ermitage et le mettait à l'abri des autans du nord et de l'est, tandis que la façade principale, tournée vers le midi, commandait un vallon inculte mais pittoresque, au bas duquel serpentait un ruisseau en révolte perpétuelle contre les cailloux qui obstruaient son cours.

L'ermitage était un édifice sans prétention, de style gothique, bas et divisé en deux compartiments, qui servaient l'un d'habitation, l'autre d'oratoire.

Roland y arriva à la tombée du jour. Il s'avançait pour frapper à la porte, quand il s'aperçut, à sa grande surprise, qu'elle était ouverte, ou plutôt descellée en partie, et qu'elle ne tenait plus au montant que par les ferrures d'en bas. Un peu alarmé, il appela l'ermite, et, n'ayant reçu aucune réponse, il se mit à examiner les dehors du petit bâtiment avant de s'aventurer dans l'intérieur. Les arbustes dressés en espalier contre les murs paraissaient avoir été récemment arrachés, et leur branchage flétri traînait à terre. La fenêtre avait été enfoncée, et le treillis brisé en pièces. Enfin le jardinet, où le labeur assidu de l'ermite entretenait l'ordre et l'agrément, offrait des traces encore fraîches de la dévastation causée par les hommes et les animaux qui l'avaient foulé aux pieds.

On n'avait pas même épargné la source bienfaisante. La dévotion des aïeux avait protégé ses eaux par un dôme en arcades : le dôme était aux trois quarts démoli, et les pierres en avaient été jetées dans le bassin, comme pour refouler et supprimer la source, qui, jadis admise à partager les honneurs du saint, devait être de moitié dans sa disgrâce. On avait éventré le toit de l'ermitage, et attaqué l'un des murs d'angle à grand renfort de pics et de leviers, au point d'en déchausser plusieurs moellons ; mais l'ancienne maçonnerie avait témoigné plus de solidité que l'assaillant de temps ou de patience, et il avait renoncé à l'œuvre de destruction. On trouve à de semblables ruines un charme mélancolique au bout d'un certain laps d'années, et quand la nature a fait par degrés disparaître les traces de la violence des hommes sous une végétation envahissante et sous la patine des saisons. Cette violence au contraire est-elle de date récente, étalée dans sa brutale crudité, rien ne saurait adoucir le sentiment de désolation qu'inspirent ces débris ; et tel était le spectacle que contemplait Roland, le cœur serré de tristesse.

Il ne lui fut pas difficile de remonter jusqu'à la cause du mal.

La destruction des édifices catholiques n'eut pas lieu en même temps dans toute l'Écosse. On y travailla à différentes époques, et selon les tendances des réformateurs ; quelques-uns excitaient leur auditoire à ces actes de vandalisme, et d'autres, doués de plus de goût et de raison, intercédaient pour la conservation des lieux de culte, après les avoir purifiés au préalable en enlevant les objets d'une dévotion idolâtre. De temps en temps, on voyait le peuple s'ameuter dans une ville ou un village, à l'instigation de ses propres haines ou de quelque furibonde prédication, et reprendre l'œuvre dévastatrice contre un sanctuaire isolé, église, chapelle ou ermitage, qui avait échappé au premier transport de sa colère. Quoique en la plupart des cas ce fût un acte de justice, sinon un trait de politique, la ruine des monuments élevés par la magnificence et la piété des siècles passés dans un pays pauvre comme l'Écosse, où il n'y avait pas espoir de les remplacer, était sans nul doute un acte de malfaisance inutile et un trait de barbarie.

La reclusion tranquille et modeste du moine de Saint-Cuthbert l'avait jusqu'alors sauvé du naufrage général ; il venait enfin d'y sombrer à son tour. Inquiet de savoir s'il avait au moins échappé à tout danger personnel, Roland entra dans l'ermitage.

L'aspect lamentable de l'intérieur répondait à celui du dehors. Le grossier mobilier du solitaire avait été mis en pièces, et des débris épars sur le sol on avait allumé du feu pour achever de tout détruire, et en particulier un saint Cuthbert, revêtu de ses habits pontificaux : cette antique image de bois gisait à terre, comme le Dagon des Philistins, bloc informe ravagé par la hache et les flammes, et pourtant à peu près entier. Dans la chapelle, l'autel n'existait plus, ou plutôt on avait démoli les quatre pierres dont il se composait. Un grand christ en pierre, placé au-dessus, avait été précipité de sa niche et s'était, en tombant, partagé en trois fragments, mutilés chacun à coups de marteau.

Roland Græme, élevé en secret dans les principes de Rome, vit avec horreur la profanation de ce qui était à ses yeux l'emblème le plus sacré de la foi.

« Outrager ainsi le gage de notre rédemption, quelle impiété ! » pensait-il. « Ah ! s'il plaît à Dieu, mes faibles mains essaieront à le rétablir, et mes humbles peines à expier du moins le sacrilège. »

Il se baissa pour exécuter la tâche qu'il méditait, et concentrant toute sa vigueur dans un effort dont il ne se serait pas cru capable, il parvint à soulever par une des extrémités le pied de la croix et à le dresser sur le soubassement d'où il avait été arraché. Encouragé par un premier succès, il allait continuer l'œuvre de réparation lorsqu'une voix bien connue fit entendre ces mots derrière lui :

« Bien travaillé, bon et fidèle serviteur ! Voilà comme je souhaitais de revoir l'enfant de mon amour, l'espoir de mes vieux ans. »

C'était sa grand'mère, Madeleine Græme, vêtue d'une large mante de couleur noire, assez semblable à un fourreau de pénitent ou à une robe de pèlerin, autant que la prudence le permettait dans un pays où le moindre retour aux dévotions proscrites pouvait mettre la vie en danger.

Roland se jeta à ses pieds. Elle le releva et l'embrassa tendrement, sans dépouiller sa gravité ordinaire qui touchait presque à la sécheresse.

« Tu as conservé l'oiseau dans ton sein (B), » reprit-elle. « Enfant ou jeune homme, tu as maintenu fort et ferme ta croyance parmi les hérétiques ; tu as gardé ton secret et le mien au milieu de tes ennemis. J'ai pleuré en te quittant ; moi qui ai rarement des larmes, j'en ai versé, à cause des dangers de ton âme surtout. Je n'ai même pas osé te faire mes adieux ; ma douleur, une douleur sans bornes, m'aurait trahie.

Bien travaillé! « bon et fidèle serviteur », dit Madeleine.

Enfin je t'ai retrouvé fidèle... A genoux, à genoux devant le signe sacré, objet d'outrages et de blasphèmes de la part des méchants! A genoux, et remercie les anges et les saints pour la grâce de t'avoir préservé de la lèpre qui dévore la maison où tu as été nourri!

— Ma mère (laissez-moi toujours vous donner ce nom), » répondit Roland, « si je vous suis rendu tel que vous le désiriez, il faut en savoir gré au père Ambroise : ses pieuses instructions ont fortifié celles de mon enfance, et il m'a appris à rester fidèle et discret à la fois.

— Ah! qu'il en soit béni, dans la cellule et au dehors, dans la chaire et à l'autel! Que tous les saints le comblent de bénédictions! Il est l'instrument de leur justice en travaillant à contrebalancer les maux que son détestable frère attire sur le royaume et sur l'Église. Mais savait-il qui tu étais?

— Comment aurais-je pu le lui dire? Vous m'avez seulement donné à entendre que sire Albert Glendinning détenait mon héritage, et que je suis d'aussi noble origine que n'importe quel baron. Ce sont là des choses qui ne s'oublient pas, mais dont j'attends encore l'explication.

— Au temps venu, elle te sera donnée pleine et entière. On te reproche, mon fils, d'être violent et sans mesure, et à des gens d'une telle humeur on ne doit pas confier à la légère ce qui peut les émouvoir trop fortement.

— Calme et débonnaire, voulez-vous dire. Quel effort de patience pouvez-vous exiger, dont ne soit capable celui qui, des années durant, a entendu accabler sa religion de moqueries et d'insultes, sans plonger sa dague dans le sein du blasphémateur?

— Résigne-toi, mon enfant. Le temps exigeait, il exige encore de la patience; mais il prépare le moment du courage et de l'action. De grands événements sont en voie, et ta place y est marquée d'avance... Tu n'es donc plus au service de la dame d'Avenel?

— On m'a renvoyé; oui, mère, renvoyé comme le dernier des valets.

— Tant mieux! Ton cœur n'en sera que plus endurci pour entreprendre ce qu'il faut accomplir.

— Est-ce contre la dame d'Avenel, si je ne me trompe à votre air et à vos paroles? Alors je vous le déclare, après avoir mangé son pain et obtenu ses bonnes grâces, je ne veux ni la trahir ni lui faire tort.

— C'est ce que nous verrons plus tard, mon fils. En attendant, il ne t'appartient pas de capituler avec ton devoir et de dire : « Je ferai ceci, je ne ferai pas cela. » Non, Roland, Dieu et les hommes ne peuvent souffrir longtemps la perversité de cette génération. En présence des ruines qui nous entourent, et sachant ce qu'elles représentent, crois-tu qu'il te convienne de faire distinction de personnes parmi une race maudite, qui rejette, viole, blasphème, détruit tout ce qu'il nous est ordonné de croire, ordonné surtout de révérer ? »

A ces mots, elle s'inclina devant le christ mutilé, dans un élan de ferveur mystique imprégnée d'une rage de représailles; puis étendant la main gauche par un geste d'adjuration :

« J'en atteste, » poursuivit-elle, « le symbole sacré de notre salut, j'en atteste le bienheureux dont nous foulons le sanctuaire profané, comme ce n'est pas pour assouvir une vengeance que ma haine s'acharne après les impies, ni faveur ni affection charnelle pour aucun d'eux ne me fera retirer la main de la charrue quand elle labourera le sillon condamné ! Sois témoin, grand saint, qui fus jadis errant et fugitif comme nous; sois témoin, reine du ciel, mère de miséricorde; soyez témoins, anges et saints du paradis ! »

Emportée par une sorte d'extase, elle avait redressé sa haute taille, les yeux fixes et convulsés, les cheveux dénoués autour d'elle en longues mèches grises. Dans le crépuscule, scintillait, à travers la voûte effondrée, l'incertaine lumière des premières étoiles, et les clôtures béantes laissaient passer par bouffées les fraîches haleines du soir.

Le respect que lui avait de bonne heure inspiré sa grand'mère, le sens énigmatique de ses discours, empêchèrent Roland de lui rien demander touchant l'entreprise à laquelle elle venait de faire une obscure allusion. Au reste, elle ne lui en parla pas davantage, et sa prière ou plutôt son invocation terminée par un signe de croix, elle renoua l'entretien sur un ton plus conforme au train ordinaire de la vie.

« Tu ne peux rester ici, » dit-elle; « il faut partir demain au plus tard. Comment t'arrangeras-tu pour la nuit? On t'a donné des habitudes de mollesse que nous ne connaissions guère alors que nous errions ensemble parmi les brumes du Cumberland.

— Non, ma bonne mère, j'ai gardé les habitudes de ce temps-là ; coucher sur la dure et dîner par cœur, ce n'est pas là une grande privation. Depuis que nous nous sommes quittés, j'ai pris du goût à la chasse, et il a bien fallu m'accoutumer à dormir n'importe où. Le gîte que le sacrilège nous a laissé n'est pas des plus mauvais.

— Oui, le sacrilège nous l'a laissé, » répéta-t-elle en appuyant sur ses paroles. « Tu dis vrai, mon fils : mauvais gîte pour les enfants du Seigneur que sa propre maison ou celle de ses élus! Nous coucherons ici, livrés au froid et aux morsures de la bise qui siffle à travers les ruines ; quant à ceux qui les ont faites, ils auront un lit plus chaud certes, et durant une longue éternité! »

Malgré ses façons brusques et ses propos étranges, Madeleine n'en ressentait pas moins pour Roland, et au suprême degré, cette tendresse enveloppante et inquiète que les femmes de cœur prodiguent à leurs nourrissons et aux enfants qui réclament leurs soins. Il lui semblait naturel de ne lui laisser rien faire par ses mains de ce qu'elle avait au premier âge l'habitude de faire pour lui ; au lieu de le traiter en grand garçon qu'il était, elle avait toujours présent à l'esprit l'orphelin si débile, rattaché à la vie par une sollicitude de chaque instant.

« Tu n'as rien à manger, sans doute? » lui dit-elle, comme ils sortaient de la chapelle pour entrer dans la cellule de l'ermite. « Et pour te protéger contre l'air et le froid, sauras-tu allumer du feu? Pauvre petit! tu as entrepris un long voyage sans provisions, et tu n'as pas assez d'expérience pour suppléer par adresse aux moyens qui te manquent. Heureusement la sainte Vierge a placé près de toi quelqu'un à qui la nécessité, sous toutes ses formes, est devenue aussi familière que l'était autrefois l'opulence ; et nécessité, Roland, est mère d'industrie. »

Déployant alors une activité et une complaisance, qui formaient un singulier contraste avec l'appareil de sa dévotion, elle se mit, en bonne ménagère, à disposer toutes choses pour la soirée. D'une besace suspendue sous sa robe, elle tira un briquet, c'est-à-dire un caillou et un morceau d'acier, et avec les débris qui couvraient le sol, — hormis ceux de l'image de saint Cuthbert, bien entendu, — elle obtint assez de bois pour garnir l'âtre. Bientôt le feu commença à pétiller joyeusement.

« Maintenant, » dit-elle, « qu'avons-nous en fait de provisions?

— Ne vous en tourmentez pas, mère, » répondit Roland, « à moins que la faim ne vous presse. Qu'est-ce qu'un jour de jeûne? Peu de chose. Combien de fois n'ai-je pas été forcé de violer les commandements de l'Église pendant que j'étais au château! La pénitence sera bien légère en comparaison.

— Moi, avoir faim! » dit Madeleine. « Une mère n'y songe point, sache-le, tant que souffre sa progéniture. Roland, » ajouta-t-elle d'un ton plus affectueux, « il ne faut pas rester l'estomac vide, on t'en dispense! Tu es jeune, et la jeunesse ne peut être astreinte à se priver de sommeil et d'aliments. Ménage tes forces, mon enfant; ta souveraine, ta religion et ton pays l'exigent. Que l'âge mûr macère par la veille et le jeûne un corps fait pour souffrir, et que la jeunesse, en ces temps agités, entretienne la vigueur nécessaire pour agir. »

Tout en parlant, de la besace qui lui avait fourni les moyens d'allumer le feu, elle avait tiré de quoi faire une collation. A peine y toucha-t-elle pourtant, toute heureuse de le regarder manger avec un appétit juvénile aiguisé par une journée de marche et d'abstinence. Mais quand il l'invita à partager au moins la moitié du repas qu'elle lui avait procuré, elle secoua la tête, et, comme il revenait à la charge elle le rembarra d'un air hautain.

« Jeune homme, » dit-elle, « tu ne sais ni à qui ni de quoi tu parles. Ceux qui sont en communion avec le ciel doivent mortifier leurs sens pour mériter cette faveur; ils ont en eux-mêmes de quoi rendre superflue la nourriture charnelle, indispensable aux êtres placés hors des domaines de la vision. La veille qu'ils passent en prières vaut pour eux un sommeil réparateur, et dans la conscience d'exécuter les volontés divines ils trouvent un plus magnifique festin que ne sauraient en commander les rois de la terre. Quant à toi, mon fils, » ajouta-t-elle en passant de l'exaltation à la tendresse maternelle, « tu as besoin d'un doux et profond sommeil. Ta vie est en sa fleur, et tu peux noyer dans le repos de la nuit les soucis de la journée. Nos devoirs ne sont pas les mêmes, non plus que les moyens dont nous disposons pour les remplir. De toi l'on exige la force du corps, et de moi celle de l'âme. »

Il y avait dans un coin de la cellule un tas de feuilles sèches qui servait au coucher de l'ermite, et un peu partout des lambeaux de vêtements. Des unes et des autres, à l'exception des débris d'ornements sacerdotaux qu'elle mit pieusement à part, Madeleine parvint, avec beaucoup d'adresse, à composer un lit passable, surtout aux membres d'un voyageur fatigué. Roland lui offrit plusieurs fois de l'aider dans ces préparatifs, mais elle le repoussa non sans aigreur, et refusa obstinément d'en profiter pour elle-même.

« Repose-toi, Roland Græme, » lui dit-elle. « Pauvre orphelin déshérité, fruit d'une mère vouée au malheur, repose en paix, tandis que près de toi je vais prier dans la chapelle ! »

La volonté de l'aïeule était formelle, et son petit-fils sentit qu'il devait la subir sans discussion, ce qui lui causa honte et malaise tout ensemble. Avait-elle donc oublié le long temps écoulé depuis leur séparation, et qu'elle se retrouvait en face d'un homme ? L'orgueil de Roland en fut froissé.

« Ai-je renoncé au service du château, » pensait-il, « pour devenir l'esclave de son bon plaisir ? Je ne suis plus un enfant. Mes compagnons, quoique jaloux, rendaient hommage à ma supériorité, et ce qu'ils apprenaient à grand'peine m'arrivait à moi naturellement, comme un don de naissance. Cela ne peut pas durer. Non, je ne veux pas avoir l'air d'un épervier docile qu'une femme porte chaperonné sur son poing, et à qui elle découvre les yeux juste au moment où elle le lance sur sa proie. Il faut que je pénètre ses desseins avant qu'elle m'ait proposé d'y concourir. »

Ces réflexions et d'autres encore traversaient en désordre son jeune esprit, et malgré la fatigue qu'il éprouvait, il ne succomba qu'assez tard au sommeil.

CHAPITRE IX.

> A genoux comme moi, et jure ! Je n'ai de confiance dans les paroles que si on les prononce en prenant le ciel à témoin.
>
> *Ancienne Comédie.*

PRÈS avoir dormi d'un sommeil profond qui avait triomphé de son agitation morale, Roland fut éveillé par l'air frais du matin et par les rayons du soleil levant.
Il ressentit tout d'abord une sorte de désappointement quand, au lieu des eaux du lac d'Avenel qui baignaient le pied de la tourelle où il avait sa chambre, il aperçut, par la baie d'une fenêtre sans treillis, le jardin bouleversé de l'anachorète. Assis sur la litière, il repassa dans sa mémoire les événements de la veille. Plus il y réfléchit, plus ils lui semblèrent singuliers ; en une journée, il avait perdu la protectrice de sa jeunesse et retrouvé la gardienne de son enfance. Coïncidence bizarre qui lui offrait d'une part un sujet d'éternels regrets, et de l'autre une satisfaction équivoque! Cette femme qui lui avait servi de mère, jadis aussi passionnée dans sa tendresse qu'absolue dans son autorité, si elle s'obstinait par hasard à prétendre au même empire sur ses actions? La conduite qu'elle avait tenue la veille n'était pas pour dissiper ses inquiétudes. Vouloir le maintenir en charte privée

quand il était d'âge à se guider lui-même, y pouvait-elle songer? Non, ou dans ce cas elle se préparait une cruelle déception.

Ainsi raisonnait l'orgueil dans le cœur de Roland; mais un sentiment de reconnaissance arrêta le cours de ces récriminations, et pour en triompher sans retour, comme il eût fait contre les tentations du malin esprit, il chercha son chapelet. Par malheur, sa grand'hâte à fuir le château lui ayant complètement troublé l'esprit, il l'y avait oublié.

« Voilà le pis de l'affaire, » pensa-t-il. « Elle ne m'a recommandé que deux choses sous le sceau du secret : dire mon rosaire, et n'en informer personne. Jusqu'à présent j'ai tenu parole. Oui, mais si elle demande à le voir, il faudra lui avouer que je ne l'ai plus ; et alors voudra-t-elle croire que je suis resté fidèle à une foi dont j'ai si mal gardé le symbole? »

Il allait et venait par la cellule, fort perplexe. Sincèrement attaché à sa religion, quoique bien éloigné d'être un fanatique, il n'eût pensé à l'abjurer qu'à la dernière extrémité.

La nature avait doué Roland d'une mémoire tenace, et les recommandations de son aïeule s'y étaient gravées profondément. Tout fier d'une telle marque de confiance en sa discrétion, l'enfant avait résolu de s'en montrer toujours digne. Résolution d'enfant après tout! et comment n'aurait-elle pas fléchi peu à peu, et par la force des choses, devant l'exemple dissolvant des pratiques du château d'Avenel? Ce fut dom Ambroise qui lui vint en aide.

Par une lettre anonyme que lui remit un pèlerin, celui-ci connut la présence au château d'un enfant élevé dans la religion catholique, et qui s'y trouvait en aussi grand danger, assurait-on, que le furent jadis les trois enfants jetés dans la fournaise. Sur lui retomberait la faute si cet agneau isolé devenait la proie des loups dévorants parmi lesquels force avait été de l'abandonner. Vaine menace! Il suffisait à dom Ambroise de savoir une âme en péril et un catholique sur le point d'être gagné à la réforme. Malgré son zèle, il ne put avoir avec le page que de rares entrevues, et si elles l'encourageaient dans sa résolution première, elles n'étaient ni fréquentes ni longues assez pour lui inspirer autre chose qu'un attachement aveugle à des exercices de piété.

Quant à Roland, il demeurait ancré dans la foi de ses pères plutôt par une sorte de point d'honneur que par l'effet d'une conviction raisonnée. Il y voyait surtout un moyen de se distinguer des gens de son entourage, et un motif de plus, quoique intime et caché, de mépriser ceux qui ne l'aimaient pas et de s'endurcir aux instructions d'Henri Warden. Se défier de l'hérésie et de ses fauteurs, associer le catholicisme à des idées d'indépendance et la réforme à celles d'un asservissement honteux aux ordres d'un prédicant, voilà à quoi se bornait la croyance du jeune homme. Qu'il fût seul à la professer, il en tirait vanité, sans se soucier de connaître rien au-delà.

En somme, le regret qu'il éprouva d'avoir oublié son chapelet participait beaucoup de la honte d'un soldat qui aurait égaré sa cocarde. Il l'avait reçu du bénédictin comme le don d'une personne inconnue, mais ce n'était pas difficile de deviner d'où il lui venait, et sa contrariété n'en fut que plus vive.

L'entrée de Madeleine le surprit au milieu de ces réflexions.

« Que la bénédiction du ciel descende sur ta tête, mon fils, pour l'œuvre de la journée ! » dit-elle. « As-tu quitté ta couche de si grand matin pour saluer les premiers rayons de l'aurore ? Cela n'est pas sage ; tu aurais dû reposer tant que tu en as le loisir. Le temps approche où, toi et moi, il faudra tenir les yeux éveillés. »

Il y avait dans ses paroles un accent solennel mouillé de tendresse, qui pénétra Roland jusqu'au fond de l'âme. Quelle que fût l'élévation mystique où montât son esprit, l'enfant qu'elle avait bercé la rattachait encore à la terre par les nœuds d'une affection humaine. Moments d'abandon qu'elle regardait sans doute comme une désertion passagère des devoirs de sa prétendue mission !

« A présent, » reprit-elle, « debout et à l'œuvre, jeune soldat ! Il est temps de partir d'ici.

— Où allons-nous ? » demanda Roland. « Quel est le but de notre voyage ? »

Elle fit un pas en arrière, et le regarda en face d'un air surpris et mécontent à la fois.

« Que signifie cette question ? » répondit-elle. « J'ouvre la marche, et cela suffit. Il y a des gens à qui tu dois respect et obéissance ; t'a-t-on appris chez les hérétiques à y substituer ton faible jugement? »

Il se tut; mais, à part lui, il comprit que l'heure critique était venue de secouer le joug ou de s'y plier à jamais. Comme si elle avait pressenti cet instinct de révolte, l'aïeule revint brusquement au sujet dont il lui était difficile de s'écarter, bien qu'elle eût dans l'occasion un art infini à déguiser sa pensée.

« Et ton chapelet, mon fils? » reprit-elle. « As-tu récité ton chapelet ce matin? »

Le rouge monta au visage de Roland; mais, au moment de voir éclater l'orage, il lui répugna de le détourner par un mensonge.

« Mon chapelet? » répéta-t-il. « Je l'ai oublié au château.

— Oublié! » s'écria-t-elle. « Manquer à ce point aux lois de la religion et de la nature! Un gage de l'amour le plus pur, envoyé de si loin et à tant de risques! Mais chaque grain aurait dû t'en paraître plus cher que la prunelle de tes yeux!

— C'est un malheur, mère, et j'en suis aux regrets, d'autant plus que, me venant de vous, j'y attachais beaucoup de prix. Quant au reste, j'espère être bientôt à même, en me poussant dans le monde, de réparer la perte de quelques grains d'or. Jusque-là, un chapelet de bois noir ou de noisettes fera le même effet.

— L'entendez-vous, ce jouvenceau? A-t-il déjà pris des leçons à l'école du diable? Un chapelet consacré par notre saint-père, avec indulgences et bénédictions, il n'y voit qu'un tas de grains d'or, dont la valeur se remplace par le produit d'un travail profane, et la vertu par une enfilade de noisettes! C'est une hérésie, et Henri Warden, ce loup qui dévore les brebis du bon pasteur, ne s'exprimerait pas autrement.

— Ne m'accusez pas d'hérésie, mère; je crois et je prie selon les règles de notre Église. C'est un malheur, je le répète, et...

— Il faut t'en repentir, le front dans la poussière; il faut l'expier par le jeûne, l'oraison et la pénitence, au lieu d'avoir l'air tranquille comme si tu n'avais perdu qu'un bouton de tes chausses.

— Calmez-vous, de grâce. C'est un péché dont je me confesserai dès qu'il me sera possible, et tout ce que le prêtre m'imposera pour le racheter, je m'y soumets d'avance. On ne saurait exiger autre chose pour la faute la plus grave... Mais, ma mère, » ajouta-t-il après un instant d'intervalle, « ne puis-je demander, sans vous causer un nouveau déplaisir, où tend notre voyage et quel en est le motif? L'enfant a fait place à un homme, libre de ses mouvements, qui a du poil au menton et une épée à la ceinture. Afin de vous être agréable, je vous suivrai jusqu'au bout de la terre, à la condition de savoir où j'irai et dans quel dessein; je me le dois à moi-même.

— De quel devoir parlez-vous, jeune ingrat? » répliqua l'aïeule,

dont la colère enflammait les joues depuis longtemps décolorées par l'âge. « Que devez-vous donc à vous-même, et que pourriez-vous devoir? Rien. C'est à moi que vous devez tout, à moi qui vous ai élevé, qui vous ai aidé à vivre, qui vous ai mis en état de vous instruire, qui travaille à vous faire un rang honorable... Ah! si tu devais abandonner la noble cause à laquelle je t'ai voué, j'aimerais mieux te voir à l'instant tomber mort à mes pieds! »

Effrayé d'une violence de passion où elle semblait consumer le reste de ses forces, Roland se hâta de répondre :

« Moi, oublier rien de vos bienfaits, mère vénérée! Faut-il mon sang pour preuve de ma reconnaissance? Parlez, et vous verrez si j'en suis avare. Quant à obéir aveuglément, il y a là aussi peu de mérite que de raison.

— Saints du paradis! » s'écria Madeleine. « Est-ce le langage de l'enfant de mes rêves, du nourrisson en faveur duquel j'ai tant de fois, à genoux, fatigué le ciel de mes prières?... Roland, tu m'aimes, tu m'es reconnaissant, dis-tu? Eh bien, l'unique moyen de le prouver, c'est de m'obéir. Admettons qu'après t'avoir pleinement expliqué mes projets, tu y donnes ton assentiment. Où serait l'avantage? Mes ordres, tu ne les suivrais pas ; la volonté d'en haut, transmise par celle à qui tu dois tout, tu ne l'exécuterais pas ; non, tu voudrais t'en rapporter à ton propre jugement, aux chimères de ta raison... Écoute-moi, Roland ; une destinée t'appelle, te sollicite, te réclame, la plus éclatante où l'homme puisse atteindre, et elle se révèle par la voix de ta première, de ta meilleure, de ta seule amie... Veux-tu y résister? Alors va-t'en, laisse-moi ici... N'ayant plus rien à espérer sur terre, je me prosternerai au pied de cet autel profané, et, quand les hérétiques seront de retour, leur rage le teindra du sang d'une martyre.

— Ah! ma mère bien-aimée, » repartit le jeune homme, en qui cette crise de désespoir éveillait d'anciens et de poignants souvenirs, « je ne veux pas vous abandonner! Je veux rester près de vous ; nulle force au monde ne m'arrachera de vos côtés... Je veux vous protéger, vous défendre, vous suivre et mourir pour vous!

— Point de phrases ; un seul mot suffit. Promets-moi d'obéir.

— Certes je le promets, et de bon cœur ; seulement..

— Assez! » interrompit l'aïeule. « C'est une promesse sans restriction. L'obéissance que j'exige est absolue, et sois béni, toi la charmante image d'une fille adorée, pour avoir eu le courage de me faire une promesse qui coûte si fort à l'orgueil humain!... Dans l'entreprise que tu dois soutenir, tu auras pour associés, sois-en bien convaincu, les puissants et les braves, l'autorité de l'Église, et la fleur de la noblesse. Mort ou vivant, en cas de victoire ou de défaite, ton nom brillera parmi ceux avec lesquels il est également glorieux de vaincre ou d'échouer, également souhaitable de vivre ou de périr. A l'œuvre donc! en avant! La vie est courte, et notre tâche laborieuse. Les saints, les anges et toute la bienheureuse armée des élus ont les regards fixés sur notre misérable Écosse. Que dis-je? sur l'Écosse ; c'est nous qu'ils contemplent, Roland ; c'est une pauvre vieille, c'est un adolescent, qui, au milieu des ruines dont le sacrilège a rempli ce saint lieu, se dévouent à la cause du ciel et à celle de leur souveraine légitime. Ainsi soit-il ! O saints du paradis, vos yeux, témoins de notre résolution, nous la verront accomplir, ou bien vos oreilles, ouvertes à notre vœu, entendront s'exhaler notre dernier souffle en l'honneur de cette cause sacrée. »

Tout en parlant de la sorte, Madeleine tenait son petit-fils d'une main par une étreinte énergique, et lui montrait le ciel de l'autre, comme pour lui enlever toute velléité de résistance contre l'espèce d'obligation à laquelle elle venait de le lier. Sitôt qu'elle eût fini d'adjurer les puissances célestes, elle ne lui laissa pas le temps de réfléchir ni d'entrer en explications ; mais par une de ces transitions soudaines dont elle avait l'habitude, elle reprit le ton de l'affection maternelle et l'accabla de questions relatives au château d'Avenel, à la vie qu'on y menait et à ce qu'on lui avait enseigné.

« Tout va bien, » dit-elle en manière de conclusion à son interrogatoire. « Mon beau petit faucon a été parfaitement dressé, je le vois ; il saura prendre son vol haut et loin, et ceux qui l'ont élevé auront lieu de trembler autant que d'être surpris. A présent, faisons notre repas du matin, et ne t'inquiète pas s'il est modeste. Quelques heures de marche nous conduiront dans un endroit plus hospitalier. »

Après avoir déjeuné avec ce qui restait des provisions de la veille, ils se mirent en route. L'aïeule allait devant, d'un pas plus ferme et moins alourdi qu'on ne l'eût attendu de son âge, et Roland la suivait, le sourcil froncé, la tête basse, fort peu satisfait en somme de l'état de dépendance où il paraissait de nouveau réduit.

« La soif de la liberté me dévore, » se disait-il, « et la volonté des autres me domine. En sera-t-il donc toujours ainsi ? »

CHAPITRE X.

Elle vivait inconnue et solitaire près des sources
de la Dove ; nul n'était là pour l'admirer, et
presque personne pour l'aimer.

WORDSWORTH.

HEMIN faisant, nos voyageurs échangèrent à peine quelques phrases.

Madeleine Græme chantonnait de temps à autre, psalmodiant des passages entiers d'une des belles hymnes latines de la liturgie catholique, ou bien elle récitait à mi-voix ses patenôtres, et s'absorbait ensuite dans une méditation dévote.

Les réflexions de Roland se détachaient moins des choses de ce monde. Un coq de bruyère venait-il à s'envoler lourdement en poussant un piaillement criard, il songeait au jovial Adam et à ses faucons ; et s'il passait près d'un hallier, où arbustes et buissons entremêlés à des ajoncs et de hautes fougères formaient un couvert presque impénétrable, son imagination y plaçait le tableau d'une chasse au chevreuil avec un couple de lévriers. Le plus souvent, il évoquait l'image de l'excellente maîtresse, si justement offensée d'une faute qu'il n'avait pas même tenté de se faire pardonner. Comme il aurait le pas plus léger, et aussi le cœur, s'il avait pu la revoir un instant et lui dire : « L'orphelin a été bien coupable, mais il n'est pas ingrat ! »

Vers l'heure de midi, ils arrivèrent en vue d'un village, où dominaient, parmi les chaumières éparses, deux ou trois tours rondes qui servaient à la défense des localités le long des frontières. Un petit cours d'eau arrosait la vallée au fond de laquelle il était situé.

Au bout du village, et y attenant par un sentier, s'élevait un édifice dégradé et tombant en ruine, qui avait les dehors d'une demeure presque seigneuriale. La position en était fort agréable : bâti dans un pli du ruisseau, il s'abritait derrière un bouquet de grands sycomores, dont le feuillage égayait le sombre aspect des murs en grès rouge. Il était spacieux, trop même au gré de ses habitants, car on avait muré ou condamné la plupart des fenêtres, surtout celles du rez-de-chaussée. Devant la façade s'étendait une espèce de cour d'honneur ; de longues orties grises, des chardons, des touffes de chiendent et d'autres herbes parasites en avaient de toutes parts déchaussé le pavé, et le parapet qui en formait la clôture offrait un grand nombre de brèches. Certaines parties de l'habitation auraient exigé des réparations urgentes de la part des maîtres, qui prouvaient, en les négligeant, un excès d'apathie ou de pauvreté : ainsi l'éboulement du terrain, produit par les eaux, avait entraîné la chute d'un vieux mur et d'une tourelle à la pointe de la presqu'île ; le courant, obstrué par les décombres, avait dévié du côté de la maison et menaçait d'en miner les fondations si l'on n'opposait promptement une barrière à ses ravages.

C'était vers cette demeure que nos voyageurs se dirigeaient, et le sentier qu'ils suivirent la leur présenta, dans ses détours, sous divers points de vue.

« Si nous allons là-dedans, » dit Roland à sa grand'mère, « j'aime à croire que ce n'est pas pour longtemps ; deux jours de rafales soufflant du nord-ouest suffiraient à jeter la bicoque dans l'eau.

— Vous ne voyez qu'avec les yeux du corps, » répondit Madelaine ; « Dieu protège ce qui est à lui, malgré les mépris et l'abandon des hommes. Mieux vaut lui demeurer fidèle sur le sable que de recourir au roc de la confiance mondaine. »

En entrant dans l'avant-cour de la vieille maison, Roland put observer que la façade avait reçu autrefois un grand nombre de sculptures, taillées dans la même pierre rougeâtre dont elle était construite ; tous ces ornements avaient été brisés ou détruits, et des vestiges de niches et d'entablements en indiquaient seuls la place. Le grand portail était muré. Un sentier, à peine visible, conduisait à une porte basse, garnie de gros clous à tête ronde. Madeleine alla droit au guichet qui y était pratiqué, et frappa trois coups à temps égaux. Un bruit sourd répondit de l'intérieur, et le guichet fut entrebâillé par une femme maigre et pâle, qui accueillit les arrivants par ces mots : *Benedicti qui veniunt in nomine Domini.* A peine furent-ils entrés, le guichet retomba derrière eux, maintenu par une forte serrure et d'énormes verrous.

D'une allée fort étroite, ils passèrent dans une sorte de parloir assez grand, pavé en dalles et bordé de bancs de pierre. Au fond s'ouvrait une large fenêtre en ogive, dont la plupart des vitraux inférieurs, traversés de meneaux et de croisillons en pierre, avaient été bouchés, ce qui rendait la pièce fort obscure. Ce fut là que nos voyageurs s'arrêtèrent, et leur conductrice, qui était la maîtresse du logis, se tournant vers l'aïeule, l'embrassa respectueusement sur les deux joues.

« Que la sainte Vierge vous bénisse, ma sœur ! »

Telle fut sa première parole, et pour ainsi dire l'enseigne de sa religion. Elle paraissait avoir de cinquante à soixante ans ; sa physionomie portait l'empreinte d'une noire mélancolie, qui touchait au découragement, et altérait les restes d'une beauté que l'âge n'avait pu flétrir. Ses vêtements noirs et d'étoffe grossière affectaient, comme ceux de Madeleine, la rigidité des costumes monastiques. Une exquise propreté, une quasi-élégance régnait dans toute sa personne ; elle était pauvre sans doute, mais non réduite au dénûment de la misère, et elle tenait encore assez à la vie pour conserver le goût des convenances, sinon des recherches de la toilette. Sa tournure, ses traits, ses manières annonçaient un rang et une éducation bien au-dessus de l'état mesquin où elle se trouvait. Bref, tout en elle donnait à penser que l'histoire de sa vie devait être curieuse à connaître.

Les deux amies s'étaient placées à l'écart pour s'entretenir à voix basse. Tandis que Roland l'observait, la dame étrangère fit quelques pas au-devant de lui et le regarda d'un air d'intérêt.

« Voici donc, » dit-elle, « l'enfant de votre fille infortunée, sœur Madeleine, et c'est lui, l'unique rejeton d'une antique famille, que vous voulez consacrer au service de la bonne cause ?

— Oui, sur ma foi, » répondit l'aïeule du ton impérieux dont elle avait l'habitude, « je l'y consacre chair et os, corps et âme.

— Heureuse vous êtes, ma sœur, d'avoir pu refouler tout sentiment, toute affection terrestre au point d'offrir vous-même à l'autel une pareille victime ! Si un tel sacrifice m'avait été imposé, s'il m'eût fallu plonger un si bel enfant dans les complots et les forfaits de notre temps, l'obéissance ne m'aurait pas été moins cruelle qu'au patriarche Abraham quand il mena Isaac sur la montagne. »

Ses regards s'attachèrent sur Roland avec une compassion douloureuse, et celui-ci, confus et le rouge au front, ne savait comment s'y soustraire. Madeleine l'arrêta d'une main, et relevant de l'autre les boucles épaisses de sa chevelure :

« Regarde-le bien, ma sœur, » dit-elle, mêlant à son fanatisme un regain d'orgueilleuse tendresse, « car jamais tes yeux n'ont contemplé plus beau visage. Moi aussi, en le revoyant après une longue séparation, j'éprouvai comme un remords, et ma résolution chancela. Mais nul ouragan n'arrachera de feuilles à l'arbre depuis longtemps dépouillé, et nul accident humain ne peut réveiller un cœur absorbé dans les béatitudes de la dévotion. »

Quoi qu'elle fît, sa contenance donnait un démenti à ce fier langage, et des larmes brûlantes coulaient une à une de ses yeux.

« Plus la victime est belle et sans tache, » reprit-elle, « plus elle est digne d'être offerte au Seigneur. » Et heureuse de se dérober à un accès de défaillance, elle ajouta : « D'ailleurs, il échappera comme Isaac, et il y aura là quelque bélier pour prendre sa place. Notre innocent Joseph ne tombera point sous la main de ses frères en révolte. Le ciel peut susciter à la défense de ses droits de faibles femmes et de jeunes garçons, jusqu'à des enfants à la mamelle.

— Ah! le ciel nous a abandonnés, » repartit l'autre dame. « Oui, nos péchés et ceux de nos pères ont privé cette terre maudite des secours d'en haut. Peut-être gagnerons-nous la palme du martyre ; celle du triomphe ici-bas, jamais. Celui dont la sagesse nous était si nécessaire au milieu de tant de catastrophes vient d'être rappelé dans un monde meilleur : l'abbé Eustache n'existe plus.

— Puisse son âme obtenir miséricorde, » dit Madeleine, et « que Dieu ait pitié de nous qui végétons encore dans cette vallée de désolation ! Sa mort sans doute porte un coup terrible à nos desseins, car il est difficile de trouver chez un autre des vues plus profondes, une expérience plus consommée au service d'un zèle, d'un dévouement, d'un courage plus indomptable. Il est tombé tenant en mains l'étendard de l'Église ; remettons-nous à la Providence du soin de le relever. Qui le chapitre a-t-il élu à sa place ?

— Aucun des frères qui restent à Sainte-Marie n'ose, dit-on, se présenter. Les hérétiques ont juré, sous peine de châtiments exemplaires, de ne pas souffrir l'élection d'un nouvel abbé.

— Tant pis, ma sœur ; ce serait une atteinte fatale à notre ligue. N'importe, j'ai la ferme confiance que l'élection aura lieu... Où est Catherine ?

— Au salon. Mais...

— Le danger n'est pas là, » dit l'aïeule en réponse à l'objection que son amie lui avait faite à l'oreille en regardant du côté de Roland. « Ce que je vous propose est légitime et nécessaire. Quant au garçon, n'ayez aucune crainte. Je souhaiterais de le voir affermi dans la foi, notre seule voie de salut, au même degré qu'il est resté pur de souillure, en pensée, en parole et en action. A ce propos, il faut rendre justice aux hérétiques : ils enseignent à la jeunesse une morale sévère, et contiennent ses ardeurs dans le droit chemin.

— Oui, ils se bornent à nettoyer les dehors de la coupe, à blanchir les murs du sépulcre... Enfin, il verra Catherine, puisque vous le jugez bon et sans inconvénient. Suivez-nous, jeune homme. »

Roland obéit à l'invitation et suivit les deux matrones, qui traversèrent, d'un pas de procession, un dédale de corridors et d'appartements vides. Mais il se rattrapa de son silence forcé en conversant avec lui-même, et le tour de ses pensées n'était rien moins que flatteur. Il se voyait sous la férule de deux maîtresses, au lieu d'une, âgées toutes deux, et de plus s'accordant pour le faire mouvoir à leur guise

dans l'intérêt d'un plan dont il n'avait aucune idée. Cela passait les bornes en vérité! Quelque droit qu'eût sa parente de gouverner ses actions, devait-il lui reconnaître celui de transmettre son autorité, ou de la partager avec une étrangère, qui, de prime abord, en usait sans façon? En quoi, selon nous, il ne raisonnait pas trop mal. Et de plus belle, il se promettait de secouer le joug.

« Par saint André, quand on sait manier une lance, on ne doit pas être aux ordres d'une quenouille. Au premier joint, je leur laisse mon collier entre les mains, et qu'elles travaillent toutes seules à leurs machinations ! Ce sera peut-être les tirer d'un mauvais pas, car ce qu'elles complotent ne me semble ni sûr ni facile ; le comte de Murray et son hérésie ont poussé de trop fortes racines pour être culbutés par deux vieilles femmes. »

Sur ces entrefaites, ils étaient entrés dans une chambre basse, où une autre femme se tenait assise. Cette pièce, la première de la maison où ils eussent vu des meubles, était garnie de sièges et d'une table de chêne ; il y avait un tapis sur le plancher et une grille dans l'âtre. Les yeux de Roland trouvèrent une occupation plus agréable que celle de passer le mobilier en revue ; car la commensale du logis lui parut différer grandement de ce qu'il avait aperçu jusque-là.

A leur arrivée, elle s'était levée pour faire en silence un salut respectueux aux deux dames, et, à l'aspect de leur compagnon, elle ramena sur son visage les plis d'un voile flottant, ce qu'elle fit d'un air modeste, sans affectation de hâte ni gauche embarras. C'était une toute jeune fille, n'ayant guère plus de seize ans, au regard caressant et vif à la fois. Sa taille, riche et harmonieuse comme celle d'une Hébé, ressortait avec grâce sous la pression d'un corsage montant et juste. Elle portait une robe, coupée d'après une mode étrangère, et qui n'était pas assez longue pour cacher un pied mignon, posé sur un des barreaux de la table devant laquelle elle était assise. De ses doigts effilés elle travaillait à raccommoder le drap qui la couvrait, et dont les nombreux accrocs avaient besoin du secours d'une adroite ouvrière.

Ce ne fut qu'à la dérobée, et grâce à de rapides œillades, il est bon de le dire, que Roland parvint à s'assurer de ces intéressants détails ; et il crut s'apercevoir, malgré l'épaisseur du voile, que la demoiselle était pareillement affairée à prendre connaissance de sa personne.

Les deux matrones continuaient de s'entretenir à l'écart ; et comme elles tournaient souvent la tête du côté des jeunes gens, le sujet de leur colloque n'était pas difficile à deviner.

« Oui, ma sœur, » se prit à dire la grand'mère, « donnez-leur une occasion de s'accointer et de causer ensemble ; il est indispensable qu'ils se connaissent personnellement, ou sans cela comment seront-ils à même d'exécuter leurs instructions ? »

La maîtresse de céans, à qui un accommodement de cette espèce ne semblait plaire qu'à moitié, éleva encore des objections ; l'impérieuse Madeleine finit par en triompher.

« Il le faut, » dit-elle, « je vous le répète. Allons sur la terrasse ; nous y complèterons nos accords. Et vous, mes enfants, faites connaissance. »

Puis, s'approchant de la jeune personne, elle écarta son voile et mit à découvert un frais visage que la surprise empourprait d'une excessive rougeur.

« C'est chose permise, » ajouta-t-elle en latin.

« Tout au plus, » répondit son amie du bout des lèvres ; et, rajustant le voile en plis discrets, elle dit assez haut : « Souviens-toi de ce que tu es, Catherine, et à quoi tu es destinée. »

Ouvrant ensuite une porte-fenêtre, elle passa de plein pied avec Madeleine Græme sur un large balcon, qui occupait naguère toute la longueur de la façade du midi. La lourde balustrade en était rompue en plusieurs endroits, et la terrasse défoncée et rétrécie. Dégradée comme elle était, cette galerie offrait encore une retraite agréable, et l'on pouvait s'y promener sans danger.

Ainsi firent nos vieilles dames, toujours enfoncées dans leurs secrètes manigances, pas assez néanmoins, au gré de Roland, pour négliger de lancer en passant et repassant un coup d'œil dans le salon, histoire de voir comment y allaient les choses.

CHAPITRE XI.

> La vie a son printemps, et alors tout est joie; les bois regorgent de chansons, les fleurs de parfums. L'orage même a du charme, et les filles encapuchonnées dans leurs jupes se rient de la pluie qui les mouille.
>
> *Ancienne Comédie.*

LACÉE brusquement en présence d'un beau garçon, dont le nom même lui était inconnu, avec ordre de lier connaissance, Catherine sentit, après le premier moment d'embarras, la fausseté de la position ; comme elle était dans l'âge heureux de l'innocence et des idées folles, elle en saisit surtout ce qu'il y avait de comique.

D'abord, tout entière à son travail de réparation, elle garda un sérieux des plus méritoires. Les matrones avaient fait deux tours de promenade sur la terrasse, et Roland restait coi, s'agitant sur son siège, virant sa toque entre ses mains, ne sachant par quel bout entamer la conversation. Il avait l'air si gauche, si empêtré, que l'espiègle fille, qui le lorgnait en dessous, n'y put tenir plus longtemps, et partit d'un franc éclat de rire. Ainsi renversée en arrière, ses beaux grands yeux pétillant de malice à travers un rideau de larmes involontaires, ses blonds cheveux épars en boucles rebelles, la déesse des ris n'était pas d'une grâce plus irrésistible.

En pareille occurrence, un page de cour se fût mis de la partie ; mais Roland, élevé à la campagne, et de plus ayant autant de présomption que de fausse honte, alla s'imaginer que sa personne était un objet de dérision. Essayant, quoi qu'il en eût, d'accorder son humeur à l'unisson, il ne réussit qu'à tirer de son gosier un petit ricanement d'une gaieté d'emprunt. Naturellement cette grimace de dépit redoubla l'hilarité de la jeune fille, à tel point que, malgré de louables efforts, il lui fut impossible de la réprimer. Or, chacun le sait par expérience, lors d'une crise de fou rire, n'importe le moment et l'endroit où elle éclate, il ne sert de rien de s'en défendre, et plus on y oppose d'obstacles, plus on en prolonge l'irrépressible impulsion.

Il fut heureux pour nos jeunes gens que l'accès n'eût pas été contagieux. Tournant le dos au balcon, Catherine échappait aux regards inquisiteurs des vieilles dames qui s'y promenaient ; Roland, au contraire, était assis de côté, et de façon qu'il n'aurait pu s'abandonner à une telle irrévérence sans exciter leur attention et trahir du même coup sa compagne. Il attendit, assez mal à l'aise pourtant, que ce violent transport s'apaisât ; puis, ayant vu la rieuse reprendre son aiguille, il s'avisa de lui dire un peu sèchement « qu'il était, ma foi, bien inutile de leur recommander de faire connaissance, puisqu'à première vue il y avait entre eux une si belle familiarité. »

Cette boutade malencontreuse faillit remettre le feu aux poudres, c'est-à-dire le rire aux lèvres de Catherine ; mais elle eut la force de le contenir, et répondit, sans lever la tête, qu'il fallait lui pardonner et qu'elle ne le ferait plus.

Roland n'était pas un sot : des airs de dignité blessée frisaient le ridicule, il le comprit tout de suite, et les yeux bleu d'acier qui venaient de s'égayer si gentiment ne devaient plus se croiser avec des regards boudeurs. Aussi, désireux de regagner le temps perdu, la pria-t-il, d'un ton de bonne humeur, de lui dire comment elle souhaitait de poursuivre une connaissance commencée sous de si joyeux auspices.

« A vous d'en trouver le moyen, » répondit-elle. « Peut-être ai-je fait un pas de trop en ouvrant la conférence.

— Si nous commencions comme dans les romans par nous demander réciproquement notre nom et notre histoire?

— La trouvaille n'est pas maladroite, et part d'un jugement fin. Donnez l'exemple, je suis tout oreilles, me réservant de questionner seulement aux endroits peu clairs. Voyons, Monsieur, vous avez la parole.

— Je m'appelle Roland Græme, et j'ai accompagné ici ma grand'mère.

— Et gouvernante, n'est-ce pas? Très bien. Vos parents?

— Morts.

— Qui étaient-ils? Vous avez eu père et mère, je présume.

— C'est probable, mais on ne m'a point appris grand'chose sur leur compte. Mon père était un chevalier écossais qui tomba vaillamment les armes à la main; ma mère, une Græme d'Heathergill, dans le Territoire contesté. Presque tous les membres de ma famille périrent quand ce pays fut mis à feu et à sang par le seigneur de Maxwell et le clan des Herries.

— Y a-t-il longtemps?

— Avant ma naissance.

— Mon Dieu, comme c'est loin! » dit-elle en hochant gravement la tête; « si loin, voyez-vous, qu'il m'est impossible de leur accorder une larme.

— Regrets inutiles! Ils sont morts en braves.

— Trêve à votre généalogie, beau sire! Ce qui en survit me plaît beaucoup moins que le reste, témoin votre vénérable aïeule qui a une mine à porter le diable en terre. A présent, venons à ce qui vous concerne. Surtout hâtez-vous de débiter votre histoire, ou elle risque fort d'être coupée au bel endroit. La mère Brigitte, à chaque fois qu'elle longe la fenêtre, fait une halte plus longue, et avec elle il y a aussi peu à rire que sur les tombes de vos aïeux.

— J'aurai tôt fini... On m'a placé au manoir d'Avenel en qualité de page de la châtelaine.

— Une protestante enragée, je crois?

— Autant que Jean Knox en personne. Ma grand'mère sait jouer la puritaine quand il lui convient, et elle avait fourré dans sa cervelle de me cantonner au château. Son plan faillit échouer cependant, faute d'une occasion propice qui lui manqua pendant des semaines. J'eus enfin, pour m'introduire, un maître des cérémonies qu'on n'attendait guère.

— Qui donc?

— Un chien, un grand lévrier noir nommé Wolf; il me repêcha dans le lac, m'emporta à la gueule comme un canard blessé, et me présenta à sa maîtresse.

— Honorable patronage, ma foi! Et que vous a-t-on appris là-dedans? Je tiens beaucoup à savoir de quelle utilité peuvent être au besoin mes connaissances.

— J'appris à chasser au faucon, à mener une meute, à monter à cheval, à manier la lance, l'arquebuse et l'épée.

— Et à faire étalage de vos talents, ce qui couronne infailliblement l'éducation d'un page, en France du moins. Mais poursuivez, s'il vous plaît. Comment un couple de parfaits huguenots en vint-il à recueillir et garder sous son toit un personnage aussi redoutable qu'un page catholique?

— Par ignorance. Ils ne connaissaient pas ce détail de mon histoire, sur lequel, tout enfant, on m'avait enjoint de me taire, et d'ailleurs mère-grand s'était évertuée à endormir les soupçons par une présence assidue au prêche de leur chapelain. Êtes-vous contente, belle demoiselle? »

Là-dessus, Roland fit mine de se rapprocher de la jolie questionneuse.

« Tout beau, galant sire! » s'écria-t-elle. « N'abrégez pas les distances ; ou je me trompe fort, ou nos respectables parentes ne tarderont pas à rompre notre amical entretien, si la connaissance marche trop vite à leur gré. Veuillez donc, pour me répondre, ne pas bouger de place. Par quelles prouesses le page a-t-il fourni la preuve des grandes qualités qu'il avait acquises?

— Soyez assurée, gente demoiselle, » repartit Roland sur le même ton de badinage, « qu'en fait de tours et de malices il n'était pas manchot. Il tirait sur les daims et les cygnes, effarouchait les servantes, pillait le verger, sans parler des mille tracas qu'il causait au prédicant, en quoi il remplissait son devoir de bon catholique.

— Eh bien, foi de fille noble, il me semble que le mérite d'avoir conservé un serviteur si accompli équivaut bien pour ces huguenots à une pénitence orthodoxe. Mais quel peut avoir été, beau sire, la circonstance fâcheuse qui les a privés d'un commensal d'une si rare vertu?

— Belle demoiselle, vous connaissez le proverbe : « Il n'est si long chemin qui ne tourne. » Le mien a fait pis, il m'a détourné.

— Le jeu de mots est en situation. D'où survint une telle calamité ?

Ne cherchez pas à m'instruire, j'ai fini mes classes; dites-moi en bon anglais pourquoi l'on vous a congédié.

— Petit cheval est bientôt étrillé, petite histoire bientôt dite, » répliqua-t-il en haussant les épaules. « J'ai fait tâter de ma houssine au fils du fauconnier, et le père a levé sur moi son gourdin. Un robuste gaillard, ce fauconnier, et le cœur sur la main! et j'aimerais mieux, à tout prendre, recevoir un coup de lui que de personne au monde. Mais alors j'ignorais ce qu'il valait; je tirai mon poignard, et ma maîtresse m'a tiré sa révérence. Adieu le page et le château d'Avenel! Il n'a pas fallu courir bien loin pour retrouver ma grand'mère, et mon histoire est finie. A votre tour, demoiselle.

— Quel bonheur pour la bonne femme de rattraper le page qui errait sans collier ni laisse, et quelle chance pour le page d'être élevé au rang d'écuyer d'une douairière !

— Cette réflexion ne m'apprend rien de vous-même. Confidence pour confidence, c'est la règle entre compagnons de route.

— Oui-dà, nous ne le sommes pas encore.

— N'espérez pas me faire faux bond. Si vous ne cédez pas loyalement, j'appelle dame Brigitte et lui dénonce la tricherie.

— Vous n'aurez point cette peine. Mon histoire est le pendant de la vôtre ; on peut la raconter dans les mêmes termes, sauf à changer le nom et l'habit. Moi, je m'appelle Catherine Seyton, et, comme vous, je suis orpheline.

— Depuis longtemps ?

— C'est la seule question, » dit-elle avec un soupir, « à laquelle je ne saurais répondre en riant.

— Alors, comme moi, vous avez une mère-grand ; dame Brigitte, hein ? »

Le nuage qui avait obscurci les traits de Catherine se dissipa aussi vite qu'une vapeur d'été au soleil levant, et elle riposta gaiement :

« Elle est cent fois pis... Dame Brigitte est ma tante et une vieille fille.

— Bonté divine, l'effrayant mystère ! Qu'allez-vous me révéler ?

— Ce qui vous est arrivé, de point en point. On m'a mise en service.

— Et l'on vous a congédiée aussi pour quelque fredaine.

— Pas tout à fait. La maîtresse a renvoyé sa maison, ou la maison a renvoyé sa maîtresse, ce qui revient au même, et me voici libre comme l'air.

— Tant mieux. On m'aurait galonné d'or mon pourpoint que je ne serais pas plus ravi.

— Votre ravissement me touche, bien que je n'en voie pas la raison.

— N'importe, allez toujours, ou le temps va vous manquer. Nos gardiennes ont pris leur essor le long de la terrasse à l'instar de vieilles corneilles à capuchon ; mais la fraîcheur commence à les enrouer, et elles ne tarderont pas à rentrer au perchoir. De par le ciel, belle demoiselle, quel était le nom de votre maîtresse ?

— Un nom illustre dans le monde. Peu de personnes tenaient un plus grand état de maison, ou comptaient plus de filles nobles à leur service. C'était ma tante qui la représentait. Jamais notre bienheureuse maîtresse ne s'est montrée à nos yeux, mais les oreilles nous cornaient de ses louanges. On se levait de bonne heure et on se couchait tard ; les prières étaient longues et les repas légers.

— Foin de la vieille avare !

— Arrêtez, au nom du ciel ! » s'écria-t-elle toute tremblante. « Je parlais sans mauvaise intention. Que Dieu me pardonne une telle étourderie, et le blasphème qu'elle vous a fait commettre ! Notre maîtresse était une sainte, Catherine de Sienne, et sa maison un couvent, habité par une douzaine de novices. Ma tante en fut la supérieure jusqu'au moment où les hérétiques envoyèrent tout promener.

— Et vos compagnes, où ont-elles passé ?

— Où sont les neiges d'antan ? Elles se sont dispersées aux quatre vents du ciel, dans les couvents de France ou des Pays-Bas, peut-être au milieu des pompes de Satan. On nous a permis, à ma tante et à moi, de demeurer ici, ou plutôt on ferme les yeux sur notre présence. Ma tante a chez les Kerrs de puissants alliés, qui ont menacé d'une guerre à mort quiconque nous ferait du mal. La force est aujourd'hui la meilleure des sauvegardes.

— Alors vous pouvez dormir bien tranquille. Auriez-vous, par hasard, perdu les yeux à pleurer parce que sainte Catherine a fait maison nette avant de s'assurer votre service ?

— De grâce, brisons-là, » dit-elle avec un grand signe de croix. « Quant à mes yeux, je ne les crois pas éteints tout à fait. »

La malicieuse fille accompagna sa réponse d'un vif regard qui eût exigé, pour s'en défendre, l'armure de triple airain qu'Horace conseillait aux matelots de porter, et le cœur de notre page était absolument désarmé.

« Une idée, Catherine ! » reprit-il. « Un même caprice du sort nous a affranchis du servage. Si nous en profitions pour passer la torche à nos vénérables doyennes et mener ensemble un joyeux branle à travers le triste monde ?

— La mirifique idée, ma foi, et bien digne du cerveau détraqué d'un page en vacances ! Et les moyens de vivre, s'il plaît à Votre Seigneurie ?

Irions-nous par les chemins chanter des ballades, couper des bourses ou faire des dupes? Ce serait là, je pense, le plus clair de vos bénéfices.

— A votre aise, ma mie. »

Cette façon calme et railleuse de rétorquer ses extravagantes ouvertures déconcerta Roland, qui se renferma dans un silence boudeur. Presque au même instant, une ombre épaisse masqua la porte vitrée du balcon, laquelle donna passage à Madeleine Græme et à son associée, la mère abbesse, ainsi que nous devons appeler tante Brigitte.

CHAPITRE XII.

> Écoute, frère. L'aîné de nous deux, le sage et le saint, c'est moi; or, âge, sagesse et sainteté passent avant de droit; donc, il faut me céder le pas.
>
> *Ancienne Comédie.*

ès qu'elle fut rentrée au salon, l'aïeule s'adressa en ces termes aux jeunes gens :

« Eh bien, mes enfants, avez-vous causé ensemble? La connaissance est-elle faite? et, comme il arrive à deux voyageurs réunis par le hasard sur une route mal connue et semée d'écueils, chacun de vous a-t-il étudié le caractère et les penchants du compagnon dont il va partager les périls? »

Catherine avait l'humeur espiègle et tournée à la plaisanterie, bien que souvent elle se mordît les lèvres d'avoir laissé courir sa langue.

« Votre petit-fils, » répondit-elle, « est si enthousiasmé du voyage en question qu'il me proposait de partir à l'instant même.

— Trop de zèle, Roland, » reprit Madeleine, « et hier trop de tiédeur. Entre deux est l'obéissance, qui sait attendre patiemment et partir au signal donné. N'oubliez pas, mes enfants, qu'il s'agit d'une œuvre de la plus haute importance, et que, chacun de son côté, vous y travaillerez en secret. En vous retrouvant n'importe où, et sous quelque déguisement que ce soit, il faut que vous puissiez vous prêter une aide mutuelle. Regardez-vous bien ; que votre mémoire retienne de vos moindres traits une image fidèle. Sachez distinguer au pas, à la voix, au geste, à un coup d'œil, l'allié que le ciel vous accorde pour l'accomplissement de ses desseins. Parle, Roland : es-tu sûr de reconnaître cette jeune fille, à toute heure et en tout lieu?

— Oh! cela, ma mère, » dit-il avec autant d'empressement que de sincérité, « j'en réponds.

— Et toi, ma fille, » reprit l'aïeule, « te rappelleras-tu les traits de ce jeune homme?

— A dire vrai, » répondit Catherine, « je n'ai pas vu assez d'hommes en cette thébaïde pour oublier de sitôt votre petit-fils, et pourtant il n'y a pas grand'chose en lui qui mérite une attache particulière.

— Unissez donc vos mains, enfants, et donnez-vous le baiser de paix. »

Les jeunes gens joignirent leurs mains ; mais dame Brigitte, à qui les scrupules du cloître avaient rendu la fibre chatouilleuse, voulut mettre le holà.

« Mais, ma sœur, » s'écria-t-elle, « vous oubliez que Catherine est la fiancée du Seigneur, et les convenances...

— C'est au nom du Seigneur que je leur ordonne de s'embrasser, » s'écria à son tour Madeleine de toute la force de ses poumons. « La fin justifie les moyens, ma sœur.

— Ceux qui m'adressent la parole, » riposta Brigitte, le front haut et l'air tant soit peu offensé des manières impérieuses de son amie, « ceux-là m'appellent *dame abbesse* ou au moins *ma mère*. La dame d'Heathergill oublie qu'elle parle à la supérieure du couvent de Sainte-Catherine.

— Au temps où j'étais une dame vous étiez sans doute une abbesse, » dit Madeleine ; « mais ces titres-là ont disparu, et avec eux les respects que leur payaient et le monde et l'Église. Au jugement des hommes, il ne reste plus en nous que deux pauvres femmes avilies et persécutées, qu'une vieillesse sans honneur traîne vers un obscur tombeau. Que sommes-nous aux yeux du Seigneur? Des ministres chargés d'exé-

15

cuter ses volontés, dont la faiblesse rendra plus éclatante la force de l'Église, et qui mettront sous leurs pieds la politique de Murray et la sombre énergie de Douglas. Est-ce à une si haute mission que s'applique l'étroite règle des couvents? ou bien auriez-vous perdu mémoire des ordres de votre supérieur, qui vous enjoint de m'obéir en cette affaire?

— Alors, » dit l'abbesse d'un ton revêche, « que le scandale et le péché retombent sur votre tête!

— Soit, qu'ils y retombent. A présent, mes enfants, je vous le répète, donnez-vous le baiser de paix. »

Il n'était plus temps : Catherine, prévoyant sans doute à quelle fin aboutirait le différend, venait de s'échapper, et Roland ne fut pas le moins contrarié de sa disparition.

« Elle est allée, » fit observer sa tante, « préparer le repas du soir. Ce sera un maigre régal pour ceux qui vivent dans le monde; mais moi, je ne saurais me dispenser d'être fidèle à mes vœux, parce qu'il a plu aux méchants de détruire la sainte maison où nous devions les observer.

— Et bien vous faites, ma sœur, » répondit l'aïeule. « Il faut payer la dîme jusqu'au dernier grain de menthe et de cumin, commande l'Écriture, et je ne vous blâme pas de garder, touchant les règles de votre ordre, une observance scrupuleuse. Cependant comme elles ont été faites par l'Église et au bénéfice de l'Église, il est permis valablement de s'en dispenser lorsqu'il y va du salut même de l'Église. »

L'abbesse ne fit point de réponse.

Pour un témoin plus attentif qu'un page du jeu des passions humaines, l'expression du fanatisme religieux chez les deux femmes n'eût pas manqué d'offrir un spectacle intéressant. Dame Brigitte, esprit étroit, chagrin et timoré, se cramponnait à des pratiques routinières et à des prétentions que la réforme avait mises à néant; dans l'adversité comme aux jours prospères, c'était une bigote bornée et pointilleuse. Madeleine, à l'âme plus indépendante et fière, aspirait sans cesse à étendre le champ de ses idées; la commune règle ne seyait pas aux plans extraordinaires que lui suggérait le caprice d'une imagination échauffée.

Notre jeune homme, au lieu d'étudier le contraste de ces deux caractères, ne songeait qu'à guetter le retour de Catherine, prêt à sceller du baiser de commande leur alliance fraternelle. Mais, vain espoir! Catherine rentra seulement à l'appel de sa tante pour placer sur la table une cruche d'eau, quatre assiettes de bois, et autant de gobelets; et Madeleine, satisfaite d'avoir triomphé de l'opposition de l'abbesse, ne poussa pas plus loin ses avantages, modération dont son petit-fils ne lui sut aucun gré.

Après le bénédicité, dit en latin par l'abbesse, les convives prirent place. C'était un véritable menu d'anachorète : des choux bouillis assaisonnés d'un peu de sel, quelques tranches d'un grossier pain d'orge, et de l'eau pure pour boisson. Malgré la simplicité des aliments, l'appétit modéré des trois femmes parut s'en contenter; celui du page était plus exigeant.

Le sire d'Avenel aimait à tenir sa maison sur un grand pied, et en fait d'hospitalité, il ne le cédait en rien aux comtes du nord de l'Angleterre, s'imaginant peut-être par là jouer plus noblement le rôle pour lequel il se sentait né, celui de grand seigneur et de chef de clan. Était-il au château, l'on y consommait par semaine une paire de bœufs et une demi-douzaine de moutons; et durant son absence, cette provision ne diminuait pas sensiblement. Pour le même laps de temps, on brassait au logis six boisseaux d'orge et l'on cuisait du pain de froment à proportion. Tel était le pays de Cocagne où Roland avait vécu des années, et en se voyant attablé devant une platée de légumes, arrosés d'eau claire, il ne put retenir un soupir de désappointement.

« Sans doute, mon fils, » lui dit l'abbesse, « les repas de votre baron hérétique sont plus succulents que ceux des filles de l'Église souffrante. Aux jours de fêtes solennelles, où il était permis aux religieuses de dîner avec moi, la table était aussi chargée de mets recherchés; et pourtant de combien je leur préfère les légumes et l'eau, ma seule nourriture à présent, plutôt que de déroger à l'exigence de mes vœux. Il ne sera pas dit que la supérieure de cette maison y a jamais logé la joie et la ripaille quand des jours de deuil et d'affliction pèsent sur la sainte Église, dont elle est un membre indigne.

— On ne saurait mieux dire, ma sœur, » répliqua Madeleine.

« Oui, nous souffrons pour la bonne cause, mais il est temps d'agir pour elle. Puisque le repas est fini, il reste aux pèlerins à préparer leur voyage, et surtout à nous entendre au sujet des enfants, du concours qu'ils peuvent prêter, et des moyens de remédier à leur manque de réflexion et d'expérience. »

Bien qu'il eût fort mal dîné, Roland sentit son cœur tressaillir à cette proposition, qu'il croyait devoir amener un nouveau tête-à-tête entre lui et la jolie novice. Encore une déception! Catherine n'avait, ce semble, aucune envie de lui complaire là-dessus. Soit caprice ou réserve, soit l'un et l'autre, par un de ces rares mélanges de sentiments où la femme excelle pour tourmenter et retenir à la fois le sexe le plus fort, elle obtint de sa tante la permission de se retirer pendant une heure avant les vêpres. Puis, s'étant levée pour sortir, elle adressa aux matrones une révérence compassée. Un mouvement de côté et une légère inclinaison de tête parurent un lot suffisant pour l'ex-page, qui crut démêler sous l'apparente gravité de ce demi-salut une maligne joie de le contrarier.

« Au diable la fieffée coquette! » grommela-t-il sans souci du lieu où il était. « Quel cœur de roche! Elle a tout fait pour que je ne l'oublie pas de sitôt. »

Les deux femmes se retirèrent à leur tour, après avoir expressément recommandé au jeune homme de ne pas sortir du couvent.

« Gardez-vous même de paraître à la croisée, » ajouta Brigitte. « Les impies, toujours à l'affût, ne cherchent qu'à attirer le scandale sur les communautés. »

Abandonné à lui-même :

« La discipline d'Henri Warden était moins rigide, » ruminait le page. « Certes il exigeait de ses paroissiens une attention scrupuleuse; mais, rendons-lui justice, le prêche terminé, il leur remettait la bride sur le cou, et même il lui arrivait de partager nos amusements, s'il les trouvait convenables. Ici, au contraire, on s'enveloppe de ténèbres et de mystère, on se nourrit de privations... Ma foi, puisqu'il m'est défendu de risquer le pied dehors ou le nez à la fenêtre, il faut au moins que je m'assure s'il y a dans l'intérieur de quoi m'aider à passer le temps. Qui sait si en furetant je n'apercevrai pas ma rieuse aux yeux bleus! »

Avisant donc la porte opposée à celle que les deux matrones avaient fermée derrière elles, — il n'avait nulle envie de troubler leur conférence, — Roland sortit du salon, et se mit à errer de chambre en chambre dans la maison déserte, en quête d'une distraction qui pût intéresser sa curiosité juvénile. Il traversa dans toute sa longueur un corridor sur lequel donnaient les cellules des nonnes, alors ouvertes et dégarnies du peu de meubles que l'ordre permettait d'avoir.

« Les oiseaux sont envolés, » pensa-t-il. « Se trouveront-ils plus mal d'être en plein air que dans des cages humides? Que la grand'mère et madame l'abbesse en décident. Pour moi, j'ai dans l'idée qu'ils ont laissé en arrière certaine alouette qui s'accommoderait fort de gazouiller en liberté. »

Un escalier tournant, vrai casse-cou bien propre à rappeler aux recluses qu'on n'est pas sur la terre pour son plaisir, conduisit Roland aux appartements du rez-de-chaussée. Cet étage-ci, ayant essuyé la première fureur des gens qui avaient envahi le couvent, était dans un état plus pitoyable que celui de dessus : on avait mis les fenêtres en pièces, enfoncé les portes, et en plusieurs endroits abattu les murs de refend.

Cette promenade au milieu des ruines l'avait attristé, et il songeait à revenir sur ses pas lorsque le mugissement d'une vache retentit près de lui. Un pareil bruit était si étrange à cette heure et en un tel lieu que notre page tressaillit, comme s'il eût ouï rugir un lion, et porta la main à son poignard. A la porte de la chambre suspecte parut soudain la gracieuse Catherine.

« Bonsoir, vaillant paladin ! » dit-elle. « Depuis le temps de Gui de Warwick, jamais preux ne fut plus digne de combattre une vache brune.

— Sur ma foi, » répondit Roland, « j'ai cru avoir affaire au diable. Une vache dans les salles d'un cloître, comment imaginer cela ?

— Une vache et son veau, ne vous déplaise. Et pourquoi pas, puisqu'on ne pouvait plus leur en interdire l'entrée ? A présent, beau sire, je vous conseille de rebrousser chemin.

— Pas avant d'avoir visité vos élèves, ma jolie sœur. »

La pauvre vache, condamnée à l'état de créature cloîtrée, occupait un des coins d'une vaste salle, ci-devant réfectoire de la communauté. Le plafond était formé en voûtes d'arête, et un rang de niches, dont les images avaient été renversées, décorait les murailles. Ces restes d'une imposante architecture présentait un pénible contraste avec la grossière mangeoire de l'animal et le fourrage amoncelé auprès.

« A la bonne heure, » dit Roland, « voilà une bête royalement logée !

— Eh bien, tenez-lui compagnie, » riposta Catherine, « et puisse votre dévouement lui faire oublier le rejeton qu'elle a eu le malheur de perdre !

— Volontiers, » dit-il en saisissant une fourche ; « ne serait-ce que pour vous aider à lui préparer sa couchée.

— Du tout ! du tout ! D'abord vous ne sauriez comment vous y prendre, puis vous m'attireriez une réprimande, et du matin au soir j'en reçois mon comptant.

— Vous gronder pour avoir accepté mon aide, y songez-vous ? l'aide de votre futur allié dans une affaire bien autrement grave ? Il n'y aurait pas ombre de raison. A propos, savez-vous à quelle entreprise formidable je suis destiné ?

— Vu le champion qu'on a choisi, il s'agit probablement de dénicher des merles.

— Eh ! chère sœur, celui qui a déniché des faucons sur le pic de Gledscraig n'a point été trop maladroit. Tout cela n'est qu'un songe à présent. La peste soit du nid et des faucons ! Sans mon entêtement à vouloir empâter à ma mode ces maudits oiseaux, je n'eusse pas commencé mes voyages. Quelle sottise ! Il y aurait de quoi avaler mon poignard de dépit. Par bonheur, j'ai rencontré une sœur tout aimable, et puisque nous allons cheminer ensemble...

— Oh ! comploter au plus. Apprenez pour votre gouverne que ma tante et moi nous partirons les premières demain matin, et c'est même un des motifs qui m'ont fait tolérer votre présence, car il s'écoulera du temps d'ici à notre prochaine entrevue.

— Par saint André, je ne le souffrirai point ! Nous chasserons de compagnie, ou je refuse de marcher.

— Bah ! l'ordre donné, il faudra obéir, en ceci comme en tout le reste. Mais chut ! voici ma tante. »

La vieille dame entra en effet et jeta un regard sévère sur sa nièce tandis que Roland feignait assez adroitement d'attacher la vache.

« Notre hôte, » dit gravement la novice, « me donnait un coup de main pour attacher la Rousse de plus près. Hier soir, elle a allongé le cou par la fenêtre, et ses mugissements ont causé grande alarme au village. Si l'on n'en découvre pas la cause, on nous accusera de sorcellerie, et dans le cas contraire on saisira la bête.

— Ne soyez pas en peine, » répondit l'abbesse avec un grain d'ironie ; « elle est vendue, et l'acheteur va l'emmener tout à l'heure.

— Adieu donc, ma pauvre amie, » reprit la jeune fille en caressant de la main le mufle de l'animal. « J'espère que tu auras un bon maître, toi près de qui j'ai passé entre ces quatre murs le meilleur de mon temps, et plût à Dieu que mon sort se fût borné là!

— Quelle honte, fille sans cœur ! » s'écria sa tante. « Est-ce un souhait digne du nom de Seyton, et d'une sœur de ce couvent, choisie pour être un vase d'élection ? Et le former devant un étranger encore, un jeune homme! Rendez-vous à mon oratoire, petite, et faites-y en m'attendant un acte de contrition. Puisque vous ne sentez pas le prix des grâces qui vous ont été octroyées, je me charge de vous l'apprendre en détail. »

La novice allait se retirer en silence, après avoir jeté au jeune homme une œillade narquoise, qui semblait signifier : « Voyez à quoi m'expose une malheureuse visite! » Changeant tout à coup d'idée, elle avança la main et lui souhaita le bonsoir ; puis, sans donner à la bonne dame offusquée le temps d'intervenir :

« Pardon, ma mère, » lui dit-elle. « Il y avait longtemps que nous n'avions vu un de nos semblables nous regarder avec bienveillance. Depuis les troubles qui ont détruit la paix de notre retraite, tout a été pour nous tristesse et méchanceté. Ce jeune homme s'est présenté en ami, et c'est par un adieu amical que je me sépare de lui. Nous reverrons-nous en ce monde? Il est presque certain que non, et j'en devine plus long que lui à cet égard. L'entreprise où vous vous jetez est trop au-dessus de vos forces ; vous êtes en train de rouler une pierre qui, en retombant, nous écrasera infailliblement dans sa chute. C'est à une victime comme moi que j'adresse mes adieux. »

Catherine débita ce petit discours, avant de sortir, d'un ton sérieux et convaincu, bien éloigné de sa légèreté ordinaire, et il fut évident que, malgré sa jeunesse et son défaut d'expérience, elle possédait au fond de l'âme plus de jugement et de sensibilité que sa conduite ne l'aurait donné à croire.

L'abbesse demeura toute songeuse, comme frappée de l'accent recueilli et presque prophétique des paroles de sa nièce, et la remontrance qu'elle préparait expira sur ses lèvres. Elle ramena Roland au salon, où une petite réfection était servie, c'est-à-dire une jatte de lait et du pain d'orge. Madeleine vint en prendre sa part, mais on ne revit point la novice. A l'issue du repas, qui dura quelques minutes et où l'on ne parla guère, Roland fut envoyé dans une pièce voisine pour y passer la nuit.

Tandis que les événements du jour occupaient sa pensée, il s'aperçut au bruit sourd et monotone qui venait du salon, que les deux matrones avaient repris le cours de leurs graves débats. Au moment où elles se levèrent, l'abbesse haussa la voix.

« En un mot, ma sœur, » dit-elle, « avec tout le respect que j'ai pour votre caractère et pour l'autorité dont mes supérieurs vous ont investie, il me semble qu'avant d'avancer le pied dans cette voie périlleuse, nous devrions consulter quelques-uns des dignitaires de l'Église.

— Où sont-ils? et comment faire? » s'écria Madeleine. « A quel évêque, à quel abbé fidèle s'adresser? L'intrépide Eustache n'existe plus ; il a été ravi à la corruption de ce monde et à la tyrannie des hérétiques. Puisse Dieu l'absoudre de ses péchés et abréger la pénitence que lui impose la fragilité de notre nature! Où trouver l'homme qui nous aidera de ses conseils?

— Le ciel y pourvoira pour le bien de l'Église. D'ailleurs les bons pères à qui il est encore permis de résider à Kennaquhair vont procéder à l'élection d'un abbé ; en dépit des menaces de l'hérésie, ils relèveront la crosse et ne laisseront pas la mitre sans emploi.

— C'est ce que je saurai demain. Et pourtant qui accepterait aujourd'hui une charge d'un jour, sinon pour obtenir des barons une part des dépouilles? Demain nous apprendra si parmi les milliers de saints sortis du giron de Sainte-Marie, il en est un qui prenne en pitié ses misères. Adieu, ma sœur, jusqu'à notre prochaine entrevue à Édimbourg!

— Ainsi soit-il ! »

Les deux femmes se séparèrent.

« Voilà donc notre route fixée, Kennaquhair et Édimbourg, » pensa

Roland. « Cette nouvelle vaut bien une heure d'insomnie ; elle me convient parfaitement. A Kennaquhair, je parlerai à dom Ambroise ; à Édimbourg, les moyens ne me manqueront pas de m'avancer dans le monde, sans être à charge à ma bonne grand'mère. Puis c'est là aussi que je reverrai Catherine. »

Il s'endormit, et ce fut pour rêver à la séduisante rieuse aux yeux bleus.

CHAPITRE XIII.

> Quoi! Dagon est encore debout ! Je croyais que nous l'avions à jamais renversé dans la poussière. Allez chercher des coins et une hache, voisin ; prêtez-moi assistance, et faisons de l'idole des fagots pour l'hiver.
>
> *Athelstane, ou le Danois converti.*

OLAND dormit longtemps et d'un sommeil profond, et le soleil était déjà haut quand sa grand'mère l'appela pour continuer leur voyage. S'étant habillé à la hâte, il la rejoignit à la porte de l'ancien couvent, où elle l'attendait, prête à partir.

Douée d'une énergie peu commune, Madeleine Græme joignait à la décision du caractère le don de la persévérance. L'ardent fanatisme dont elle était animée dominait jusqu'à ses moindres actions et semblait avoir étouffé les besoins comme les sentiments de l'humaine nature. Une seule affection terrestre triomphait parfois du délire de son exaltation religieuse, telle qu'un rayon de soleil qui fend les nues amoncelées par la tempête : c'était l'amour de mère qu'elle avait voué à son petit-fils. Cet amour la possédait presque sans raison ni mesure en dehors des intérêts de la foi, et pourtant, à peine en lutte ou seulement en rapport avec l'idée fixe de son esprit ou les devoirs supérieurs qu'elle s'était imposés, il s'effaçait sur-le-champ. La vie, elle y eût renoncé avec joie pour sauver ce fils, l'unique objet qui la rattachât à la terre, et ce fils, elle était prête à risquer ses jours, à le sacrifier même, si elle eût pu acheter de son sang le rétablissement de la hiérarchie romaine.

Tout en cheminant, elle se montra à Roland sous son double caractère. Hormis les rares circonstances où elle s'inquiéta avec une tendre sollicitude de ses besoins et de sa santé, elle ne l'entretint que de la nécessité de restaurer le trône et l'autel. C'était là une œuvre grandiose ; elle devait y contribuer par décret du ciel, et son zèle avait pour garant de la réussite une certitude plus qu'humaine. Elle parlait ainsi par moments, d'une façon obscure et détournée, et d'après ces vagues allusions il n'était pas facile de décider si elle s'attribuait une vocation directe et surnaturelle, comme la fameuse nonne de Kent (C), ou si elle ne voulait qu'insister sur le devoir général de tous les catholiques et dont elle ressentait l'obligation à un degré extraordinaire.

Madeleine ne prétendait pas, en public du moins, être considérée comme une créature privilégiée entre les mortels. Toutefois, dans la partie fertile et populeuse de la vallée qu'ils traversaient, la conduite de certains passants parut indiquer qu'ils reconnaissaient en elle des attributs supérieurs. Il en fut autrement de la plupart, il est vrai, qui se croisèrent avec eux sans les remarquer ou en les toisant d'un œil de mépris ; par exemple, deux bouviers qui conduisaient du bétail, trois ou quatre paysannes allant à la fête, un soudard en maraude, un étudiant en voyage portant un paquet de livres sous son manteau râpé ; autrement encore de quelques galopins qui, ameutés par la tournure monastique de l'aïeule, la poursuivirent de huées en criant : « A bas la mangeuse de messe ! »

Par contre, il y eut des amis timorés de la croyance déchue, — deux au moins, — qui, après bien des précautions, osèrent s'approcher de Madeleine : se signer, fléchir le genou, l'appeler *ma sœur*, lui baiser la main ou le bas de sa robe, recevoir dévotement sa bénédiction, et s'éloigner à grands pas, tout ce manège fut pour chacun d'eux l'affaire d'un instant. Il s'en trouva aussi de plus hardis : à la vue même de leurs adversaires, ils mirent les bras en croix et inclinèrent la tête afin de témoigner de loin et en silence qu'ils reconnaissaient la sœur Madeleine et qu'ils honoraient également sa personne et ses projets.

Sensible à ces marques d'estime et de respect, elle ne manquait pas de les faire observer à son petit-fils.

« Vous le voyez, mon enfant, » disait-elle, « nos ennemis n'ont pas réussi à éteindre le flambeau de la foi ni à déraciner le bon grain. Au milieu des hérétiques et des renégats, de ceux qui dépouillent l'Église, qui insultent aux saints et blasphèment les sacrements, il reste un troupeau fidèle.

— C'est vrai, ma mère, » répondit Roland ; « mais ces gens sont d'une qualité, à mon avis, dont il y a peu de secours à attendre. Tous ceux qui portent l'épée au flanc, et dont l'extérieur dénote une condition plus relevée, nous ont traités du haut en bas, comme s'ils avaient eu affaire aux derniers des besoigneux. Et l'intérêt qu'on nous témoigne, de quelle part vient-il ? Des plus pauvres d'entre les pauvres, de la lie des misérables. Que pourraient-ils pour nous, ceux qui ont à peine du pain, encore moins des armes, et pas du tout l'art de s'en servir ? Tenez, tout à l'heure une espèce de mendiant, tout confit en dévotion, s'est prosterné à vos pieds, un vrai squelette rongé de maladie et crevant de misère ; en quoi cet être en loques, blême, souffreteux peut-il servir les grands desseins que vous méditez ?

— Il y aidera beaucoup au contraire, » repartit l'aïeule sans se fâcher. « C'est un pieux enfant de l'Église, qui va en pèlerinage à Saint-Ringan ; mes conseils l'y ont encouragé, et les bonnes âmes le soutiennent. Lorsqu'il en reviendra guéri de ses maux, plein de vigueur et de santé, ce témoignage de sa foi et la récompense miraculeuse qu'il en aura reçue ne parleront-ils pas plus haut aux oreilles du peuple abusé que les clameurs s'élevant de mille chaires hérétiques ?

— Sans doute, mais j'ai peur que le saint n'ait plus la vertu nécessaire. Il y a beau temps qu'on n'a ouï citer un miracle de sa façon.

— Douter de la vertu d'un saint ! » reprit-elle d'une voix tremblante d'émotion. « Serais-tu donc si à plaindre ?

— Non, non, mère, » protesta vivement le jeune homme, « je crois tout ce qu'enseigne l'Église ; que saint Ringan ait le pouvoir de guérir, je n'en doute pas ; seulement on peut dire, sans lui manquer de respect, qu'il n'est guère pressé d'en faire usage.

— Le pays en était-il digne ? » répliqua Madeleine.

Doublant le pas jusqu'au sommet d'un coteau que traversait la route, elle s'arrêta.

« Ici, » continua-t-elle, « finissait le patrimoine de Sainte-Marie ; à cette place, d'où l'œil du pèlerin pouvait apercevoir dans le lointain l'antique monastère, fanal du royaume, asile des saints, sépulture des monarques, ici s'élevait une croix de pierre. Qu'est devenu ce symbole du chrétien ? Le voilà gisant à terre, bloc grossier, déchiqueté en fragments qui ont servi à de vils usages, et n'ayant plus vestige de sa première forme. Tourne-toi vers l'orient, mon fils ; le soleil y dorait naguère des tours majestueuses, d'où l'on a précipité les croix et les cloches comme au temps de l'invasion des païens ; contemple ces murailles à demi détruites, et demande-toi ce qu'on peut attendre des bienheureux dont les reliques et images ont été profanées, sinon des miracles de vengeance. Quand cette heure sonnera-t-elle, ô mon Dieu ? »

Elle leva les bras au ciel, se recueillit un moment, et reprit avec un nouvel élan d'enthousiasme :

« Oui, enfant, rien ne dure ici-bas. Joie et souffrance, triomphe et désolation se succèdent comme la nuit et le jour. La vigne ne sera pas longtemps foulée aux pieds ; on pansera ses blessures, et les rameaux fertiles porteront encore des fruits. Aujourd'hui même, dans un instant, j'espère apprendre d'importantes nouvelles. En route, sans plus tarder ! Le temps est court, le jugement est certain. »

Une demi-heure de marche les conduisit à Sainte-Marie par un chemin, autrefois indiqué aux fidèles par une double rangée de poteaux et de barrières dont il ne restait nulle trace.

A l'exception de l'église, la magnifique abbaye de Kennaquhair n'avait point échappé à la rage des hérétiques. La longue file de cellules, qui occupait deux des côtés de l'immense quadrilatère, avait été incendiée ; l'intérieur offrait un amas de ruines, et les murs n'avaient résisté au feu qu'à cause de leur massive architecture. Sur le troisième côté, la maison abbatiale avait peu souffert et servait de refuge au petit nombre de moines dont le séjour était en quelque sorte toléré. Jardins, cloîtres, dépendances, bâtiments de plaisance et d'utilité, on avait tout dévasté, tout démoli, sauf les matériaux mis en réquisition par les gens du village et des environs; empressés à s'approprier

une part des dépouilles de leur seigneurie féodale. Le vaisseau de l'église demeurait à peu près intact; mais les statues nombreuses qui décoraient les piliers et arcs-boutants avaient été brisées comme des signes d'idolâtrie, sans égard pour l'élégance et la richesse des ornements qui les accompagnaient.

En présence de cette œuvre de destruction, nos voyageurs restèrent muets, se bornant à exprimer leurs sentiments par des gestes et des soupirs. Au moment où son petit-fils s'avançait vers le portail oriental de l'église :

« Cette porte a été condamnée, » lui dit Madeleine. « Il ne faut pas que la canaille sache qu'il existe encore à Sainte-Marie des hommes qui osent adorer Dieu dans le temple où leurs prédécesseurs priaient pendant la vie et reposaient après la mort. Suis-moi par ici. »

Roland obéit, et l'aïeule, s'étant assurée que personne ne les observait, — à elle aussi le malheur des temps avait enseigné la prudence, — lui désigna une porte basse derrière la maison de l'abbé.

« Frappe-là, » dit-elle, « mais doucement. »

Comme on ne répondait point, il frappa de nouveau. Par l'huis timidement entrebâillé se glissa de profil une longue et maigre figure, le portier sans doute, qui risqua au dehors un coup d'œil effaré, cherchant à voir sans être vu. Qu'il était loin de ressembler à l'imposant personnage des anciens jours qui, en se présentant aux pèlerins dans toute son ampleur et majesté, les accueillait d'un solennel *Intrate, filii mei!*

« Impossible d'entrer, » balbutia le pauvre homme ; « les frères sont retirés dans leurs cellules. »

Sur une réclamation que lui fit Madeleine à voix basse, il s'empressa de chanter la palinodie :

« Entrez, ma digne sœur, entrez vite ; l'œil des méchants est ouvert sur nous. »

Après avoir barré et verrouillé la porte, le moine les conduisit à travers une foule de passages sombres et tortueux. Tout en marchant, il s'entretenait avec Madeleine, mais sans élever la voix, et comme s'il eût craint d'avoir les murs pour confidents.

« Nos pères, » dit-il, « sont assemblés en chapitre... oui, ma sœur, en chapitre, pour l'élection d'un abbé... Hélas! on ne sonnera pas les cloches... il n'y aura pas de consécration... on n'ouvrira pas les portes toutes grandes pour que le peuple puisse voir et révérer son père spirituel... Sainte Vierge! voilà où en sont réduits de vertueux prêtres : ressembler à des brigands qui nomment dans l'ombre un capitaine, alors qu'il s'agit d'élire un abbé à mitre !

— N'en ayez point de souci, mon frère, » répondit l'aïeule. « Songez plutôt aux premiers successeurs de saint Pierre. Furent-ils élus à la clarté du soleil et dans le palais du Vatican, ou dans la tourmente, au fond des souterrains et des prisons de Rome païenne? Leur élection fut-elle saluée par des volées de canon et de mousqueterie, par des réjouissances et des feux d'artifice ? non, mais par les sauvages clameurs des bourreaux qui traînaient au martyre les confesseurs de la foi. Songez-y bien, mon frère, aux plus beaux jours de Sainte-Marie, jamais abbé ne tira autant de gloire de son élévation que n'en recevra celui qui va s'y soumettre en ces jours de tempête. Quel sera l'élu du chapitre, à votre avis?

— Vous le demandez ! Qui oserait, hélas ! répondre à l'appel, sinon le digne élève du bienheureux Eustache, le meilleur et le plus brave, dom Ambroise?

— Je le savais, mon cœur me l'avait dit, et cela bien avant que vous l'ayez nommé. O le vaillant champion ! En avant, et monte à la brèche... Dresse-toi, pilote intrépide, et tiens ferme le gouvernail contre l'ouragan ! Retourne au combat, guerrier qui relève la bannière abattue ! Sers-toi de la houlette et de la fronde, noble pasteur d'un troupeau en déroute !

— Plus bas, ma sœur, de grâce ! Nos frères vont célébrer l'élection par une messe. C'est moi qui dois les conduire ici, car toutes les charges de la maison sont échues à un pauvre vieillard décrépit. »

A ces mots, il s'éloigna, laissant nos voyageurs seuls sous les voûtes de l'église abbatiale, où il les avait introduits.

Quel affligeant spectacle ils eurent sous les yeux dans ce vaste édifice, un des splendides et purs joyaux du style gothique au début du quatorzième siècle ! Toutes les statues avaient été brisées, les monuments funèbres ainsi que les châsses violés et détruits. Dans un pêle-mêle indescriptible s'entassaient sur le pavé les armes antiques qui décoraient les tombeaux des illustres guerriers d'autrefois, les offrandes consacrées par la reconnaissance des pèlerins, les effigies mutilées de chevaliers et de dames, et les images des anges et des saints.

De longs mois s'étaient écoulés depuis la destruction accomplie, et cependant quelque chose de plus lamentable semblait y avoir empreint le sceau de la fatalité : c'était l'abandon où l'église avait été laissée ; les religieux, sans volonté ni courage, n'avaient pas osé la débarrasser de ces décombres, ou même y rendre, au prix d'un peu de travail, le désordre moins choquant. La terreur paralysait les faibles restes d'un corps jadis si puissant ; ils se sentaient tolérés par une sorte de connivence et de pitié dédaigneuse, et, appréhendant de rien faire qui eût l'air d'une revendication de leurs anciens droits, il leur suffisait de célébrer en secret les cérémonies du culte le plus simplement possible.

En deux ou trois endroits, on avait déblayé le sol pour inhumer ceux des moines qui avaient succombé sous le poids des années ou du malheur. Une des pierres tombales rappelait que dom Nicolas avait prononcé ses vœux sous le gouvernement de l'abbé Enguerrand, époque à laquelle aimait à se reporter sa mémoire. Une autre, plus récente, consacrait le souvenir du sacristain Philippe, la victime des promenades aquatiques de la Dame blanche d'Avenel. Enfin la troisième, fraîchement posée, présentait la figure d'une mitre avec cette légende : *Hic jacet Eustathius abbas,* sans un seul mot d'éloge — c'eût été le comble de la hardiesse — sur la science et le zèle de ce défenseur de la foi.

Madeleine, qui venait de lire ces brèves épitaphes, s'arrêta devant celle de dom Eustache.

« C'est un bonheur pour toi, » dit-elle, « mais las ! un malheur pour la religion que tu aies été rappelé si tôt. Que ton esprit soit avec nous, saint homme ! Encourage ton successeur à marcher sur tes traces ; donne-lui le feu et les ressources de ton imagination, ton ardeur et ta prudence, car il a une piété égale à la tienne. »

A ces mots, une porte latérale, conduisant du logis de l'abbé à l'église, s'ouvrit pour livrer passage aux moines qui allaient présenter au maître autel le supérieur nouvellement élu.

Autrefois, parmi les nombreuses cérémonies que la hiérarchie catholique avait imaginées pour attirer la vénération des fidèles, c'était une des plus imposantes. La vacance de la dignité abbatiale était un temps de deuil, ou, suivant le langage métaphorique des couvents, un temps de veuvage ; puis venaient les chants de réjouissance et de triomphe lorsqu'elle était remplie. En ces occasions solennelles, on ouvrait le portail de l'église à deux battants; l'abbé consacré s'acheminait jusqu'au seuil dans toute la pompe de son rang, avec la mitre et l'anneau, la dalmatique et la crosse ; devant lui flottaient les antiques bannières de Cîteaux, l'encens fumait aux mains des enfants de chœur ; derrière

L'abbé Ambroise.

lui s'avançait la longue file de moines, portant les signes distinctifs du pouvoir suprême auquel il venait d'être élevé. Dès qu'il paraissait, les cloches entraient en branle, l'assistance entonnait un *Te Deum* aux accords solennels de l'orgue, et le peuple éclatait au dehors en bruyantes salutations d'allégresse.

Que tout cela était loin! A travers un amas de décombres, sept ou huit vieillards, courbés par le chagrin encore plus que sous le faix des années, tremblants sous la robe proscrite de leur ordre, conduisaient à l'autel, muets comme des fantômes, celui qu'ils avaient choisi pour régner sur des ruines.

Il n'est pas rare de voir ceux qu'en pleine tranquillité tourmente l'ambition des premières places y renoncer d'eux-mêmes dans les moments de crise ; car l'autorité alors, loin d'être une source de bien-être ou d'honneurs, ne confère qu'une part plus haute de peines et de dangers, et quiconque l'a revêtue s'expose à servir de cible aux murmures de ses compagnons comme aux attaques de l'ennemi commun. Dom Ambroise, le dernier abbé de Sainte-Marie, avait, par exception, une âme à la hauteur de sa fortune. On le savait courageux et enthousiaste, avec des sentiments tendres et généreux, et il tempérait la fougue de son âge par la réserve de sa conduite ; la défense d'un meilleur parti que celui d'une religion en décadence l'eût infailliblement porté au niveau des hommes supérieurs. Mais, si la fin couronne l'œuvre, elle sert aussi de règle pour établir le jugement de la postérité, et ceux qui succombent en combattant, d'un cœur magnanime et avec une foi sincère, pour une mauvaise cause ne peuvent mériter que la compassion due aux victimes d'une fatale erreur.

La contenance de l'abbé suffit à rehausser une cérémonie dépouillée de tout ce qui en faisait d'ordinaire la magnificence. L'impression du péril qui les menaçait, la souvenance des jours de prospérité, contribuaient à donner aux religieux des mines effarées, et une certaine honte qui les poussait à précipiter l'office. Il n'en était pas ainsi d'Ambroise. Ses traits, à la vérité, portaient l'empreinte d'une mélancolie profonde, tandis qu'il s'avançait au milieu des débris de tant d'objets sacrés ; mais il n'avait point le front abattu, la démarche moins ferme et grave. Que lui importaient les vicissitudes du monde ? Son autorité ne leur était point asservie ; et, fils dévoué de l'Église, il ne cédait que pour elle à des sentiments d'angoisse et de crainte.

Il monta enfin les marches brisées du maître-autel, pieds nus suivant la règle de son ordre, et sans autre insigne que son bâton pastoral, car l'anneau et la mitre enrichis de pierreries étaient tombés aux mains des spoliateurs. Point de vassaux venant à la file prêter foi et hommage à leur seigneur spirituel, et lui offrir en tribut une haquenée richement harnachée ; point de prélats assistants pour recevoir parmi la noblesse ecclésiastique un dignitaire dont la voix devait peser autant que la leur dans les assemblées du clergé. On abrégea le cérémonial, qui se termina par le baiser de paix échangé entre l'élu et chacun des moines comme un gage de soumission et d'amitié fraternelle.

La messe fut ensuite célébrée à la hâte. A plusieurs reprises, l'officiant s'embarrassa et tourna la tête comme s'il eût redouté quelque interruption soudaine ; et les frères l'écoutaient avec une impatience qu'ils ne cherchèrent bientôt plus à déguiser.

Ce n'était pas sans raison. Comme on attaquait l'hymne finale d'action de grâces, une clameur arriva du dehors, faible et éloignée, mais qui grossit peu à peu jusqu'à couvrir de ses notes discordantes la voix des bénédictins. On entendait corner les trompes, sonnailler les clochettes, battre les tambours, grincer les cornemuses, ronfler les cymbales, et par-dessus tout les vagissements d'une foule tantôt joviale tantôt colère, où les voix de femmes et d'enfants traversaient de criailleries perçantes le grondement prolongé des voix d'hommes.

A ce vacarme sans nom, un silence de mort s'abattit sur l'église.

CHAPITRE XIV.

> Le flot qui rompt ses barrières, le vent qui s'échappe de ses cavernes, le démon qui les fond tous deux dans une tempête pour détruire les moissons jaunissantes, aucun de ces fléaux n'est comparable aux ébats sauvages de cette foule joyeuse et terrible, burlesque et malfaisante.
>
> H. KILLIGREW, *la Conspiration*, tragédie.

ELS que des poussins effrayés à la descente d'un milan, les moines, en cessant de chanter, ne songèrent d'abord qu'à s'enfuir de toutes parts ; le sentiment de leur impuissance plutôt qu'un retour de courage les ramena autour du nouvel abbé. Celui-ci, sans se départir de l'impassible dignité qu'il avait montrée durant la cérémonie, se tenait debout sur le marchepied de l'autel : ainsi placé en évidence, il semblait vouloir attirer le danger sur lui-même, et s'offrir en holocauste pour ses compagnons, puisqu'il n'avait pas d'autre moyen de les sauvegarder.

Madeleine et Roland étaient restés à l'écart sans être remarqués ; un mouvement instinctif les porta vers le groupe des religieux comme s'ils fussent prêts à partager leur sort, quel qu'il pût être. Ils s'inclinèrent avec respect devant l'abbé, et tandis que l'aïeule allait prendre la parole, le jeune homme, les yeux tournés vers la grande porte où l'on frappait à coups redoublés, se mettait en défense.

Dom Ambroise leur fit signe à tous deux de se contenir, et parlant d'une voix grave que les bruyantes clameurs du dehors n'empêchaient pas d'entendre :

« Paix, ma sœur ! » dit-il. « Laissez au nouveau supérieur de Sainte-Marie le soin de répondre lui-même aux acclamations de ses vassaux, qui viennent fêter son élection. Et toi, mon fils, garde-toi, je t'en prie, de recourir aux armes terrestres. Si c'est la volonté de notre glorieuse patronne que son autel soit aujourd'hui profané par la violence et souillé par l'effusion du sang, qu'un tel forfait ne soit pas dû à la témérité d'un de ses serviteurs. »

A chaque instant, le tumulte grandissait, et l'on distinguait des voix impérieuses qui demandaient à entrer. L'abbé, toujours calme et digne, traversa la nef principale d'un pas que l'imminence du péril ne parvint pas à précipiter. Arrivé derrière le portail, il demanda d'un ton d'autorité pourquoi l'on troublait l'office et ce qu'on venait faire. Après un moment de silence suivi de grands éclats de rire, un des émeutiers répondit :

« Nous voulons entrer dans l'église, et quand l'huisserie sera ouverte, vous verrez qui nous sommes.

— Au nom de quelle autorité, » repartit l'abbé, « réclamez-vous le droit d'entrer ?

— De par l'autorité du révérendissime seigneur abbé de la Déraison. »

A en juger par la gaieté bruyante qui l'accueillit, cette réplique devait renfermer quelque saillie de haut goût.

« Je ne sais et ne cherche pas à savoir ce que vous voulez dire, » reprit Ambroise ; « car c'est sans doute une grossièreté. Retirez-vous au nom de Dieu, et laissez en paix ses serviteurs. Je vous parle en homme qui a le droit de commander ici.

— Ouvrez ! » cria une voix brutale. « Nous mettrons les titres à l'épreuve, sire moine, et vous verrez un supérieur à qui tout le monde doit obéir.

— Brisons la porte, s'il veut nous lanterner, » dit un troisième,

« et à bas les chiens de tondus qui osent nous disputer un droit! »
Ce fut alors une explosion de clameurs.

« Oui, oui, c'est notre droit! Enfonçons la porte... Au diable la prêtraille! Tant pis pour qui résiste! »

Au lieu de frapper à la porte, on se mit à l'ébranler à grands coups de haches et de marteaux, et, toute solide qu'elle était, elle n'eût pas opposé une longue résistance. Ambroise s'en aperçut et, ne voulant pas s'opiniâtrer dans un refus qui aurait exaspéré les assaillants, il demanda en grâce un moment de répit.

« Mes enfants, » dit-il après l'avoir obtenu à grand'peine, « je ne vous laisserai pas commettre un tel péché. Le portier va vous ouvrir; il est allé chercher les clefs. En attendant, sondez vos cœurs, je vous en supplie, et voyez si vous êtes en état de vous présenter dans la maison du Seigneur.

— Va te promener avec tes momeries papistes! » répliqua la première voix. « En quel état nous sommes, dis-tu? Comme des frocards en goguette, quand ils sont saouls de bon jus de rôti en place de bouillon de carême. Si donc le portier n'a pas la goutte, qu'il se hâte, autrement nous en aurons lestement fini. N'est-il pas vrai, camarades?

— Bien parlé! » cria-t-on. « Nous agirons de même. »

Il fut heureux que la peur donna des ailes au portier, ou la foule lui aurait épargné la peine d'ouvrir le grand portail à deux battants, après quoi il s'enfuit éperdu, comme si, ayant lâché une écluse, il eût craint d'être entraîné par la violence des eaux. Volontiers les moines en eussent fait autant; mais par honte, discipline ou devoir, ils se groupèrent en rangs pressés derrière l'abbé, qui, sans s'émouvoir, avait pris son poste à une dizaine de pas de l'entrée.

En se voyant obéis, les assaillants poussèrent de joyeux hourras; puis, au lieu de se ruer en furieux dans l'église, ils s'arrêtèrent, et un cri général s'éleva:

« Halte! halte! De l'ordre, camarades! Les deux révérends pères face à face; c'est plus convenable. »

La foule qui s'invitait elle-même à régulariser son désordre offrait un coup d'œil des plus grotesques. C'était un pêle-mêle d'hommes, de femmes et d'enfants bizarrement accoutrés, une mascarade aussi variée que baroque. Un de ces gens figurait un cavalier, dont la monture, en carton peint, était couverte d'une housse tombant jusqu'à terre ; il allait l'amble et au trot, il ruait et caracolait, jouant à merveille le fameux rôle du cheval de bois (*hobby horse*) qui avait si souvent sa place sur notre ancien théâtre. Rivalisant avec lui de souplesse et d'agilité, un autre se cachait sous la carapace d'un gigantesque dragon, avec des ailes dorées, et la gueule béante, d'où dardait une langue en drap rouge et fourchue ; il s'épuisait en contorsions pour saisir et dévorer un garçon imberbe déguisé en princesse d'Égypte, la belle Sabéa, qui s'esquivait en santillant, tandis qu'un saint Georges de foire, casserole en tête et broche au poing, intervenait en temps utile et forçait le monstre à quitter sa proie. Un ours, un loup, un renard et d'autres bêtes sauvages se démenaient si gauchement qu'à leur préférence obstinée à user du train de derrière, il n'y avait pas la moindre illusion sur leur nature de bipèdes. On voyait aussi un groupe de proscrits (*outlaws*), commandés par Robin Hood et son lieutenant Petit-Jean ; c'étaient les rôles les mieux tenus de la parade, ce qui n'avait pas lieu d'étonner, puisque la plupart des acteurs, braconniers et filous de profession, jouaient au naturel.

Le reste des arrivants s'était harnaché d'une façon moins savante. Il y avait des hommes vêtus en femmes, et des femmes en hommes ; des enfants, engoncés dans les houppelandes de leurs grands-pères, s'en venaient trottinant sur des béquilles, et des vieux singeaient, sous la défroque des enfants, leur ton et leurs manières. Les uns, le visage peinturluré, avaient passé une chemise par-dessus leur jaquette ; les autres s'étaient décorés d'ornements burlesques avec des loques et du papier de couleur. Enfin, ceux à qui manquaient tous ces accessoires avaient barbouillé leur figure de suie et mis leurs habits à l'envers.

La mascarade, on le voit, était complète. La halte qu'elle fit pour attendre sans doute quelque personnage d'importance permit aux moines d'en deviner la cause.

On n'ignore pas qu'à une époque reculée, l'Église tolérait, en s'y associant parfois, des saturnales semblables à celles que prétendaient célébrer les gens de Kennaquhair et des environs. Le peuple avait alors toute licence ; c'était pour lui une occasion de se dédommager, à force d'extravagances puériles ou immorales, des maux et des privations qu'on lui imposait. Il s'attachait de préférence à parodier les rites et cérémonies du christianisme et, chose étrange, avec l'approbation du clergé lui-même.

Tant que la hiérarchie romaine fut toute-puissante, le clergé ne parut point s'inquiéter des suites que pouvait avoir une familiarité si indécente avec les choses sacrées ; il avait l'air de traiter le peuple comme ces chevaux de labour qui se soumettent docilement à la bride et au mors, bien que leur maître les laisse entre temps libres de folâtrer dans la prairie et même de regimber contre lui. Vinrent les mauvais jours, et avec eux la guerre aux doctrines de l'Église et la révolte contre ses ministres ; alors on ouvrit les yeux, mais trop tard, sur la funeste inconvenance de ces jeux et divertissements autorisés par une longue habitude. Qu'une même action ait pour mobile le débordement d'une gaieté grossière ou la malignité de l'insolence et de la haine, elle conduit à des effets bien différents. On s'efforça donc de réprimer un si grave abus, et les prêtres catholiques furent secondés en ce point par la plupart des pasteurs réformés, plus choqués du scandale et de l'impiété qui en résultaient que disposés à tirer profit du ridicule jeté sur Rome et ses pratiques. Mais bien des années s'écoulèrent avant qu'on parvînt à déshabituer la multitude de ses amusements favoris ; en Angleterre comme en Écosse, la mitre du prélat romain, le rochet de l'évêque anglican, la robe et le rabat du prédicateur calviniste, furent à tour de rôle obligés de céder plus d'une fois la place à ces sinistres farceurs qu'on appelait le Pape des Fous, l'Enfant-Évêque et l'Abbé de la Déraison.

C'était ce dernier personnage dont la foule attendait l'arrivée pour envahir l'église. Il se montra en costume d'apparat, accoutré de manière à offrir la caricature de l'abbé de Sainte-Marie, qu'il venait narguer au pied des autels, le jour même de son élection.

Le soi-disant dignitaire était un gros courtaud, trapu et vigoureux ; l'addition d'une énorme bedaine postiche en faisait un fantoche des plus grotesques. Il avait pour couvrechef une mitre de cuir, avec une plaque comme un bonnet à poil, et un lacis de dentelles fausses et de breloques

L'abbé Ambroise en présence de l'abbé de la Dérision.

d'étain. Sous cette coiffure ressortait le principal trait du visage, un nez monstrueux et richement enluminé. Sa robe de bougran était couverte d'une chape en canevas, bariolée de mille couleurs, découpée à jour et ornée sur l'épaule gauche d'une figure de chouette. Il tenait d'une main le bâton pastoral et de l'autre un petit miroir à manche, attribut d'un fameux bouffon allemand, dont l'histoire traduite en anglais était devenue extrêmement populaire.

A la suite de leur chef marchaient deux par deux et en procession une douzaine d'acolytes, qui singeaient, dans un burlesque attirail, les dignitaires de l'abbaye.

Derrière eux la foule des masques se précipita dans l'église, en criant à tue-tête :

« Place ! place au vénérable père la Chouette ! au docte maître du Sens dessus dessous ! au révérendissime abbé de la Déraison ! »

Ce fut le signal d'un nouveau charivari ; et alors les gamins de glapir et de huer, les hommes de pousser des hourras, les femmes de piailler et de pâmer de rire, le dragon de bondir et de siffler, le cheval de hennir, de piaffer et de caracoler. Les autres se mirent, tout en criant, à faire des sauts et des gambades, à se trémousser sur les dalles de si belle manière que les étincelles jaillissaient de leurs souliers ferrés. Scène de confusion et d'extravagance faite pour rendre sourd et donner le vertige ! Nul spectateur n'aurait pu y rester indifférent. Qu'était-ce donc des pauvres moines, déjà fort en peine au sujet de leur sûreté ? Cette effervescence d'allégresse populaire tendait surtout — ils ne l'ignoraient pas, — à les tourner en dérision ; et, réflexion peu rassurante, les écervelés cabriolant autour d'eux, pouvaient s'enhardir, au moindre signe de provocation, jusqu'à leur faire un mauvais parti. Au milieu du désordre, ils attachaient les yeux sur leur abbé, à l'exemple des passagers, qui, au plus fort de la tempête, se tournent vers le pilote en désespoir de cause et avec une confiance médiocre en son habileté.

Dom Ambroise, en vérité, ne savait trop à quoi se résoudre, non par crainte ; mais s'il laissait éclater l'indignation qui lui gonflait le cœur, à quels dangers n'exposerait-il pas les siens ? Il étendit le bras pour imposer silence, et l'on n'y répondit que par un redoublement de clameurs et des rires insultants. A son tour, l'abbé de la Déraison répéta le geste en le parodiant, et toute la bande lui obéit, tant elle comptait sur la verve grossière et l'effronterie de son chef pour la régaler d'un amusement inédit.

« Allez-y, révérends pères, allez-y! » cria-t-on. « Bataille de moines, bataille de fous... Abbé contre abbé, partie égale... Oui, oui, raison contre déraison, malice contre moinerie!

— Taisez-vous donc, camarades! » s'écria le père la Chouette. « Est-ce que deux savants pères de l'Église ne peuvent plus causer bec à bec sans qu'on vienne leur brailler aux oreilles comme s'il s'agissait d'ameuter un dogue contre un taureau! Paix! vous dis-je, et laissez-nous, ce docte abbé et moi, jaboter touchant les petites affaires du métier.

— Écoutez, » dit Ambroise, « mes enfants...

— Ils sont aussi les miens, » interrompit l'autre, « et pas fâchés de l'être; car plus d'un enfant ne connaît pas son père, et ceux que voilà en ont deux à leur service.

— S'il existe en toi, » reprit l'abbé, « autre chose que de la bouffonnerie et du dévergondage, laisse-moi, sur le salut de ton âme, adresser quelques mots à ces hommes égarés.

— Comment! s'il y a autre chose en moi? » riposta la Chouette. « Je crois bien, respectable frère, il y a tout ce qu'il faut pour remplir ma charge : du rosbif, de la bière, du brandevin, et un tas de ragoûts pour faire ventre. Quant à ce qui est de causer, compère, à toi le dé ; chacun son tour, comme une paire d'amis. »

Pendant ce colloque, la colère de Madeleine était au comble. Elle s'approcha de l'abbé, et lui dit d'une voix basse mais distincte :

« Réveille-toi, père, et en avant! Le glaive de saint Pierre est dans ta main; frappe pour venger saint Pierre et son patrimoine! Charge-les d'anathème, et le ciel rivera les chaînes que tu...

— Assez, ma sœur, » répondit l'abbé. « Que leur folie ne nous ôte pas toute prudence! Calmez-vous, de grâce, et laissez-moi faire mon devoir. C'est la première fois que j'y suis appelé, et peut-être sera-ce la dernière.

— Bah! saint homme, » reprit le ribaud, « écoutez la sainte femme, croyez-moi. Jamais couvent n'a prospéré sans le secours d'un cotillon.

— Trève à tes sottises! Et vous, mes frères...

—Ah ! mais non, pas de sermon aux ouailles, avant d'avoir jasé un brin avec votre frère de cagoule. J'en jure par les cloches, le missel et les cierges, pas une brebis de mon troupeau ne vous prêtera le quart d'une oreille ! Mais j'ai les miennes grandes ouvertes ; parlez-moi donc, vous ferez aussi bien. »

Afin d'échapper au ridicule d'une telle condition, Ambroise tenta, par un nouvel effort, de réveiller le respect dans le cœur des vassaux de l'abbaye, si dévoués jadis à leurs maîtres. Hélas ! le sire de la Déraison n'eut qu'à faire le moulinet avec le gourdin qui lui servait de crosse ; et les cris, gambades et vociférations recommencèrent de façon à défier les poumons de Sténtor en personne.

« A présent, copains, » reprit la Chouette, « langues au fourreau, et qu'on se taise ! Voyons si le coq de Kennaquhair a envie de fuir ou de se battre. »

Le silence se rétablit sur-le-champ, et dom Ambroise en profita pour interpeller son antagoniste, puisqu'il lui était impossible de se faire entendre autrement.

« Infortuné, » dit-il, « ne saurais-tu mieux employer tes facultés qu'à entraîner des ignorants dans un abîme de ténèbres ?

— En conscience, mon frère, y a-t-il tant de différence entre votre façon et la mienne ? Vous sermonnez sur une plaisanterie, et je plaisante sur un sermon.

— C'est là ton malheur : plaisanter sur ce qui devrait te remplir d'effroi, te divertir de tes propres péchés, et railler ceux qui pourraient t'en absoudre. N'as-tu pas d'autres sujets d'amusement ?

— Vous auriez mis le doigt sur la chose, mon révérend, si, en me moquant des cafards, j'avais voulu insulter la religion... Oh ! c'est un rare privilège de porter une robe longue avec capuce et cordelière ; on devient un pilier de notre sainte mère l'Église, et défense à la marmaille de jouer à la balle contre les murs de peur qu'elle ne casse un des vitraux !

— Et vous, mes amis, » reprit l'abbé, en s'exprimant avec une véhémence qui imposa quelque temps à la foule, « permettrez-vous qu'un vil bouffon vienne outrager les ministres de Dieu jusque dans son temple ? Tous, ou presque tous, vous avez vécu sous mes vénérables prédécesseurs, qui furent appelés à commander ici même où je suis appelé à souffrir. Ce que vous possédez sur terre, ils vous l'ont donné, et quand vous aimiez à rechercher les grâces et consolations spirituelles, ces dons plus précieux encore n'étaient-ils pas toujours à votre disposition ? Ils priaient quand vous étiez en joie, ils veillaient pendant votre sommeil.

— Oui, c'est ce que prétendaient les bonnes femmes du village. »

Cette saillie du comique de la troupe n'eut qu'un maigre applaudissement, et l'abbé, voyant qu'il avait forcé l'attention, se hâta de poursuivre ses avantages.

« Eh! quoi, » ajouta Ambroise, « est-il reconnaissant, est-il convenable, est-il honnête d'assaillir et d'insulter une dizaine de vieillards sans défense? Vous devez tout à ceux dont ils tiennent la place. Que désirent-ils? De mourir en paix parmi les ruines de ce qui fut jadis la lumière de l'Écosse. Que demandent-ils au ciel? D'être retirés du monde avant que la dernière étincelle en soit éteinte, avant que le pays soit livré aux ténèbres qu'il lui préfère. On nous a persécutés, et nous n'avons pas tourné contre vous le glaive des représailles. On nous a dépouillés de nos biens, on nous a presque réduits à la famine, et nous n'avons pas lancé sur vous les foudres de l'excommunication. La seule chose dont nous vous prions, c'est de nous laisser vivre et mourir dans l'église qui nous appartient, en suppliant Dieu, la Vierge et les saints de pardonner vos péchés et les nôtres, sans être troublés par une bouffonnerie sacrilège. »

L'allocution, d'un ton si différent de ce qu'attendait l'assistance, produisit sur elle un effet peu favorable à la continuation de ses folies. Les danseurs restèrent immobiles, le cheval de carton interrompit ses cabrioles, la cornemuse et le tambour cessèrent de jouer, et le silence, comme un pesant nuage, sembla descendre sur cette foule tapageuse. Plusieurs bêtes sauvages parurent visiblement touchées de repentir; l'ours ne put retenir ses sanglots, et un renard gigantesque s'essuya les yeux avec sa queue. Mais la palme fut au dragon : le monstre, naguère si terrible, rentra ses griffes, enroula ses anneaux, et grommela d'une voix pleurarde :

« Par la messe, je ne pensais pas mal faire en m'amusant aux bêtises d'autrefois. Si j'avais pu m'imaginer que le bon père aurait tout ça sur le cœur, ah! bien, vous m'auriez plutôt vu jouer le diable que le dragon. »

En ce moment de calme, Ambroise, ainsi entouré de créatures bizarres et chimériques, ne ressemblait pas mal à saint Antoine triomphant des démons dans *la Tentation* de Callot. Mais le faux abbé ne s'accommodait point de renoncer à la partie.

« Holà! mes drôles, » s'écria-t-il, « jouons-nous franc jeu ou non? Suis-je par vos ordres abbé de la Folie, et personne a-t-il aujourd'hui le droit d'agir sensément? Ne m'avez-vous pas élu suivant les règles, en chapitre solennel, assemblé dans le cabaret de la mère Martin? Et à cette heure vous me planteriez là, en pleine fête? Non, non, c'est un de vos antiques privilèges, et vous en jouirez jusqu'au bout. Le premier qui, avant la journée finie, dira un mot de sens ou de raison, qui nous conseillera de réfléchir ou de prendre garde, ou n'importe quoi d'approchant, je l'enverrai en cérémonie barboter dans l'écluse du moulin. »

La foule, avec sa mobilité ordinaire, applaudit à outrance. La musette grinça, le tambour battit, le cheval s'emporta, les bêtes grognèrent et rugirent, le dragon même oublia ses remords pour s'abandonner à de fantasques soubresauts. Peut-être l'abbé eût-il réussi, par son éloquence et ses prières, à calmer ce nouvel accès d'extravagance, s'il n'avait plu à sœur Madeleine de lâcher la bride à l'indignation qui l'étouffait.

« Railleurs d'enfer! » cria-t-elle au plein de sa tête. « Fils de Bélial! Blasphémateurs, parpaillots, tyrans sanguinaires...

— De la patience, ma sœur, » interrompit Ambroise; « je vous en supplie, et au besoin je vous l'ordonne. Je connais mon devoir; ne me troublez pas. »

Mais l'aïeule n'en continua pas moins de vomir une ribambelle d'imprécations au nom des papes, des conciles et de chaque saint en particulier, à commencer par saint Michel.

« Camarades, » dit le père la Chouette, « parce que la bonne dame nous a dégoisé un paquet de sottises, elle n'avait pas moins l'intention de parler raison, et c'est là qu'est sa faute. En conséquence, je la condamne à confesser tout haut qu'elle n'a pas le sens commun, ou à subir la peine réglée par nos statuts. Allons, sainte femme, pèlerine, mère abbesse, ou qui que tu sois, trêve à tes drôleries funèbres, ou gare à l'écluse du moulin! Nous ne voulons pas de prêcheuses dans notre diocèse, au temporel pas plus qu'au spirituel. »

Il accentua cette phrase d'un grand geste, qui semblait livrer la coupable à ses acolytes.

Roland avait ressenti vivement l'injure faite à son ancien directeur de conscience; mais, ayant réfléchi qu'au lieu de lui être d'aucun secours, il pourrait, en intervenant mal à propos, empirer une situation déjà périlleuse, il s'était abstenu. Lorsqu'il vit sa grand'mère près de servir de jouet à des forcenés, il ne refréna plus la violence de son caractère, et, se jetant, le poignard à la main, sur l'abbé de la Déraison, il lui en porta un coup furieux, qui l'étendit sur le carreau.

CHAPITRE XV.

> Quand une vile multitude s'amente en désordre, elle s'agite, elle crie, elle fait voler pierres et tisons; tout sert d'arme à sa fureur. Vienne un homme sage et pieux, le tumulte s'apaise, et toutes les oreilles sont attentives.
>
> J. DRYDEN, traduction de l'*Énéide*.

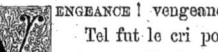ENGEANCE ! vengeance ! »
Tel fut le cri poussé par toute la bande, dont ce tragique accident venait d'interrompre les turlupinades ; mais elle était sans armes, et dans le premier moment elle fut tenue en respect par l'attitude résolue du page, qui s'était mis sur la défensive. Dom Ambroise, saisi d'horreur, demandait au ciel, les mains jointes, de pardonner l'acte sanglant qui avait souillé le sanctuaire. La vieille Græme cachait sous des airs de triomphe l'angoisse que lui faisait éprouver le salut de son petit-fils.

« Qu'il périsse dans son impiété, le mécréant ! » disait-elle. « Qu'il rende l'âme dans les sacrés parvis qu'il est venu déshonorer ! »

Mais la colère de la foule, la douleur de l'abbé, l'allégresse fanatique de Madeleine éclataient mal à propos et sans fondement : celui qu'on croyait blessé à mort se dressa vivement sur ses pieds.

« Miracle ! miracle ! » s'écria-t-il. « Oui, camarades, miracle aussi glorieux qu'on en fit jamais dans la paroisse de Kennaquhair ! Et je vous défends, moi, votre abbé légitime, de lever la main, sans mon ordre, sur qui que ce soit ici... Compère l'ours et compère le loup, assurez-vous du petit freluquet, et ne lui faites pas de mal... Quant à vous, mon révérend frère, rentrez au dortoir avec vos copains ; notre conférence est à bout en laissant chacun, à l'instar des conférences, dans son opinion comme devant, et si l'on en venait aux coups, vous, vos moines et votre église, vous seriez les dindons de la farce... Par ainsi, troussez bagage et décampez ! »

On discutait de plus belle, on s'échauffait, le vacarme allait recommencer, et cependant Ambroise demeurait en suspens, ne sachant trop où son devoir l'appelait, à tenir tête à l'orage ou à se réserver pour un temps meilleur. Le seigneur des Fous devina ce qui le préoccupait, et prenant un ton plus naturel que celui dont il avait joué son rôle de baladin, il lui dit :

« Nous sommes venus, mon cher sire, plutôt par amusement que pour mal faire. Chien qui aboie ne mord pas toujours ; et surtout on n'a pas de mauvais desseins contre vous. Voilà pourquoi il faut quitter d'ici avant que les affaires se gâtent ; car, c'est perdre son souffle que de rappeler un faucon qui prend l'essor, et encore pis de faire lâcher un mâtin qui tient sa proie... Si les lurons se remettent à la danse, elle ira plus loin qu'une simple folie, et il en coûtera à leur chef pour les ramener au perchoir. »

Les moines se pressèrent autour de leur supérieur en le suppliant de céder au torrent.

« Après tout, » disaient-ils, « ce n'était là qu'une bouffonnerie consacrée par la coutume et permise par ses devanciers ; ainsi, le vieux Nicolas avait joué en personne le rôle du dragon du temps de l'abbé Enguerrand.

— Quelle imprudence ! » répondit Ambroise. « C'est nous qui maintenant en recueillons le fruit. Puisqu'on a appris aux fidèles à tourner en dérision les choses saintes, il n'est pas étonnant qu'ils aient fini à la longue par les détruire et les piller. Enfin, comme il vous plaira, mes frères ; retirons-nous... Et vous, dame Græme, je vous ordonne, par l'autorité que j'ai sur vous et au nom de la sûreté de votre petit-fils, de nous suivre sans mot dire... Un instant ! » ajouta-t-il en se tournant vers le faux abbé d'un air sévère. « Et ce jeune homme que vous retenez en otage ? Il porte la livrée d'Avenel, le savez-vous ? Ceux qui ne craignent pas le courroux du ciel peuvent au moins s'inquiéter de la vengeance des hommes.

— Ne vous embarrassez pas de ce qui le touche, » répondit l'autre ; « nous le connaissons fort bien, lui et son état.

— Je vous en conjure, » reprit Ambroise d'une voix émue, « épargnez-le ; un zèle imprudent l'a emporté et cette tentative que je réprouve...

— C'est bon ; ne vous tourmentez donc pas. Hâtez-vous plutôt de déguerpir avec votre monde, mâle et femelle, ou je ne réponds plus d'éviter un plongeon à la vieille. Quant à la rancune, » continua-t-il en frappant sur son énorme plastron, « il n'y a pas de place pour elle là-dedans ; tout y est bourré de paille et de chiffons, Dieu merci, et c'est ce qui m'a garanti du coup de dague, aussi bien qu'aurait pu le faire une cotte de Milan. »

Il disait vrai : la lame s'était logée tout entière dans la doublure de la panse postiche qu'il portait comme un accessoire drôlatique de son costume, et la violence du coup l'avait seule renversé à terre.

A moitié satisfait par les assurances du personnage, et se voyant obligé de céder à une force supérieure, l'abbé sortit de l'église, à la tête des siens.

Restés maîtres de s'ébaudir à leur guise, nos diables à quatre, tout grossiers qu'ils étaient, ne surent plus à qui s'en prendre, et regardèrent s'éloigner les religieux sans les poursuivre de lardons et de huées. Les discours de l'abbé avaient éveillé un remords chez ceux-ci, de la honte chez ceux-là, et chez tous une impression passagère de respect. Ils avaient l'air penauds et déconfits, et il ne fallait pas moins, pour les remettre en train, que la faconde joviale de leur chef.

« Ohé ! mes maîtres, » cria-t-il, « qu'avez-vous à me dévisager avec des faces de carême ? Allez-vous renoncer à l'antique passe-temps parce qu'une vieille folle a parlé des saints et du purgatoire ? Et moi qui croyais que vous auriez tout bousculé d'un coup !.. Allons, en branle, tambours et musettes, flûtes et violons ! Aujourd'hui bastringue général, et à demain les soucis! Eh ! l'ours, veille à ton prisonnier... Gigote donc, la rosse! Siffle, dragon! Un bon coup de gosier, les petits gars! A ne rien faire on vieillit d'autant, que diable, et la vie est trop courte pour qu'on la passe uniquement à jouer aux cartes. »

Cette chaude apostrophe obtint l'effet désiré. On brûla de la laine et des plumes en guise d'encens, on remplit les bénitiers d'eau de vaisselle, on parodia le service divin; le faux abbé officia au maître autel, et des ballades burlesques ou indécentes furent braillées à tue-tête sur des airs d'église. Ils profanèrent ce qui restait en fait de vases sacrés, et se donnèrent le sauvage plaisir de lâcher la bride à leurs plus sottes malices. Le jeu les mit en goût : ils se prirent à briser autour d'eux les vitraux et boiseries sculptées qui avaient échappé aux premiers dévastateurs, ainsi que les ornements qu'on voyait encore sur les tombes ou les chapiteaux.

La passion de détruire, comme toute autre passion, s'exaspère à mesure qu'on y cède. Après avoir commis de légers méfaits, les plus échauffés de la bande s'avisèrent d'en concevoir de pires.

« A bas le vieux nid de corbeaux! » s'écrièrent-ils. « Trop longtemps il a abrité le pape et sa noire couvée. Démolissons tout! »

Et ils entonnèrent en chœur une ballade satirique, fort en vogue chez les classes populaires :

> Le pape, un païen orgueilleux,
> A mis un bandeau sur nos yeux,
>   Le bon apôtre!
> Comment alors cheminer droit
> Quand l'aveugle au bout de son doigt
>   En pousse un autre?
> C'est lui, le prince et le guidon,
> Qui mène le grand rigodon
>   De nos misères.
> Chantons le foin, le foin nouveau;
> Et tric et troc, dessous l'ormeau
>   Chantons, mes frères!
>
> Trop grand seigneur pour sermonner,
> L'évêque aime mieux badiner
>   Avec nos filles;

> Contre de sottes oraisons
> Le moine vide nos maisons
> Jusqu'aux broutilles;
> Et le curé, quel paroissien!
> De son credo ne sait plus rien.
> Fi des compères!
> Chantons le foin, le foin nouveau;
> Et tric et troc, dessous l'ormeau
> Chantons, mes frères!

Avec un formidable ensemble, ils répétaient le refrain emprunté à quelque chanson de chasse, et, de plus en plus tumultueux, ils en étaient venus à un degré d'excitation qu'il eût été presque impossible à leur propre chef de maîtriser.

Tout à coup un chevalier, bardé de fer et suivi de trois ou quatre hommes d'armes, entra dans l'église, lequel leur commanda, d'une voix sévère, de mettre fin à leur bacchanale séditieuse. Sa visière était levée; mais eût-elle été baissée, la branche de houx arborée à son casque aurait suffi à faire reconnaître le sire d'Avenel. Il traversait le village voisin quand l'infernal vacarme vint frapper ses oreilles; soit inquiétude pour la sûreté de son frère, soit curiosité, il se détourna de la route du château et marcha droit vers Sainte-Marie.

« Que signifie cela, mes maîtres? » ajouta-t-il. « Êtes-vous des chrétiens et des sujets fidèles pour ravager et détruire un sanctuaire vénérable à l'exemple des païens? »

Tous gardèrent le silence, bien qu'il y en eût sans doute plusieurs désappointés et surpris de recevoir d'un protestant si zélé des reproches en place de remerciements. Le dragon prit sur lui de jouer le rôle d'orateur, et grommela du fond de sa gueule de carton « qu'après tout ils nettoyaient l'église des souillures du papisme avec le balai de la destruction. »

« Croyez-vous donc, » reprit sire Albert, « qu'il n'y a pas dans votre mascarade plus de papisme qu'entre ces murs de pierre? Guérissez la lèpre de vos âmes avant d'extirper la souillure des églises; réprimez une licence éhontée qui ne saurait produire que folle présomption et excès condamnables. Cette singerie profane et inconvenante que vous pratiquez, savez-vous qui en a introduit l'usage ? Rome, Rome elle-même, afin d'égarer et d'abrutir les âmes prises dans ses filets.

— Merci de ma vie ! » gronda le dragon d'un ton d'humeur bourrue qui ne déparait pas son personnage. « En voilà une histoire ! Ce n'était pas la peine de changer de prêtres si l'on ne peut plus s'amuser en liberté.

— Est-ce à moi que tu tiens ce langage ? Quel amusement trouves-tu à contrefaire un ver de terre ? Sors de ta carcasse, ou foi de chevalier, je t'écrase comme l'immonde bête que tu représentes.

— Moi, une bête immonde ! » répéta l'animal offensé. « Dites donc, chevalerie à part, m'est avis que ma naissance vaut bien la vôtre. »

Albert répliqua, non en paroles ; mais par deux coups du bois de sa lance, assénés dru en plein corps du dragon. Le pauvre diable en aurait eu les côtes en marmelade avec une carapace moins résistante ; aussi la dépouilla-t-il au plus vite, nullement désireux de servir encore de cible à l'impétueux chevalier. Que vit alors celui-ci ? La figure bien connue de Daniel de la Hulotte, un de ses anciens compagnons avant que la fortune eût élevé le petit paysan de Glendearg au-dessus de la condition où il était né.

Daniel regarda le chevalier de travers comme pour lui reprocher d'avoir maltraité un ami d'enfance, et Albert, naturellement humain, regretta de lui-même un moment de vivacité.

« J'ai eu tort, » dit-il ; « mais, Dan, qui t'aurait reconnu là-dessous ? Au surplus, tu as toujours aimé les farces. Accompagne-moi au château, et tu verras le vol de mes faucons.

— S'il n'y en voit pas qui s'enlèvent aussi joliment que des fusées, » fit observer l'abbé de la Déraison, « je consens à recevoir de Votre Honneur des chiquenaudes comme celles de tout à l'heure. »

En un tour de main, il jeta bas le nez postiche et le plastron qui déguisaient sa personne, et parut devant son maître tel qu'il était en réalité, sous les traits d'Adam Woodcock, le fauconnier d'Avenel.

« Comment ! c'est toi, maraud ? » dit le chevalier. « Qu'es-tu venu faire ici, dans la maison où demeure mon frère ?

— Faites excuse, messire, » répondit Adam, « c'est pour cela même que j'y suis venu. On parlait dans le pays de célébrer la messe des

fous et du choix d'un abbé. Voilà mon affaire, me dis-je. Comme je sais chanter, baller, franchir des épées en arrière, faire autant de folies que pas un quémandeur de places, j'ai toutes les chances pour moi ; et une fois élu abbé, je pourrai être de quelque utilité au frère de Son Honneur, s'il y a du grabuge à Sainte-Marie.

— Trêve de cajoleries, coquin ! Je te sais par cœur : tu aimes la boisson et le tapage, et, pour t'en procurer le plaisir, tu ferais une lieue sur tes jambes plutôt qu'un seul pas dans l'intérêt de ma maison.

Allons, hors d'ici! Emmène ta troupe ailleurs, au cabaret si bon lui semble, et voici quelque monnaie pour payer l'écot. Mettez fin à vos sottises de la journée sans plus de méfaits, et soyez sages demain. En attendant, apprenez qu'une bonne cause doit être servie autrement que par des tours de ribauds ou de baladins. »

Le fauconnier obéit, rassembla ses compagnons décontenancés, et leur dit à voix basse :

« En route, en route! et ne maugréons pas. Si le bon seigneur est puritain, que nous importe? Allons finir la fête chez la mère Martin, dans la cour de sa brasserie, autour d'un tonneau de bière double... Tirez devant, tambour, flûte et musette! Silence jusqu'à la sortie du cimetière ; après quoi, un train d'enragés!.. Voyons, les grosses bêtes, à vos places ; marchez sur les pattes de derrière en traversant l'église, et montrez ensuite vos talents de brutes accomplies... Qui diable a pu envoyer ce rabat-joie par ici ? Surtout, mes mignons, ne lui échauffez pas la bile ; sa lance pèse plus lourd qu'une plume, hein, Dan ?

— Sur mon âme, » répliqua ce dernier, « si ce n'avait été un vieux camarade, je lui aurais pointé sous le nez la colichemarde à mon père.

— Chut ! garçon ; pas de menaces, si tu tiens à ta peau. Bah ! une gourmade en passant, quand la méchanceté n'y est pas, ça se gobe sans rien dire.

— Eh bien, moi, je ne la gobe pas. »

Et l'entêté de résister aux efforts d'Adam, qui cherchait à l'entraîner à sa suite. Au même instant, l'œil perçant de sire Albert découvrit Roland entre ses deux gardes.

« Holà! fauconnier... Woodcock... pendard! » s'écria-t-il. « Que fait ici le page de ma femme? L'as-tu amené sous ma livrée pour assister à ton carnaval parmi tes loups et tes ours ? Puisqu'il s'agissait d'une mascarade, tu aurais dû au moins sauver l'honneur de ma maison en l'habillant d'une peau de singe. »

Adam Woodcock, brave homme au fond et sincère, ne put souffrir que la colère du maître tombât sur un innocent.

« Par saint Martin Bouillant, » dit-il, « je jure...

— Qu'as-tu de commun avec ce saint-là ?

— Oh! pas grand'chose, messire, à moins qu'il ne fasse tellement pleuvoir qu'on ne puisse lâcher les faucons... Pour en revenir, je voulais dire que, foi d'honnête homme...

— Foi de coquin serait plus juste.

— Si Votre Seigneurie m'ôte la parole, c'est bon, je sais me taire... Mais l'enfant n'est pas venu de mon fait, voilà tout.

— Alors c'est turbulence naturelle ? Je m'en doutais. Approchez, monsieur l'étourneau. Qui vous a donné licence de vous éloigner ainsi du château et de déshonorer mes couleurs en ayant part à de telles folies ? serait-ce votre maîtresse ?

— Sire Albert, » répondit Roland d'un ton d'assurance, « la dame d'Avenel m'a permis, ou plutôt elle m'a ordonné d'employer désormais mon temps à ma guise. J'ai assisté, sans l'avoir voulu le moins du monde, à ce qu'il vous plaît d'appeler une folie ; et quant à votre livrée, je la quitterai dès que j'aurai pu me procurer des habits exempts de toute marque de servitude.

— Comment dois-je l'entendre, jeune homme ? Parlez clairement ; je ne sais pas deviner les énigmes. Vous étiez le protégé de ma femme, voilà qui est certain. Que lui avez-vous fait pour l'obliger à vous mettre dehors ?

— Moins que rien, » dit le fauconnier en intervenant. « Nous avons eu ensemble une sotte querelle ; on l'a plus sottement rapportée à ma noble maîtresse, et du coup le pauvre gars a perdu sa place. Pour ma part, j'avais tort d'un bout à l'autre, j'en conviens tout net, hormis sur un point ; la façon d'appâter les fauconneaux ; en cela j'avais raison, et je n'en démordrai pas. »

Alors il raconta en détail l'histoire de la querelle qui avait déterminé la disgrâce du page, mais il le fit en termes si favorables à celui-ci que le chevalier ne put se méprendre sur ses intentions généreuses.

« A ce que je vois, » lui dit-il, « tu es un bon diable.

— Oui, » repartit Adam, « comme tout ce qui a le faucon au poing, et là-dessus il en est de même du jeune maître. Mais sa place faisant de lui une moitié de gentilhomme, il a le sang vif et moi aussi.

— S'il en est ainsi, ma femme est allée un peu vite en besogne, car il n'y avait pas là de quoi chasser un cadet qu'elle choyait depuis tant d'années ; il a dû, j'imagine, gâter son affaire par des impertinences. N'importe, cela tombe à propos pour une idée que j'ai... Emmène ta bande, Woodcock, et vous, jeune homme, venez avez moi. »

Le chevalier se dirigea, par une porte latérale, vers les appartements de l'abbé, et, arrivé dans une salle qu'il trouva déserte, il chargea son écuyer d'avertir son frère, maître Édouard Glendinning, — comme il l'appelait toujours, — qu'il désirait l'entretenir. Après avoir renvoyé les gens de sa suite, qui n'étaient pas fâchés d'aller rejoindre au cabaret les joyeux compagnons du fauconnier, il resta seul avec le page. Au bout de quelques instants de réflexion, il lui adressa la parole comme il suit :

« Tu as dû remarquer, jeune homme, qu'il m'est arrivé bien rarement de faire attention à toi... Ne te récrie pas, et attends que j'aie fini de m'expliquer. Oui, je le répète, tu n'as guère attiré mon attention jusqu'ici, non que tu sois indigne de tout éloge, mais à cause de certaine tendance blâmable que l'éloge aurait rendu pire. Ta maîtresse, qui administre comme elle l'entend sa maison particulière, et nul n'a droit ni raison de le trouver mauvais, t'y a donné une place à part, et traité en parent plutôt qu'en domestique. Si une telle faveur t'a enflé d'arrogance, il serait injuste de ne pas reconnaître tes progrès dans les exercices du corps et de l'esprit, et comment, en plusieurs cas, tu as fait montre d'un cœur noble et vaillant. J'ajouterai ceci : après avoir si longtemps supporté tes emportements et tes caprices, il y aurait une sorte de cruauté à t'abandonner à un sort misérable, parce que tes fautes viennent précisément de ce penchant funeste qu'une éducation virile aurait contenu. En conséquence, et pour le renom de ma maison, j'ai résolu de te garder à ma suite jusqu'au moment où je pourrai t'employer autre part, et de manière à t'avancer dans le monde, pour faire honneur à la famille qui t'a élevé. »

Si Roland trouva dans le discours du chevalier de quoi chatouiller son amour-propre, il lui parut, vu sa tournure d'esprit, que le miel y était par trop assaisonné de vinaigre. A l'instant, il sentit la nécessité d'accepter avec reconnaissance l'offre que lui faisait l'époux de sa protectrice. Entrer dans le monde sous les auspices d'un seigneur influent, renommé par sa sagesse et son courage, ou bien à la remorque d'une vieille femme errante pour devenir l'instrument de ses folles visions, quelle différente destinée ! Tout léger qu'il était, il s'en rendait compte. Oui, mais reparaître dans une demeure d'où il avait été honteusement chassé semblait au-dessus de ses efforts, et ce scrupule emportait presque la balance.

Albert ne comprenait rien à l'attitude du page.

« Vous hésitez, » reprit-il. « Avez-vous conçu déjà de si belles espérances d'avenir que la réflexion vous soit nécessaire avant d'accueillir celles que je vous offre ? Vous avez offensé votre bienfaitrice — ai-je besoin de vous le rappeler ? — au point de la forcer de vous congédier ; eh bien, j'en suis convaincu, la pensée de vous savoir jeté sans guide ni ressources au milieu d'un pays aussi orageux que le nôtre lui deviendra, malgré tout, un sujet de peine et de soucis. A vous de le lui épargner, si vous n'êtes pas ingrat ; et, dans votre intérêt, de vous placer sous ma protection, si vous avez le sens commun ; un refus vous mettrait en péril, corps et âme. »

Roland répondit avec déférence, et non sans une certaine chaleur :

« Je suis reconnaissant au sire d'Avenel des faveurs dont j'ai été l'objet, et content surtout d'apprendre pour la première fois que j'avais tort de m'estimer indigne de son attention. Que faut-il faire, je le demande, et par quels moyens payer de retour ma première bienfaitrice et la plus constante ? Serait-ce au risque de la vie, je m'y dévouerai avec joie. »

Comme il s'arrêtait :

« Propos en l'air, jeune homme ! » reprit le chevalier. « C'est ainsi qu'on use de belles protestations en place de réels services. Pourquoi la dame d'Avenel aurait-elle besoin d'exposer votre vie ? Qu'elle soit charmée de vous savoir dans une bonne voie, sans danger pour vous-même et le salut de votre âme, j'en réponds, et voilà tout. C'est une double sauvegarde ; je vous l'offre, et vous faites la sourde oreille !

— En sortant du château, » repartit Roland, « j'ai retrouvé la vieille parente qui me reste, la seule du moins que j'aie jamais vue. Il lui appartient de décider s'il me faut ranger à votre parti ou rester auprès d'elle ; je lui dois aide et obéissance.

— Où est-elle ?
— Ici même.
— Allez donc la querir. Elle consentira, j'en suis sûr, et deux fois plutôt qu'une, ou bien elle serait archifolle. »

Au moment où le page courait rejoindre son aïeule, il croisa l'abbé sur le seuil de la porte.

Les deux frères se revirent avec l'affection de gens qui ont peu d'occasions de la témoigner. Tel était en réalité le cas. Une tendresse mutuelle les attachait l'un à l'autre ; mais en toute chose relative aux discordes civiles, projets, usages, opinions, l'ami et le conseiller de Murray était aux antipodes du prêtre catholique. Du reste, ils n'auraient pu rendre leurs visites plus fréquentes, sans risquer de blesser la susceptibilité ombrageuse de leurs partisans respectifs.

Après une chaude embrassade, Albert se félicita, en manière de réponse à la bienvenue que lui souhaitait son cadet, d'être arrivé à temps pour mettre fin aux saturnales de la fête des fous.

« Et cependant, Édouard, » ajouta-t-il, car jamais il ne prononçait le nom monastique d'Ambroise, « un regard jeté sur vos vêtements me donnerait presque à penser qu'il y a encore un abbé de la Déraison dans l'enceinte du monastère.

— Mon habit ? » répondit l'abbé. « Qu'y trouvez-vous à redire, Albert ? C'est l'armure spirituelle de ma profession, et par conséquent il me sied non moins qu'à vous la cuirasse ou le baudrier.

— D'accord, mais revêtir une armure quand on n'a pas la force de combattre, est-ce là une preuve de sagesse ? A braver un formidable ennemi l'on risque trop.

— Là-dessus, mon frère, on ne peut répondre de rien avant le jour de la bataille ; et, auriez-vous raison, il me semble, à moi, qu'un brave doit préférer, même contre la fortune, de périr les armes à la main que de les rendre à des conditions viles et déshonorantes... Mais ne nous laissons pas aller à disputer sur un sujet où l'accord est impossible, et venez plutôt, tout hérétique que vous êtes, assister au repas de mon élection. Ah ! votre zèle en faveur de l'antique discipline n'aura pas lieu d'être choqué par la somptueuse ordonnance d'un festin de moines. Les jours de notre vieil ami Boniface sont passés. Adieu bois, étangs, guérets et pâturages! adieu grand et petit bétail, chasse au poil et à la plume! Nos greniers ne regorgent plus de froment, et nos caves d'huile et de vin, de bière et d'hydromel. L'office de maître-queux est tombé en désuétude. Une collation d'ermite, voilà ce qu'on vous servira comme à un chevalier errant; mais si vous en acceptez votre part, elle nous réjouira le cœur, et tous vous remercieront de la protection accordée si à propos contre les insultes de ces vilains.

— En vérité, mon cher Édouard, est-il prudent qu'un réformé assiste à votre repas d'installation? Dans notre intérêt à tous deux, je ne le crois pas, et cela me fait grand'peine. Si j'ai jamais l'heur de vous être franchement utile, ce sera surtout grâce à ce qu'on ne me soupçonne point de connivence religieuse avec vous, même d'approbation tacite, et j'y fais tous mes efforts. Le crédit dont je dispose auprès de mes amis ne sera point de trop pour mettre hors d'atteinte le téméraire qui, au mépris de la loi et des édits du parlement, a osé relever le titre d'abbé de Kennaquhair.

— Épargnez-vous cet embarras, frère. Je donnerais le plus pur de mon sang pour apprendre que vous avez défendu l'Église par amour de l'Église; mais tant que vous aurez le malheur d'être son ennemi, le soin de ma défense personnelle ne vaut pas la peine de compromettre un instant vos jours ou votre crédit... Mais qui vient nous déranger jusqu'ici, nous qu'un sort jaloux condamne à passer si peu de temps ensemble? »

C'était Madeleine Græme.

« Qui est cette femme? » demanda Albert en fronçant le sourcil. « A qui en a-t-elle? »

— Que vous ne me connaissiez pas, » riposta la matrone, « peu importe! Il s'agit du jeune Roland. Vous désirez qu'il rentre à votre service, et moi j'y consens volontiers. Cela dit, je ne vous importunerai pas plus longtemps de ma présence. La paix soit avec vous! »

Elle se tournait déjà vers la porte quand le chevalier l'arrêta d'une voix impérieuse.

« Holà! qui êtes-vous? » cria-t-il. « Et pourquoi n'attendez-vous pas ma réponse? »

— Autrefois, dans le monde, » reprit-elle, « j'étais dame et maîtresse, et mon nom ne sentait pas la roture. A présent, on m'appelle Madeleine, une pauvre pèlerine dévouée à la sainte Église.

— J'entends, une catholique! Il me semblait avoir ouï dire que l'enfant était issu de souche protestante.

— Son père était un impie, ou plutôt il ne s'inquiétait guère des orthodoxes et des hérétiques, n'allant jamais à la messe ou au prêche. Moi aussi, — car les péchés du temps font les pécheurs, — j'ai eu l'air de me conformer à vos rites sacrilèges, mais j'avais dispense et absolution par avance.

— Oui-da, » dit Albert à son frère avec un sourire malin, « nous n'avons pas si grand tort en vous accusant de pratiquer les restrictions mentales.

— Vous nous faites injure, » répliqua l'abbé. « Cette femme, — et sa conduite en témoigne assez, — n'est pas tout à fait dans son bon sens, grâce, il faut bien le dire, aux persécutions de vos barons pillards et de vos ministres indépendants.

— Oh! là-dessus toute discussion est inutile. Le mal exerce tant de ravages autour de nous que les deux Églises peuvent se les partager, et en avoir encore de reste. »

A ces mots, le chevalier s'approcha d'une fenêtre et sonna du cor.

« Pourquoi ce signal? » demanda l'abbé. « Nous avons eu à peine le temps de causer.

— Et ce peu de temps a suffi, » répondit son frère, « à nous quereller. J'ai sonné le départ en effet, car je dois faire diligence afin de prévenir les suites de votre témérité d'aujourd'hui... Vous, la mère, allez dire, s'il vous plaît, à votre jeune parent que nous montons à cheval. Mon intention n'est pas de le ramener au château; cela donnerait lieu à de nouvelles tracasseries de la part de mes gens, ou du moins à des railleries dont sa fierté aurait à souffrir, et je désire le ménager. Il ira droit à Édimbourg en compagnie d'un de mes serviteurs pour y rendre compte de ce qui s'est passé ici. »

Et il ajouta en fixant ses yeux perçants sur Madeleine :

« L'arrangement ne paraît pas vous déplaire.

— Certes, » répondit-elle d'un air indifférent. « J'aimerais mieux

voir le pauvre orphelin exposé aux lardons du monde entier qu'à ceux de la valetaille d'Avenel.

— N'ayez crainte ; il ne sera nulle part un objet de mépris.

— C'est possible ; mais, pour cela, je m'en fie à sa conduite plus qu'à votre protection. »

Le chevalier, devenu pensif, la regarda s'éloigner ; puis, revenant soudain à son frère, il lui exprima dans les termes les plus tendres ses vœux de bien-être et de prospérité.

« Souffrez, » continua-t-il, « que je vous quitte. Mes drôles sont trop affairés au cabaret pour que le faible son d'un cor les arrache à leur ripaille.

— En les dégageant des liens d'une discipline plus haute, » dit l'abbé, « vous leur avez appris à s'insurger contre la vôtre.

— N'en croyez rien ; il n'y a pas de serviteur plus fidèle que celui qui obéit par devoir et sans contrainte servile.

— Attendez encore un peu : l'on va nous servir quelques rafraîchissements. Cette maison est devenue la mienne tant que la force ne m'en aura pas chassé ; ne la quittez point avant d'avoir rompu le pain avec moi. »

Au même instant, le pauvre vieillard, celui-là qui remplissait les triples fonctions de portier, de sacristain et de cellérier, entra dans la chambre, apportant une frugale collation et un flacon de vin. « Il l'avait trouvé, » dit-il en manière d'excuse, « à force de fureter de ci de là dans la cave. »

Le chevalier avisa l'unique gobelet d'argent, y versa une pleine rasade, et la but tout d'une haleine ; puis il invita son cadet à lui faire raison, en ajoutant que c'était du vin du Rhin, très vieux et d'un excellent cru.

« Oui-dà, » fit le frère lai, « il provient de la réserve que notre ancien, le père Nicolas, — que Dieu ait son âme ! — nommait le coin de l'abbé Enguerrand ; or, l'abbé Enguerrand avait été élevé chez les bénédictins de Wurtzbourg, ville voisine, à ce qu'il paraît, du vignoble où l'on récolte cette précieuse liqueur.

— Précieuse, en effet, et orthodoxe, » dit Albert ; « c'est pourquoi je vous prie d'en boire à ma santé, vous et mon frère. »

Le bonhomme implora son supérieur d'un timide regard de convoitise.

« *Do veniam,* » répondit l'abbé.

Sur cette permission, il avança une main tremblante vers le breuvage auquel il n'était plus accoutumé, prit plaisir à le siroter lentement, à petites gorgées, pour en mieux savourer le goût et le bouquet, et remit la coupe sur la table en secouant la tête d'un air mélancolique, comme s'il eût dit un éternel adieu à cette délicieuse friandise. Un même sourire effleura les lèvres des deux frères ; mais quand l'aîné pressa son cadet d'en faire autant, celui-ci, à son tour, secoua la tête.

« Non, non, » dit-il, « il ne sied point au dernier abbé de la maison de se mettre en fête aujourd'hui. C'est avec le nectar du puits de Sainte-Marie, » ajouta-t-il en remplissant d'eau claire le petit gobelet, « que je porterai votre santé, mon frère : puissiez-vous être comblé de prospérités et reconnaître surtout vos erreurs !

— Et moi, mon cher Édouard, » répliqua le chevalier, « je vous souhaite d'affranchir votre raison, afin d'être en état de remplir des devoirs vraiment sérieux, et qui ne jurent pas avec un vain titre comme celui que vous avez eu l'imprudence d'accepter. »

Ils se séparèrent, non sans un vif regret ; des deux parts l'estime était grande, mais ils s'accordaient si peu que chacun, inébranlable dans son opinion, éprouva une sorte de soulagement par la retraite de l'autre.

Bientôt après, retentit la marche des trompettes d'Avenel. L'abbé monta sur une tour démantelée, d'où l'on pouvait voir les cavaliers gravir la colline située en face du monastère.

« Vous êtes venue, » dit-il à la vieille Græme, qui l'avait rejoint sur la plate-forme, « adresser un dernier regard à votre petit-fils. Le voilà qui chevauche sous la garde du meilleur chevalier de l'Écosse, religion à part.

— Ce n'est ni mon désir, » répondit-elle, « ni celui de Roland qui a déterminé le sire d'Avenel, ainsi qu'on le nomme, à reprendre l'orphelin à son service ; vous en pourrez témoigner, mon père. Le ciel, qui confond les sages par leur propre sagesse et les méchants par leur malice même, l'a placé dans la situation où, pour le bien de l'Église, mon plus cher vœu était de le voir.

— Ma sœur, je ne vous comprends pas.

— N'avez-vous jamais ouï parler des esprits qui hantent les châteaux, et qu'il en est d'assez puissants pour en briser les murailles ? Ils n'y pénètrent toutefois qu'à la condition d'être appelés, et de leur en faire passer le seuil de force. Deux fois Roland aura été introduit de la sorte dans la demeure d'Avenel par ceux qui en sont aujourd'hui les maîtres. Gare aux conséquences ! »

Là-dessus elle quitta la tour. Après avoir réfléchi un moment à ces paroles qui semblaient émaner d'une intelligence en délire, l'abbé Ambroise descendit l'escalier tortueux pour aller célébrer la solennité de son installation, non par un banquet et des actions de grâces, mais par le jeûne et la prière.

CHAPITRE XVI.

> Jeune homme, te voici arrivé à l'âge viril. Il est temps de changer de maintien et d'apparence, d'avoir la bouche moins rieuse et le front plus sévère, le pas plus grave et l'air plus réfléchi. Il faut t'habituer aux longues veilles, à prendre repos et plaisirs à bâtons rompus. Plus de jeux et de ris, qui t'absorbaient tout entier ! C'est le tour des folies sérieuses, qui n'en seront pas moins vides, fausses et déraisonnables que les autres.
>
> <div style="text-align:right"><i>La Vie</i>, poème.</div>

 la suite de sire Albert Glendinning trottait, le cœur léger, notre jeune page. Il était délivré de ce qu'il redoutait le plus, à savoir d'être en butte au mépris et aux sarcasmes qui eussent salué sa rentrée au castel.

« Avant qu'on m'y revoie, » pensait-il en lui-même, « il y aura du changement ; je porterai la cuirasse au lieu de la jaquette verte, et le morion d'acier en place de la toque à plumes. Bien hardi qui osera plaisanter l'homme d'armes sur les sottises du page ! Oui, avant d'y remettre les pieds, j'aurai fait autre chose, et de plus glorieux, que de lancer une meute aux passées d'un cerf, ou d'escalader un rocher pour ravir un nid de milans. »

Mais par quelle merveille son aïeule avait-elle cédé si vite, malgré ses préjugés religieux ? et d'où venait la joie qu'elle avait laissé entrevoir lors de leur séparation ?

« Le ciel, » lui avait-elle dit en l'embrassant, « accomplit son œuvre par les mains mêmes de nos ennemis, de ceux qui se croient les plus forts et les plus politiques. Quant à toi, mon fils, sois toujours prêt à répondre à l'appel de ta foi et de ton pays ; ces liens s'imposent à ton cœur, et souviens-toi qu'en comparaison ceux que tu pourrais former ici-bas ressemblent à des brins de chanvre à côté d'un câble. Tu n'as pas oublié les traits ou la tournure de Catherine Seyton?

— Non certes, » allait-il dire ; mais l'émotion lui en ôta la force, et Madeleine continua :

« Il ne faut pas que tu l'oublies, mon enfant, et je vais te confier un gage que tu trouveras bientôt, je l'espère, une occasion de lui remettre secrètement et en mains propres. »

Le gage en question était d'un faible volume ; elle lui recommanda d'y veiller comme à la prunelle de ses yeux, et de ne le montrer à personne au monde, hormis à Catherine, « la novice qu'il avait vue la veille, » ajouta-t-elle par surcroît de précaution inutile.

Quel mystère se dérobait sous ces formes solennelles ? Roland ne songea guère à l'approfondir. Ce qui l'attirait de préférence, c'était le voyage qui allait lui offrir une source de distractions et de nouveautés.

L'idée de visiter Édimbourg le remplissait d'aise, et surtout de s'y pavaner hors de page ; mais l'espoir de rejoindre cette fille alerte et séduisante dont l'image ne le quittait plus, voilà ce qui l'enchantait. D'autres pensées contribuaient à le mettre en liesse : celle, par exemple, d'assister aux cérémonies et aux fêtes guerrières de la cour, sur la splendeur desquelles ne tarissaient pas les hommes d'armes quand ils rentraient au château. Roland s'exaltait à ces récits ; condamné à une réclusion presque monastique, il brûlait de monter à son tour sur un si brillant théâtre. L'heure était venue ; et s'il rencontrait une occasion de se signaler, fût-ce au risque de ses jours, on entendrait parler de lui ; alors l'œil mutin de Catherine, qui raillait si effrontément les gaucheries du page, s'arrêterait avec plus de respect sur la personne d'un vaillant soldat. Enfin, pour achever de le ravir au septième ciel, il se trouvait de nouveau monté sur un coursier agile et plein de feu, au lieu d'être réduit à cheminer péniblement à pied comme il l'avait fait la veille.

Entraîné par son caractère, dont l'enchaînement des circonstances tendait à enflammer l'ardeur, Roland se distingua en route par son entrain et ses éclats de voix au milieu du bruit des armes et des chevaux. Plus d'une fois il attira l'attention du chevalier, qui s'aperçut avec plaisir que le jeune homme ripostait d'un ton de bonne humeur à ceux qui le raillaient sur les vicissitudes de sa destinée.

« Eh! mon jeune maître, » lui dit l'écuyer de sire Albert, « la branche de houx a donc refleuri sur votre toque? Je la croyais flétrie.

— Un petit coup de gelée à peine! » repartit le page. « Voyez plutôt : elle verdoie à plaisir.

— C'est une plante trop sévère pour un terrain aussi brûlant que votre tête.

— Bah! si elle n'y pousse pas seule, je l'accompagnerai de lauriers et de myrtes, et je les ferai monter si près du ciel qu'il me dédommagera de leur tardive croissance. »

En même temps, il piqua de l'éperon les flancs de sa monture et la força, tout en la retenant de la bride, à exécuter une courbette pleine de grâce. Le sire d'Avenel goûtait, en le regardant, cette satisfaction mélancolique de l'homme mûr qui, revenu des jouissances du monde, voit s'engager à leur vaine poursuite le fougueux adolescent, empressé d'en cueillir les espérances et les promesses.

Sur ces entrefaites, Adam Woodcock rejoignit l'escorte, grâce au trot allongé de son vigoureux bidet. Il avait mis bas les oripeaux de sa mascarade pour revêtir l'habit et les insignes de sa profession, c'est-à-dire une jaquette verte, une gibecière, un coutelas de chasse, un gant de cuir remontant jusqu'au coude gauche et une toque empanachée. Il entra sur-le-champ en conversation avec Roland.

« Eh bien, mon garçon, » dit-il, « vous voilà encore une fois des nôtres?

— Oui, » répondit le page, « et en état de vous rendre vos dix écus.

— Ceux-là sans doute que vous m'auriez remboursés il y a une heure avec dix pouces de fer. Sur ma foi, il est écrit au livre du destin que je dois tâter de votre poignard, quoi qu'il arrive.

— Ah! n'en parlons plus, mon brave ami; j'aimerais mieux m'en percer moi-même. Le moyen de vous reconnaître en cet équipage de carnaval!

— Il y a du vrai, » dit le fauconnier, qui, en sa double qualité de rimeur et de baladin, possédait une forte dose d'amour-propre. « Vit-on jamais rôle de bouffon, dans les farces du mardi gras, joué plus au naturel, hein? Et comme Pape des Fous je n'étais pas à dédaigner. Ah! c'est qu'une fois sous le masque, je défie bien Satanas de savoir qui je suis. Quel guignon que le chevalier nous soit tombé dessus avant la fin! Vous m'auriez ouï entonner ma nouvelle ballade, d'une voix qui aurait retenti jusqu'à la frontière. Seulement, par grâce, mon maître, soyez moins prodigue de coups de poignard pour des vétilles; si ma bedaine n'avait été pieusement rembourrée, je n'aurais quitté l'église que pour un logis au cimetière.

— Laissons-là cette triste querelle, Adam; nous n'aurions pas le temps de la vider. Par ordre exprès, il faut que j'aille à Édimbourg.

— Je le sais, et j'ajoute que, pour régler nos comptes, nous aurons tout le temps nécessaire. Moi aussi, je vais là-bas; sire Albert m'a chargé de vous y conduire.

— Bah! et dans quel dessein?

— A cela je ne puis répondre. Mais, qu'on lave ou qu'on ne lave pas la pâtée des jeunes faucons, je dois vous accompagner jusqu'à Édimbourg, et vous remettre sain et sauf entre les mains du régent; voilà!

— Eh quoi! le comte de Murray?

— Lui-même; et si vous n'entrez pas tout de go dans sa maison, vous y serez attaché du moins sous les enseignes d'Avenel.

— De quel droit le chevalier me donne-t-il à un autre en supposant que je lui appartienne?

— Plus bas! C'est une question que je ne conseille à aucun vassal de soulever avant d'avoir mis une montagne, un lac, ou, mieux encore, la frontière d'un pays étranger entre son seigneur féodal et lui.

— Mais il n'est pas le mien, et par conséquent son autorité...

— S'il vous plaît, mon fils, ménagez vos paroles. Le mécontentement de mon maître, si vous le provoquez, sera moins facile à calmer que celui de ma maîtresse; le plus rude coup de celle-ci n'est rien auprès d'une chiquenaude de celui-là. Un terrible homme, allez, net et franc comme l'acier, mais aussi dur et impitoyable. Rappelez-vous le Cock de Capperlaw: il l'a fait pendre haut et court devant sa porte pour avoir pris à des Écossais une misérable paire de bœufs qu'il croyait prendre en Angleterre; c'était une erreur, pas davantage. Je l'aimais, ce pauvre diable. Les Kerr n'avaient pas dans tout leur clan de garçon plus honnête. Pourtant il s'y trouvait de fameux lurons, et dignes d'être cités en exemple aux gens de la frontière ; ramener un lot de moutons ou d'autres bestioles, ils en auraient rougi, et ne se contentaient pas à moins d'une vingtaine de vaches d'un coup de filet. Enfin ils savaient tirer de la

maraude honneur et profit... Ah! nous voici à la patte d'oie. Sa Seigneurie s'arrête... Allons recevoir ses dernières instructions. »

La troupe avait suspendu sa marche à la croisière du chemin creux qui conduisait au pont de la Tweed, et Albert faisait signe à nos deux causeurs de venir près de lui.

« Woodcock, » dit-il, « tu sais à qui tu dois mener ce jeune homme. Et vous, Roland, obéissez avec zèle et discrétion aux ordres qui vous seront donnés. Réprimez votre humeur présomptueuse et susceptible ; soyez juste, sincère et fidèle : il y a chez vous assez d'étoffe pour vous élever à plus d'un degré au-dessus de votre situation présente. Tant que vous aurez de l'honneur et de la conduite, vous pouvez compter sur la protection d'Avenel. »

Les laissant alors en face du pont-levis, dont la tour qui en formait le centre commençait à projeter sur les eaux une ombre allongée, il tourna à gauche avec l'escorte, et se dirigea vers la chaîne de montagnes dans les replis de laquelle étaient cachés le castel et son lac.

Restaient en arrière le fauconnier, Roland et un domestique. Ils descendirent au bord de la Tweed pour réclamer à grands cris le passage du pont, sans bourse délier bien entendu. Cette prétention exaspéra le péager Pierre, dont l'humeur bourrue n'avait fait qu'enlaidir avec les années.

« Pas d'argent, pas de pont, » répliqua-t-il. « Papiste ou réformé, c'est le même refrain ! L'un menace du purgatoire, l'autre de son sabre, et tous deux veulent m'enjôler soit avec des indulgences, soit au nom du libre examen. Et qui tend à Pierre ses deux sous ? Personne. A la fin des fins tout ça me révolte, et désormais je ne mettrai la machine en branle qu'à deniers comptants. Rome ou Genève, je m'en moque, tenez-le pour dit, et des homélies pareillement comme des indulgences. De bons sous marqués, c'est le seul passeport que je connaisse.

— Voilà ce qu'on peut appeler un vieux fagot d'épines ! » dit Woodcock à son compagnon, et il ajouta en criant à pleine gorge : « Holà ! maraud de péager, t'imagines-tu que nous ayons refusé de payer le denier de ton patron à Rome pour acquitter le tien à Kennaquhair ? Allons, tourne ta manivelle ; nous sommes du château. Et lestement, morbleu ! ou, par le poing de mon père, — un robuste gaillard du Yorkshire qui a mis plus d'une tête en marmelade, — notre sire t'enverra, toi et ton nid de chat-huant, barboter dans la rivière, au moyen du fauconneau que nous allons chercher à Édimbourg !

— Peste soit des fauconneaux, » grogna le vieux bonhomme, « des canons grands et petits, et de tous les chiens d'engins qu'on fait aboyer à présent contre la pierre et la chaux ! Ah ! le bon temps où l'on s'empoignait corps à corps, où une volée de flèches égratignait les murailles juste autant qu'une nuée de grêlons ! Qu'y faire, hélas ? Courber le dos et laisser l'eau couler. »

S'étant consolé de son état de décadence par ce dicton judicieux, Pierre baissa le tablier du pont et leur permit de passer. A la vue de ses cheveux blancs, et malgré la rudesse d'un visage décrépit, Roland, ému de pitié, allait lui faire une aumône.

« Tant pis! » dit Woodcock, qui l'en empêcha. « Assez longtemps il a été dur et rapace ; qu'il en porte la peine! Quand le loup a perdu ses crocs, il ne mérite pas plus d'égards qu'un roquet. »

Infortuné Pierre! il ne pouvait se résoudre à changer sa condition d'oppresseur en celle d'opprimé, et à ne plus rançonner la soldatesque protestante comme jadis les saints hommes de pèlerins. Pendant qu'il se lamentait, nos voyageurs se dirigeaient vers le nord. Le fauconnier, à qui la contrée était familière, proposa d'abréger la route en coupant par le val de Glendearg, déjà connu du lecteur par le récit des aventures racontées dans *le Monastère*. Le jeune homme, on le pense bien, en savait la trame, ainsi que les commentaires et broderies sans nombre dont on l'avait orné ; car, dans une riche demeure, de quoi aurait-on à s'entretenir entre commensaux, presque sans se lasser et avec un plaisir toujours vif, sinon du maître et de ses petites affaires ?

D'un œil rêveur, le page contemplait ces sites romantiques, témoins, disait-on, d'événements contraires aux lois de la nature ; et Adam chantait un couplet de sa ballade.

« Ami Woodcock, » dit Roland, « vous êtes, je le sais, un parpaillot à tous crins, qui n'a peur des saints ni du diable ; mais, sur ma parole, il ne me plairait guère, à votre place, de corner aux échos de pareilles horreurs en pleine vallée de Glendearg, en songeant à ce qui s'y est passé jadis.

— Foin des lutins et des fées! » répondit Adam. « Je m'en soucie autant qu'un aigle d'une bande d'oies sauvages. Tous ces êtres-là ont déguerpi, voyez-vous, depuis qu'il est monté en chaire de braves gens pour nous abreuver de la saine doctrine. Justement j'en touche deux mots dans ma chanson ; écoutez-moi ça :

> Dans les couvents, si l'on jeûnait,
> C'était d'anguille et de brochet
> Et de fin beurre;

On versait la bière à plein pot,
Et chacun lestait son jabot
   De la meilleure ;
Ensuite, à belle baise-mains,
On allait dresser les nonnains
   Aux saints mystères.
Chantons le foin, le foin nouveau,
Et tric et troc, dessous l'ormeau ;
   Chantons, mes frères !

Si la patience du chevalier m'avait laissé aller jusque-là, il aurait ri de bon cœur, ce qui ne lui arrive pas souvent.

— On raconte de sa jeunesse des choses qui lui donnent moins qu'à personne le droit de rire des esprits.

— S'il y a là quelque chose de vrai, et qui en répond ? Cela vaut les contes de ma mère l'Oie ; menteries de moines pour nous engluer, nous autres bêtes de laïques, et pour emplir leur escarcelle ! A présent qu'on a renoncé au culte des images, il faudrait, à mon avis, ne plus trembler au frissonnement de l'eau ou au murmure de l'air.

— Mais les catholiques prétendent que, loin d'adorer les images, ils les regardent comme des emblèmes sacrés et que leurs hommages...

— Ta ta ta ! C'est nous la bailler belle. Ils chantaient sur une autre gamme alors que, chaussés de sandales et bâton ferré à la main, ils promenaient leurs idoles aux quatre coins du pays et qu'ils soutiraient aux vieilles dévotes beurre, lard, fromage, grain, déchets de laine et jusqu'à des bouts de chandelle. Rien n'échappait à la dîme, pas seulement un patard. »

La nécessité avait appris au page à couvrir sa religion d'un secret absolu, et à ne point la défendre en cas d'attaque, sous peine d'attirer sur lui le soupçon d'appartenir à une Église impopulaire et décriée. Aussi laissa-t-il son compagnon s'applaudir de son triomphe, tout en souhaitant *in petto* qu'un de ces lutins si agissants autrefois le punît sur le lieu même de ses turlupinades. Souhaits superflus ! Au sortir du vallon mal famé, ils reçurent l'hospitalité chez un paysan, y passèrent tranquillement la nuit, et reprirent le lendemain la route du nord.

CHAPITRE XVII.

> Édina, capitale chérie de l'Écosse, salut
> à tes palais et à tes tours, où jadis aux pieds
> d'un monarque siégeait l'assemblée de nos
> législateurs !
>
> BURNS.

OILA donc Édimbourg ! » s'écria Roland, en parvenant au sommet des collines qui dominent vers le sud la métropole écossaise. « Voilà cette grande cité dont nous avons ouï parler tant de fois!

— Oui, c'est bien cela, » répondit le fauconnier, « c'est la Vieille Enfumée (*Auld Reekie*), qui s'étend sous nos yeux, comme on l'a baptisée avec raison ; car, de six lieues à la ronde, on peut apercevoir le chaperon de fumée qui couronne son chef, semblable à l'autour qui plane sur une couvée de canards. Oui, voilà le cœur de l'Écosse, et chacun de ses battements résonne depuis les bords du Solway jusqu'à la pointe de Duncan. Là-bas est le vieux château royal, et plus loin, à droite, sur une éminence, vous voyez celui de Craigmillar, une vraie maison de Cocagne en mon temps.

— N'était-ce point là que la reine tenait sa cour?

— La reine, dites-vous? Elle l'était alors, mais à cette heure il ne faut plus lui donner ce nom. Eh bien, l'on a beau en dégoiser sur son compte, et quand même il n'y aurait pas un brin de menterie, plus d'un bon cœur s'affligera pour Marie Stuart ; car, voyez-vous, mon jeune maître, c'était la plus avenante créature que j'aie jamais caressée de l'œil, et s'amusant comme personne à une belle volerie. Tenez, il me souvient du fameux défi entre le baron de Roslin, un des premiers veneurs de l'Écosse, et Bothwell, sa bête noire à elle. On avait choisi la lande de Roslin pour champ clos, et gagé une barrique de vin du Rhin et un anneau d'or. Ah ! quel lâcher de faucons, aussi parfait en son genre que le meilleur vin et l'or le plus rougeoyant !.. Et la reine ! il fallait la voir sur sa blanche haquenée, dont la course inclinait à peine la fleur des bruyères, et entendre au milieu des huées et des sifflements la gentille musique de sa voix de grive. Comme tous les seigneurs se pressaient autour d'elle ! C'était à qui fixerait son attention : franchir buissons et halliers, au risque d'y trouer sa peau ou de se rompre le cou, mais au prix d'un éloge ou d'un regard de la belle des belles, et voilà des gens au comble du bonheur !.. Elle n'en verra guère de ces chasses-là où elle se trouve. Oui, oui, grandeur ou plaisir ne dure pas plus qu'une envolée d'oiseaux.

— Pauvre princesse ! » fit Roland, prenant intérêt au sort d'une femme dont le charme et la grâce avaient produit sur le fauconnier, nature insouciante et épaisse, une impression si forte. « Où l'a-t-on reléguée ?

— Est-ce que je sais, moi ? Dans quelque manoir du nord, à ce qu'on dit. Que sert-il de m'en tourmenter ? Je n'y peux rien, à coup sûr... Si elle avait bien manœuvré sa barque dans le temps, elle ne serait pas en si méchante passe. Il lui faudra, paraît-il, céder la couronne à son marmouset d'enfant. Quant à la lui laisser plus longtemps, bonsoir ! Notre maître a travaillé dru à cette besogne, et ses voisins aussi ; mais qu'elle rattrape un jour le dessus, et gare au château d'Avenel, à moins de conditions particulières.

— Et parmi tous ses sujets n'en est-il pas un qui entreprenne à tout hasard de la délivrer ?

— Hum ! c'est une question délicate, maître Roland, et à la faire souvent on court la chance d'être à son tour mis en cage, ou d'avoir le sifflet coupé, au choix, pour ôter l'envie de la répéter ; mettez cela derrière l'oreille... La délivrer ? Ah! bien oui; Murray a le vent pour lui, il vole haut et ferme, et du diable si l'on est fichu de lui tenir tête. Non, non, elle est là-bas, elle y restera jusqu'à ce que le ciel la délivre ou que son fils devienne assez puissant. Murray ne consentira point à la relâcher; il la connaît à fond. »

Tout en descendant la colline, le fauconnier continua de pérorer :
« Attention maintenant! Nous allons au palais d'Holyrood, où il

y a quantité de nouvelles, et de bavards pour les colporter. Suivez mon conseil et reprenez tranquillement haleine, comme dit l'Écossais ; écoutez l'opinion de chacun et gardez à part vous la vôtre. Survient-il une chose agréable, ne bondissez pas comme s'il s'agissait d'en être le champion. Là-dessus, M. Wingate, qui connaît le bétail des cours sur le bout du doigt, avait un bon avis : « Si l'on vient vous dire que le vieux
« roi Coul a reparu sur terre, bornez-vous à répondre : « Ah! vraiment.
« Je n'en savais rien, » sans avoir l'air plus ému que si l'on vous
« apportait la nouvelle que le susdit Coul est mort et enterré. » Par ainsi, maître Roland, soyez sur vos gardes : vous allez coudoyer des

gens qui ont bec et ongles comme des faucons affamés. Surtout ne dégaînez pas à tout bout de champ pour un mot de travers, car vous trouverez des lames non moins impatientes, et alors on vous saignera sans consulter le médecin ou l'almanach.

— Je vous promets, mon bon ami, d'être grave et prudent... Sainte Vierge! quelle est donc cette espèce de moutier en ruines aux portes de la ville? Les fous et leur abbé ont-ils passé par ici et couronné la comédie par un feu de joie?

— Bon! voilà encore mon poulain qui s'échappe! Ces questions-là se font de la bouche à l'oreille, et l'on y répond de même.

— Un peu de patience, et ma voix saura se régler au diapason nécessaire. Enfin d'où vient cette ruine?

— Chut! » dit Adam d'un air de mystère et un doigt sur les lèvres. « C'est la Maison des Champs; ne m'en demandez pas davantage. Il y en a qui ont triché au jeu, et d'autres qui ont eu le blâme; la partie a commencé là... peut-être n'est-elle pas encore finie. Pauvre Darnley! ce n'était pas un aigle, et pourtant il entendait quelque chose à la fauconnerie; mais on l'a envoyé lui-même dans les airs par un brillant clair de lune. »

La mémoire de cette catastrophe toute récente rendit odieuse à Roland la vue de l'édifice où elle avait eu lieu; les accusations élevées à ce sujet contre la reine vinrent l'assaillir au point de contrebalancer la compassion que lui inspiraient déjà ses infortunes. Ce fut en cet état d'agitation, causé par un sentiment d'horreur et plus encore par une poignante curiosité, que notre page traversa la scène des événements terribles dont le bruit avait troublé l'Écosse jusqu'au fond de ses retraites, comme l'écho affaibli des éclats d'un tonnerre lointain.

« A présent ou jamais, » pensa-t-il, « c'est le moment d'être un homme et de remplir son rôle dans ces coups de théâtre dont s'entretiennent nos paysans comme étant l'œuvre d'une race supérieure. Je saurai pourquoi le sire d'Avenel lève si haut la tête parmi ses voisins, et comment on peut, à force de valeur et d'adresse, troquer une casaque de laine bise contre un manteau de pourpre et d'or. On me reproche de manquer de prudence; eh bien, le courage y suppléera : je veux devenir un homme entre les hommes ou un mort entre les morts. »

Fumées d'ambition bientôt dissipées au souvenir de Catherine! Il se plaisait à former mainte conjecture sur le temps et le lieu de leur prochaine rencontre quand il s'aperçut qu'ils étaient entrés en ville. A l'instant tout s'effaça de son esprit ; il succomba au vertige qui saisit l'habitant des campagnes introduit pour la première fois au sein d'une cité vaste et populeuse, et s'y sentant perdu comme une goutte d'eau dans l'océan.

A cette époque, la rue Haute d'Édimbourg passait pour une des plus spacieuses de l'Europe. La hauteur excessive des maisons, la diversité des pignons, des créneaux et des balcons gothiques qui en découpaient l'horizon de chaque côté, auraient suffi, avec la largeur de la voie, à frapper de stupeur des yeux plus exercés que ceux du jeune Græme. La population, étroitement parquée entre les remparts, était alors grossie par les nombreux partisans du petit roi, accourus pour servir la cause du régent Murray ; aussi eût-on dit d'un essaim d'abeilles bourdonnantes à travers l'immense chaussée. Au lieu d'avoir, comme à présent, des vitrages fixes qui servent à la montre des marchandises, les boutiques étaient ouvertes et garnies d'étalages en saillie sur lesquels on disposait les divers objets mis en vente.

Quoiqu'il n'y eût pas grand'chose de rare dans cette pacotille, Roland crut avoir sous les yeux les richesses du monde entier à l'aspect des toiles de Flandre, des pièces de tapisserie, des meubles et ustensiles, et de la vaisselle d'argent. Rien ne le confondait d'admiration comme les échoppes d'armuriers, regorgeant d'épées et de poignards de fabrique nationale, ainsi que d'armures défensives d'origine flamande. A chaque pas il trouvait tant à voir et à s'extasier qu'Adam Woodcock eut beaucoup de peine à le faire avancer le long de cette scène d'enchantement.

Le spectacle de la foule qui circulait dans les rues offrait un intarissable sujet de surprise. Ici, cheminait légèrement une dame élégante, à demi masquée d'un voile de soie : un écuyer lui frayait passage, un page retroussait la queue de sa robe, et une duègne portait sa Bible, ce qui marquait son dessein d'aller au temple ; là, un groupe de bourgeois suivaient le même chemin, vêtus de manteaux courts à la flamande, de larges hauts de chausses, et de pourpoints à grand collet, mode à laquelle les Écossais furent longtemps fidèles, ainsi qu'à la toque à plumes. Plus loin venait le ministre lui-même, sérieux et gourmé sous la robe noire et le rabat de Genève, entouré de plusieurs ouailles qui l'entretenaient sans doute du thème religieux de son futur prêche.

Il ne manquait point, au reste, de passants d'autre condition et de tournure dissemblable. Par exemple, Roland croisait presque à chaque pas quelque gentilhomme, dameret ou courtisan, attifé au goût du jour ou à la française, avec justaucorps à crevés, les pointes de même couleur que la doublure, la longue épée d'un côté et la dague de l'autre; derrière lui, se pressait une escorte proportionnée à son rang et à sa fortune, et composée de gens solides, à l'air martial, et armés de la claymore et de la rondache à fer de lance.

Deux de ces troupes, ayant chacune à leur tête un personnage d'importance, vinrent à se rencontrer en pleine rue, ou, comme on dit, « sur le haut du pavé, » poste d'honneur qu'on ne cédait point alors sans débat. Les deux chefs paraissaient d'un état égal; mais, en proie à quelque rancune politique ou féodale, ils s'avancèrent en ligne droite jusqu'à se toucher, et sans avoir dévié d'un pouce; puis aucun d'eux ne manifestant la moindre envie d'incliner de droite ou de gauche, ils ne bougèrent un moment, et mirent l'épée à la main. Les gens de l'escorte suivirent leur exemple; une vingtaine de lames sortirent à la fois du fourreau, et ce fut bientôt un bruit assourdissant de ferraille et de voix furieuses, qui hurlaient d'un côté : « A l'aide! Leslie! Leslie! » et de l'autre : « Seyton! Seyton! En avant! A mort les coquins! »

Si jusque-là le fauconnier avait eu de la peine à presser la marche de son compagnon, il trouva dès lors la tâche au-dessus de ses forces. Ce dernier s'était arrêté, la bride haute, et ravi, d'assister à la bataille, il se démenait et criait autant que pas un des intéressés.

L'infernal vacarme qui emplissait la rue Haute attira deux ou trois troupes semblables, outre quelques passants isolés qui, au gré de leur sympathie, se jetèrent de côté ou d'autre dans la mêlée.

L'affaire s'échauffa. Il y eut échange de horions sérieux, encore que les porte-boucliers fissent plus de bruit que de mal; la rapière surtout, arme très dangereuse, causa plusieurs blessures graves. Deux hommes gisaient sur la chaussée, et les Seytons commençaient à plier devant leurs adversaires auxquels maint bourgeois était venu prêter main-forte ; leur chef, déjà sur le retour de l'âge, luttait vaillamment et menaçait de succomber sous le nombre, lorsque Roland, n'y tenant plus, s'écria :

« Woodcock, si vous avez du cœur, dégaînez et courons sus aux Leslies. »

Sans attendre de réponse et sourd aux instances du fauconnier, qui le suppliait de ne point se mêler des affaires d'autrui, il sauta à bas de cheval, tira sa courte épée, et faisant chorus aux clameurs des Seytons, s'élança au milieu de la bagarre, et abattit d'un coup d'estoc un de ceux qui serraient le plus près le seigneur dont il avait épousé la cause. Ce secours imprévu ranima le parti défaillant, qui se remit à ferrailler avec un redoublement d'énergie.

Sur ces entrefaites, quatre des magistrats de la ville, reconnaissables à leur manteau de velours et à leur chaîne d'or, s'avancèrent à la tête d'un détachement de hallebardiers et de volontaires armés de longues piques : accoutumés à ce genre de service, ils coururent tous ensemble en avant, séparèrent les combattants et les obligèrent à une prompte retraite. Tant pis pour les blessés qu'on abandonna sans plus de souci sur le terrain !

Le fauconnier, qui s'arrachait la barbe de colère en voyant la témérité du page, parvint à le rejoindre avec son cheval qu'il avait saisi par la bride.

« Holà ! maître fou, » dit-il, « maître sot, que décidez-vous à la fin ? remonter en selle et déguerpir, ou aller en prison et payer les frais d'une si belle équipée ? »

Roland battait en retraite avec les Seytons, comme s'il eût été de leur bande. A cette apostrophe sans cérémonie, il sentit le ridicule de son intervention ; un peu honteux, il enfourcha sa monture, la poussa si vivement qu'il renversa d'un coup du poitrail un officier qui venait droit à lui, et se mit bientôt hors d'atteinte.

Au demeurant, il n'était pas rare de voir en ce temps-là de semblables échauffourées à Édimbourg ; on s'en préoccupait à peine, une fois la querelle apaisée ; si pourtant un personnage de marque avait été victime, sa mort imposait à ses amis le devoir d'en tirer vengeance à la première occasion. Il arrivait aussi aux deux partis, quand ils étaient nombreux et de force égale, d'escarmoucher des heures entières sous les yeux des gens de police réduits à l'impuissance. Mais depuis peu le régent, homme d'un caractère énergique, prévoyant tout le mal qui pourrait sortir de tels actes de violence, avait ordonné aux magistrats d'avoir toujours une garde sur pied afin de les prévenir ou d'y mettre le holà.

Nos deux cavaliers, qui descendaient la Canongate (rue des Chanoines), ralentirent l'allure de leurs bêtes; il semblait inutile d'attirer sur eux l'attention, et d'ailleurs on ne songeait point à les poursuivre.

« Vous plairait-il, mon maître, de me dire une chose, » demanda Woodcock, « à savoir si vous êtes, oui ou non, possédé du diable ?

— En toute sincérité, » répondit Roland qui baissait la tête, « j'ose espérer le contraire.

— Alors, quelle lubie, quelle rage vous prend de batailler sans cesse pour celui-ci ou celui-là ? Ces gens de tout à l'heure, Seytons et Leslies, qu'aviez-vous de commun avec eux ? Du diable si leur nom a jamais frappé votre oreille !

— Vous n'y êtes pas, mon ami ; j'avais des raisons particulières pour me ranger du côté des Seytons.

— Il faut qu'elles soient bien secrètes, vos raisons ; moi, j'aurais parié cent contre un que vous n'y connaissiez personne. Et l'on ne m'ôtera pas ça de l'idée ! Seyton ou Leslie, que vous en chaut ? et leur querelle, encore moins ! Non, ce qui vous a entraîné à ce coup de folie, c'est votre maudite passion pour le cliquetis des armes ; cela vous attire aussi sûrement que de taper sur un chaudron pour réunir un essaim d'abeilles. Mais, songez-y bien, si vous vous avisez d'en vouloir découdre avec chaque individu qui mettra ici l'épée à la main, autant faire pour le reste de vos jours l'économie d'un fourreau, car, ou je me trompe fort, ou vous n'auriez pas le temps de l'user. A bon entendeur salut !

— Sur ma parole, Adam, vos conseils sont les bien reçus, et je vous promets de les suivre fidèlement, comme si j'étais à votre école pour acquérir l'art mystérieux de me comporter avec sagesse et sûreté dans les sentiers de la nouvelle vie où je vais m'engager.

Roland s'élança au milieu de la bagarre.

— Tant mieux! Non pas que je vous reproche d'avoir la tête un peu trop chaude; un faucon sauvage finit par s'habituer au poing, et jamais une poule de basse-cour. Ainsi, entre deux défauts, c'est le moindre qui vous reste. Il y a encore autre chose, mon jeune maître : outre un penchant saugrenu à guerroyer et à tirer flamberge au vent, vous avez la manie de regarder sous le nez les femelles qui passent. Ah! ça, auriez-vous flairé la piste d'une ancienne dans cette espèce de gibier que vous avez si peu vu? J'en serais ébaubi, voire, comme tout à l'heure je l'étais de votre amitié grande pour les Seytons.

— Fi! mon brave, quelle absurdité! Les jolis oiseaux d'ici dérobent leurs yeux sous des chaperons; je ne cherchais qu'à les découvrir.

— Hum! curiosité malsaine! Mieux vaudrait offrir sa main nue à un aigle. On joue gros jeu, voyez-vous, à cette chasse-là : plongeons, volte-faces, faux-fuyants, elles mettent tout en œuvre, les malignes bêtes, sans compter leurs alliés, époux, amis de cœur, frères, cousins ou écuyers servants... Bon! vous ne m'écoutez pas, maître Roland, moi qui ai une fière expérience du gibier. Vous n'avez d'yeux que pour la gente péronnelle qui trottine devant nous. Eh! pardieu, elle tiendrait joliment sa place dans un branle ou un rigodon. Une paire de grelots d'argent irait aussi bien à ses petons, dà! qu'aux serres du plus hardi faucon de Norvège.

— Vieux fou! ce n'est pas ce qui m'inquiète, va! Mais que diable, on a des yeux pour s'en servir.

— A merveille! mais ne pourriez-vous regarder ailleurs? C'est à peine si dans toute la rue on voit une autre femme aller à pied sans escorte... Là, je parle encore à un sourd.

— Continuez, Adam, je suis tout oreilles... Attendez-moi une minute, le temps de siffler un air, et je reviens. »

A l'ébahissement du fauconnier, obligé de ravaler son sermon, Roland sauta à terre, et, enfilant une des ruelles qui s'ouvraient sous une porte voûtée pour aboutir à la grand'rue, il se lança à la poursuite de la jolie fille dont il prétendait s'inquiéter si peu.

« Par sainte Marie, sainte Madeleine, saint Benoît et saint Barnabé! » s'écria le pauvre mentor abandonné à la vue de son compagnon qui détalait à toutes jambes derrière l'inconnue. « Par Satan et Belzébuth! car il y a de quoi jurer le nom de l'enfer et celui du paradis. Tête de linotte! Quelle mouche l'a piqué? Il va s'attirer une vilaine affaire, aussi sûr que je suis né au pied du Roseberry. Comment me dépêtrer de là? Remettre à un passant la garde des chevaux? Merci, l'on n'est pas moins déluré ici que par chez nous, et adieu la bride, adieu le bidet, comme on dit. Si j'apercevais quelqu'un de nos gens, une brindille de houx vaudrait un gland d'or ; ou même un de ceux du régent... Non, confier nos bêtes à un étranger, c'est impossible, et partir quand le gars risque sa peau, c'est ce que je ne veux pas. »

Pourquoi le page s'était-il donc dérobé si vite?

Chez une jeune fille qui passait, la figure masquée par une sorte de mantille à l'espagnole, comme en portaient alors les dames de Bruxelles, il avait cru retrouver dans la taille et la démarche une singulière ressemblance avec Catherine. Objet des plus attrayants dont il ne put dès lors détacher son attention! Au moment de se glisser sous la voûte d'une ruelle, surmontée à l'entrée d'un écusson ayant pour supports deux renards de pierre passants, la belle écarta son voile, afin de savoir sans doute à quel galant curieux elle avait à faire, et le geste découvrit un instant des yeux bleus, des boucles blondes et une physionomie qui pétillait de malice. Il n'en fallait pas davantage pour convaincre un écervelé, aussi impatient de la contradiction que de l'obéissance : jetant les rênes de sa monture au fauconnier, il se précipita sur les traces de Catherine.

Les femmes ont l'esprit fertile en ressources, cela est passé en proverbe. Comment celui de Catherine lui suggéra-t-il d'avoir recours à la légèreté de ses jambes, comme le meilleur moyen de se mettre en sûreté? Gagner de vitesse un jeune homme qui poursuit celle qu'il aime n'est pas chose facile. La ruelle aboutissait à une grande cour pavée, encadrée d'énormes vases de pierre, dans lesquels végétaient tristement des ifs et des cyprès ; carré de sombre verdure, exactement répété par un lambeau de ciel bleu, et en complète harmonie avec la solennité de l'antique édifice qu'il décorait à demeure ; tout autour s'élevaient de hautes murailles, noires et massives, percées de cinq étages, et dont chaque fenêtre avait en surplomb une lourde architrave, chargée d'armoiries et d'emblèmes religieux.

Catherine, usant à ravir de ces jolies jambes qui avaient forcé jusqu'à l'admiration du fauconnier, traversa la cour avec la prestesse d'une biche au lancer, atteignit, au rez-de-chaussée du fond, une porte simplement fermée au loquet, et se trouva en un clin d'œil dans l'intérieur. Mais, si elle avait fui comme une biche, Roland avait, pour la suivre, déployé l'ardeur d'un jeune limier à ses débuts. Quoi qu'elle pût faire, il ne la perdit pas de vue ; car il est remarquable qu'à lutter ainsi de vitesse, l'avantage reste toujours au galant qui cherche à voir sur la belle qui se dérobe, et cela malgré la distance. Bref, il vit au coin du passage flotter son voile ; il ouït dans la cour le bruit de son pas, et au moment où elle se glissait dans la maison, il reconnut sa figure.

C'était un franc étourdi que notre amoureux, livré de prime-saut à l'impression dominante, et n'ayant vu le monde qu'à travers les romans. Comme il avait d'ailleurs un grand fonds de hardiesse et de décision, l'obstacle d'une porte à franchir n'était pas pour arrêter sa course. A son tour, il tira la bobinette, et la chevillette pesante de faire son office. Un même élan de fougue inconsidérée le porta jusqu'au milieu d'un large vestibule, où le jour, déjà affaibli par la hauteur des corps de logis environnants, ne pénétrait que par des verrières multicolores montées en plomb. Le long des parois étaient supendues d'anciennes armures rouillées, qui alternaient avec une suite de lourds écussons taillés dans la pierre et portant double treschenr, gerbes de blé, couronnes, etc.

De tout cela, Roland ne daigna rien voir, ou plutôt il n'eut d'yeux que pour la fugitive, assise sur un banc de chêne, et qui, se croyant enfin à l'abri, cherchait à reprendre haleine. La brusque entrée du jeune homme acheva de mettre ses esprits en désordre : elle fut sur pied d'un bond, ne put retenir un faible cri d'alarme, et s'échappa par une des portes qui s'ouvraient de plusieurs côtés dans cette pièce. Cette porte, il l'entrebâilla aussitôt : elle communiquait à une longue galerie bien éclairée, au bout de laquelle montait un bruit de voix et de pas précipités. Rappelé à quelque sang-froid par l'imminence d'un danger sérieux, il délibérait sur ce qu'il devait faire, quand Catherine, revenant d'un autre côté, accourut à lui avec autant de précipitation que tout à l'heure elle en mettait à le fuir.

« Quel mauvais sort vous a amené ici ? » dit-elle. « Vite, sauvez-vous, ou vous êtes un homme mort... Mais non, ils viennent... la retraite est impossible... Demandez à parler au baron Seyton. »

Elle disparut. Au même instant, la double porte de la galerie s'ouvrit avec fracas, et six ou sept jeunes gens, richement vêtus, se ruèrent dans le vestibule, presque tous l'épée au poing.

« Qui a eu l'audace, » s'écria l'un d'eux, « de venir nous braver jusque dans notre hôtel?

— A mort! » dit un autre. « Il payera pour l'insulte et l'attaque d'aujourd'hui. C'est quelque affidé des Rothes.

— Non, par la mère de Dieu, » dit un troisième; « il est au service de ce manant décrassé, de ce Belzébuth de Glendinning qui a volé le nom d'Avenel; jadis vassal de l'Église, il la pille à présent.

— Oui, oui, je le reconnais à la branche de houx, leur signe de ralliement. Qu'on l'empêche de fuir! Son insolence mérite une leçon. »

Deux des jeunes gens allèrent se poster en armes près de la porte d'entrée; quant aux autres, ils entourèrent le page, qui eut assez de bon sens pour comprendre que toute tentative de résistance serait vaine. Alors, et d'un ton fort peu engageant, on l'assaillit de questions pour savoir son nom, ce qu'il était, d'où il venait, qui l'avait envoyé et dans quel dessein. Comme ils parlaient tous à la fois, ce lui fut d'abord un prétexte à garder le silence.

Sur ces entrefaites, un nouveau personnage intervint, à la vue duquel tous ceux qui s'étaient rués en furieux reculèrent, saisis de respect. C'était un homme de haute taille, dont les cheveux noirs commençaient à grisonner, encore que ses regards et sa physionomie eussent conservé le feu de la jeunesse. Sa chemise de fine toile aux larges plis était tachée de sang, et pour suppléer à l'absence de pourpoint, il avait jeté sur ses épaules un manteau garni d'une riche fourrure. Il portait une toque de velours cramoisi, entourée d'une chaîne d'or à trois tours dite *fanfaronne* et agrafée par un médaillon, suivant la mode des grands seigneurs.

« Eh bien, garçons, à qui en avez-vous? » demanda-t-il. « D'où vient ce tumulte? Ignorez-vous que c'est ici un lieu d'asile? Ami ou ennemi, quiconque y entre doit être sacré.

— Même un vaurien ? » répondit un des assistants. « Un traître qui vient nous espionner ?

— C'est faux ! » s'écria Roland avec feu. « Je suis entré pour m'enquérir du baron Seyton.

— A d'autres ! » répliqua-t-on. « Comme cela est croyable ! Un des agents de Glendinning !

— Un moment, » reprit le vieux seigneur, qui était le maître du logis. « Que j'examine le jeune homme... Pardieu, je le reconnais, c'est lui qui m'a secondé si vaillamment, et fort à propos, car quelques-uns de mes coquins se souciaient plus déjà de sauver leur précieuse personne que la mienne. Laissez-le tranquille ; au lieu d'être maltraité, il a droit à vos égards et à votre amitié. »

Sans mot dire, ils se retirèrent à l'écart. Seyton, prenant le page par la main, le remercia de l'aide généreuse qu'il lui avait donnée.

« Et sans doute, » ajouta-t-il, « le même intérêt qui vous a associé à ma cause vous a conduit chez moi pour savoir de mes nouvelles ? »

Roland ne répondit que par une inclinaison de tête.

« Ou est-il rien, à votre idée, en quoi je puisse vous servir et témoigner par là ma reconnaissance ?

— Je n'ai eu d'autre motif en m'introduisant ici, » dit Roland, qui jugea opportun de s'en tenir au prétexte que son hôte lui avait heureusement suggéré, « que de m'informer de la santé de Votre Seigneurie. Si je ne me trompe, vous avez été blessé.

— Bah! une égratignure. Le chirurgien allait y mettre un bandage, et j'étais en train de me dévêtir, quand le vacarme de ces étourdis nous a interrompus. »

Le page, après un humble salut, fit mine de prendre congé. N'étant plus en péril de passer pour un espion, il commençait à s'inquiéter au sujet du fauconnier, qui pouvait s'aviser ou de pénétrer dans l'hôtel à sa recherche ou de décamper sans l'attendre. Dilemme embarrassant !

« Pas si vite, mon jeune paladin, » dit le maître de céans en lui barrant le passage ; « il faut au moins que je sache qui vous êtes. Depuis quelque temps nous sommes plus habitués à perdre l'appui de nos amis qu'à recevoir celui des étrangers ; mais, un de ces jours, il peut y avoir du nouveau, et nous aurons alors les moyens de reconnaître un service.

— Je me nomme Roland Græme, Monseigneur, et je suis attaché, en qualité de page, à la maison de sire Albert Glendinning. »

Un des jeunes gens groupés au fond de la salle s'écria :

« N'avais-je pas bien deviné ? Le trait part du carquois d'un hérétique, j'en mettrais ma main au feu ; oui, c'est une ruse d'un bout à l'autre, concertée pour soutirer votre confiance. Gare à la trahison! nos ennemis ont l'art d'y dresser des femmes et des enfants.

— S'il s'agit de moi, c'est un mensonge! » riposta Roland. « Nul ne peut en Écosse se flatter de m'apprendre un rôle si infâme.

— Oui, oui, je vous crois, mon garçon, » reprit le seigneur. « On n'assomme point comme vous l'avez fait des gens avec qui l'on marche secrètement d'accord. Mais, en conscience, d'où la rescousse aurait-elle dû venir? Jamais de votre côté, assurément, et je ne serais pas fâché de connaître ce qui vous a poussé à risquer vos jours au bénéfice des miens.

— Ne vous en déplaise, Monseigneur, sire Albert, loin de rester indifférent, n'aurait point laissé accabler par le nombre un galant homme que son bras pouvait tirer de peine. Telles sont du moins les leçons de chevalerie qu'on nous enseignait au château d'Avenel.

— Le bon grain a germé dans une bonne terre. Hélas! si tu combats loyalement à une époque sans honneur, où la force usurpe sans cesse la place du droit, ta vie, pauvre enfant, ne sera pas longue.

— Qu'elle soit donc courte mais glorieuse! A présent, permettez-moi de me recommander à Votre Seigneurie et de me retirer. Un de mes camarades m'attend au dehors avec mon cheval.

— Eh bien, accepte ceci, » dit Seyton en ôtant de sa coiffure la chaîne d'or à médaillon qui l'entourait, « et porte-le en souvenir de moi. »

Ce ne fut pas sans rougir d'orgueil que notre page reçut un tel cadeau. Il s'empressa d'en décorer le tour de sa toque, salua de nouveau, et sortit de l'hôtel.

Au moment où il rejoignit Adam, celui-ci, inquiet et irrité tout ensemble, avait résolu d'abandonner les montures à la grâce de Dieu et de se mettre en quête.

« Enfin! » s'écria-t-il, enchanté de le revoir; et remarquant l'agitation de ses traits: « Quel mauvais coup as-tu encore fait?

— Ne me questionne pas, » répondit Roland en sautant légèrement en selle. « Regarde, » ajouta-t-il en lui montrant le bijou, « il ne faut pas grand temps pour gagner une chaîne d'or.

— Dieu nous garde que tu l'aies gagnée par ruse ou par force! Et comment serait-elle venue d'autre façon? Le diable le sait. Ce n'est pas d'aujourd'hui que je fais le voyage d'Édimbourg; j'y ai même séjourné des mois entiers, et jamais, au grand jamais, personne ne m'a baillé ni chaîne ni médaillon.

Le baron Seyton.

— Cela prouve, camarade, que le temps ne fait rien à l'affaire. Allons, que ton brave cœur ne se tourmente plus : c'est un bien honnêtement acquis, où violence ni volerie n'ont rien à voir.

— Va donc te faire pendre, et que ta fanfaronne te serre le cou ! Car, ma parole, le chanvre n'y suffirait pas, de même que l'eau a refusé de te noyer. La maîtresse te renvoie de son service, tu entres à celui du maître; et voici que pour avoir pourchassé une donzelle dans je ne sais quel palais, tu reçois des cadeaux de prince ! A ce jeu-là un autre eût attrapé une bonne bastonnade, et peut-être quelques pouces de fer dans le ventre... Enfin nous sommes arrivés à Holyrood. Que la chance vous suive, mon jeune ami, en traversant cette cour, et par Notre Dame, vous pourrez défier toute l'Écosse. »

A ces mots, ils s'arrêtèrent devant la résidence royale, dont l'antique et massif portail en arcade s'ouvrait en face de la Canongate, qu'ils venaient de quitter. Un sombre passage voûté aboutissait à la cour d'honneur, entourée de bâtiments irréguliers, conservés en minime partie lors de la restauration de l'édifice, qui eut lieu sous le règne de Charles II.

A la porte, ils remirent leurs chevaux au valet de service.

« Qu'on les mène à l'écurie, » dit le fauconnier d'un ton bref. « Nous appartenons au sire d'Avenel. » Et il ajouta à demi-voix : « Voyez-vous, mon maître, il faut ici montrer ce qu'on vaut; car chacun y est payé en sa propre monnaie, et, comme dit le proverbe, qui a trop de modestie doit suivre la muraille. Par ainsi, retroussez votre chapeau, et battons hardiment le pavé. »

Affectant des airs suffisants, qui répondaient, suivant lui, au rang et à l'importance de son maître, Adam Woodcock fit son entrée dans la cour d'honneur du palais d'Holyrood.

CHAPITRE XVIII.

> Le ciel se couvre de nuages, Gaspard, et la mer semble dormir d'un sommeil agité sous la lueur blafarde du soleil qui s'éteint. Ainsi plane au-dessus des peuples troublés une paix menteuse, tandis que les factions doutent encore s'il leur reste assez de vigueur pour se livrer ouvertement bataille.
>
> *Albion*, poème.

 peine eurent-ils avancé de quelques pas Roland supplia son guide d'accorder un peu de répit à sa curiosité.

« Laissez-moi le temps de me reconnaître, » ajouta-t-il ; « vous oubliez que je n'ai encore rien vu de pareil. Me voici donc à Holyrood dans le séjour des plaisirs et de la beauté, du pouvoir et de l'intelligence !

— Oui, ma foi, vous y êtes, » répondit Adam. « Ah ! si je pouvais vous chaperonner comme un faucon et ôter à vos yeux l'envie de chercher une nouvelle querelle, je vous installerais sain et sauf sur le perchoir. »

En effet, le spectacle qu'offrait la cour d'honneur n'était pas de ceux qu'on rencontre tous les jours.

Des groupes nombreux sillonnaient sans cesse ce vestibule en plein air, les uns rayonnant de joie, les autres soucieux et courbés sous le poids des affaires publiques ou des leurs. Ici, c'était un politique, vieux grison, mine défiante et hautaine pourtant, manteau de fourrure et pantoufles noires; là, un soudard, bardé de cuir et d'acier, longue épée cliquetant sur les dalles, moustache en crocs et sourcil froncé, toujours en garde contre le péril à la hauteur duquel il sentait ne pouvoir atteindre ; plus loin, le valet de chambre d'un grand seigneur, cœur altier, main cruelle, humble avec le maître et les égaux du maître, insolent envers tout le reste. Ajoutez par surcroît le solliciteur, pauvre hère à l'œil inquiet et à l'air découragé; l'homme en place, gonflé de son pouvoir éphémère, heurtant du coude des gens qui valaient mieux que lui, ou qui l'avaient obligé peut-être; le prêtre ambitieux et le fier baron, en quête tous deux, celui-là d'une cure lucrative, celui-ci d'un lopin des terres de l'Église; le chef de bande assuré d'obtenir le pardon de ses méfaits, et le franklin attendant justice de ceux dont il était victime. On passait des soldats en revue, on posait des sentinelles ; les courriers procédaient au service des dépêches; on entendait au dehors hennir et piétiner les chevaux, on voyait dans la cour luire les armes et ondoyer les panaches.

En un mot, c'était une scène de confusion flatteuse et brillante; où l'adolescent voyait tout en beau, l'homme fait n'aurait vu qu'apparence, tromperie, équivoque et fausseté, espérances sans lendemain, promesses mensongères, l'orgueil sous le masque de la bassesse et l'impertinence sous celui de la franchise ou de la générosité.

Notre provincial ne se lassait point d'admirer un spectacle si imprévu et toujours changeant, et son guide, craignant les nasardes des habitués de la cour, s'efforçait de l'arracher à ses naïfs étonnements. Un valet du bel air, coiffé d'une toque à plume, et portant sur l'épaule une mandille vert foncé, garnie en bordure de larges galons d'argent avec des liserés d'argent et de soie violette, se mit à l'observer en passant. Le fauconnier s'en aperçut, et deux exclamations partirent à la fois :

« Adam Woodcock!

— Michel l'Aile au Vent! Et comment va la levrette à museau blanc ?

— Ses beaux jours sont finis, Adam, comme les nôtres. Songez donc, huit ans aux dernières feuilles! Quatre pattes ne vous portent pas un chien à perpétuité. Nous la conservons pour la race, sans quoi... Mais qu'avez-vous à reluquer par ici? Monseigneur s'est informé de vous; il a une grosse démangeaison de vous voir.

— Quoi! il a parlé de moi? Monseigneur?.. le régent du royaume? Ah! l'excellent prince! Qu'il me tarde de lui rendre mes hommages! Sans doute il s'est remémoré la lande de Carnwath et la partie de chasse où mon faucon de Norvège, en battant ceux de l'île de Man, lui a fait gagner un pari de cent couronnes sur un baron anglais nommé Stanley.

— Ne vous leurrez pas, Adam; il vous a mis dans le sac aux oublis, et le faucon avec. Depuis lors, il a pris un vol de plus en plus haut, et sa proie en tient aussi dans l'aile... Suivez-moi, mon vieux camarade, et nous irons à deux pas d'ici renouveler connaissance.

— En vidant un pot de bière? Soit. Il faut d'abord que je mette mon jeune émouchet hors d'état de courir la fillette ou de chercher noise aux garçons.

— Oh! oh! est-il donc si terrible?

— Oui, certes, tout gibier lui va.

— Eh bien, qu'il vienne avec vous. Il s'agit pour l'instant, non de faire une franche ripaille, mais seulement de nous rafraîchir le bec. J'ai besoin d'avoir des nouvelles de Sainte-Marie avant que Monseigneur vous reçoive, et je vous dirai là-dessus de quel côté souffle le vent. »

A ces mots, Michel ouvrit une porte bâtarde, qui donnait dans la cour. Puis enfilant plusieurs corridors sombres, avec l'air d'un familier qui connaissait les secrets détours du palais, il conduisit ses hôtes dans une chambrette garnie de paillassons, et plaça sur la table du pain, du fromage et un pot de bière écumante. Bienvenu fut celui-ci, et Adam, d'une longue accolade, le vida presque aux trois quarts. Ayant repris haleine et essuyé ses moustaches :

« Rien ne dessèche le gosier comme l'inquiétude, » déclara-t-il, « et Dieu sait s'il m'en a comblé, ce gaillard-là!

— Encore une rasade, » repartit Michel, en remplissant le pot à l'aide d'une cruche qu'il avait près de lui. « Le chemin de l'office me connaît... Ah! ça, prêtez-moi vos deux oreilles. Ce matin, le comte de Morton est venu trouver Monseigneur dans une humeur massacrante.

— L'ancienne alliance dure toujours entre eux?

— Oui, oui, et pourquoi pas? Il faut qu'une main gratte l'autre. Douglas était donc d'une humeur massacrante, et, de vrai, ça lui donne en ces moments-là la mine d'un ours, quelque chose de diabolique. Alors il dit à Monseigneur... Moi, j'étais tout près, atten-

dant ses ordres touchant un couple de faucons qu'il a fait venir de Darnoway, et ceux-là dégoteront les vôtres, mon brave.

— S'ils volent un rien plus haut, je le croirai.

— Pour lors, le comte, enragé de colère, a demandé au régent si l'on se gaussait de lui. « Mon frère, dit-il, devait avoir Kennaquhair en
« commende, c'était convenu, à la condition d'en ériger les domaines
« en fief relevant de la couronne. Qu'arrive-t-il? Ces infâmes frocards
« ont eu l'insolence d'élire un nouvel abbé, qui fera valoir ses droits
« à l'encontre de mon frère; et qui plus est, la canaille des envi-
« rons a brûlé ou pillé tout ce qui restait de l'abbaye, de sorte que
« mon frère, après avoir balayé l'immonde prêtraille, n'aura pas
« même de quoi se loger. » Monseigneur, le voyant si hérissé, lui a répondu en douceur : « Fâcheuses nouvelles, Douglas; mais êtes-

« vous sûr qu'elles soient vraies? Albert Glendinning est parti
« hier pour le sud avec une compagnie de lances, et, sans nul
« doute, s'il était arrivé l'une des choses que vous dites, le choix
« d'un autre abbé ou la destruction du monastère, il n'eût pas
« manqué de punir sur l'heure une telle insolence, et de m'en
« informer par courrier. » Morton a riposté...

« Or, Adam, si je vous parle ainsi, remarquez-le bien, c'est
amitié pure pour vous et votre maître, en souvenir de notre vieille
connaissance, et puis sire Albert m'a rendu service et peut le faire
encore, et puis Morton n'est pas mon homme : on le craint partout plus qu'on ne l'aime. Vous voyez combien ce serait abominable à
vous de me trahir.

« Donc, le comte a répliqué. « Prenez garde, Monseigneur, »
qu'il a dit. « Ne vous fiez pas trop à ce Glendinning; c'est un
« fils de paysans, race dont la noblesse n'est jamais sûre. » Par saint
André, voilà ses propres paroles. « D'ailleurs, » qu'il a ajouté, « son
« frère, qui est moine là-bas, le mène par le bout du nez ; aussi se fait-il
« des amis sur la frontière, entre autres Buccleuch et Fernyhurst, et
« à la moindre apparence d'un revirement d'affaires, crac! il tour-
« nera le flanc de leur côté. » Mon maître lui a rivé son clou en
noble seigneur qu'il est. « Fi, comte, fi ! » dit-il. « Glendinning
« a le cœur loyal, j'en réponds, moi ; et quant à son cadet, c'est un
« songe-creux qui n'a rien dans la cervelle, sinon l'étude et son
« bréviaire. La chose s'est-elle passée au contraire comme on vous
« l'a dit, je ne tarderai point à recevoir de Glendinning la cagoule
« du moine qu'il aura fait pendre, ainsi que la tête d'un des manants
« séditieux, en manière de prompte justice. » Là-dessus, Morton a
déguerpi, tout grognon. Depuis lors, Monseigneur m'a demandé
plusieurs fois s'il n'était rien venu d'Avenel... Maintenant un bon
averti en vaut deux : arrangez votre histoire au mieux de vos intérêts ;
car, d'apprendre que Douglas avait raison et que sire Albert a laissé
la rebellion impunie, mon maître n'aura pas lieu d'être content. »

A certains endroits de cette confidence, notre hardi fauconnier
avait pâli visiblement, en dépit des forces qu'il ne cessait de puiser
dans la bière brune d'Holyrood.

« Une tête de manant! » dit-il enfin d'un air de malaise. « Qu'entend-il par là, votre ours de Morton?

— Non, c'est le régent qui a parlé de ça, » répondit Michel; « c'est lui qui attend de votre maître, en cas de pillage de l'abbaye, la tête du chef de la bande.

— Oui-da! Est-ce le fait d'un bon protestant? d'un vrai seigneur de la congrégation? Quand nous démolissions les couvents de Perth et de Fife, ils applaudissaient, nous étions leurs benjamins.

— Possible, mais alors la vieille Rome tenait encore ferme, et nos gros bonnets avaient résolu de la débusquer en Écosse de toutes ses tanières. A présent, la prêtraille est en pleine déroute, et comme ils se sont partagé ses biens, terres et maisons, ils ne peuvent souffrir qu'on en détruise un brin, même pour travailler à l'œuvre de la réforme.

— Mais elle n'est pas démolie, notre abbaye! » s'écria Woodcock, qui s'échauffait de plus belle. « On a cassé çà et là quelques carreaux peints, — des infections qu'un gentilhomme eût rougi d'avoir sous les yeux; — on a aussi descendu des saints de leur perchoir. Quant à l'avoir brûlée, nous n'avions rien de ce qu'il aurait fallu, sauf la mèche du dragon pour allumer son étoupe et vomir des flammes contre saint Georges. Oh! j'avais pris mes précautions!

— Ah! çà, vous n'avez pas mis la main à la pâte, j'espère? Voyez-vous, mon brave, je ne voudrais pas vous faire peur, juste au débotté; mais garde à vous! Morton nous a ramené d'Halifax une pucelle, dont vous n'avez jamais vu la pareille (C): si elle attrape une fois le cou entre ses bras, la tête y reste.

— Peuh! une vieille caboche comme la mienne ne vire plus au gré d'une pucelle. Je sais bien que Morton irait au bout du monde pour une jolie drôlesse; mais quelle idée de courir à Halifax? Et s'il y a trouvé à faire sa partie, cela regarde-t-il ma tête?

— Beaucoup, au contraire. La fille d'Hérode, si leste à besogner des pieds et des jambes, ne s'entendait pas à expédier la tête d'un particulier plus proprement que ladite pucelle de Morton. C'est un couperet, compère, un couperet qui s'abat tout seul comme un châssis de fenêtre, sans donner au bourreau la peine de le mettre en branle.

— Ingénieuse machine, vraiment! Le ciel nous en préserve! »

La conversation n'en finissait pas entre les deux amis, et Roland, inquiet du sort qui menaçait l'abbé Ambroise, rompit le silence.

« M'est avis, Adam, » dit-il, « que vous feriez mieux d'aller porter au régent la lettre de sire Albert. Assurément, il a dû coucher par écrit ce qui s'est passé là-bas dans les termes les plus favorables pour tous les intéressés.

— Il a raison, ma foi, » fit observer Michel. « Monseigneur doit être sur les charbons.

— Oui, oui, l'enfant a assez d'esprit pour se mettre les pieds au chaud, » dit le fauconnier, « et je n'en manque pas non plus. »

Tirant alors de sa gibecière la missive en question :

« Tenez, maître Roland, » ajouta-t-il, « ayez la bonté de la présenter vous-même au comte de Murray ; la main d'un page lui donnera plus de grâce que celle d'un vieux grison.

— Bien tapé, finaud ! » s'écria son ami. « Dire que tout à l'heure vous étiez si pressé de voir mon maître ! Voulez-vous donc pousser le gars dans la nasse de peur d'y choir vous-même ? ou croyez-vous être agréable à la pucelle de Morton en tendant à ses baisers un cou frais et jeune en place de votre cuir de bique ?

— C'est bon, Michel, amuse-toi ; à viser trop haut l'on rate le but. Ce petit-là, vois-tu, n'a rien à craindre : il n'était pas de la farce. Ah ! quelle farce, mon vieux ! admirable, et arrangée comme pas une. Et ma complainte ? admirable aussi. Par malheur, on n'a pu la chanter jusqu'au bout. Mais suffit !.. Montrez le chemin au jouvenceau. Moi, j'attendrai en bas, bride en main, prêt à monter en selle, et si l'on veut me jouer un mauvais tour, je ne serai pas long à franchir la frontière.

— Alors, garçon, suivez-moi, » dit le valet, « puisque c'est à vous de faire le saut. »

Prenant les devants, il s'engagea dans un dédale de passages jusqu'à la rampe d'un escalier en pierre, dont les degrés larges et bas rendaient la montée extrêmement douce. A la hauteur du premier étage, il tira de côté, et ouvrit, en la poussant, la porte d'une antichambre si obscure, que le page trébucha contre une petite marche mal agencée sous le seuil.

« Attention! » fit le guide en baissant la voix, et après s'être assuré d'un coup d'œil s'il n'y avait personne. « Ceux qui choppent à cet endroit n'ont pas toujours la chance de se relever. Marchez avec précaution. Voyez-vous cela ? »

Et du doigt il montrait sur le plancher des taches d'un rouge noirâtre, où un jet de soleil, tombant d'une lucarne et flamboyant dans l'ombre, mettait des lueurs bizarres.

« Que voulez-vous dire ? » demanda Roland, qui frissonnait sans savoir pourquoi. « Serait-ce du sang ?

— Oui, » répondit l'autre d'une voix presque éteinte et en lui saisissant le bras. « Oui, du sang répandu par une épouvantable traî-

trise et vengé de même; mais il ne s'agit pas de me questionner ni de s'attarder. » Et avec un nouveau regard de précaution, il ajouta : « C'est le sang du signor David. »

Le meurtre de l'Italien Rizzio avait soulevé, même en ce temps grossier, une horreur générale; ce fut un thème sans fin d'exclamations et de pitié sous le chaume comme dans les châteaux, sans en excepter celui d'Avenel. Aussi notre adolescent, en apprenant à l'improviste qu'il se trouvait sur le lieu du crime, sentit son cœur battre à coups redoublés. Mais son guide le pressa d'avancer, en homme qui tremblait déjà d'avoir effleuré un sujet dangereux. A l'autre bout de l'antichambre, il heurta légèrement à une porte basse, qui fut ouverte avec discrétion par un huissier.

« Voici, » lui dit Michel, « un page qui apporte au régent une lettre du chevalier d'Avenel.

— Le conseil vient de lever le siège, » répondit l'autre; « donnez-moi l'objet, et Sa Grâce recevra le messager tout à l'heure.

— Cet objet-là doit être délivré en mains propres, » riposta Roland; « tel est l'ordre de mon maître. »

Stupéfait de tant d'audace, l'huissier toisa l'intrus de la tête aux pieds, et dit d'un ton rogue :

« Ah! c'est ainsi, mon petit Monsieur? Tu chantes bien haut pour un jeune coq, et un coq de village encore!

— Si j'avais le temps ou le lieu à mon gré, tu verrais que je ne me contente pas de chanter. Allons, remplis ton devoir, et va dire au régent que je suis à sa disposition.

— Mon devoir! tu es bien impertinent de m'en parler; mais je trouverai l'occasion de t'apprendre le tien. En attendant, reste là jusqu'à ce qu'on t'appelle. »

Sur ces mots, l'huissier ferma la porte au nez du page. Michel l'Aile au Vent, qui, durant cette altercation, s'était tenu à l'écart, selon la règle en pratique chez les courtisans de toutes les conditions et de tous les siècles, reconquit alors assez d'indépendance pour se rapprocher du jeune homme.

« Vous êtes un gaillard qui promet, » lui dit-il, « et mon vieux copain avait diantrement raison d'être prudent pour deux. A la cour depuis cinq minutes, vous avez déjà dans l'huissier du conseil un mortel ennemi, et qui n'est pas mince. Un temps bien employé! Autant aurait valu, ma foi, vexer le sommelier en second, ou peu s'en faut!

— Ce qu'il est, je m'en moque, » dit Roland. « Quand je parle civilement, on me doit répondre de même. Je ne suis pas venu d'Avenel pour être malmené à Holyrood.

— Bravo, garçon! Voilà une belle ardeur; le tout est de s'y maintenir... Chut! on ouvre la porte. »

L'huissier reparut, et annonça, d'un air presque poli, que Sa Grâce le régent daignait recevoir le message du chevalier d'Avenel, et, en conséquence, il introduisit le messager dans la chambre du conseil privé. On y voyait une longue table de chêne, dont chaque côté était garni de sièges du même bois, et le haut bout, d'un fauteuil drapé de velours cramoisi; des plumes, des papiers, des écritoires y étaient disséminés en désordre.

La séance venait d'être levée.

Deux conseillers, restés en arrière, prirent leur toque et leur épée, et, après avoir salué le comte de Murray, se retirèrent à petits pas par une porte à deux battants, située au fond de la salle. Le régent les avait sans doute régalés d'un bon mot, car leur figure épanouie respirait cet air de jubilation suprême particulier aux courtisans quand le maître condescend à plaisanter en leur présence.

« Adieu, Messeigneurs, » dit Murray, « et rappelez-moi au souvenir du coq du Nord. »

Phrase énigmatique qu'il souligna d'un éclat de rire. A peine seul, cette gaieté, réelle ou factice, s'évanouit aussi vite que de la surface d'un lac paisible s'efface le léger bouillon qu'y a soulevé la chute d'un caillou, et en se tournant vers le page, ses nobles traits avaient repris leur expression naturelle de gravité mélancolique.

Ce grand homme d'État — et il passait pour tel à l'estime de ses pires ennemis, — possédait à un égal degré les grâces du corps et presque tous les dons supérieurs de l'esprit qui rehaussent le pouvoir dont il était revêtu. S'il eût succédé au trône par droit d'héritage légitime, il aurait probablement marqué dans l'histoire comme un des premiers et des plus sages rois de l'Écosse; mais le fait d'y être monté après avoir déposé et emprisonné la sœur à laquelle il devait tout, n'est-ce pas un crime excusable seulement aux yeux de ceux qui font à l'ambition litière de la reconnaissance?

Simplement vêtu de noir, il portait un pourpoint de velours taillé à la flamande, et un chapeau de haute forme retroussé d'un côté par une agrafe en brillants, qui formait l'unique ornement de son costume. Il avait une dague à la ceinture, et son épée était posée sur la table.

Vis-à-vis d'un tel personnage, Roland fut saisi d'une crainte respectueuse, antipode de sa hardiesse accoutumée. A dire vrai, il tenait de la nature et de l'éducation un grand fonds d'assurance, mais il n'était pas impudent, et la supériorité morale, qu'elle vînt d'un haut renom ou de grands talents, lui imposait plus que l'orgueil du rang ou l'étalage de la richesse. Il aurait sans nulle émotion abordé un seigneur dont le blason faisait tout le mérite, tandis qu'en présence du chef éminent qui gouvernait les affaires du peuple et commandait ses armées, il se sentait écrasé sous le poids de sa propre insignifiance.

Le respect de la jeunesse, flatterie si agréable et bienséante en soi, ne trouve jamais insensibles les illustres ni les sages. Confus et tremblant, le page fit quelques pas, et, tant bien que mal, débita une manière de compliment au nom de son maître. Murray y répondit avec complaisance et prit la missive. Un instant même, avant de rompre le fil de soie qui la tenait close, il s'arrêta pour demander son nom au porteur, tant il était frappé de la beauté de ses traits et de sa taille gracieuse.

« Vous vous appelez Roland Graham? » répéta-t-il. « Est-ce des Graham du comté de Lennox?

— Non, Monseigneur, ma famille demeurait sur le Territoire contesté. »

Sans plus de questions, Murray se mit à parcourir la dépêche du chevalier d'Avenel. Pendant qu'il en prenait connaissance, son visage se couvrit d'un nuage de mécontentement comme celui d'une personne surprise et troublée à la fois. Puis, s'asseyant sur le siège le plus proche, il fronça terriblement les sourcils, lut la lettre deux fois et réfléchit quelques minutes en silence.

Lorsqu'il leva la tête, ses yeux rencontrèrent ceux de l'huissier. Surpris en flagrante inquisition des traits de son maître, le curieux tenta de lui donner le change en prenant ce masque de plate insignifiance sous lequel on passe tout en revue, sans avoir l'air de remarquer rien. Semblant d'attitude des plus avantageuses à l'usage de ceux qui, à un titre quelconque, sont admis, aux heures d'abandon, dans la familiarité de leurs supérieurs ! La femme du roi Candaule veillait sur ses charmes avec un soin jaloux. Ainsi fait le grand homme sur ses pensées, et surprendre, même par hasard, son esprit en déshabillé, c'est risquer d'encourir un prompt châtiment.

« Sortez, Hyndman, » lui dit Murray d'un ton sévère, « et portez ailleurs votre esprit d'observation. Vous êtes trop savant pour le poste que vous occupez ; il n'est accordé, par ordre exprès, qu'à des gens d'une intelligence moins pénétrante... Fort bien. A présent vous avez l'air d'un sot ; tâchez à le garder, et votre place n'en souffrira pas. Retirez-vous. »

L'huissier sortit tout penaud et, parmi ses raisons d'en vouloir à Roland, il n'oublia pas d'enregistrer celle-ci, à savoir qu'il avait été témoin de cette désagréable réprimande.

« Votre nom, » reprit le régent, « n'est-il pas Armstrong ?

— Græme, s'il vous plaît, Roland Græme, et mes parents ajoutaient le surnom d'Heathergill, dans le Territoire contesté.

— Ah! oui, le Territoire contesté... Je savais que le nom venait de là. As-tu des connaissances à Édimbourg ? »

Une prudence d'instinct avertit le jeune homme de taire son aventure de la matinée ; aussi éluda-t-il la question au lieu d'y répondre directement.

« Monseigneur, » dit-il, « je suis arrivé en ville depuis une heure à peine, et c'est la première fois de ma vie.

— Comment! et tu es page de sire Albert ?

— J'ai été élevé comme page de la dame d'Avenel, et j'ai quitté son château pour la première fois, au moins depuis mon enfance, il y a trois jours seulement.

— Un page de dame ! » répéta Murray en se parlant à lui-même. « M'envoyer le page de sa femme pour une matière de si haute importance, voilà qui est particulier. J'entends d'ici Morton s'écrier que cela va de pair avec l'élection du frère au poste d'abbé. Après tout, un garçon naïf fera peut-être mieux l'affaire... Et qu'as-tu appris, jeune homme, à cet héroïque service?

— A chasser, Monseigneur, à courre et au vol.

— Des lapins et des merles sans doute, » dit Murray en souriant; « ce sont là jeux de dames et de leurs servants. »

Roland sentit le rouge lui monter au front.

« Non, Monseigneur, » dit-il avec feu, « des cerfs en pleine croissance et des hérons à l'essor le plus rapide; peut-être en ce pays-ci, autant que je sache, les appelle-t-on merles et lapins. J'ai appris aussi à manier la lance et l'épée des frontières, qui passeraient à ce compte pour des glaïeuls et des roseaux.

— Ta parole vibre comme l'airain, et j'en excuse la vivacité en faveur de la franchise. Alors tu es au courant de ce qu'on exige d'un homme d'armes?

— Aussi bien qu'on pourrait l'être sans avoir été mis à l'épreuve; car notre maître ne permettait à aucun de ses gens de chercher aventure, et je n'ai jamais eu la bonne fortune d'assister à une bataille.

— La bonne fortune, dis-tu? » reprit le régent, qui eut aux lèvres un plissement amer. « Ah! crois-moi, enfant, le seul jeu où, la partie finie, on perd des deux côtés, c'est la guerre.

— Pas toujours, Monseigneur, » riposta le page, revenu à sa hardiesse naturelle, « si la renommée n'a pas menti. »

Murray, dont le teint s'anima légèrement, crut voir, dans cette phrase équivoque, une allusion à la toute-puissance qu'il avait acquise sous le couvert des guerres civiles.

« Hein? » fit-il. « Qu'est-ce à dire?

— Quand on s'est battu vaillamment, » répondit Roland sans changer de ton, « la gloire suit le vainqueur et l'honneur reste au vaincu; et voilà comme au jeu de la guerre aucun des partis n'est en perte. »

Le régent sourit en secouant la tête.

Au même instant, la porte s'ouvrit, et Douglas, comte de Morton, se présenta.

« Je reviens en hâte, » dit-il, « et j'entre sans me faire annon-

cer parce que j'ai reçu de graves nouvelles. Eh bien, j'avais raison, le frère de Glendinning a été élu abbé...

— Bast! » interrompit le régent. « Je sais cela, mais...

— Et par hasard, » s'écria Morton, ses gros sourcils rouges tont hérissés, « ne l'auriez-vous point su avant moi, Monseigneur de Murray?

— Arrêtez, Morton! On ne touche pas à mon honneur. Mes ennemis m'ont abreuvé de calomnies, et j'en ai assez souffert pour que mes amis m'épargnent d'injurieux soupçons. Mais nous ne sommes pas seuls, sans quoi je vous en dirais davantage. Venez. »

Il le conduisit vers une des fenêtres, dont la profonde embrasure offrait un lieu propice aux confidences. L'entretien s'engagea avec beaucoup d'animation; Murray conserva l'air calme et grave, et Douglas, d'abord sourdement irrité, céda peu à peu aux assurances de son interlocuteur.

S'étant mis d'accord, ils haussèrent la voix, sans plus songer à la présence d'un tiers, lequel n'était pas visible d'ailleurs du retrait qu'ils avaient choisi. Force fut donc à Roland de remplir le déplaisant office d'auditeur malgré lui. Tout page qu'il était, la curiosité n'avait jamais été son défaut mignon, et de plus le danger de surprendre les secrets de deux puissants personnages troublait jusqu'à la hardiesse de son caractère.

Que faire? Se boucher les oreilles, sortir d'un pas discret? ou encore se montrer tout à coup, moyen maladroit et d'autant plus scabreux qu'il était déjà trop tard pour s'en servir?

Cependant il ne connaissait qu'une partie de leur conversation, et ce qui n'eût point échappé à l'intelligence d'un politique adroit et mieux informé des événements ne lui permettait que de former des conjectures générales et sans portée.

« Tout est prêt, » dit le régent, « et Lindsay va partir. Finissons-en! Il faut la mettre au pied du mur. Vous le voyez, je suis vos conseils, et je m'endurcis aux faiblesses du cœur.

— Il est vrai, Monseigneur, » répondit l'autre; « lorsqu'il s'agit de parvenir au pouvoir, vous n'hésitez pas et vous allez droit au but; mais une fois maître de la place, quels soins prenez-vous de la défendre? Ainsi à quoi bon l'entourer d'un si nombreux domestique? Votre mère ne manque pas de gens, mâles et femelles, pour la servir, sans vous croire obligé d'y ajouter une suite inutile, dangereuse peut-être?

— Fi, Morton! une princesse, et ma propre sœur! Puis-je faire moins que de lui accorder les égards qui lui sont dus?

— Voilà comme partent toutes vos flèches : décochées avec assez de force et pas trop mal dirigées, elles se heurtent en route à je ne sais quel souffle de folle tendresse et dépassent le but.

— Quelle exagération! N'ai-je pas tout risqué, tout fait...

— Pour arriver, c'est possible, mais non pour maintenir. Ah! elle a d'autres moyens à son service. Vous l'avez blessée au vif dans son orgueil et sa puissance, et s'en venir appliquer un baume insignifiant sur la blessure est une tâche puérile. Au point où vous en êtes, il faut résolument sacrifier l'affection fraternelle à la raison d'État.

— Ces reproches me fatiguent, Morton. Ce qui est fait, et ce qu'il me reste à faire, je le ferai; mais je n'ai pas, comme vous, un cœur de roche, et il y a des choses que je ne puis mettre en oubli. Brisons-là; je m'en tiens à mon idée.

— Et le choix des consolations domestiques tombera, je gage, sur... »

Ici Morton chuchota plusieurs noms, qui échappèrent à l'oreille de Roland. De la réponse, commencée sur le même ton, celui-ci n'entendit que la dernière phrase :

« Quant à lui, je suis sans crainte : il m'est recommandé par Glendinning.

— Belle garantie, ma foi, » repartit le comte, « après ses façons d'agir à l'abbaye de Kennaquhair! Vous ne doutez plus maintenant de l'élection de son frère? Ah! mon cher seigneur, sire Albert, votre favori, n'est pas moins sensible que vous aux douceurs de l'affection fraternelle.

— De par le ciel, Morton, cette raillerie serait insupportable si je ne me rappelais que vous aussi avez un frère pour lequel vous plaidez. D'ailleurs l'élection va être annulée. Je vous l'ai déjà dit, comte, tant que je tiendrai le glaive de l'État au nom du roi mon neveu, nul n'aura licence, baron ou chevalier, de résister à mes ordres. Si je souffre les vivacités de mes amis, c'est que je les connais pour tels, et je pardonne à leurs excès en raison de leur dévouement. »

Apaisé par quelques mots qui semblaient être des excuses, le régent continua :

« Pour en revenir à ce jeune homme, j'ai un autre garant de sa fidélité. Une vieille parente à lui s'est livrée comme otage entre mes mains, et consent à être punie par où il aura péché.

— C'est quelque chose, » répliqua Morton, « et pourtant je vous supplie encore, et du fond du cœur, d'être sur vos gardes. Nos ennemis reviennent à la charge, aussi remuants que taons et frelons après l'orage. Tenez, ce matin même Georges Seyton descendait la rue Haute, suivi d'une vingtaine de rufians ; il s'est pris de querelle avec mes amis de la maison de Leslie. Au plus fort de la bagarre, est survenu le prévôt comme un troisième larron, qui les a fait lâcher prise par ses hallebardiers ; on eût dit qu'il s'agissait de fouailler des chiens et des ours.

— Le prévôt n'a fait en cela qu'exécuter mes ordres. Y a-t-il eu des blessés ?

— Georges Seyton d'abord a reçu de Ralph Leslie le noiraud une bonne estafilade, et au diable la rapière qui ne l'a pas couché sur le carreau ! Puis Ralph a eu la tête presque fendue par un chien de page, que nul ne connaît. Enfin Dick Seyton a embarqué un coup d'épée dans le bras, et deux autres braves ont été décousus. Voilà tout le sang noble versé dans la bataille. Je ne compte pas les os rompus et les oreilles coupées aux manants de chaque parti ; les filles d'auberge, les seules en somme qui perdent à de tels accidents, ont emporté cette racaille et lui chantent le *coronach* des ivrognes.

— Vous en parlez à la légère, Douglas. Des scènes pareilles seraient une honte chez le Grand Turc ; à plus forte raison en pays chrétien et réformé. Si je vis, j'y mettrai bon ordre. Oui, je veux qu'on dise, en lisant un jour mon histoire, que le pouvoir dont j'aurai dépouillé ma sœur, je n'en ai usé, une fois conquis, que pour le bien public.

— Et pour celui de vos amis. Aussi vous allez, je l'espère, casser sans retard l'élection de cet âne mitré d'Édouard Glendinning.

— Sur-le-champ, » dit Murray. « Holà, Hyndman ! »

Et s'étant avancé de quelques pas dans la salle, il aperçut Roland Græme.

« Ma foi, Douglas, » ajouta-t-il, « nous avons été trois au conseil. »

— Comme il y en a un de trop pour qu'il soit secret, » répliqua Morton, « il faut se défaire de l'intrus.

— Y songez-vous? Un orphelin. Écoute, mon garçon, tu m'as parlé de tes talents : as-tu celui de dire la vérité?

— Oui, Monseigneur, » répondit le page, « quand elle ne peut pas me nuire.

— Tout au contraire, et le moindre faux-fuyant causerait ta perte. Qu'as-tu entendu et compris de notre entretien?

— Fort peu de chose qui soit à ma portée, » reprit Roland sans barguigner; « ainsi, l'on semblait avoir des doutes sur la loyauté du chevalier d'Avenel, sous le toit duquel j'ai été élevé.

— Eh bien, » demanda le régent en dardant sur lui un regard inquisiteur, « qu'as-tu à dire là-dessus?

— Cela dépendrait de la qualité de ceux qui attaqueraient l'honneur d'un gentilhomme dont j'ai si longtemps mangé le pain. A un inférieur je dirais : « Tu mens, » en soutenant mon dire à coups de bâton ; à un égal je répondrais de même, et, s'il y consentait, j'offrirais de le prouver à la pointe de l'épée ; à un supérieur... »

Comme le page s'arrêtait :

« Pourquoi t'interrompre? » lui dit Murray. « Continue hardiment. Que ferais-tu en ce dernier cas?

— Je dirais qu'il est mal de diffamer un absent, et que mon maître est homme à rendre compte de ses actions à quiconque l'interrogera bravement en face.

— Et ce serait bravement parler. Qu'en pensez-vous, Morton?

— Hum! le jouvenceau me rappelle un de nos amis d'autrefois, et s'il lui ressemble autant par l'astuce de son caractère que par le front et les yeux, la différence peut être grande entre ce qu'il pense et ce qu'il dit.

— A qui trouvez-vous donc qu'il ressemble?

— A Julien d'Avenel, ce parangon d'honneur et de loyauté.

— Mais cet enfant est natif du Territoire contesté.

— N'importe! Julien aimait à braconner sur les terres d'autrui, et en quête d'une belle biche il n'épargnait pas sa peine.

— Bah! propos en l'air. Hyndman, reconduis ce jeune homme à son compagnon, mons le curieux. Qu'ils se tiennent prêts l'un et l'autre à partir au premier signal. »

D'un geste gracieux il mit fin à l'audience en congédiant le page.

CHAPITRE XIX.

> C'est cela et ce n'est pas cela... C'est bien la chose que je cherchais ; pour elle j'ai adoré, j'ai prié, j'ai risqué ma réputation et ma vie, et pourtant ce n'est pas elle... Non, pas plus que l'image sèche, froide et nue d'un miroir n'est la vivante et sensible créature dont elle offre les traits charmants et les formes arrondies.
>
> *Ancienne Comédie.*

YNDMAN, dissimulant mal sous un air de morgue sa rancune jalouse, conduisit le page auprès du fauconnier, dans une chambre du rez-de-chaussée. Il leur enjoignit sèchement de demeurer là jusqu'à nouvel ordre et, en attendant, de se rendre, aux heures prescrites, à la paneterie, au cellier, à l'office et à la cuisine pour y recevoir leur ration de vivres réglementaire ; instructions aisément comprises de Woodcock, qui avait fait plus d'un voyage à la cour.

« Quant au coucher, » ajouta l'huissier, « vous irez à l'hôtellerie de Saint-Michel ; le palais est en ce moment rempli par les gens des plus hautes familles d'Écosse. »

Le grincheux personnage n'eut pas plutôt tourné les talons qu'Adam s'écria avec l'accent d'une vive curiosité :

« A présent, Monsieur Roland, des nouvelles, des nouvelles ! Allons, déboutonnez-vous et racontez-moi ce qui s'est passé. Qu'a dit le régent? s'est-il informé d'Adam Woodcock? sommes-nous en règle, ou l'abbé de la Folie redoit-il encore quelque chose?

— Tout va bien de ce côté, » répondit le page ; « le reste... Pourquoi diable avez-vous retiré la chaîne d'or de ma toque?

— Il n'était que temps. Ce chenapan d'huissier à face de vinaigre n'avait-il pas entrepris de savoir quelle espèce de colifichet vous portiez là? Par la messe! il aurait confisqué tout net le médaillon pour l'acquit de sa conscience, ainsi qu'a fait chez nous dame Lilias de votre dévidoir à prières, dont l'or sert de boucles à ses souliers du dimanche. Voilà ce que c'est de vous charger de brimborions papistes!

— La coquine! elle a fondu mon rosaire pour ses vilaines pattes? Garniture bien seyante, ma foi, autant qu'aux sabots d'une vache! Qu'elle aille se faire pendre avec! J'ai joué par désœuvrement tant de mauvaises farces à la vieille, qu'elle peut jusque-là garder son larcin à titre de souvenir. Vous rappelez-vous le verjus que je mêlai aux confitures un matin de Pâques, où elle devait déjeuner en partie fine avec le bonhomme Wingate?

— Oh! certes. Le vieux en eut la bouche tordue en bec de faucon jusqu'au lendemain, et tout autre page que vous eût tâté des verges dans la loge du portier. Mais notre bonne maîtresse a toujours épargné à votre peau cette correction. Dieu veuille que son indulgence en pareil cas vous profite!

— C'est un droit de plus à ma reconnaissance, Adam ; et je vous remercie de m'en avoir rafraîchi la mémoire.

— Tout cela est bel et bien, mon jeune ami ; mais quoi de nouveau? De quel côté prendre l'essor? Que vous a dit le régent?

— Rien, » dit Roland en hochant la tête, « rien que je doive répéter.

— Diantre! comme nous voilà soudain devenu sage, et quels pas de géant nous avons faits à vue d'œil! Voyons un peu : au risque d'avoir la caboche fêlée, vous attrapez une chaîne d'or ; mons l'huissier, jambé comme une perche, vous a pris en grippe ; et le premier personnage du royaume vous donne audience. Cela suffit à vous couvrir le front d'autant de nuages que si vous aviez voleté au ciel de la cour depuis votre échappée du nid. Sur mon âme, ne seriez-vous pas de l'espèce des courlis, qui s'en vont sautillant, la coquille encore collée à la tête ? Nous les appelions des farfadets là-bas, et plût à Dieu que nous leur fassions ensemble la chasse !.. Mais asseyez-vous, mon gars ; Adam Woodcock n'a jamais eu la curiosité gênante. Tenez-vous en repos, et j'irai à la provision ; panetier et sommelier sont mes vieilles connaissances. »

Le brave homme sortit alors pour s'acquitter de l'importante mission de pourvoir à leur nourriture commune, et, durant son absence, Roland se mit à réfléchir sur les incidents étranges et compliqués, émouvants toutefois, de cette matinée.

Hier, perdu dans la foule, il errait à la suite d'une parente dont le jugement ne lui inspirait qu'une médiocre opinion; aujourd'hui, il était devenu, sans savoir comment ni pourquoi, ou jusqu'à quel point, le custode, suivant le terme écossais, d'un secret d'État, qui touchait le régent en personne. En quoi consistait ce secret dont le hasard l'avait rendu le confident involontaire, il n'arrivait pas à s'en rendre compte, et son impuissance ne faisait qu'accroître, au lieu de l'affaiblir, l'intérêt d'une situation si imprévue. Il éprouvait la même sensation qu'un voyageur qui se trouve à l'improviste en face d'un site romantique noyé dans le brouillard et la tempête : la vue indécise qu'il a des rochers, des arbres et de tout ce qui l'entoure laisse son imagination maîtresse d'ajouter à la majesté des montagnes et aux ténèbres des abîmes.

Mais, qu'il s'agisse de réalités ou de conjectures, il est rare, surtout avec un appétit de vingt ans, que la méditation fasse oublier à l'estomac l'heure de ses exigences. Aussi notre héros — sauf le bon plaisir du lecteur, — vit-il d'un œil satisfait reparaître l'ami Woodcock, portant deux énormes platées, l'une de bœuf bouilli, l'autre de choux cuits à l'eau. Un valet l'accompagnait, chargé du pain, du sel et de tous les accessoires d'un repas.

Après avoir placé les victuailles sur la table, le fauconnier se répandit en lamentations. La cour devenait toujours plus dure, depuis qu'il la connaissait, à la noblesse pauvre et aux gens d'escorte, à telles enseignes qu'on y écorcherait une puce pour en avoir la peau et la graisse ! Au guichet de la cuisine, c'était une bousculade, et l'on y attrapait, quoi? des malédictions et un paquet de viande desséchée. A l'entrée de la cave, autre poussée ; et quelle boisson ! de la petite bière, plate, ou trop coupée d'eau, et chichement mesurée.

« Au demeurant, » ajouta-t-il en voyant le page s'escrimer des mâchoires, « à quoi m'avance de regretter l'ancien temps ? Profitons de celui qui court, de peur de perdre des deux côtés. »

Sur ce, il prit place à table, dégaîna son couteau, — instrument obligé des repas d'alors, — et suivit l'exemple de son compagnon, qui avait congédié le souci du lendemain pour satisfaire un appétit aiguisé par la jeunesse et l'abstinence. En somme, bien que la chère fût des plus simples, ils dînèrent passablement aux dépens du roi ; et même le fauconnier, en dépit de ses critiques légitimes sur la bière de ménage du palais, avait vidé le broc aux trois quarts avant de se rappeler qu'il s'était permis d'en médire.

Poussant ensuite un ouf ! de satisfaction, il s'étala dans un antique fauteuil danois, étendit la jambe droite, croisa la gauche par-dessus, et les yeux braqués sur le jeune homme dans cette pose abandonnée, s'avisa de lui chanter sa fameuse complainte anti-papiste. Aux premiers vers, Roland, qui n'entendait pas volontiers raillerie sur un tel sujet, se leva brusquement, saisit son manteau et le jeta sur ses épaules.

« Où diable allez-vous encore, infatigable garçaille ? » s'écria le chanteur malavisé. « C'est du vif-argent qui coule dans vos veines, bien sûr. Il vous est aussi impossible de causer tranquillement en aimable compagnie qu'à un gerfaut sans chaperon de rester sur mon poing.

— S'il faut que vous le sachiez, Adam, » répondit le page, « cette belle ville m'est à peine connue, et j'y vais faire un tour de promenade. Cage pour cage, était-ce la peine de quitter le vieux castel pour s'enfermer toute une vêprée entre quatre murs à écouter des rapsodies ?

— Ma ballade ? Perdez-vous l'esprit ? Une vraie primeur. Trouvez-en d'aussi bonnes, avec un refrain à réveiller les morts !

— Je ne dis pas non. Mais nous verrons cela un autre jour, où la pluie fouettera les vitres, où il n'y aura aux alentours ni bruit d'armes et de chevaux, ni brouhaha pour me gâter le plaisir de l'entendre. Quant à présent, j'ai besoin de voir le monde et ce qui s'y passe.

— Halte-là! Mettre un pied dehors sans moi, nenni, jusqu'à ce que le régent vous ait reçu de mes mains en bon état. Tenez, vous plaît-il d'aller à l'hôtellerie de Saint-Michel? Là, vous verrez le monde, mais par la fenêtre, entendez-vous. Autrement, s'il s'agit de rôdailler par les

rues à la recherche d'un Seyton et d'un Leslie, et de faire taillader votre pourpoint neuf à coups de dague ou de rapière, rayez cela de vos papiers.

— Va pour Saint-Michel! Je vous suis. »

Avant de sortir du palais par le guichet du grand portail, ils eurent soin de donner leurs noms et qualités aux gardes qui venaient de relever le poste. Bientôt après, ils arrivaient à l'hôtellerie en question, située au fond d'une grande cour qui s'ouvrait sur la principale rue de la ville, juste au bas de la montée de Carlton.

C'était une immense bâtisse, délabrée et fort incommode, dans le genre de ces caravansérails de l'Orient, qui, sauf un abri, n'offrent rien au voyageur de ce qui lui est nécessaire, et bien éloignée de nos hôtels modernes

> Où tous les désirs sont remplis
> Si l'on n'a point égard au prix.

Mais pour un novice comme Roland le vacarme et la confusion qui régnaient en ce lieu très fréquenté du public n'étaient pas sans intérêt ni agrément. Lui et son compagnon eurent à trouver leur chemin, sans le secours de l'hôte, jusqu'à la grand'salle, alors pleine de monde. Citadins et voyageurs entraient et sortaient, les uns échangeant des civilités, les autres affairés à jouer ou à boire. Quel plus violent contraste avec l'ordre et le silence qui présidaient à toute chose dans le gouvernement du château d'Avenel! De ci de là s'élevait un concert assourdissant de voix colères et joyeuses, d'invectives et d'éclats de rire; et pourtant chacun, tout entier à ce qui l'occupait, ne paraissait pas importuné du tapage de ses voisins.

A l'extrémité de la salle Adam avisa une table vacante dans l'embrasure d'une fenêtre, et se blottit là vis-à-vis du page. A grand renfort de patience et de cris, il finit par obtenir d'un garçon qu'on leur servît la carcasse d'un chapon froid et une langue de bœuf, avec une canette d'étain de fade piquette, baptisée vin de France.

« Hé! l'endormi, » dit-il, « tu m'apporteras une bouteille de brandevin... Allons, maître Roland, faisons chère lie ce soir, et jusqu'à demain nargue du souci! »

Mais le jeune homme avait dîné trop tard pour lui tenir tête; ayant plus de curiosité que d'appétit, il se mit à regarder le changeant spectacle que présentait la cour, flanquée de remises et d'écuries. Woodcock, de son côté, après avoir comparé le page aux oies de Macfarlane qui aimaient mieux s'ébattre que manger, ne perdit pas de temps à jouer du verre et du couteau, fredonnant par intervalle quelque bribe de sa ballade de malheur et battant la mesure sur la table; exercice qu'interrompait souvent une exclamation de Roland à chaque objet nouveau susceptible d'intéresser son compagnon.

Quel remue-ménage dans cette cour, alors en effet que la noblesse, haute et petite, accourue en foule à Édimbourg, encombrait tout ce qu'il y avait d'auberges et d'écuries de ses gens d'escorte et de ses équipages! Des valets, une douzaine au moins, étrillaient les chevaux de leurs maîtres, chantant et sifflant, bavardant et s'injuriant dans un style bien fait pour offusquer des oreilles habituées à la décence d'Avenel; d'autres réparaient ou nettoyaient des armes. Un artisan, assis par terre dans un coin, était en train de peindre en jaune et vermillon un faisceau de bois de lance qu'il venait d'acheter. Des piqueurs menaient des lévriers et des chiens loups de forte taille, en laisse et muselés, crainte d'accident. Tout cela allait et venait, tantôt isolément, tantôt ensemble, et Roland, qui n'aurait pas cru possible de combiner avec des éléments qu'il connaissait si bien un tableau amusant et varié, ne cessait d'assaillir de ses apostrophes l'honnête fauconnier, en travail d'un nouveau couplet.

« Voyez, Adam, » s'écriait-il, « voyez donc le beau destrier bai; par saint Antoine, il a un avant-main superbe!... Et là-bas le pansage du gris pommelé : ce pataud en jaquette de frison s'en acquitte aussi gauchement que s'il n'avait jamais approché que des vaches. Si j'étais près de toi, je t'apprendrais ton métier... Oh! Adam, la brillante armure de Milan qu'on achève de polir; tout argent et acier, comme l'armure de parade du chevalier, dont le vieux majordome fait tant de cas... Voici une jolie fillette qui arrive. Comme elle se faufile prestement avec son pot au lait! Ce n'est pas tout près d'ici qu'elle a dû traire ses bêtes. Elle porte un corset d'estamette rouge, pareil à celui de Cécile Sunderland, votre favorite.

— Par mon couvre-chef, » répondit le fauconnier, « il est heureux, mon garçon, que vous ayez été élevé en lieu de grâce. Déjà au château, vous aviez la pétulance d'un poulain échappé; et si vous aviez grandi à une portée de flèche de la cour, quel affreux garnement de page vous auriez fait! Pourvu que tout ça finisse bien!

— Amen, vieux grognon! Mais laissez-là votre insipide ritournelle et votre tambourinage; approchez-vous de la fenêtre avant d'avoir noyé votre raison au fond des pots... Il y a du nouveau : un joyeux ménestrel entre avec une danseuse, qui a un bracelet de grelots à chaque pied;

les curieux suivent à la file, pages et valets quittent leur ouvrage, on fait cercle autour d'eux pour entendre la musique. A la bonne heure, et si vous voulez, nous irons comme les autres.

— Traitez-moi de buse si je bouge d'ici. Des refrains de vagabond! Ayez la complaisance de m'écouter, et vous gagnerez au change.

— La petite laitière s'arrête aussi. Ah! l'on va danser. La jaquette de frison essaie d'entraîner le corset rouge, qui résiste... Sainte Vierge, qu'est-ce que je vois? »

A cette dernière exclamation, jetée avec un accent de surprise, succéda un complet silence. Le sage Adam prenait une sorte de plaisir alangui à se bercer au babillage de son compagnon, tout en affectant de le mépriser; et puis il n'était pas fâché de prouver entretemps, par quelques réponses judicieuses, combien la connaissance qu'il avait des choses de la cour lui donnait de supériorité.

« Eh bien, maître Roland, » lui dit-il pour le remettre en train, « que voyez-vous qui vous ait rendu muet comme un poisson?.. Répondez donc. Dans mon pays il est de la politesse de répondre quand on vous parle. Rien?... Ma parole, il a le diable au corps. Ne dirait-on pas qu'il a avalé sa langue, et que les yeux vont lui sortir de la tête? »

Vidant son gobelet à la hâte, il s'approcha de la fenêtre; mais il lui fut impossible de découvrir, au milieu du joyeux désordre qui régnait dans la cour, pourquoi le page en était venu à rester immobile et les prunelles largement dilatées.

« Il est ahuri, » pensa-t-il.

Roland avait de bonnes raisons de l'être, bien qu'elles ne fussent pas de nature à être divulguées.

Aux accords de son instrument, le musicien avait attiré du dehors de nombreux auditeurs. Un de ceux-ci captiva, dès qu'il eut mis le pied dans la cour, l'attention passionnée de Roland.

Il était de son âge, ou même plus jeune, et, à en juger par le costume et la tournure, son égal de rang et d'état, car il avait l'air d'impertinence et de fatuité qui sied à un page; d'une taille bien prise, quoique petite et grêle, il était vêtu avec élégance sous l'ample manteau rouge qui le drapait en partie. En arrivant, il leva la tête vers les fenêtres, et Roland demeura stupéfait, en reconnaissant sous la toque de velours cerise ombragée d'une plume blanche, des traits profondément gravés dans sa mémoire. Oui, ces boucles brillantes et frisées, ces grands yeux

bleus pétillants d'esprit, ces sourcils bien arqués, ce nez à la courbure légèrement infléchie, cette bouche purpurine d'où un malin sourire semblait toujours prêt à s'échapper, c'était le vivant portrait de Catherine;

c'était elle-même en habits d'homme et se donnant, sans trop mal y réussir, les allures pétulantes d'un franc étourdi.

« Par saint Georges et saint André, » se disait notre page qui n'osait en croire ses yeux, « vit-on jamais tant d'aplomb chez une fille? Elle a plus de couleurs que d'habitude, et elle cherche à dérober sa figure, par honte de la mascarade. Bonne Vierge, quelle marche ferme et délibérée à travers cette foule ! On voit que les cotillons ne la gênent plus... Et elle va, la houssine haute, menaçant d'en cingler quiconque lui barrerait le passage. Un page accompli, ma foi !.. Eh bien, va-t-elle s'attaquer à la jaquette de frison ? »

Ce doute passa comme un éclair. Le lourdaud barrait le chemin au fringant petit-maître ; entêtement ou bêtise, il n'avait bougé de place, en dépit d'avertissements réitérés. Aussi, et sans un grain d'hésitation, la houssine menaçante s'abattit-elle rudement sur ses épaules, de manière à le faire bondir de côté, en lâchant deux ou trois jurons et se frottant la partie qui venait d'être caressée avec si peu de cérémonie. Déjà Roland songeait à voler au secours du soi-disant page ; peine inutile! Le battu, un garçon de l'auberge, n'avait pas les rieurs pour lui, surtout à une époque où la bure était mal venue à regimber contre le velours et la soie. Il en fut quitte pour se remettre, au milieu des huées générales, au pansage de son gris pommelé. Non seulement la fille au corset rouge dauba sur son camarade, mais, pour comble de disgrâce, elle remercia d'une risette l'auteur de l'injure, puis elle l'accosta par ces mots :

« Auriez-vous affaire céans, mon gentilhomme, que vous avez l'air si pressé?

— Je suis en quête d'un jeune gars, » répondit le nouveau venu ; « cheveux noirs, yeux noirs, justaucorps vert, un brin de houx à la toque, la tournure d'un faraud de village. J'ai fouillé toute la Canongate, cours et ruelles. Que le diable l'emporte !

— Peste ! » marmotta Roland, ébaubi. « Comme elle m'arrange, la nonnette !

— Beau sire, » reprit la donzelle, « je vais m'en informer au plus vite.

— Va, et si tu le déniches, il y aura pour toi un petit écu ce soir, et un gros baiser dimanche, quand tu auras un casaquin propre.

— A la bonne heure, » se dit encore Roland. « De plus fort en plus fort ! »

Un instant après, la servante entra dans la salle, suivie de l'énigmatique personnage.

A mesure que celui-ci, armé d'un front d'airain, promenait vivement des regards assurés de toutes parts, Roland sentait son cœur défaillir et se troubler ; réagissant alors contre une faiblesse indigne de ses aspirations viriles, il prit une grande résolution : loin de baisser pavillon devant cette fille singulière, il irait droit à elle, l'œil moqueur et la mine riante, en homme à qui l'on n'en fait pas accroire ; et le voyant maître de son secret, elle serait réduite à en passer par une amende honorable, ou du moins à implorer sa discrétion par des façons respectueuses et un regard suppliant.

Quel chef-d'œuvre d'imagination ! Et Roland de composer aussitôt son personnage sur cet artificieux modèle. Tout occupé d'assurer son triomphe, il rencontra par malheur le regard impérieux de l'autre page, mâle ou femelle, qui, en le reconnaissant pour être celui qu'il cherchait, s'avança d'un pas délibéré.

Ce fut du ton le plus dégagé, sans nulle émotion, qu'il le salua d'un : « Hé ! Monsieur Branche de Houx, deux mots, s'il vous plaît. »

Était-ce bien là Catherine ? Même timbre de voix, même ressemblance, plus frappante de près que de loin ; et pourtant l'imperturbable sang-froid du nouveau venu et son aplomb confondirent à ce point les idées de Roland qu'il douta s'il n'était point le jouet d'une illusion. Adieu les airs vainqueurs d'intelligence et de malice ! Il ne resta plus qu'un garçon quinaud et riant du bout des dents pour dissimuler son embarras.

« Est-ce qu'on n'entend pas l'écossais dans votre pays, Branche de Houx ? » reprit l'autre. « J'ai à vous parler.

— Vous ? » dit Adam, venant à la rescousse et que déroutait la soudaine attitude de son compagnon. « Quelle sorte d'affaire avez-vous à traiter, mon jeune coq de combat ?

— Aucune avec vous, mon vieux coq de poulailler. Mêlez-vous du vol de vos oiseaux ; car je devine au gant et à la gibecière que vous êtes l'écuyer servant d'une compagnie de faucons. »

Cette riposte fut accentuée d'un rire si naturel qu'il parut à Roland l'écho de la franche gaieté à laquelle la novice s'était livrée à ses dépens lors de leur première entrevue. Il eut quelque peine à retenir l'exclamation : « C'est elle! c'est Catherine! » et se contenta de répondre :

« Nous ne sommes pas, je crois, tout à fait étrangers l'un à l'autre.

— S'il en est ainsi, c'est donc en rêve que nous avons lié connaissance, et, le jour, j'ai trop de besogne pour me souvenir des visions de la nuit.

— Ou peut-être pour vous souvenir le soir de ceux que vous avez vus le matin. »

A son tour, l'étranger sembla surpris.

« Quel est le sens de ces paroles? » demanda-t-il. « Mon cheval le comprendrait autant que moi. Si vous avez dessein de m'offenser, vous trouverez à qui répondre.

— Vous savez bien, quoiqu'il vous plaise de me parler comme à un inconnu, que l'idée de vous chercher querelle ne peut même pas me venir à l'esprit.

— Laissez-moi donc en finir, et je vous quitte la place. Suivez-moi par ici ; ce vieux gant de cuir pourrait nous entendre. »

Il attira Roland dans l'embrasure de la fenêtre d'où celui-ci venait de se retirer, et tourna le dos à la compagnie. Après s'être assuré d'un coup d'œil rapide que personne ne les observait, il tira de dessous son manteau une courte épée, à poignée d'argent massif, lamé d'or, à fines ciselures d'un travail exquis.

« Je vous apporte cette arme, » dit-il, « de la part d'un ami qui vous l'offre, mais à une condition solennelle : vous ne la sortirez du fourreau que sur l'ordre exprès de votre souveraine légitime. On connaît votre caractère fougueux et l'ardeur avec laquelle vous intervenez dans les querelles d'autrui. C'est en quelque sorte une pénitence ; elle vous est imposée par ceux qui vous veulent du bien, et dont l'influence, néfaste ou propice, régira votre destinée. Voilà ce que j'étais chargé de vous apprendre. Donnez-moi donc votre promesse loyale et formelle, une bonne parole en échange de cette bonne épée, et tout ira pour le mieux ; sinon, je reporterai Caliburn à ceux qui vous l'envoient.

— Quels sont-ils ? » répondit Roland, ravi d'admiration en présence d'un tel cadeau. « M'est-il permis de le savoir ?

— Je n'ai pas commission de vous le dire.

— Mais, en cas d'insulte, comment me défendrai-je ?

— Vous avez une épée, la vôtre. Et d'ailleurs pourquoi ce poignard à la ceinture ?

— Oh ! pour rien de bon, » interrompit le fauconnier, qui s'était approché d'eux. « J'en puis témoigner aussi bien que personne.

— Arrière, bonhomme ! » dit l'étranger. « Avec ta trogne de curieux qui se fourre où elle n'a que faire, tu finiras par t'attirer une bourrade.

— Me bourrer, moi, mal embouché que vous êtes ? » répliqua Woodcock, qui jugea prudent de se tenir à distance. « N'abaissez pas le poing, ou, par le diable, je rends coup pour coup.

— Un peu de patience, Adam, » dit le page. « Et vous, beau sire, puisque vous préférez d'être traité ainsi pour le moment, encore une prière : laissez-moi tirer l'épée sous vos yeux, uniquement par désir de reconnaître si l'excellence de la lame répond à la beauté du fourreau.

— C'est impossible, à moins d'un ordre du souverain légitime. Il faut la recevoir ou la rendre telle quelle.

— Soit, » dit Roland en prenant l'épée, « j'accepte, à cette condition, le présent qui me vient d'un ami. Toutefois, si nous devons, comme je suis porté à le croire, travailler de concert à quelque grande entreprise, un peu plus de confiance et de franchise de votre part sera nécessaire pour donner à mes efforts l'impulsion convenable. Je ne vous presse pas davantage à présent, il suffit que vous me compreniez.

— Vous comprendre ! Ah ! par exemple, je veux bien être pendu. Vous avez beau jouer de l'œil et des bras, rire sous cape, prendre des airs fûtés comme si nous avions une grosse intrigue à tramer d'intelligence, jamais, entendez-vous, jamais vous ne m'avez vu.

— Quoi ! et notre première rencontre, vous la nieriez ?

— Oui, morbleu, et devant tous les juges de la chrétienté.

— Sans doute vous nierez de même ce qu'on nous a recommandé, d'étudier nos traits avec soin, afin que chacun, sous quelque déguisement que la nécessité nous impose, puisse reconnaître en l'autre l'allié qui lui est adjoint en secret dans une œuvre importante? Ne vous souvient-il pas de Madeleine et de dame Brigitte...

— Brigitte! Madeleine! » répéta l'étranger en haussant les épaules et en jetant sur son interlocuteur un regard de compassion. « Vous rêvez ou vous êtes fou. Croyez-moi, Branche de Houx, puisque votre cerveau bat la campagne, calmez-le avec un chaudeau, mettez-vous au lit la tête emmitouflée d'un bonnet de laine, et que Dieu vous guérisse! »

Comme il brusquait l'entretien par ces adieux ironiques, notre fauconnier, qui avait repris à table son tête-à-tête avec la bouteille, l'arrêta au passage.

« Eh! mon jeune maître, » dit-il, « à présent que vos affaires sont finies, ne nous ferez-vous pas l'honneur de trinquer avec nous en écoutant une bonne chanson? »

Et pour mieux la faire valoir, il entonna le premier couplet :

Le pape, un païen orgueilleux,
A mis un bandeau sur nos yeux,
Le bon apôtre!..

Il est probable que les fumées du vin et de l'eau-de-vie avaient obscurci la cervelle d'Adam, sans quoi il eût réfléchi au danger de tourner publiquement en ridicule, en temps de troubles, les opinions et sentiments qui ont le don d'échauffer les esprits. Pour lui rendre justice, il reconnut son erreur et resta bouche bée en voyant l'effet qu'avait produit le seul mot de pape : autour de lui, plus de conversations particulières, et les uns se redressaient, la main à la moustache et le regard de travers, prêts à châtier un insolent, tandis que les autres, d'un sang plus rassis, se hâtaient par prudence de payer leur écot afin d'être à même de gagner la porte, en cas de malheur.

On faillit, en effet, tomber de fièvre en chaud mal. A peine la phrase inconvenante du chanteur eut-elle frappé l'oreille de l'inconnu que, la houssine haute, il s'écria :

« Quiconque parle devant moi avec irrévérence du saint-père n'est qu'un fils de chienne hérétique, et je le houspillerai comme un roquet.

— Et moi, » riposta Adam, « je te fricasserai la caboche, si tu oses me toucher du doigt. »

En même temps, il se remit, par bravade, à chanter d'une voix sonore :

> Le pape, un païen orgueilleux,
> A mis ...

Il n'alla pas plus loin : un coup de houssine, cinglé à travers la figure, lui fit voir, comme on dit, trente-six chandelles. Exaspéré par la douleur et l'insulte, il bondit et, tout aveuglé qu'il était, il aurait empoigné à bras le corps son insolent adversaire, si Roland n'avait joué, contre son caractère, le rôle de pacificateur. S'élançant entre eux :

« Du calme, Woodcock, » dit-il à l'un, « vous ne savez point à qui vous avez affaire. Et vous, » dit-il à l'autre qui assistait en ricanant à cet accès de fureur, « qui que vous soyez, il faut partir ; si mes conjectures sont fondées, vous devez avoir de sérieuses raisons pour le faire.

— Cette fois, Branche de Houx, vous avez deviné juste, par un pur effet du hasard probablement. Holà ! mon hôte, une pinte de vin à ce rustre ! qu'il s'éclaircisse la vue, et qu'il garde la couronne pour lui ! »

A ces mots, il jeta une pièce d'argent sur la table et sortit d'un pas ferme et tranquille, non sans regarder fièrement de droite et de gauche, en manière de défi à qui voudrait lui barrer le chemin. Quelques bourgeois grommelèrent que c'était une honte de souffrir de telles rodomontades, et se mirent à tracasser la poignée de leurs épées. Mais le champion du pape se contenta d'en rire en claquant des doigts, et les braves gens, n'ayant pas réussi à tirer du fourreau une lame rétive, épanchèrent leur bile en récriminations.

« En vérité, cela dépasse les bornes, » dit l'un d'eux ; « blesser un pauvre diable au visage pour avoir entamé une chanson contre la prostituée de Babylone ! Si l'on permet aux papistes de faire la loi jusque dans nos auberges, nous ne tarderons pas à voir reparaître les frocards.

— C'est affaire au prévôt, » dit un autre ; « il devrait poster un piquet de cinq ou six gardes pour venir, au premier signal, mettre à la raison ces perturbateurs. Car, voyez-vous, voisin Tirecuir, il ne sied point à d'honnêtes pères de famille comme nous de se colleter avec la valetaille des nobles et leurs effrontés de pages, qui n'ont en idée que le blasphème et la bataille.

— Quoi qu'il en soit, compère, je lui aurais tanné le cuir à ce beau fils, et proprement, tout comme à un agneau, si ma flamberge ne s'était enroulée dans les plis de mon manteau ; mais bast! le temps de retourner mon ceinturon, il n'y avait plus personne.

— Qu'il aille au diable! » dit un troisième, « et demeurons d'accord.

Voulez-vous mon avis? Achevons de régler notre écot, et rentrons chez nous en bons frères. La cloche de Saint-Gilles sonne le couvre-feu, et le soir il est malsain de muser dehors. »

Les bourgeois ajustèrent leurs capes et quittèrent l'hôtellerie, tandis que l'un d'eux, moins endurant en apparence, s'écriait en posant la main sur son épée :

« Tant pis pour ceux à qui la langue démangera en l'honneur du pape dans la rue Haute! Ils ne feront pas mal d'être munis du glaive de saint Pierre pour se défendre. »

Pendant que la mauvaise humeur excitée par l'insolence du jeune gentilhomme s'évaporait de la sorte en vaines menaces, Roland s'efforçait de contenir la colère du fauconnier.

« Allons, mon vieux, » lui dit-il, « ce n'est qu'une sanglade par le museau ; mouchez-vous, essuyez vos yeux, et bientôt vous n'en verrez que plus clair.

— Par le ciel que je ne puis voir, » répondit le pauvre diable, « vous n'avez point agi en ami véritable, jeune homme ; j'avais le droit de mon côté, et, loin de me soutenir, vous m'avez empêché de me revenger.

— Fi, Adam! » reprit le page, déterminé à le battre avec ses propres armes en prêchant à son tour la prudence et la paix. « N'êtes-vous pas honteux ? Est-ce à vous de parler ainsi? vous qui avez été commis au soin de préserver mon innocente jeunesse des embûches...

— Que n'a-t-elle la corde au cou, votre innocente jeunesse! » interrompit Adam, qui devinait où tendait ce discours. « J'en serais ravi.

— Et au lieu, » poursuivit Roland, « de m'offrir un modèle de patience et de sobriété, ce qui était le devoir d'un serviteur d'Avenel, vous engloutissez, moi présent, je ne sais combien de cruchons de bière, plusieurs bouteilles de vin et une énorme pinte d'eau-de-vie.

— Oh! » rectifia le fauconnier, obligé par scrupule de conscience à

se tenir sur la défensive, « une chopine seulement, et toute petite.

— Elle était de taille à vous empoter joliment. Si encore vous étiez allé cuver au lit votre beuverie! Mais point; vous voilà à brailler de méchants vers contre le pape. Qu'y avez-vous gagné? D'avoir les yeux presque arrachés de la tête. Et vous m'accusez d'abandon, ingrat ivrogne! Sachez donc que, sans moi, le drôle vous eût peut-être coupé la gorge, car il dégaînait lestement une maîtresse dague aussi large que la main et affilée comme un rasoir. Tel est l'exemple que vous avez donné vous à un naïf jouvenceau. Fi, Adam! honte à vous!

— Oui certes, honte à moi, et de bon cœur! Honte à ma folie d'avoir attendu d'un page autre chose qu'une raillerie sans pitié! Il verrait son père dans le pétrin qu'il songerait à se gausser avant de lui venir en aide.

— J'y viendrai, mon brave, c'est-à-dire tu auras l'aide de mon bras pour regagner ton lit; tu y cuveras à la fois ton vin et ta bière, ton ire et ta rancune, et demain matin tu t'éveilleras avec toutes les grâces dont la nature a paré ton esprit. Seulement je te préviens d'une chose : s'il t'arrive désormais de plaisanter à mon dam sur « ma tête près du bonnet, » ma « promptitude à jouer du poignard, » etc., ta moquerie servira de prologue à la mémorable aventure de Saint-Michel. »

Ce fut en lui tenant ces propos de condoléance que Roland ramena jusqu'à sa couchette le fauconnier à la triste figure.

Quant à lui, avant de s'endormir sur la sienne, il retomba dans ses perplexités.

« Est-ce bien Catherine qui m'a été envoyée? » pensait-il. « Quelle amazone, quel diable à quatre ce doit être, ayant si fort l'impudence et l'audace à commandement! Il y a sur son front de l'aplomb pour vingt pages, et là-dessus je m'y connais. Oui, mais d'autre part ses traits, sa tournure, son pas déluré, ses malins coups d'œil, l'art de draper son manteau pour ne laisser voir de ses jambes que juste l'indispensable, — une grâce au moins qui lui est restée, — sa voix, son sourire, c'était elle, elle-même, ou un démon sous son masque!.. Enfin, j'y ai gagné d'avoir clos la bouche à ce sempiternel sermonneur de Woodcock, un âne bâté qui, à peine sorti de la niche aux faucons, prétendait me mener en laisse comme un prédicant ou un maître d'école. »

Cette réflexion consolante, venant à l'appui de l'insouciance du lendemain, l'un des heureux privilèges de la jeunesse, procura à Roland les bienfaits d'un paisible sommeil.

CHAPITRE XX.

> Eh ! quoi, vous m'enlevez mon soutien, mon guide, celui qui a enseigné la prudence à ma bouillante jeunesse, comme on dresse les faucons sauvages ? Me voilà privé d'un mentor et d'un compagnon.
>
> *Ancienne Comédie.*

ès la pointe du jour, on entendit heurter à grands coups à la porte de l'hôtellerie, et ceux qui frappaient, ayant annoncé qu'ils venaient au nom du régent furent introduits sans délai.

Un moment plus tard, Michel l'Aile au Vent entrait dans la chambre de nos voyageurs.

« Ho ! debout, » cria-t-il. « On ne se dorlote pas quand Murray est pressé. »

Les deux dormeurs sautèrent à bas du lit et commencèrent leur toilette.

« Vous, mon vieux camarade, » continua le domestique, « il faut enfourcher le bidet pour aller remettre ces deux missives, celle-ci aux moines de Kennaquhair et celle-là au chevalier d'Avenel.

— Il s'agit, je le parierais, de casser l'élection de l'abbé, » dit Adam en mettant les lettres dans sa gibecière, « et l'on charge mon maître d'y avoir l'œil. Chasser un frère par les mains d'un autre, ce n'est pas de jeu, il me semble.

— Vas-tu pas fourrer ton nez là-dedans, compère? Ton affaire est de décamper au plus vite! Si l'on n'exécute pas les ordres à la rigueur, il ne restera bientôt que les quatre murs à l'abbaye, et peut-être aussi à ton castel. Morton s'est expliqué vertement avec le régent, je l'ai entendu, et nous ne sommes pas en situation de nous passer de lui pour si peu de chose.

— Et le pape des Fous, qu'a-t-on dit de son escapade? Voudrait-on lui jouer un mauvais tour? En ce cas, vrai, j'enverrais les paquets au diable et mettrais Ma Révérence à l'abri par delà les frontières.

— Peuh! une drôlerie qui n'a pas fait grand mal ; on passe l'éponge dessus. Mais attention, Adam : trouveriez-vous en route une douzaine d'abbayes vacantes, fût-ce pour rire ou autrement, par raison ou déraison, ne vous coiffez pas d'une de leurs mitres ; le vent n'y est pas, mon brave. Et puis notre pucelle, vous savez, meurt d'envie de donner l'accolade à un homme d'église bien dodu.

— S'il lui en faut un, ce ne sera pas moi, » répondit le fauconnier en enroulant autour de son cou de taureau, brûlé par le soleil, son mouchoir en guise de cravate. « Allons, zeste! maître Roland, dépêchons. Il faut rentrer au perchoir, et, grâce au ciel plus qu'à notre bon sens, nous y arriverons la carcasse au complet et sans une boutonnière.

— Nenni, le page ne s'en va pas ; on lui réserve autre chose.

— Miséricorde! Lui rester ici et moi m'en retourner là-bas? C'est impossible. L'enfant ne sait pas se conduire tout seul, et quant à obéir à l'appel d'un sifflet étranger, j'en doute ; il y a des moments où je ne puis en faire façon. »

Roland avait au bout de la langue une riposte cruelle sur la manière dont chacun d'eux avait pratiqué l'art de se conduire ; mais le chagrin que montrait l'excellent homme à l'idée d'une séparation lui ôta toute envie de plaisanter. Toutefois Adam ne l'échappa qu'à demi, car, en se tournant vers la fenêtre, il laissa voir à Michel son visage meurtri.

« Eh bon Dieu, camarade, » s'écria celui-ci, « qu'est-il advenu à vos yeux ? Ils sont enflés à sauter hors de la tête.

— Une misère ! » répondit l'autre en jetant au page un regard suppliant. « Ça m'apprendra à dormir sans oreiller sur un abominable grabat.

— Vous êtes devenu diantrement délicat. J'ai vu le temps où vous dormiez d'une traite toute la nuit sans plus d'oreiller que la bruyère, et vous étiez, au matin, vif comme un pinson. Aujourd'hui vos yeux ont l'air...

— A quoi ça rime-t-il, voyons, l'air de mes yeux ? Qu'on nous fasse cuire une pomme ; arrosons-la d'un pot de bière pour nous rincer le gosier, et vous verrez quel changement !

— Puis en avant la complainte du pape pour nous mettre en joie !

— Volontiers, c'est-à-dire quand il y aura deux ou trois lieues entre nous et cette bonne ville, s'il vous plaît de me faire à cheval un bout de conduite.

— Cela ne m'est pas possible. Après le coup de l'étrier que nous boirons ensemble, je dois assister à votre départ et m'en revenir. Afin de gagner du temps, je vais dire qu'on selle votre monture et qu'on prépare les pommes. »

Lorsqu'il fut sorti, Adam Woodcock prit le page par la main.

« Ah ! Monsieur Roland, » lui dit le brave homme, « vous seriez mon propre enfant, sauf votre respect, qu'il ne m'en coûterait pas plus de vous quitter. Puissé-je ne jamais chaperonner un faucon, si je mens ! Quant à savoir pourquoi je vous aime tant, bernique ! Peut-être est-ce pour la même raison qui m'a fait aimer ce diablotin de poney noir que le chevalier avait appelé Satan, et M. Warden, Seyton, sous prétexte que donner à une bête le nom du prince des ténèbres dépassait les limites de la prudence.

— Et lui, » s'écria Roland, « que faisait-il en imposant à un animal vicieux le nom d'une ancienne famille ?

— Donc, Seyton ou Satan, ce criquet-là était mon favori. Il ne fallait pas s'endormir avec lui ! Pas une minute en repos : il se cabrait, mordait, ruait, s'emportait ; un manège d'enfer, quoi ! et par surcroît de chance il vous étalait parfois tout du long sur l'herbe. Vous lui ressemblez trait pour trait, et c'est probablement le motif de ma préférence.

— Mille grâces, mon cher ; vous avez de moi une opinion dont je suis très reconnaissant.

— Attendez donc, je n'ai pas fini. Satan était une excellente bête... Ah! pendant que j'y pense, vous servirez de parrain aux faucons de la dernière couvée : je nommerai l'un Roland et l'autre Græme... Et tant qu'Adam Woodcock vivra, soyez certain d'avoir un ami. Touchez là, mon enfant. »

Le page lui serra cordialement la main, et le fauconnier, après avoir avalé une copieuse rasade, continua ses adieux de la sorte :

« Maintenant que vous allez courir ce vilain monde sans l'appui de mon expérience, il y a trois choses contre lesquelles je dois vous prémunir. La première, c'est de ne jamais tirer le fer pour une mouche qui vole : tout le monde n'a pas la bedaine aussi bien rembourrée que celle de certain abbé de votre connaissance. En second lieu, ne courez point après chaque jolie fille, comme l'émouchet après la grive : on n'y gagne pas toujours une fanfaronne pour ses peines, et, à ce propos, voici la vôtre que je vous rends ; gardez-la bien, l'or en est de poids et peut, au besoin, vous faire plus d'un service. Enfin, et ce sera ma conclusion, comme s'exprime notre digne prédicant, méfiez-vous de la bouteille : de plus sages que vous y ont noyé leur raison ; je pourrais vous en citer des exemples, mais serait-ce vraiment utile? Si vous oubliez vos faiblesses, vous ne perdrez pas de si tôt le souvenir des miennes. Là-dessus, mon cher enfant, je vous dis adieu. »

Après lui avoir souhaité toutes sortes de prospérités, Roland ne faillit pas à le charger de ses humbles respects pour sa bonne maîtresse ; il le conjura en même temps de lui exprimer combien il regrettait de l'avoir offensée, et de l'assurer qu'il était résolu à se comporter dans le monde de manière à lui faire honneur de sa protection. Ils s'embrassèrent, et le fauconnier sortit de l'hôtellerie, et enfourcha son vigoureux trotteur, que le domestique qui l'avait accompagné tenait en bride à la porte. Il s'éloigna lentement, comme s'il eut perdu son entrain ordinaire. Chacun des pas du cheval éveillait, pour ainsi dire, un écho sourd et monotone dans le cœur du page, qui se sentait encore une fois abandonné sur la terre.

Le retour de Michel l'Aile au Vent le tira de cette rêverie pour le ramener au palais avant l'ouverture des séances de la cour suprême, qui devait être présidée de bonne heure par le régent. Ils partirent donc, et l'ancien serviteur, un des familiers de Murray et ayant auprès de lui un accès plus facile que maint personnage d'un rang élevé, introduisit Roland dans un cabinet où le chef de l'État devait lui donner audience.

Le comte était en robe de chambre de couleur sombre, avec une toque et des pantoufles d'étoffe pareille, et, même dans ce négligé, il tenait à la main son épée au fourreau, précaution qu'il prenait en recevant des étrangers, non par appréhension personnelle, mais pour déférer aux remontrances de ses amis. Il répondit par un signe de tête au salut respectueux du jeune homme, fit deux ou trois tours dans la chambre, et fixant sur lui des yeux pénétrants comme s'il voulait lire au fond de son âme, il rompit le silence.

« Vous vous appelez Julien Græme, n'est-ce pas?

— Roland Græme, Monseigneur, non pas Julien.

— C'est vrai. Où avais-je l'esprit? Roland Græme, du Territoire contesté... Tu connais tout ce qu'exige le service d'une dame?

— Oui certes, Monseigneur, ayant été attaché jusqu'ici à la personne de la châtelaine d'Avenel ; mais j'espère de n'avoir plus à m'en préoccuper, puisque le chevalier m'a promis...

— Assez, jeune homme; c'est à moi de parler, à toi d'entendre et d'obéir. Il est nécessaire, au moins pour un certain temps, que tu reprennes le même service, auprès d'une dame cette fois qui, par sa naissance, n'a point d'égale en Écosse. La tâche accomplie, — je t'en donne ma parole de prince et de chevalier, — il s'ouvrira devant toi une carrière qui pourrait satisfaire les plus ambitieuses visées de gens autrement servis par les circonstances. Tu feras partie de ma maison, auprès de moi, ou, si tu préfères, tu commanderas mes gens de pied. En tous cas, c'est un avantage que le plus fier de nos gentilshommes serait heureux de procurer à son fils cadet. »

Comme il semblait attendre une réponse :

« M'est-il permis de demander, Monseigneur, » dit Roland, « à qui sont destinés mes humbles services ?

— On te l'apprendra plus tard. » Et presque aussitôt, avec une répugnance dont il n'était pas entièrement le maître, le régent ajouta : « Au reste, pourquoi ne te le dirais-je pas moi-même ? Il s'agit d'une dame illustre... et très malheureuse... de Marie d'Écosse.

— Quoi ! » s'écria le page, incapable de se contenir, « de la reine ?
— De celle qui fut la reine, » reprit Murray. « Tu n'ignores pas, jeune homme, que son fils règne à sa place. »

Tout en parlant ainsi, il avait l'air mécontent et embarrassé à la fois, et un soupir lui échappa, marque d'une émotion peut-être naturelle, mais suspecte aussi d'affectation.

« Est-ce dans sa prison, Monseigneur, que je dois la servir ? »

Cette question à brûle-pourpoint, faite d'un ton de franche simplicité, démonta quelque peu le puissant politique.

« En prison, dis-tu ? » répondit-il avec colère. « A Dieu ne plaise qu'elle y soit! Elle est seulement éloignée du gouvernement et des affaires publiques jusqu'à l'établissement définitif du nouvel ordre de choses ; alors elle jouira de sa pleine et entière liberté, sans qu'il soit possible aux malveillants de la faire servir d'instrument à leurs machinations. Voilà pourquoi, » ajouta-t-il, apaisé, « en lui composant, selon toute justice, un entourage qui convienne à la vie fort retirée qu'elle mène aujourd'hui, la nécessité me commande de placer auprès d'elle des gens éprouvés et en qui je puisse avoir confiance. L'emploi que je te réserve n'a donc, comme tu le vois, rien que de très honorable ; reste à t'en acquitter de manière à gagner mon amitié. Tu passes pour un garçon fort intelligent ; et je lis dans tes yeux que tu as déjà saisi mes intentions.

« Voici des tablettes où l'on a consigné par écrit le détail de tes devoirs essentiels. Sois fidèle, cela résume tout, et j'entends par là fidèle envers moi comme envers l'État. Par exemple, tu auras à t'assurer si l'on tente des intelligences, ou même si l'on en parle, avec les ligueurs de l'ouest, tels que Seyton, Fleming, Hamilton et autres. Ma gracieuse sœur, il est vrai, frappée des malheurs qu'ont attirés sur ce pauvre royaume les détestables conseillers qui ont abusé naguère de sa toute-puissance, s'est déterminée librement à ne plus s'occuper des affaires de l'État. Mais sa résolution peut faiblir ou changer, et il est de notre devoir, dans l'intérêt du roi mineur, de nous tenir en garde contre une telle source de calamités. Donc, à toi d'être vigilant, et à la moindre velléité de quitter l'abri où se trouve ma sœur, au moindre soupçon d'un concert avec le dehors, que ma mère, dont elle reçoit l'hospitalité, soit avertie. Si toutefois tu venais à découvrir quelque chose de grave, un commencement de preuve, ne manque pas de m'en informer sur-le-champ par un courrier exprès que tu feras monter à cheval ; cet anneau t'en donnera le pouvoir.

« Maintenant retire-toi. S'il y a dans ton esprit la moitié de l'intelligence qu'annoncent tes regards, tu dois comprendre quel est le sens de mes instructions. Sers-moi fidèlement, et aussi vrai que je suis un comte à baudrier, grande sera ta récompense. »

Roland se disposait à sortir quand Murray l'arrêta d'un geste.

« J'ai mis en toi toute ma confiance, jeune homme, » dit-il ; « car tu es la seule personne que je me sois permis de joindre, de mon propre chef, au service de ma sœur. Ses femmes, elle les a choisies elle-même, et vraiment c'eût été une cruauté inutile de lui refuser ce droit; en dépit de ceux qui le croient contraire au maintien d'une bonne politique. Tu es jeune et bien tourné : prête-toi à leurs badinages, et, sous l'apparence de la légèreté de leur sexe, vois si elles ne couvrent pas de ténébreux desseins ; à trompeur trompeur et demi. Quant au reste, comporte-toi à l'égard de ta maîtresse avec bienséance et respect ; elle est toujours princesse, malgré ses malheurs, et elle a été reine, quoique hélas! elle ne le soit plus. Rends-lui donc tous les honneurs qui ne blesseraient pas la fidélité due à moi ou à ton roi légitime... Un mot encore. Tu vas partir en compagnie du baron Lindsay, un seigneur à l'ancienne mode, rude et honnête, mais sans éducation ; prends garde de l'offenser, car il n'entend pas la raillerie, et tu es, m'a-t-on dit, malin comme un singe. »

Il laissa échapper un sourire, et, sans voir le comte de Morton qui venait d'entrer, il reprit d'un ton plus sérieux :

« J'aurais voulu que la mission de Lindsay eût été confiée à quelqu'un de moins farouche.

— Pourquoi cela, Monseigneur? » demanda l'allié du régent. « Le conseil a pris la meilleure décision. Nous ne savons que trop jusqu'où va l'entêtement de la dame, et le chêne qui résiste au tranchant poli de l'acier doit être attaqué avec des coins de fer brut... Ah! ah! voici son futur page. Monseigneur t'a sans doute dicté ses instructions, jeune homme. Je n'y ajouterai qu'un petit avis pour ta gouverne. On t'envoie sous le toit d'un Douglas, et la trahison n'y saurait prospérer. Sache que le premier instant où tu donneras lieu au soupçon sera le dernier de ta vie. Mon parent, William Douglas, ne badine pas là-dessus, et s'il a jamais sujet de douter de ta bonne foi, tu iras danser en l'air sur les créneaux du donjon avant que le soleil se soit couché sur sa colère... Et la dame aura-t-elle aussi un aumônier ?

— De temps en temps, Morton ; il serait barbare de lui refuser l'aide spirituelle qu'elle croit nécessaire à son salut.

— Toujours trop de faiblesse, Monseigneur ! Quoi ! vous souffrirez qu'un fourbe de prêtre aille conter ses jérémiades à tous nos ennemis, en Écosse, aux Guises, à Rome, en Espagne, je ne sais où enfin?

— Rien de pareil n'est à redouter ; nous prendrons nos mesures.

— Alors faites-y bien attention. Vous savez ce que je pense de la petite drôlesse que vous lui avez accordée pour fille de chambre ; elle sort d'une famille qui lui est dévouée entre toutes, et notre pire ennemie. Si nous n'avions eu l'œil au guet, elle se serait aussi pourvue d'un page qui n'eût pas été moins à son gré : une vieille folle de pèlerine, une espèce de sainte aux yeux des catholiques, s'occupait, à ce qu'on m'a rapporté, de lui dénicher l'oiseau en question.

— Ce danger-là est conjuré ; nous l'aurons même tourné à notre avantage en lui envoyant le protégé de Glendinning. Quant à la fille dont vous parlez, aurez-vous le courage de récriminer contre une misérable suivante en place de ses douze dames d'honneur et du luxe de leurs toilettes?

— La suivante ne m'inquiète guère au fond ; c'est l'aumônier que j'ai sur le cœur. M'est avis que, n'importe la religion, tous les prêtres se valent. Voyez Jean Knox. Après avoir déployé un si beau zèle à renverser, n'a-t-il pas l'ambition de reconstruire? Oui, il prétend fonder des écoles et des collèges avec les terres et les revenus de l'Église, que la noblesse a reconquis à la pointe de l'épée, ou plutôt installer de nouvelles ruches pour y chanter sa messe en faux-bourdon.

— Jean est un homme de Dieu, et la piété inspire ses desseins. »

Sage réponse, mais à double entente à cause du sourire composé dont Murray l'accentua, et qui laissait dans le vague sa manière de juger les plans du réformateur. Puis, s'adressant à Roland, comme si la présence d'un tel témoin devenait plus qu'inutile, il lui ordonna d'aller sans retard rejoindre Lindsay, qui était déjà en selle.

Græme salua et sortit du cabinet. Avec l'aide de Michel, il trouva son cheval sellé et bridé sous le porche du palais, où étaient rassemblés une vingtaine de gens d'armes, dont le chef donnait des signes non équivoques de mauvaise humeur.

« Est-ce là le magot de page qui nous fait faire le pied de grue ? » demanda le baron Lindsay.

« Est-ce là le magot de page qui nous fait faire le pied de grue ? » demanda-t-il. « Ruthven arrivera au château bien avant nous. »

Michel répondit que le jeune homme avait été retenu par le régent pour recevoir ses dernières instructions. Le chef maugréa entre ses dents, et intima l'ordre à l'un des hommes de l'escorte « de veiller sur le blanc-bec, qui ne devait parler à personne ». Puis s'adressant, sous le nom de sire Robert, à un gentilhomme d'un certain âge et d'apparence respectable, il lui fit observer qu'il était grand temps de monter à cheval.

Chemin faisant, Roland put examiner tout à son aise la personne du seigneur qui conduisait la cavalcade.

Le baron Lindsay des Bouveries soutenait, sans en être abattu, le poids des années. On voyait à sa taille droite et à ses membres vigoureux qu'il était de force à braver les fatigues de la vie militaire. Des sourcils en broussailles ombrageaient de grands yeux noirs pleins d'un feu sombre, qu'assombrissait encore l'enfoncement peu ordinaire des orbites. La rudesse des traits fortement prononcés s'accusait davantage par suite de deux balafres qu'il avait reçues à la guerre, et ces traits, si naturellement propres au jeu des passions brutales, disparaissaient en partie sous une salade de fer sans visière et une barbe grisonnante qui couvrait son gorgerin. Par-dessus un corselet d'acier, jadis poli et doré, mais à présent rongé de rouille, il portait un justancorps de buffle, dont la négligence, un fréquent usage et le sort des combats avaient terni la doublure de soie et taillé les broderies. A son cou était suspendue par un baudrier une longue épée, de celles qu'on manœuvrait à deux mains ; cette arme, déjà reléguée au rang d'antiquaille, flanquait par derrière toute sa personne, la poignée dépassant l'épaule gauche et la pointe allant battre l'éperon droit. Comme aucun bras humain n'aurait pu la dégaîner à la façon ordinaire, on en poussait la lame dehors en la faisant remonter par saccades. En somme l'équipement du baron était celui d'un soldat grossier et insoucieux des apparences jusqu'au cynisme ; et le ton bref, dur, hautain dont il traitait ses inférieurs participait du même caractère de rudesse.

Le personnage qui se tenait aux côtés de Lindsay offrait avec lui un contraste absolu. Ses cheveux rares et fins étaient tout blancs, bien qu'il n'eût guère dépassé la quarantaine. Il avait la voix douce et insinuante, la taille fluette et le dos voûté par une habitude de corps, le visage pâle, plein de finesse et d'intelligence, l'œil vif mais serein. Tout en lui décelait un esprit conciliant et débonnaire, jusqu'au choix de sa monture, un bidet qui allait l'amble, tel qu'en montaient d'ordinaire les dames, les ecclésiastiques et les gens de profession paisible. Il était vêtu de velours noir, habit de cavalier et toque à plume retroussée par une agrafe d'or, et portait, pour toute arme, une épée de parade courte et légère, insigne de noblesse plutôt qu'instrument de défense.

Au sortir de la ville, la cavalcade se dirigea vers l'occident.

Roland n'eût pas été fâché de savoir où l'on allait et dans quel but, mais l'attitude de son surveillant n'invitait guère à la familiarité. Le maître lui-même n'avait pas plus grise mine et plus rébarbative que le vassal avec ses grosses moustaches rabattues sur sa bouche, comme une herse sur la porte du donjon, pour empêcher qu'il ne s'en échappât rien sans nécessité. Le reste de l'escorte, non moins taciturne, ne desserrait pas les dents. Singuliers hommes d'armes qui ressemblaient à une procession de chartreux! Même au service d'Avenel où la discipline était sévère, on en relâchait les rigueurs en voyage : durant ces heures de répit, les gens de la suite avaient licence de rire et de chanter, sous condition de n'excéder point les bornes d'une gaieté honnête.

Cette réserve injustifiable eut toutefois son bon côté : elle permit au page de recueillir ses esprits autant qu'il en était capable, et d'examiner sa situation, qui eût paru à toute personne de sang-froid périlleuse et embarrassante au possible.

Des circonstances indépendantes de sa volonté avaient obligé Roland à s'unir aux deux factions ennemies dont la lutte divisait le royaume, sans être lui-même, à vrai dire, partisan de l'une ou de l'autre ; voilà d'abord ce qui sautait aux yeux. Que cette place auprès de la reine, obtenue par la faveur du régent, lui eût été destinée par sa grand'mère, cela paraissait d'une égale évidence, surtout au souvenir de l'allusion échappée à Morton et qui était un trait de lumière. Enfin, du concours de Murray et de la vieille Græme, l'un ennemi déclaré, l'autre ardent défenseur de la religion catholique, l'un chef du nouveau gouvernement, l'autre qui le traitait d'usurpateur, il résultait clairement qu'ils devaient requérir et attendre des services tout opposés de l'individu poussé par eux et à leur insu dans le même poste. Prétentions contradictoires assez faciles à démêler et qui ne tarderaient pas à mettre en péril l'honneur et la vie!

Mais Roland n'était pas d'humeur à s'affliger des maux à venir ni à batailler contre des obstacles imaginaires.

« Puisque je vais voir, » pensait-il, « cette belle et infortunée Marie Stuart, dont nous avons là-bas si souvent ouï parler, il sera temps alors de décider qui je devrai servir, de la mère ou du fils. Aucun des deux partis ne peut se flatter d'avoir reçu de moi engagement ni promesse ; car, ici et là, on m'a fait tourner comme un toton, sans me dire pourquoi ni comment. Il est heureux que ce bourru de Douglas soit venu au palais ce matin ; autrement, je n'en aurais pas été quitte avec Murray à moins de me prêter par serment à toutes ses exigences, et Dieu sait s'il est honnête de donner un page à la pauvre princesse uniquement pour l'espionner! »

Ayant ainsi traité par-dessous jambe une question si grave, notre jeune étourdi se mit en quête de distractions plus agréables. Il admira les tours gothiques de Barnbougle non moins que le terrain giboyeux au milieu duquel défilait lentement la cavalcade, et cette marche lugubre l'ayant reporté par comparaison à ses joyeuses chevauchées autour d'Avenel, il joua de l'éperon et fit caracoler sa monture. Mal lui en prit, car le soldat chargé de le surveiller l'avertit aussitôt de modérer ses faits et gestes, ou bien qu'il pourrait lui en cuire.

Le brutal! et combien valait mieux l'honnête Woodcock, si complaisant et d'humeur si gaie! Il allait, lui, rentrer au château, où la vie coulait doucement ; il y retrouverait ses faucons et de belles chasses, et une maîtresse au cœur d'or. De ces biens perdus que restait-il au page? Alors se leva dans son esprit l'image de Catherine, et il ne pensa plus à autre chose.

Arrivés au bourg de Queen's Ferry, Lindsay et sa troupe traversèrent le golfe du Forth sur des bateaux qui les attendaient. Un trait bien particulier à cette époque éloignée, c'est que, pendant l'embarquement, on fit feu sur les passagers du haut des remparts voisins de Rosith, dont le seigneur par suite d'une querelle publique ou privée, avait jugé bon de marquer ainsi son inimitié. L'insulte n'ayant point eu de résultat fâcheux, on dédaigna d'en tirer vengeance, et le reste du voyage s'acheva sans autre incident.

En suivant le cours du Leven, on était arrivé au lac du même nom, qui étendait sa belle nappe d'eau sous les brillants rayons d'un soleil d'été.

A peu près au centre, on voyait s'élever sur un îlot un antique manoir, qui rappelait assez bien celui d'Avenel. Le lac toutefois était de beaucoup plus vaste, parsemé d'îles et entouré de plaines fertiles, hormis à l'est où venait expirer la chaîne du Ben Lomond. Alors comme aujourd'hui, la résidence ne consistait qu'en un grossier donjon, au milieu d'une enceinte flanquée de deux tours rondes et renfermant quelques bâtisses de peu d'importance. Un bouquet de vieux arbres, groupés près du castel, adoucissait un peu l'aspect de cette morne solitude.

Jeté en présence d'une demeure si entièrement perdue, Roland était consterné ; n'avait-il pas lieu de gémir sur la condition d'une princesse condamnée à une telle réclusion, et de se plaindre aussi de son propre sort?

« C'est une fatalité ! » pensait-il. « Suis-je donc né sous l'astre qui préside aux dames et aux lacs, que je ne puisse éviter de servir les unes et d'habiter au-dessus des autres? Ah! si l'on prétend me priver de toute liberté, l'on verra qu'il n'est pas plus malaisé d'y enfermer un canard sauvage qu'un garçon habitué à nager comme lui. »

La troupe une fois rangée sur le bord de l'eau, un des soldats s'avança en agitant de droite et de gauche le pennon de Lindsay; et lui-même sonna un vigoureux appel de cor. On répondit à ces signaux en arborant une bannière sur les créneaux du donjon, et deux hommes s'occupèrent à démarrer une barque.

« Il se passera du temps avant qu'ils touchent la rive, » fit observer le compagnon de Lindsay. « Peut-être ferions-nous bien de pousser jusqu'à la ville pour mettre ordre à notre toilette avant de nous présenter devant...

— A votre aise, sire Robert Melville, » interrompit le baron. « Je

n'ai pas le loisir, moi, ni l'envie, de baguenauder à ces fadaises. Elle m'a fait endosser plus d'une fois le harnais, et si je suis accoutré d'un pourpoint sale et d'un manteau qui montre la corde, doit-elle s'en offenser? C'est la livrée de toute l'Écosse, grâce à elle.

— Quel acharnement! Si elle a eu des torts, elle les a chèrement payés; et en lui ôtant la couronne, on n'a pas entendu lui refuser ces menues marques de déférence qui sont dues à une femme et à une princesse.

— Comme il vous plaira, je le répète. Mais un vieux routier de ma sorte n'ira pas s'attifer comme un blondin pour faire la roue dans le boudoir des dames.

— Le boudoir! Est-ce à ces grilles, à ces sombres murailles, qui servent de prison à une reine, que vous donnez une épithète si gracieuse?

— Eh! qu'importe le mot! Si le régent avait eu besoin d'un envoyé capable de flatter les oreilles d'une royale prisonnière, il a autour de lui maint joli cœur qui eût brigué l'occasion de rabâcher des lambeaux de l'*Amadis des Gaules* ou du *Miroir de la chevalerie*. En dépêchant au contraire un ours mal léché, il savait que l'ours tiendrait à cette femme égarée un langage en rapport avec ses fautes d'hier et sa situation d'à présent. Du reste, je n'ai pas sollicité l'ambassade; on me l'a jetée à la tête; et, dans ces conditions, que sert de s'embarrasser des règles du cérémonial? »

A ces mots, Lindsay descendit de cheval et s'étendit nonchalamment sur l'herbe, enveloppé de son manteau. Melville, qui avait aussi mis pied à terre, passait et repassait le long du rivage, les bras croisés sur sa poitrine, l'air inquiet et chagrin, et les yeux souvent tournés vers le donjon. Les hommes d'armes, raides comme des statues, étaient restés en selle, leurs lances dressées vers le ciel, immobiles.

Dès que la barque eut accosté le quai à peine ébauché, près duquel attendait la troupe, Lindsay se leva et demanda pourquoi l'on n'avait pas expédié un plus grand bateau pour le transporter, lui et sa suite.

« Ne vous déplaise, » répondit le batelier, « notre maîtresse a expressément défendu d'amener plus de quatre personnes.

— C'est pousser loin la prudence que de me soupçonner de trahison. Et, s'il m'en prenait l'envie, qui m'empêcherait de te jeter à l'eau, toi et tes camarades, et d'installer mes gens à votre place? »

Sur cette menace, le batelier fit un signe, et la barque, ramenée en arrière, s'arrêta à distance respectueuse.

« Eh bien, animal, » cria le baron, « t'imagines-tu vraiment que j'en veuille à ta sotte personne? Voyons, l'ami, écoute : il m'est impossible de me présenter là-bas avec moins de trois hommes, et sire Robert Melville aura besoin d'un domestique. Nous sommes venus pour affaires de haute importance, et, si tu nous refuses passage, tant pis pour toi et ta maîtresse ! »

D'un ton ferme, quoique très modéré, le batelier argua derechef des ordres positifs qu'il avait reçus, se montrant toutefois disposé à aller en quérir de nouveaux.

« Allez, mon ami, » répondit sire Robert, après avoir essayé en vain d'amener l'entêté Lindsay à réduire ses prétentions ; « retournez au château, puisque vous ne pouvez mieux faire, et obtenez la permission de transporter le baron, moi et nos gens.

— En attendant, » ajouta Lindsay, « prends à bord ce page, qui doit servir la commensale de ta maîtresse... Ho! mon drôle, pied à terre, et décampe avec eux.

— Et mon cheval? » riposta Roland. « J'en suis responsable envers mon maître.

— C'est bon, je m'en charge. Cheval, selle ou bride, tu n'en auras cure, d'ici à une dizaine d'années. Emporte le licou, si tu veux ; il te sortira peut-être d'affaire.

— Si je le croyais...

— Ne vous cabrez pas, mon fils, » interrompit Melville avec douceur ; « la résistance ne vous mènerait à rien, sinon à en être le mauvais marchand. »

L'observation était juste, et Roland le sentit ; aussi, quoique mortifié de la réponse de Lindsay, tant pour le fond que pour la forme, il fit de nécessité vertu, et obéit sans mot dire.

Les rameurs se mirent à l'œuvre ; à mesure que plaine et cavaliers se perdaient dans l'éloignement, l'île et le château semblaient se rapprocher au même degré, et bientôt on s'arrêta près d'un vieil arbre qui ombrageait de son épaisse ramée le lieu de débarquement. Le patron et Roland prirent terre, tandis que les aides, appuyés sur leurs avirons, se tinrent prêts pour une nouvelle traversée.

CHAPITRE XXI.

> Si le courage ou l'amour du peuple pouvait servir d'égide, la France n'eût point pleuré la mort du vaillant Henri de Navarre; et si l'esprit ou la beauté pouvait émouvoir la compassion, la rose de l'Écosse n'eût point versé tant de larmes inutiles.
>
> LEWIS, *Élégie sur un mausolée royal.*

 la porte de l'enceinte du donjon attendait une femme, vêtue de velours noir et d'une taille majestueuse.

C'était la châtelaine de Lochleven, maîtresse en ses jeunes ans du roi Jacques V, qui la rendit mère du célèbre comte de Murray, devenu régent de l'Écosse. Malgré la publicité de cette liaison, sa haute naissance et l'éclat de ses charmes la firent rechercher en mariage par plusieurs grands seigneurs, entre autres par Robert Douglas, sire de Lochleven, qui fut le préféré.

Mais Shakespeare l'a dit :

> Nos plus chères faiblesses,
> Le temps les tourne un jour en verges vengeresses.

Bien qu'elle jouît d'une situation honorable comme épouse d'un gentilhomme en crédit et mère d'une postérité légitime, elle n'en ressentait pas moins l'amertume de sa chute; et le fils dont le génie et le

La dame de Lochleven.

pouvoir la rendaient fière, celui-là qui gouvernait en réalité le royaume, n'en était pas moins le gage d'un commerce illicite.

« Ah! si Jacques avait su me rendre justice! » pensait-elle dans le secret de son cœur. « Quelle intarissable source de gloire et de bonheur pour moi à voir mon fils occuper, par droit de naissance, le trône d'Écosse et s'élever au niveau des plus illustres monarques. La maison de Marr, qui ne le cède en ancienneté ni en grandeur à celle de Drummond, aurait pu se vanter aussi d'avoir une reine parmi ses filles, et par là elle eût évité la tache qui suit nos faiblesses, même quand elles ont pour excuse l'amour d'un prince. »

La persistance de semblables idées dans une âme que la nature avait pétrie d'orgueil et de ténacité déterminait des effets analogues sur le visage, où, parmi les restes d'une insigne beauté, l'on pouvait discerner des indices de malaise intérieur et de sombre mélancolie. De plus, — chose qui contribuait peut-être à aggraver cette tournure d'esprit, — elle avait poussé jusqu'au fanatisme la rigidité de ses sentiments religieux, en dehors desquels, à l'instar des catholiques, elle n'admettait point de salut. Quoi d'étonnant si, à tous égards, elle avait pris en haine sa prisonnière, l'infortunée reine d'Écosse? N'était-ce pas la fille de Marie de Lorraine, de celle qui avait acquis sur le cœur et la main de Jacques V les droits légitimes dont elle se croyait injustement dépouillée, et, pis encore, la servante dévouée d'une Église qu'elle abhorrait plus que le paganisme?

D'un grand air de dignité, la châtelaine demanda au batelier qui venait de débarquer ce qu'étaient devenus Lindsay et Melville, et sur sa réponse elle eut un sourire de dédain.

« Il faut flatter les fous, » fit-elle, « au lieu de les contredire. Vire de bord, Randal, excuse-toi auprès d'eux comme tu le pourras, et apprends-leur l'arrivée de Ruthven, qui les attend avec impatience. Va... Mais, à propos, quel galopin m'as-tu amené là?

— Sauf votre respect, Madame, c'est le page qui...

— Ah! oui, le mignon. La mignonne est ici depuis hier. J'aurai une maison bien ordonnée avec cette princesse et sa suite ; espérons que la charge en passera bientôt à d'autres. Pars, Randal, et vous, » dit-elle à Roland, « suivez-moi au jardin. »

Ce qu'elle appelait ainsi était une sorte de parterre, pratiqué sur un des côtés de l'enceinte et entièrement fermé de murs; quelques statues et une fontaine artificielle en rompaient la monotonie; une poterne y donnait accès.

Dans cette clôture étroite où il n'y avait qu'un simulacre de liberté, Marie Stuart était en train de s'exercer au rôle douloureux de prisonnière, que, sauf un bien court intervalle, elle était destinée à jouer désormais jusqu'à la fin de sa vie. Deux dames l'accompagnaient dans sa promenade mélancolique; mais en apercevant le groupe, Roland n'eut d'yeux que pour la reine déchue, la jeune et charmante héroïne renommée par ses talents, intéressante par ses infortunes.

Marie a laissé d'elle-même une impression profonde dans tous les souvenirs. Il est presque inutile, après trois siècles écoulés, de rappeler au lecteur le moins instruit cette physionomie remarquable, dont les traits réalisent, en une si heureuse alliance, notre idéal de la grâce, de l'éclat et de la majesté, qu'ils nous laissent en doute de savoir à quoi les mieux appliquer, du rang suprême, de la beauté ou du génie. Quel homme, au seul nom de Marie Stuart, n'a son portrait sous les yeux, aussi familier à l'esprit que celui de la première maîtresse ou d'une fille adorée? Ceux-là mêmes, entraînés à croire, en tout ou en partie, aux allégations de ses ennemis, ne sauraient évoquer sa figure, sans y lire autre chose que les crimes affreux dont elle a été chargée durant sa vie, et qui continuent d'obscurcir sa mémoire, si ce n'est de la décrier.

Un front noble et bien ouvert; des sourcils finement dessinés, trop réguliers peut-être sans le charme des yeux bruns qui semblaient exprimer tant de choses; un nez grec, du profil le plus pur; une bouche admirable et si délicate de forme qu'il n'en pouvait sortir rien que de délicieux à entendre; un menton à fossette, un cou de cygne, voilà ce qui composait un ensemble dont nous ne savons pas d'autre exemple dans cette classe de hauts personnages appelés à commander, sur la scène du monde, une attention universelle et sans partage. En vain objectera-t-on que les portraits de l'illustre princesse ne se ressemblent pas entre eux; en dépit des différences, chacun offre certains traits généraux, et l'œil les distingue sur-le-champ pour en décorer l'image qui s'est imprimée en nous par la lecture de l'histoire et par la vue des œuvres d'art. Dans la plus mauvaise estampe, et malgré les défauts d'exécution, l'on reconnaît l'original qu'elle a prétendu reproduire ; et ce n'est point une faible preuve du pouvoir de la beauté que ses charmes, après un tel espace de temps, soient encore l'objet non seulement de l'admiration, mais d'un intérêt chevaleresque. Combien de ses plus acharnés détracteurs envièrent au dernier moment le bourreau, qui, avant d'accomplir son horrible ministère, désira baiser la belle main de sa victime!

Marie, en grand habit de deuil, s'avança vers la dame de Lochleven. Celle-ci s'efforça de déguiser, sous les dehors d'une respectueuse indifférence, sa haine et ses inquiétudes, et elle avait raison d'être mal à l'aise, tant la reine s'était plu de fois à l'écraser sous les atteintes de cette raillerie voilée, mais mordante, qui sert aux femmes à venger leurs injures.

Un tel don ne fut-il pas aussi fatal à celle qui le possédait que maint autre dont elle était douée ? Le doute est bien permis ; car s'il lui procurait quelques instants de triomphe, il ne manquait pas d'exaspérer le ressentiment de ses geôliers, qui répondaient aux sarcasmes par tous les méfaits en leur pouvoir. On sait ce qui fournit l'occasion de hâter son supplice : une lettre écrite à la reine Élisabeth, et dans laquelle elle tournait en ridicule sa jalouse rivale et la comtesse de Shrewsbury avec l'ironie la plus sanglante.

Lorsque les deux dames se rencontrèrent, la reine dit en inclinant la tête pour répondre au salut de la châtelaine :

« C'est jouer de bonheur en vérité que de savourer la compagnie de notre aimable hôtesse en dehors de ses habitudes, et durant les moments qu'on nous a laissés jusqu'ici pour notre récréation particulière. Mais notre excellente hôtesse, convaincue qu'elle trouve accès en tous temps auprès de notre personne, n'a pas besoin de solliciter notre agrément selon les règles d'une futile étiquette.

— Si ma présence paraît indiscrète à Votre Grâce, » répondit la dame de Lochleven, « j'en suis fâchée. Je venais simplement vous annoncer l'arrivée d'une recrue dans votre service, » et elle désignait Roland, « circonstance à laquelle les dames ne sont guère indifférentes.

— Alors que Votre Seigneurie daigne m'excuser! Je suis vraiment confuse, accablée de gratitude envers mes nobles sujets, que dis-je! mes

souverains, qui ont poussé la bonté jusqu'à grossir si fort l'importance de ma suite.

— Ils ont cherché à prouver leur déférence à Votre Grâce, un peu aux dépens d'une saine politique peut-être, voilà le fait ; il n'y a pas deux manières de l'entendre.

— Oh! impossible! Permettre à la fille d'une longue lignée de rois, à celle qui règne encore sur ce pays, d'avoir l'assistance de deux femmes de chambre et d'un page, quelle insigne faveur! Marie Stuart ne saurait en être trop reconnaissante. Quoi donc! j'aurai une suite pareille à celle de vos vassales, les châtelaines campagnardes du comté de Fife, ou à peu près, car il y manquera un écuyer et deux ou trois laquais en livrée bleue. Mais voyez l'égoïsme de ma joie! J'allais oublier à quel excès d'embarras et de dépenses cette addition mirifique va jeter notre bonne hôtesse et la maison entière de Lochleven. Voilà, j'en suis certaine, ma respectable dame, la sage préoccupation qui assombrit l'air de votre visage. Mais rassurez-vous. La couronne d'Écosse ne manque pas de beaux domaines, et votre tendre fils, qui est pour moi un frère non moins tendre, saura gratifier d'un des plus riches le bon chevalier, votre époux, avant de permettre à Marie de quitter ce toit hospitalier, faute des moyens de subvenir à ses dépenses.

— Le temps, Madame, s'est chargé d'apprendre aux Douglas ce qu'ils doivent à l'État, sans espoir de récompense, et la tâche à remplir fût-elle aussi pénible que dangereuse.

— En vérité, ma chère Lochleven, quel excès de scrupule! Acceptez un bon domaine, de grâce. Comment soutenir ici la reine et sa cour, sinon aux frais de la couronne? et qui satisferait mieux les besoins d'une mère qu'un fils dévoué, le comte de Murray par exemple, qui peut allier, à un degré merveilleux, le pouvoir et la volonté? Mais ne parliez-vous pas d'une tâche dangereuse? Serait-ce là ce qui nous dérobe votre amabilité coutumière? Ah! certes, un page apporte à mon armée de femmes un formidable renfort, et, au fait, ce doit être la raison qui, tout à l'heure, a empêché Lindsay d'affronter un ennemi si redoutable, sans avoir derrière lui une escorte suffisante. »

La châtelaine tressaillit, un peu étonnée. Par une volte-face soudaine, Marie quitta le ton de l'ironie doucereuse pour celui de l'autorité, et, redressant sa taille élégante, elle ajouta, avec toute la majesté de son rang :

« Oui, dame, Ruthven est déjà au château, et Lindsay attend sur le rivage que votre barque aille le chercher à son tour, ainsi que Robert Melville, je sais cela. Quelle est leur intention en venant ici? Pourquoi n'ai-je pas été, dans les formes ordinaires, avertie de leur arrivée?

— Leur intention, Madame, ils se chargeront de vous l'apprendre; quant à les annoncer d'avance, il y a autour de Votre Grâce des yeux perçants qui rendaient ce soin superflu.

— Las! ma pauvre Fleming, » reprit la reine en se tournant vers la plus âgée de ses dames de compagnie, « tu vas être jugée, condamnée et pendue ni plus ni moins qu'un espion, pour avoir eu la malechance de traverser la grand' salle juste au moment où la châtelaine conversait à tue-tête avec Randal, son pilote. Fourre un tampon de laine dans tes oreilles, fillette, si tu y tiens désormais. Au castel de Lochleven, vois-tu, langues et oreilles ne sont d'aucun emploi; c'est uniquement pour la montre. Notre digne hôtesse est là qui entend et parle à notre place. » Et s'adressant à l'objet de son ressentiment : « Nous vous dispensons d'aller plus loin, Madame. Il est temps de nous préparer à la visite de ces rebelles. Nous choisirons pour salle d'audience la pièce contiguë à notre chambre à coucher. Quant à vous, jeune homme, » et pour parler à Roland elle substitua au persiflage un accent de bonne humeur, « vous qui composez toute notre maison depuis notre grand chambellan jusqu'au dernier de nos valets, suivez-nous pour veiller aux apprêts de la cérémonie. »

A ces mots, elle se dirigea vers le château.

La vieille dame croisa les bras et eut un sourire de haine cruelle en la regardant s'éloigner.

« Toute sa maison! » grommela-t-elle. « Plût au ciel qu'elle n'eût jamais été plus nombreuse! »

Apercevant alors Roland qui était resté en arrière, elle lui fit passage, en ajoutant :

« Es-tu déjà aux écoutes, l'enfant? Suis ta maîtresse, et rapporte-lui, si tu veux, mes paroles. »

Le page se hâta de rejoindre la reine et les dames de sa suite, qui venaient de rentrer au château par une porte basse donnant sur le jardin. Ils montèrent un escalier tournant, jusqu'au second étage, où se trouvait l'appartement de la royale prisonnière, composé de trois pièces en enfilade : la première était une espèce d'antichambre, la seconde un assez grand salon, et la dernière la chambre à coucher de la reine. Une pièce plus petite, donnant dans le salon, était réservée à ses femmes.

Roland s'arrêta dans le vestibule pour y attendre les ordres qui pourraient lui être donnés ; c'était là son poste. Par la fenêtre grillée, il vit débarquer Lindsay, Melville et leur suite, et il remarqua un troisième gentilhomme, venu au-devant d'eux à la porte du château, et auquel Lindsay cria de sa rude et forte voix :

« Vous nous avez devancés, Ruthven ! »

Au même instant, l'attention du page fut éveillée par une explosion de sanglots entrecoupés qui venait de la chambre voisine et par des cris de femmes apeurées ; il se précipita aussitôt à leur secours. Lorsqu'il entra, la reine s'était jetée dans un grand fauteuil près de la porte, et elle sanglotait à perte d'haleine, dans un accès de douleur nerveuse. La plus âgée de ses femmes la soutenait dans ses bras, pendant que la plus jeune essuyait ses larmes et lui baignait le visage avec de l'eau.

« Hâtez-vous, jeune homme, » cria la vieille dame alarmée ; « courez, appelez à l'aide... Elle va s'évanouir. »

Mais la reine murmura d'une voix faible, et comme brisée :

« Restez, je vous prie... N'appelez pas... Je vais mieux... Ce n'est rien, je le sens. »

En effet, d'un brusque effort, comme si elle se reprenait violemment à la vie, elle se redressa sur son fauteuil et s'efforça de reprendre contenance, les traits encore bouleversés par la terrible émotion qu'elle venait de subir.

« J'ai honte de ma faiblesse, » dit-elle, en saisissant les mains de ses femmes, « mais c'est passé. Me voici redevenue Marie Stuart. Le ton sauvage et la voix de cet homme, dont je connais l'insolence, son nom, le but de son voyage, tout cela doit excuser un moment de défaillance, pourvu qu'il ne dure qu'un moment. »

Sa coiffe s'était trouvée froissée pendant cette crise de nerfs; elle l'arracha de sa tête, et déroula les superbes tresses brunes qu'elle cachait en les maintenant attachées. Caressant de sa main fine ces flots de cheveux qui l'enveloppaient, elle se dressa, semblable à une pythonisse inspirée, dans une attitude faite de douleur et d'orgueil, de sourires et de larmes.

« Nous voilà, » dit-elle, « en triste équipage pour recevoir nos sujets rebelles, mais nous ferons notre possible pour nous présenter comme il sied à leur reine. Que dit votre chanson favorite, ma chère Fleming?

> Courez, filles, à mon boudoir,
> A mon miroir;
> Frisez, tournez la boucle brune,
> Et que chacune
> Passe et repasse au moins dix fois
> Entre vos doigts.

« Hélas! » ajouta-t-elle quand elle eut répété avec un sourire ces vers d'une vieille ballade, « la force m'a déjà privée des parures de mon rang; et quant au peu d'attraits que la nature m'a départis, le chagrin et les tourments en sont venus à bout. »

Tout en parlant, elle laissait encore errer ses mains à travers les flots rebelles de la chevelure, qui lui voilait comme un manteau ses épaules et son sein agité. C'est qu'elle n'avait pas perdu, en cette crise, la conscience de sa beauté sans seconde.

Jeune et sans expérience, ardemment porté vers tout ce qui était grand et aimable, Roland fut frappé de l'attitude de cette reine; elle opéra sur lui comme une magicienne. Le charme et l'intérêt le clouaient au sol; il ne songeait qu'au moyen de hasarder sa vie pour une aussi noble cause que celle de Marie Stuart. Elle avait été élevée en France, elle était belle de la beauté la plus rare, elle avait été reine, et l'une de ces reines d'Écosse auxquelles la connaissance des hommes était aussi nécessaire que l'air respirable. Marie était, de toutes les femmes du monde, celle qui connaissait le mieux l'influence qu'exerçaient ses charmes sur quiconque l'approchait, avantage dont elle savait user. Elle jeta à Roland un regard qui eût attendri un cœur de roche.

« Mon pauvre garçon, » dit-elle, en accentuant à dessein la sympathie qu'elle éprouvait pour lui, « l'on t'a envoyé, au milieu d'étrangers, partager notre triste captivité. Tu as quitté pour nous quelque tendre mère, une sœur, ou une jeune fille préférée, avec qui tu partageais les joyeuses rondes du Mai; je te plains. Mais tu es le seul homme que j'aie sous la main; veux-tu m'obéir?

— Oh! Madame, » s'écria Roland, d'un ton décidé, « jusqu'à la mort!

— Alors, garde la porte de mon appartement, et ne cède qu'à la force, en attendant que je sois habillée comme il faut pour recevoir les intrus.

— Ils ne passeront que sur mon corps. »

L'impulsion du moment dissipait les hésitations qu'il avait pu avoir sur la ligne de conduite à suivre.

« Pas cela, mon brave enfant, pas cela, » reprit Marie; « je n'en demande pas tant. Je n'ai près de moi qu'un fidèle sujet, dont j'ai grand besoin, Dieu le sait, et je dois veiller sur ses jours. Résiste tout juste assez pour leur faire honte d'avoir usé de violence, et puis laisse-les entrer. Tels sont mes ordres. Ne les oublie pas. »

Et avec un sourire, où la bienveillance se mêlait au sentiment de l'autorité, elle passa dans sa chambre à coucher, accompagnée de ses suivantes.

La plus jeune s'arrêta une seconde avant de disparaître à son tour, et fit au page un signe de la main. Il avait déjà fort bien reconnu en elle Catherine Seyton, et il était trop intelligent pour s'en étonner, car il se souvenait de cette mystérieuse conversation entre les deux matrones dans le cloître abandonné, sur laquelle cette rencontre même avec Catherine semblait jeter une vive lumière. Cependant, tel était l'effet absorbant de la présence de Marie Stuart, qu'il put effacer momentanément jusqu'à l'amour dans le cœur d'un jeune homme amoureux. Mais, la jeune fille une fois disparue, il se demanda de quel genre devaient être leurs relations.

« Elle a levé la main en manière de commandement, » pensait-il; « peut-être a-t-elle voulu me confirmer les ordres de la reine. Elle n'a pas, je suppose, la prétention de me menacer de cette espèce de correction qu'elle a administrée à la jaquette de frison et à ce pauvre Adam Woodcock. Nous verrons cela tout à l'heure. Jusqu'ici justifions la confiance que nous a montrée cette malheureuse reine. Le devoir d'un page fidèle, et là-dessus, Murray lui-même en conviendrait, est de défendre sa maîtresse contre l'envahissement de ses appartements privés. »

Il alla donc se poster dans le petit vestibule, fermant à clef et au verrou la porte qui donnait sur le grand escalier; après quoi, il s'assit et attendit.

Son attente fut courte. Une lourde et forte main essaya bientôt de lever la clanche ; puis on poussa, on secoua la porte avec violence, et comme elle résistait, une voix cria :

« Hé ! là dedans, ouvrez !

— De quel droit, » demanda le page, « m'ordonne-t-on d'ouvrir la porte de la reine ? »

Une seconde tentative, qui fit gémir les ais et grincer les verrous, montra que l'impatient assaillant serait volontiers entré sans décliner ses qualités ; mais, à la fin, la voix répartit :

« Ouvrez, sur votre vie ! Le baron Lindsay vient entretenir Sa Grâce Marie d'Écosse.

— Le baron Lindsay, comme gentilhomme écossais, doit attendre le bon plaisir de sa souveraine. »

A ces paroles du page, une vive altercation s'éleva au dehors. Roland distinguait la voix particulièrement rude de Lindsay, qui semblait répondre à quelque observation pacifique de sire Robert Melville.

« Non, non, non, mille fois non ! Je ferai sauter l'huisserie plutôt que de me laiser braver par une femme sans mœurs et moquer par un insolent laquais.

— Voyons, » disait Melville, « laissez-moi essayer d'abord d'un moyen plus honnête. De la violence contre une femme ? Cela tacherait à jamais votre blason. Attendez au moins que Ruthven soit arrivé.

— Je n'attendrai pas davantage, » répliqua Lindsay. « Il est grand temps que la besogne se fasse et que nous retournions à Édimbourg. Quant à votre moyen honnête, essayez-en, si bon vous semble ; je vais préparer mon pétard. J'ai apporté avec moi d'aussi bonne poudre que celle qui a fait danser la Maison des Champs.

— Au nom de Dieu, un peu de patience ! » reprit Melville, et s'approchant de la porte, il ajouta, en s'adressant de l'autre côté : « Faites savoir à la reine que son serviteur, Robert Melville, la prie, dans son propre intérêt et pour éviter des maux plus grands, de vouloir faire ouvrir sa porte et admettre en sa présence le baron Lindsay, chargé d'une mission du conseil privé.

— Votre requête va être transmise à la reine, » dit le page, « et je vous apporterai sa réponse. »

Il alla jusqu'à la porte de la chambre à coucher, heurta doucement et fit la commission à la vieille dame qui lui ouvrit ; celle-ci alla trouver la reine et revint avec l'autorisation d'admettre Melville et Lindsay. Roland ouvrit la porte : Lindsay entra de l'air d'un soldat qui s'est frayé par les armes un chemin dans une citadelle, pendant que Melville, abattu, le suivait à pas lents.

« Je vous prends à témoin, » dit le page, en s'adressant à ce dernier, « que, sans l'ordre exprès de la reine, j'aurais fait bonne défense à la porte, de toutes mes forces, jusqu'à la dernière goutte de mon sang, et contre l'Écosse entière.

— Silence, jeune homme, » dit Melville, sur un ton de sévère réprimande ; « n'attise pas le feu... Ce n'est pas le moment de faire parade de ton enfantine chevalerie.

— Pourquoi ne vient-elle pas ? » dit Lindsay, qui s'était avancé jusqu'au milieu de la salle. « Comment trouvez-vous la plaisanterie ?

— Patience ! » reprit sire Robert. « Rien ne presse. D'ailleurs, Ruthven n'est pas arrivé. »

Au même instant, la porte intérieure s'ouvrit, et l'on vit paraître la reine. Elle s'avança avec cet air de grâce et de majesté qui lui était particulier, nullement émue en apparence ni de la visite ni des procédés grossiers qui l'avaient accompagnée. Elle était vêtue d'une robe de velours noir, garnie d'une petite fraise, qui voilait le sein en dégageant le col et le menton. Elle avait pour coiffure un léger bonnet de dentelle, et par-dessus un grand voile de fin linon flottant sur ses épaules en larges plis ondoyants, de manière à pouvoir s'en couvrir le visage et y envelopper sa personne. Une croix d'or était suspendue à son cou, et un rosaire d'or et d'ébène à sa ceinture. Elle était suivie de près par ses deux dames, qui restèrent debout derrière elle pendant la conférence.

Lindsay, lui-même, le gentilhomme le plus rude de ce siècle de fer, s'étonna d'éprouver une sorte de respect devant l'attitude calme et majestueuse d'une femme qu'il s'attendait à trouver exaspérée par l'impuissance de sa colère, abîmée dans une douleur inutile, ou tourmentée d'appréhensions, qui ne pouvaient manquer de l'assaillir sous les ruines de sa royauté.

« Nous craignons de vous avoir fait attendre, Messire, » dit la reine, en rendant avec dignité à Lindsay le salut qu'il avait eu de la peine à ébaucher; « mais une femme n'aime guère à recevoir de visite sans avoir passé quelques minutes à sa toilette.

Les hommes, eux, ne sont pas accoutumés à tant de cérémonie. »

Lindsay, abaissant les yeux sur ses vêtements que la route avait souillés et mis en désordre, murmura quelques excuses sur la rapidité de son voyage, pendant que la reine saluait Melville avec courtoisie et même, sembla-t-il, avec bienveillance.

Il y eut alors une pause. Lindsay se retourna plusieurs fois avec impatience pour voir arriver le membre en retard de cette ambassade. La reine, seule, ne manifestait aucun embarras; pour rompre le silence, elle adressa la parole au vieux guerrier, en jetant un regard sur l'épée énorme et encombrante qu'il portait, comme nous l'avons déjà dit, pendue en bandoulière.

« Vous avez là une solide et fidèle compagne de voyage, » dit-elle. « Vous ne comptiez pas, je pense, trouver ici d'ennemis contre lesquels cette arme formidable pût vous servir? C'est, à mon avis, une parure de cour un peu singulière. Heureusement, je suis trop de ma famille pour avoir peur d'une épée.

— Madame, » répondit Lindsay, plantant son arme la pointe au sol et appuyant sa main sur la poignée, « ce n'est pas la première fois que cette épée se présente sous les yeux d'un Stuart.

— Il se peut qu'elle ait rendu des services à mes ancêtres. Les vôtres étaient de loyaux gentilshommes.

— Oui, elle a rendu des services, mais de ceux que les rois n'aiment ni à reconnaître, ni à récompenser. C'était le service que la serpe rend à l'arbre en le taillant au vif, en en retranchant ce superflu de branches gourmandes, qui lui vole sa sève et sa nourriture.

— C'est parler par énigmes; j'espère que le mot n'aura rien de blessant.

— Vous allez en juger, Madame. Cette épée ceignait les reins d'Archibald Douglas, comte d'Angus, au jour mémorable où il reçut le nom de Porte-Grelot, et cela pour avoir chassé de la présence de votre aïeul, le troisième Jacques de la famille, une tourbe de mignons, de flatteurs, de favoris qu'il alla pendre au pont de Lauder. C'était pour leur apprendre comment on traite cette sorte de reptiles quand elle rampe jusqu'au trône d'Écosse. Avec cette épée, le même inflexible champion de la noblesse et de l'honneur écossais tua, sur le coup,

Speus de Kilspindie, un courtisan de votre grand-père, qui s'était permis de parler légèrement de lui en présence du roi. Ils se battirent près du ruisseau de Fala, et Porte-Grelot trancha la cuisse de son adversaire et la lui élagua du tronc aussi facilement qu'un petit berger se coupe une baguette à même une branche.

— Messire, » reprit la reine, en rougissant, « j'ai les nerfs trop aguerris pour m'effrayer même de cette terrible histoire. Puis-je vous demander comment cette illustre épée a passé de la maison de Douglas à celle de Lindsay ? Il me semble qu'elle aurait dû être conservée comme une relique sacrée dans une famille qui prétend avoir fait pour son pays tout ce qu'elle a fait contre ses rois.

— Oh! Madame, » s'écria Melville d'un air inquiet, « épargnez-vous cette question, et vous, Lindsay, au nom de l'honneur et de la bienséance, gardez-vous d'y répondre.

— Il est temps, » repartit Lindsay, « qu'elle sache entendre la vérité.

— Et soyez certain, » ajouta Marie, « que rien de ce que vous pourrez lui dire n'excitera en elle de colère. Il y a des cas où la colère la plus juste cède à un juste mépris.

— Écoutez donc, » dit Lindsay. « C'était sur le champ de bataille de Corberry ; cet infâme traître et ce meurtrier, Jacques, quelque temps comte de Bothwell, connu sous le sobriquet de duc des Orcades, défia en combat singulier quelqu'un des nobles ligués contre lui pour le livrer à la justice. J'acceptai le cartel, et le comte de Morton me fit cadeau de cette bonne épée pour m'aider à soutenir le combat. Ah! plût au ciel que sa présomption eût été encore plus invétérée, ou sa couardise un peu moins! j'aurais fait de si bonne besogne sur la carcasse du traître que les chiens et les corbeaux auraient trouvé toute prête leur part de charogne. »

Le courage de la reine fut sur le point de faiblir quand elle ouït prononcer le nom de Bothwell, ce nom qui rappelait tant de crimes, de hontes et de désastres. Mais les vantardises sans fin de Lindsay lui donnèrent le temps de se remettre et de répondre avec le ton du plus froid mépris :

« Il est facile, Messire, de tuer un ennemi qui n'entre pas en lice.

Si Marie Stuart avait hérité de l'épée comme de la couronne de son père, le plus déterminé des rebelles n'aurait pas pu se vanter de n'avoir trouvé, ce jour-là, aucun champion avec qui se mesurer. Vous m'excuserez d'abréger cette conférence ; la plus courte description d'un sanglant combat suffit à la curiosité d'une femme. A moins que le sire de Lindsay n'ait à nous entretenir d'objets plus importants que les exploits du vieux Porte-Grelot, à nous apprendre surtout comment il n'eût pas manqué, la fortune aidant, de les égaler lui-même, nous allons nous retirer dans notre appartement, et Fleming achèvera de nous lire le petit traité des *Rodomontades espagnoles*.

— Halte! Madame, » répondit Lindsay, rougissant à son tour, « la vivacité de votre esprit m'est trop bien connue, pour avoir uniquement cherché l'occasion d'en aiguiser la pointe aux dépens de mon honneur. Le baron de Ruthven et moi, accompagnés de sire Robert Melville, nous venons, de la part du conseil privé, entretenir Votre Grâce de choses qui intéressent de près la sécurité de votre vie et le bien de l'État.

— Le conseil privé? » dit la reine. « De quel droit peut-il subsister ou agir, pendant que moi, de qui il tient ses pouvoirs, je suis arbitrairement séquestrée? Mais n'importe ; rien de ce qui intéresse le bonheur de l'Écosse ne saurait m'être indifférent, d'où qu'il vienne. Quant au soin de ma propre vie, j'ai vécu assez pour en être fatiguée, même à vingt-cinq ans. Où est votre collègue? Pourquoi ne vient-il pas?

— Le voici, Madame, » dit Melville.

Ruthven entrait en effet, des papiers à la main. En lui rendant son salut, la reine devint mortellement pâle, mais elle se remit aussitôt par un violent effort et une résolution soudaine.

En même temps que le baron dont l'apparition avait si fort ému Marie, Georges Douglas se présenta. C'était le plus jeune des fils du sire de Lochleven, et, en l'absence de son père et de ses frères aînés, il remplissait au château les fonctions de sénéchal, sous la direction de la vieille dame de Lochleven, sa grand'mère paternelle.

CHAPITRE XXII.

> Sceptre et couronne, j'allège ma tête et mon bras de ces pesants fardeaux ; mes pleurs effaceront l'onction qui me sacra ; c'est de ma main que j'écarte les insignes de ma royauté, de mes lèvres que je dénonce ma qualité auguste, et c'est mon cœur qui renie les serments qu'il avait jurés.
>
> SHAKESPEARE, *Richard II*.

UTHVEN avait l'air et la tournure d'un soldat et d'un homme d'État. Son apparence martiale, ses traits accusés lui avaient valu le surnom populaire de *Bras d'acier* que lui donnaient ses amis, en souvenir du héros d'une romance alors en vogue. Sa cotte de buffle brodée était un costume presque militaire, mais sans cette négligence sordide qui distinguait celui de Lindsay. Fils d'un père malheureux, père d'une famille plus malheureuse encore, il avait dans le regard un reflet de cette funeste mélancolie, à laquelle les physionomistes du temps prétendaient reconnaître les gens prédestinés à une mort violente et misérable.

La terreur qu'inspirait à la reine la présence de ce gentilhomme venait de la part active qu'il avait prise dans le massacre de David Rizzio. Son père avait présidé à l'exécution de ce crime abominable. Faible, par suite d'une longue et dévorante maladie, à ne pouvoir supporter le poids de son armure, il avait quitté le lit pour venir commettre un meurtre en présence de sa souveraine; et le fils avait été, lui aussi, un des acteurs du drame. Il n'était pas surprenant que Marie, après la scène odieuse qu'elle avait vue se dérouler sous ses yeux, éprouvât une horreur instinctive pour les assassins. Elle rendit cependant, avec grâce, son salut à Ruthven, et tendit la main à Georges Douglas, qui, mettant un genou en terre, la baisa respectueusement; c'était la première marque d'hommage que Roland voyait rendre à la souveraine captive.

Il y eut alors un silence, durant lequel le majordome, un serviteur à l'aspect dur et sombre, disposa, d'après les indications de Douglas, une table et ce qu'il fallait pour écrire. Le page, sur un signe de sa maîtresse, approcha d'elle un fauteuil; la table formait ainsi une sorte de barrière qui séparait la reine et sa suite de visiteurs qui lui déplaisaient. Quand le majordome fut parti en fermant la porte derrière lui, Marie rompit le silence :

« Avec votre permission, Messieurs, je vais m'asseoir, » dit-elle. « Non pas que les promenades que je fais ici soient pour me fatiguer beaucoup, mais je sens un besoin inaccoutumé de repos. »

Elle s'assit donc. La joue appuyée sur sa belle main, elle dirigea tour à tour son regard vif et pénétrant sur chacun des seigneurs qui étaient devant elle. Marie Fleming porta son mouchoir à ses yeux; Catherine Seyton et Roland Græme échangèrent un coup d'œil si plein de sentiments d'intérêt et de commisération pour leur royale maîtresse, qu'ils s'en oubliaient eux-mêmes. Il y avait bien une minute que la reine était assise, et pas un mot n'avait été encore prononcé.

« J'attends, » dit-elle enfin, « j'attends, Messieurs, ce message de ce que vous appelez le conseil privé. C'est sans doute une demande de pardon, une prière de remonter sur mon trône sans punir avec la sévérité qu'ils méritent ceux qui m'en ont dépossédée.

— Madame, » dit Ruthven, « il nous est pénible d'apporter de si cruelles désillusions à une princesse qui nous a longtemps gouvernés, mais notre mission est d'offrir le pardon, et non de l'implorer. En un mot, nous venons vous proposer, de la part du conseil privé, de signer les actes que voici; ils contribueront grandement à la pacification de l'État, à propager la parole de Dieu et à votre sécurité personnelle dans l'avenir.

— Dois-je accepter de confiance ces belles paroles, ou me sera-t-il permis d'entendre la lecture de ce contrat de réconciliation, avant d'y apposer ma signature ?

— Sans aucun doute, Madame ; c'est notre intention et notre désir que vous lisiez d'abord ce que vous êtes requise de signer.

— Requise ! » répéta la reine avec ironie. « Le mot et la chose se conviennent, du reste. Lisez. »

Ruthven commença la lecture d'une déclaration en règle au nom de la reine. On lui faisait dire qu'ayant été appelée de bonne heure au gouvernement du royaume, elle s'y était d'abord appliquée avec diligence ; mais qu'un moment était venu où, dégoûtée et fatiguée de corps et d'esprit, elle s'était trouvée incapable d'endurer plus longtemps le souci des affaires. Or, comme Dieu lui avait fait la grâce de lui accorder un fils, elle souhaitait de lui assurer, même de son vivant, la succession au trône qui lui appartenait par droit héréditaire. « En conséquence, continuait l'acte, par suite de notre affection maternelle, nous avons, par ces Lettres écrites en toute liberté d'esprit et de volonté, renoncé et renonçons à la couronne, au gouvernement, à la conduite des affaires d'Écosse en faveur de notre fils, afin qu'il nous succède comme prince légitime, tout comme si nous en étions écartée par la mort et non par notre propre résolution. Et afin que cette abdication de notre royale autorité puisse avoir son plein et solennel effet, afin que nul n'en puisse prétendre cause d'ignorance, nous donnons, accordons et confions librement et sans réserve pleins pouvoirs à nos féaux cousins Lindsay des Bouveries et Guillaume Ruthven, pour comparaître en notre nom devant la noblesse, le clergé et les bourgeois qui tiendront leur assemblée à Stirling, et là, en notre nom et de notre part, publiquement et en leur présence, renoncer à la couronne, à la conduite et au gouvernement de notre royaume d'Écosse. »

La reine interrompit le lecteur.

« Qu'est-ce à dire, Messieurs? » s'écria-t-elle d'un ton d'extrême surprise. « Mes oreilles seraient-elles devenues tout d'un coup rebelles, qu'elles me font entendre des choses si extraordinaires? Il n'est peut-être pas bien étonnant du reste, qu'ayant ouï si longtemps la rébellion, ce soit son langage qu'elles aient retenu. Dites que je me suis trompée, Messieurs ; dites, pour votre honneur et pour l'honneur de la noblesse écossaise, que mes féaux cousins Lindsay et Ruthven, deux guerriers d'ancien lignage, ne sont pas venus jusqu'à la prison de leur royale maîtresse dans le dessein que ce papier annonce. Pour l'honneur et pour la loyauté, dites que mes oreilles m'ont trahie.

— Non, Madame, » répondit gravement Ruthven, « vos oreilles ne vous trompent pas. Elles vous trompaient alors qu'elles étaient fermées aux prédicateurs de l'Évangile, aux bons avis de vos fidèles sujets, et toujours ouvertes aux flatteries des traîtres et des quémandeurs, des débauchés étrangers et des mignons de cour. Le pays ne peut supporter davantage le gouvernement de qui ne sait se gouverner soi-même. C'est pourquoi je vous prie d'accomplir le suprême désir de vos sujets et de vos conseillers en vous épargnant, ainsi qu'à nous-mêmes, de plus longs débats en si pénible matière.

— Est-ce bien *tout* ce qu'exigent de moi mes affectionnés sujets? » repartit Marie sur un ton d'ironie amère. « Bornent-ils vraiment là leurs désirs? Ils se contenteraient de me voir céder la couronne, qui m'appartient par droit de naissance, à un enfant âgé d'un an au plus, et, jetant là mon sceptre, prendre une quenouille? Mais non, ce serait trop peu. Cet autre rouleau de parchemin contient sans doute quelque chose d'un octroi plus difficile, et de nature à me faire repentir de ma promptitude à acquiescer aux prières de mes vassaux.

— Ce parchemin, » répondit Ruthven, avec son inaltérable gravité, « contient l'acte par lequel Votre Grâce constitue son plus proche parent, le plus honorable et le plus fidèle de ses sujets, Jacques, comte de Murray, régent du royaume pendant la minorité du jeune roi. Il a déjà reçu sa nomination du conseil privé. »

La reine ne put retenir une exclamation et s'écria en frappant ses mains l'une contre l'autre :

« Quoi! ce trait vient de mon frère? et c'est lui qui l'a lancé? Hélas! Et moi qui attendais son retour de France comme mon seul espoir de délivrance, au moins comme le plus prompt! Je me doutais bien qu'en prenant le pouvoir, il n'oserait pas l'exercer en mon nom.

— Veuillez, Madame, répondre à la demande du conseil.

— Qu'appelez-vous le conseil? Dites plutôt un parti de brigands, impatients de se partager leur butin. A une telle demande, formulée par la bouche d'un traître, dont la tête, n'était la pitié d'une femme, aurait depuis longtemps été clouée aux portes de la ville, à une telle demande, Marie d'Écosse n'a pas de réponse.

— Quelque pénible que vous soit ma présence, Madame, j'espère qu'elle n'aggravera pas votre résolution. Vous pourriez peut-être vous souvenir que la mort de votre favori Rizzio a coûté aux Ruthven le chef de leur maison. Mon père, qui valait plus à lui seul que toute une armée de ces vils sycophantes, est mort en exil, le cœur brisé. »

La reine porta vivement les mains à sa figure et, laissant tomber ses coudes sur la table, elle inclina la tête. Elle versait de si abondantes larmes qu'on les voyait tomber à travers les doigts blancs et effilés qui cherchaient à les dissimuler.

« Messieurs, » dit sire Robert Melville, « c'est aller trop loin. Permettez-moi de vous rappeler que nous sommes venus ici, non pour réveiller d'anciennes douleurs, mais pour éviter que l'avenir n'en apporte de nouvelles.

— Sire Robert, » répondit Ruthven, « nous savons mieux que personne dans quel but nous avons été envoyés, et je vois que votre compagnie n'était pas des plus nécessaires.

— Non, sur ma parole, » fit observer Lindsay, « je ne sais vraiment pas pourquoi l'on nous a empêtrés du bon chevalier, à moins qu'il ne joue le rôle du morceau de sucre avec lequel les apothicaires corrigent, à l'usage des enfants rétifs, l'amertume d'une médecine salutaire : précaution inutile quand il y a des hommes qui se chargent de faire avaler la drogue d'autre façon.

— Soit, Messieurs, » dit Melville, « vous savez quelles sont vos instructions. Je suivrai les miennes en tâchant de servir de médiateur entre vous et Sa Grâce.

— Assez, sire Robert, » dit la reine en se levant, la figure encore toute agitée. « Mon mouchoir, Fleming... Je rougis de m'être ainsi laissée troubler par des traîtres. Dites-moi, Messieurs, » reprit-elle, en essuyant ses larmes, « sur quelle sorte de contrat des hommes liges peuvent-ils prétendre s'appuyer pour dénoncer les droits d'une souveraine qui a reçu l'onction sainte ? pour se délier de l'allégeance qu'ils ont jurée ? pour enlever la couronne de la tête où l'avait posée le droit divin ?

— Madame, » dit Ruthven, « je serai franc. Depuis la funeste bataille de Pinkey, alors que vous étiez au berceau, jusqu'à ce jour où vous êtes là devant nous, votre règne n'a été qu'une succession de ruines, de catastrophes, de discordes civiles et de guerres étrangères, dont on chercherait en vain un autre exemple dans notre histoire. D'un commun accord, Anglais et Français ont fait de l'Écosse un champ clos pour y vider leurs vieilles querelles. Il n'est aucun de nous qui n'ait eu à lever la main contre son frère ; révolte, massacre, exil de nobles, oppression du peuple, pas une année qui n'ait vu cela. Nous sommes à bout de patience. Souveraine, Dieu vous a refusé le don de savoir écouter les sages conseils, il n'a béni aucune de vos entreprises, aucun de vos desseins. C'est pourquoi nous venons vous prier d'abandonner à un autre le soin du gouvernement, afin que l'on puisse sauver au moins les restes du royaume.

— Baron, » répliqua Marie, « il me semble que vous rejetez sur la tête d'une victime infortunée des maux qu'elle pourrait, avec plus de justice, attribuer à votre caractère turbulent, sauvage, indomptable. Et vos luttes violentes et insensées les unes contre les autres, grands d'Écosse? et les férocités dont vous abreuvez vos colères? et ces vengeances pour le motif le plus futile? et votre désobéissance à ces lois par lesquelles vos ancêtres avaient voulu mettre un frein à vos instincts cruels? Mais vous ne savez que vous révolter contre l'autorité, vous vous conduisez comme s'il n'y avait pas de roi, ou plutôt comme si vous étiez rois, chacun, de votre propre investiture. C'est après cela que vous venez m'accuser, moi dont la vie a été empoisonnée par vos dissensions, qui n'ai connu au milieu de vous ni le repos, ni le bonheur? N'ai-je pas été obligée de passer déserts et montagnes, à la tête d'une poignée de fidèles, pour rétablir la paix et réprimer l'oppression? N'ai-je point endossé une armure, porté des pistolets, mis à part la douceur de la femme et la dignité de la reine pour donner l'exemple à ceux qui me suivaient?

— Nous vous accordons, Madame, » dit à son tour Lindsay, « que les querelles occasionnées par votre mauvais gouvernement vous aient parfois troublée au milieu d'un bal ou d'une mascarade ; peut-être bien vous ont-elles donné des distractions pendant la messe ou l'audience de quelque ambassadeur français. Quant à vos voyages, le plus long et le plus pénible qu'ait entrepris Votre Grâce, c'était, si je ne me trompe, de Hawick au castel de l'Ermitage. Quel en était le motif, — le salut de l'État ou celui de votre honneur ? C'est affaire entre vous et votre conscience. »

La reine se tourna vers Lindsay et lui jeta un de ces regards pleins d'une douceur ineffable, que le ciel semblait lui avoir accordés pour prouver que ses faveurs les plus rares ne servent pas toujours à gagner le cœur des hommes.

« Lindsay, » dit-elle, « vous ne me parliez pas d'un ton si dur, vous ne m'adressiez pas ces railleries insultantes, ce beau soir d'été où nous étions allés tirer à la cible contre le comte de Mar et Marie Livingstone ; ils furent battus et nous leur gagnâmes une collation dans les jardins privés de Saint-André. Le maître de Lindsay était mon ami alors ; il jura d'être mon chevalier. Comment ai-je pu offenser le seigneur de Lindsay ? Les honneurs changent-ils donc ainsi les hommes ? »

Tout endurci qu'il était, le baron parut interloqué par cette apostrophe inattendue ; mais se remettant aussitôt :

« Chacun sait, Madame, » répondit-il, « que Votre Grâce, en ce temps-là, faisait perdre la raison à quiconque l'approchait. Je ne prétends pas avoir été plus sage que les autres. Mais de plus gais compagnons et de meilleurs courtisans n'ont pas tardé à éclipser mes naïfs hommages. Votre Grâce doit s'en souvenir. Mes efforts maladroits pour me hausser aux manières à la mode faisaient la joie des perroquets de cour, des coquettes et des Françaises.

— Si ma folle gaieté vous a offensé, j'y ai regret, et, croyez-moi, c'était sans aucune malice. Au reste, vous avez largement pris votre revanche : ma gaieté, » ajouta-t-elle avec un soupir, « n'offensera plus personne.

— Nous perdons notre temps, Madame, » fit remarquer Ruthven. « L'affaire en question est grave, et j'insiste pour avoir votre décision.

— Quoi ! répondre tout de suite, sans une minute de réflexion ? Le conseil, comme vous le nommez, n'attend pas cela de moi, sans doute ?

— Le conseil est d'avis que dans le délai fatal qui s'est écoulé entre le meurtre du roi Henri et la bataille de Corberry-Hill, Votre Grâce a dû se préparer à la mesure qu'on lui propose aujourd'hui. C'est le plus sûr moyen d'échapper aux dangers et aux difficultés sans nombre qui vous menacent.

— Grand Dieu ! vous me présentez comme un bienfait un acte dans lequel tout roi chrétien verrait la perte de son honneur, c'est-à-dire de sa vie ! Vous me ravissez ma couronne, mon pouvoir, mes sujets, ma fortune, mon royaume. Au nom de tous les saints, que pouvez-vous m'offrir en échange ?

— Notre pardon, » répondit Ruthven d'une voix sévère. « Nous vous donnons le temps et les moyens de passer dans la pénitence et la solitude ce qui vous reste à vivre ; nous vous donnons le temps de vous éconcilier avec le ciel, de reconnaître la véritable lumière de l'Évangile, que vous avez toujours proscrite et rejetée. »

La reine pâlit à la menace contenue dans ces paroles, aggravées encore par l'air d'inflexible dureté de celui qui les avait prononcées.

« Et si je refuse, » dit-elle, « si je repousse votre impérieuse requête, qu'arrivera-t-il ? »

La crainte, dans son tempérament de femme, se mêlait au sentiment de la dignité offensée, et sa voix la trahissait. Il y eut un silence, comme si nul ne se souciait de faire une réponse directe. Ce fut Ruthven qui s'en chargea.

« Il n'est pas besoin de le rappeler ; Votre Grâce connaît assez les lois et l'histoire de l'Écosse : le meurtre et l'adultère sont des crimes pour lesquels des reines mêmes ont été punies de mort.

— Mais où trouverez-vous matière à une si horrible accusation dans la vie de celle qui est devant vous ? Les infâmes et odieuses calomnies dont on a empoisonné les esprits ont pu me jeter prisonnière entre vos mains ; cela prouve-t-il que je sois coupable ?

— En fait de preuves, nous n'en chercherons pas d'autres que ce honteux mariage de la veuve de la victime avec le chef de ses assassins. Ceux dont les mains se sont unies en ce fatal jour de mai étaient unis de cœur et d'esprit dans l'acte que le mariage devait suivre quelques semaines plus tard.

— Oubliez-vous donc, » s'écria vivement la reine, « que je ne fus pas seule à consentir à cette union funeste, l'événement le plus malheureux de ma malheureuse vie ! Les erreurs des rois appartiennent à leurs mauvais conseillers. Et ne sont-ils pas pires que des démons ceux qui viennent traîtreusement demander compte à une infortunée princesse des conséquences de leurs propres avis ? N'avez-vous jamais entendu parler, Messieurs, d'un écrit où des gentilshommes engageaient Marie Stuart à cette union désastreuse ? En l'examinant de près, on y verrait la signature de Morton, et celle de Lindsay, et celle de Ruthven, qui me pressaient de prendre cet homme pour époux. Ah ! noble et royal Herries, toi qui ne connaissais ni le mensonge ni le déshonneur, c'est en vain qu'à genoux devant moi tu m'as avertie du danger ; et pourtant tu as été le premier à tirer l'épée pour ma cause quand j'ai commencé à souffrir de n'avoir pas écouté tes conseils ! Fidèle chevalier et vrai gentilhomme, quelle différence entre toi et ces instigateurs du mal qui menacent mes jours parce que je suis tombée dans leur piège !

— Madame, » reprit Ruthven, « vous êtes éloquente, nous le savons, et peut-être est-ce pour cela que le conseil a envoyé ici des hommes qui sont plus familiers avec les choses de la guerre qu'avec la rhétorique d'école ou les intrigues de palais. Ce que nous désirons savoir, c'est si, en échange de la vie et de l'honneur que nous vous assurons, vous consentez à déposer la couronne d'Écosse.

— Quelle est ma garantie de l'exécution du traité, si je troque mon royaume pour la solitude et les larmes ?

— Notre honneur et notre parole.

— C'est trop léger et trop fragile. Ajoutez-y la moindre chose, une poignée de duvet, pour égaliser les plateaux de la balance.

— Sortons, Ruthven ! » s'écria Lindsay. « Elle n'a jamais voulu écouter que des propos de flatteurs et de valets. Laissons-la à son refus, et qu'elle en subisse les conséquences !

— Arrêtez, » dit Melville, « permettez-moi d'avoir quelques minutes d'entretien particulier avec Sa Grâce. Pour avoir ici quelque utilité, mon rôle doit être celui d'un médiateur. Ne quittez pas le château, je vous en conjure, et ne rompez pas la conférence avant que je vous aie rapporté son dernier mot.

— Nous attendrons une demi-heure, » dit Lindsay. « Mais en méprisant notre parole, elle a touché à l'honneur de mon nom. Qu'elle réfléchisse donc au parti qu'elle va prendre. Si la demi-heure s'écoule avant qu'elle ait résolu de céder aux vœux de la nation, elle ne fera pas de vieux os. »

Les deux seigneurs quittèrent l'appartement sans plus de cérémonie et, traversant l'antichambre, descendirent l'escalier tournant ; on entendait retentir sur chaque marche le bruit de la lourde épée de Lindsay. Georges Douglas les suivit, après avoir échangé avec Melville un geste d'étonnement et de sympathie.

Sitôt qu'ils furent partis, la reine ne dissimula plus les douleurs, les angoisses, qui l'agitaient. Elle se laissa tomber dans son fauteuil, se tordant les bras, en proie au désespoir. Ses femmes, pleurant elles-mêmes, la suppliaient de se calmer, et s'agenouillant à ses pieds, sire Robert lui adressa la même prière.

Après une violente crise de larmes et de sanglots :

« Ne vous agenouillez pas devant moi, » dit-elle à Melville ; « épar-

gnez-moi l'ironie de ces hommages dont le cœur est absent. Pourquoi rester avec une reine déposée et condamnée, avec celle qui n'a peut-être plus que quelques heures à vivre? Vous n'avez pas reçu moins de faveurs que les autres ; pourquoi garder plus longtemps qu'eux les dehors du respect et de la reconnaissance?

— Madame, » dit Melville, « mon cœur vous est aussi fidèle, j'en atteste le ciel, qu'aux jours de votre puissance.

— Aussi fidèle! » répéta la reine, non sans quelque dédain, « Voyons, Melville, que signifie une fidélité qui s'allie à la trahison de mes ennemis? Votre main n'a point fait avec votre épée une assez intime connaissance pour que je puisse y avoir recours au besoin. Oh! Catherine, où est ton courageux père, lui en qui sont unies sagesse, vaillance et fidélité! »

Roland ne put résister plus longtemps au désir d'offrir ses services à une princesse si belle et si malheureuse.

« Si une épée, » s'écria-t-il, « peut appuyer en rien les graves conseils de ce seigneur, ou défendre votre bon droit, en voici une, Madame, la mienne, et voici mon bras, tout prêt à s'en servir. »

Soulevant son épée d'une main, il appuyait fièrement l'autre sur la poignée.

« Votre Grâce parlait de mon père? » dit alors Catherine. « Voici quelque chose qui vient de lui. »

Et traversant la salle, elle saisit vivement Roland par la manche de son habit, en lui demandant de qui il tenait cette arme.

« Il me semble, » répondit le page, fort surpris, « que ce n'est ni le lieu ni le moment de plaisanter. Vous savez, aussi bien que moi, quel est celui qui me l'a donnée.

— Croyez-vous que je veuille rire? » dit Catherine. « Dégaînez.

— A l'instant, » répondit Roland, les yeux fixés sur sa royale maîtresse, « si la reine l'ordonne.

— Fi, mignonne! » dit Marie. « Voudrais-tu pousser ce pauvre enfant dans une lutte inutile contre les deux meilleurs chevaliers de l'Écosse?

— Pour la cause de Votre Grâce, » reprit le page, « je n'hésiterais pas à jouer ma vie. »

Comme il tirait à demi l'épée en prononçant ces paroles, un feuillet de parchemin roulé autour de la lame s'échappa et tomba sur le plancher. Catherine s'en saisit aussitôt.

« C'est l'écriture de mon père, » dit-elle. « Nul doute qu'il n'envoie à Votre Grâce ses plus respectueux avis. Je savais que ceci devait être envoyé avec cette épée, mais j'attendais un autre messager.

— Ma foi, ma belle, » pensa Roland, « si vous ne saviez pas que j'étais porteur de ce message secret, j'étais encore plus loin de m'en douter moi-même. »

La reine jeta les yeux sur le billet, puis, après quelques minutes de profond recueillement :

« Sire Robert Melville, » dit-elle enfin, « on me conseille de me rendre à la nécessité et de signer les actes qui m'ont été proposés, mais comme une personne que la peur fait céder aux menaces de rebelles et de meurtriers. Vous êtes un homme sage, sire Robert, et Seyton a autant de prudence que de bravoure ; aucun de vous, je pense, ne voudrait me mettre dans un mauvais pas.

— Madame, » dit Melville, « si je n'ai pas la vigueur physique de Herries ou de Seyton, mon dévouement à votre personne est égal au leur ; et si je n'ai pas leur habileté aux armes, ni l'un ni l'autre n'est plus disposé que moi à mourir pour votre service.

— Oui, je le crois, mon vieux conseiller. C'est un éclair d'injustice, dont je me repens. Lisez ce que m'écrit Seyton, et joignez-y votre meilleur avis. »

Il parcourut la lettre d'un rapide coup d'œil, et répondit sans hésiter :

« O ma chère et royale maîtresse, tout autre conseil que celui de Seyton serait une trahison. Herries, Huntly, l'ambassadeur d'Angleterre Throgmorton, vos amis enfin, pensent de même : tout acte, tout instrument que vous signerez entre quatre murs n'aura ni valeur ni effet ; il sera regardé comme extorqué par la force, par la peur des conséquences présentes et futures qu'entraînerait un refus, par l'intimidation. Cédez donc aux circonstances, et soyez assurée, qu'en signant les pièces qu'on vous présentera, vous n'êtes obligée à rien : votre signature manquera de ce qui peut seul la rendre valable, une volonté libre.

— C'est, en effet, ce que m'écrit Seyton. Et pourtant résigner ses droits sous la pression de la menace, cela n'est guère royal, il me semble, de la part de la fille d'une si longue lignée de rois, et fera mauvais effet dans l'histoire de Marie Stuart. Bah ! les rebelles, malgré leur ton d'insolence et leurs vilaines paroles, n'oseraient mettre la main sur ma personne ?

— Hélas ! ils en ont déjà tant fait, ils ont déjà attiré tant de maux sur votre tête, qu'ils franchiront aisément le dernier pas. Rien ne les arrêtera.

— Certes, » dit la reine, reprise de ses terreurs, « des nobles écossais n'iront jamais jusqu'à assassiner une femme sans défense?

— Songez, Madame, à tous les horribles spectacles que nous avons eus sous les yeux. Il n'est pas un crime si noir, devant lequel ait reculé une main écossaise. Lindsay, farouche et brutal par caractère, est le proche parent d'Henri Darnley, et Ruthven a formé ses plans, profonds et dangereux. Le conseil, d'ailleurs, prétend avoir contre vous maint témoignage, des preuves par écrit, une cassette pleine de lettres, je ne sais quoi encore.

— Ah! mon bon Melville, si j'étais aussi sûre de l'impartialité de mes juges comme de ma propre innocence! Et pourtant...

— Il y a des moments où l'innocence succombe sous la calomnie. D'ailleurs ici... »

Il regarda autour de lui, et s'arrêta.

« Parlez, » dit la reine. « De tous ceux qui ont été à mon service, aucun ne m'a jamais voulu de mal. Il n'y a pas jusqu'à ce pauvre page, et je le vois aujourd'hui pour la première fois de ma vie, en qui j'aie pleine confiance.

— Oui, c'est lui qui a apporté le message de Seyton ; je ne conteste pas davantage le dévouement et la fidélité de ces nobles dames : je parlerai donc. Une sentence de justice n'est pas l'unique façon d'en finir souvent avec les souverains détrônés. Comme le dit Machiavel, il n'y a qu'un pas entre la prison d'un roi et sa tombe.

— Oh! » s'écria l'infortunée princesse, « une mort douce où le corps ne souffrirait pas, qui ne serait pour l'âme sauvée que le prélude de son heureux changement d'état, il n'est pas une femme au monde qui l'acceptât aussi résolument que moi! Mais hélas! quand nous songeons à la mort, des milliers de péchés, que nous avons foulés aux pieds comme des vers, se redressent autour de nous comme des serpents de feu. Cette odieuse accusation d'avoir trempé dans le meurtre de Darnley... Sainte Vierge! et c'est moi qui ai donné matière au soupçon en épousant Bothwell.

— Chassez cette triste pensée de votre esprit, Madame; mais plutôt réfléchissez au plus prompt moyen de vous sauver, vous et votre fils. Quelque déraisonnables qu'elles soient, acceptez aujourd'hui leurs propositions, et espérez avec confiance en des temps meilleurs.

— Madame, » ajouta Roland, « si vous le trouvez bon, je traverserai le lac à la nage, en cas qu'on me refuse de gagner le bord en bateau ; je visiterai les cours d'Angleterre, de France et d'Espagne, je déclarerai que vous n'avez cédé qu'à la plus lâche violence et j'appellerai en duel qui prétendra le contraire. »

Marie leva la tête, et avec un de ces doux sourires qui, au printemps de la vie, indemnisent de tous les périls, elle tendit sa main à Roland, sans prononcer un mot. Le page, fléchissant le genou, y déposa un baiser, et Melville reprit son plaidoyer.

« Le temps presse, Madame ; ne laissez pas à ces bateaux qui appareillent déjà le temps de prendre le large. Il ne manque pas de témoins ici, vos dames, ce brave jeune homme, moi-même, si je puis vous être utile, car je ne voudrais pas me commettre sans nécessité ; mais, sans parler de moi, il y aurait encore ici évidence parfaite que vous avez signé par force, et non de votre libre et plein assentiment. Voici les barques prêtes à partir... Permettez à votre vieux serviteur de les faire attendre.

— Vous avez vieilli à la cour, Melville. Avez-vous jamais vu un souverain rappeler en sa présence des sujets qui viennent de le quitter dans les termes où les envoyés du conseil sont brusquement partis, et cela, sans qu'ils se soient rétractés, sans qu'ils aient fait soumission ? Dût-il m'en coûter la vie et la couronne, je ne les ferai pas revenir devant moi.

— Eh ! quoi, de vaines formalités vous arrêtent quand vous n'êtes pas éloignée de suivre un conseil aussi sûr qu'avantageux ? Épargnez-vous ce scrupule, je les entends qui viennent chercher votre suprême résolution. Ah ! Madame, conformez-vous aux recommandations du noble Seyton, et vous pourrez encore une fois commander à ceux qui attentent aujourd'hui à vos prérogatives. »

Comme il finissait de parler, Georges Douglas ouvrit la porte et introduisit les deux envoyés.

« Madame, » dit Ruthven, « nous venons savoir quelle est votre réponse aux propositions du conseil.

— Votre réponse définitive » ajouta Lindsay. « Un refus, et vous aurez vous-même précipité votre destinée, perdu une suprême occasion de vous réconcilier avec Dieu, abrégé le séjour que vous devez faire ici-bas.

— Messeigneurs, » répondit Marie, avec une grâce et une dignité inexprimables, « il faut accepter les maux que nous ne pouvons éviter. Je signerai donc ces actes avec toute la liberté d'action qu'on m'a laissée. Si j'étais de l'autre côté du lac, montée sur un genêt d'Espagne, ayant dix braves et loyaux chevaliers autour de moi, signer mon abdication autant vaudrait signer ma damnation éternelle. Mais ici, dans ce château de Lochleven, entouré de douves profondes, au milieu de vous, Messeigneurs, je n'ai pas le choix. Donnez-moi la plume Melville, et soyez témoin de ce que je fais, et du motif qui me le fait faire.

— Votre Grâce ne supposera point, je l'espère, » dit Ruthven, « que nous lui ayons imposé, par intimidation, ce qui doit être un acte purement volontaire de sa part. »

La reine s'était déjà penchée sur la table; elle avait placé le parchemin devant elle, et pris la plume, prête à apposer sa signature. Mais quand Ruthven eut parlé, elle leva la tête, s'arrêta court et jeta sa plume.

« Attendez-vous de moi que je déclare renoncer volontiers à ma couronne, sans y être contrainte par la menace de maux encore pires pour moi et pour mes sujets? Non, je ne signerai pas un tel mensonge, quand même il s'agirait de rentrer en possession de l'Angleterre, de la France et de l'Écosse; tous pays qui furent à moi, de droit ou de fait.

— Prenez garde! » s'écria Lindsay, et, saisissant le bras de la reine dans un mouvement de colère, il le serrait de sa main gantée de fer plus vivement peut-être qu'il n'en avait l'intention. « N'allez pas à l'encontre de ceux qui sont les plus forts et les maîtres de votre destinée! »

Il tenait toujours son bras, en dardant sur elle un regard menaçant et farouche. Il fallut que Ruthven et Melville lui fissent honte. Douglas, lui-même, qui était resté près de la porte, indifférent en apparence, s'avança brusquement comme pour intervenir. Le noble

« Prenez garde ! » s'écria Lindsay, en serrant, de sa main gantée de fer, le bras de la reine.

soudard lâcha prise, déguisant sa confusion d'avoir ainsi cédé à la colère sous un sourire sombre et méprisant.

La reine, qui avait l'air de souffrir, releva aussitôt la manche de sa robe, et montra son bras nu où l'étreinte avait laissé, en rouge, l'empreinte des doigts de fer.

« Comme chevalier et gentilhomme, » dit-elle en s'adressant à Lindsay, « vous auriez pu m'épargner cette preuve pénible que la force est de votre côté, et que vous êtes résolu à vous en servir. Mais je vous en remercie, c'est la marque la plus décisive de la situation où je me trouve en cette journée. Je prends à témoins, dames et seigneurs, » ajouta-t-elle, en montrant les taches qui marbraient sa peau, « que je signe ces actes pour obéir aux violences du baron Lindsay, dont vous voyez la trace sur mon bras. »

Celui-ci voulait protester ; son collègue le retint.

« C'est bon, » dit-il. « Que Marie d'Écosse attribue son consentement à ce qu'il lui plaira, notre affaire est de l'obtenir et de l'apporter au conseil. Plus tard, on discutera sur la manière dont il a été donné ; on aura le temps alors. »

— Je ne croyais pas la blesser, » murmura l'autre dans sa barbe. « Cette chair de femme est plus tendre que de la neige nouvelle. »

Cependant la reine signait rapidement les actes, avec indifférence, comme choses de peu d'intérêt ou de pure formalité. Lorsqu'elle eut achevé cette pénible tâche, elle se leva, et, ayant fait une révérence aux trois députés, elle se disposait à rentrer dans sa chambre. Ruthven s'inclina pour la forme. Dans le salut que fit Melville, on sentait à la fois et le désir de montrer de la sympathie à la reine, et la crainte de paraître à ses collègues trop attaché à leur ancienne maîtresse.

Quant à Lindsay, il ne bougea pas, même quand ils furent sur le point de partir. Enfin, cédant à une impulsion soudaine, il fit le tour de la table qui le séparait de Marie, mit un genou en terre, lui prit la main qu'il baisa, puis, la laissant retomber, il se releva.

« Madame, » dit-il, « vous êtes une noble créature, encore que vous ayez abusé des dons les plus précieux du ciel. Je rends à l'énergie de votre âme un hommage que je n'aurais pas rendu au pouvoir dont vous avez trop longtemps abusé. Je m'incline devant Marie Stuart, et non devant la reine.

— La reine et Marie Stuart, Lindsay, ont toutes les deux pitié de toi, » répondit-elle, « et elles te pardonnent toutes les deux. Aux côtés d'un roi tu étais un soldat respecté ; ligué avec les rebelles, tu n'es plus qu'une bonne épée aux mains d'un brigand. Adieu, Ruthven, traître plus doucereux, mais plus à craindre. Adieu, Melville ! puisses-tu rencontrer des maîtres qui comprennent mieux la raison d'État que Marie Stuart et qui aient le moyen de te récompenser plus richement... Et vous, Georges Douglas, faites comprendre à votre respectable grand'mère que nous désirons être seule, le reste de la journée. Dieu sait si nous avons besoin de nous recueillir ! »

Tous saluèrent et sortirent. Mais à peine étaient-ils dans l'antichambre, que Ruthven et Lindsay se querellaient.

« Point de reproches, Ruthven, » disait le vieux chevalier, « je ne les souffrirai pas. Vous m'avez imposé le métier de bourreau, et il est permis au bourreau de demander pardon à sa victime. Ah ! si j'avais, pour être l'ami de cette femme, autant de motifs que j'ai d'être son ennemi, je n'épargnerais, soyez-en sûr, ni mon sang, ni mes peines à son service.

— Un beau mignon pour prendre le parti des dames, et cela parce qu'elle avait un nuage au front et une larme à l'œil !

— Soyez moins injuste. Savez-vous à quoi vous ressemblez ? A une cuirasse d'acier poli ; parce qu'elle a de brillants reflets elle n'en est pas moins dure, elle l'est même cent fois plus qu'un corselet de Glascow en fer battu. Suffit ! nous n'avons rien à nous apprendre. »

Ils descendirent l'escalier ; on les entendit héler leurs barques. La reine fit signe à Roland de se retirer dans le vestibule et de la laisser seule avec ses femmes.

CHAPITRE XXIII.

Donnez-moi plutôt un morceau sur l'herbe, si grossière qu'en soit la sauce, pourvu qu'une source fraîche gazouille près de ma nappe, pourvu que les libres oiseaux, babillant et sautillant de branche en branche, viennent picorer les miettes que je leur accorde pour salaire. Je déteste vos fêtes entre quatre murs.

Le Forestier, drame.

Un recoin de l'antichambre était éclairé par une petite fenêtre, à laquelle s'installa Roland Græme pour surveiller le départ des envoyés.

Il vit les cavaliers d'escorte se ranger sous leurs bannières respectives; le soleil couchant faisait miroiter les cuirasses et les casques d'acier, à mesure qu'ils s'éloignaient, disparaissant et reparaissant à pied ou à cheval, par intervalles. Dans l'étroit espace situé entre le château et le lac, Ruthven et Lindsay se dirigeaient lentement vers leurs barques, accompagnés par la dame de Lochleven, son petit-fils, et un groupe de domestiques. Ils prirent cérémonieusement congé les uns des autres; les bateaux gagnèrent au large, les rameurs courbés sur les avirons. Bientôt tout disparut à la vue de notre observateur, qui n'avait rien de mieux à faire que de suivre leurs mouvements. Telle semblait être aussi l'occupation de la châtelaine et de Georges Douglas; en revenant du rivage, ils se retournèrent souvent vers les bateaux, et à la fin ils s'arrêtèrent pour les regarder sous la fenêtre où le page était en sentinelle. Il put entendre distinctement la conversation qui s'engagea entre eux.

« Ainsi, » dit la vieille dame, « elle s'est décidée à sauver sa vie aux dépens de son royaume !

— Sa vie, Madame ! » répéta le jeune homme. « Qui donc eût osé y attenter dans le château de mon père ? Si j'avais pu supposer que c'était dans un tel dessein que Lindsay insistait pour amener ici ses hommes d'armes, ni lui ni eux n'auraient franchi la porte de fer de Lochleven.

— Il ne s'agit pas d'un meurtre, mon fils, mais d'un jugement, d'une condamnation, d'une exécution publique, voilà ce dont elle a été menacée, et à quelles menaces elle a cédé. Avec moins du sang des Guise et plus du sang de nos rois dans les veines, elles les aurait bravés en face. Après tout, n'est-ce pas naturel ? Lâcheté et dépravation vont de compagnie. Cela me dispense de paraître ce soir en sa gracieuse présence. Toi, mon fils, va assister comme d'habitude au repas de cette reine sans royaume.

— Sauf votre bon plaisir, ma mère, je ne me soucie guère d'approcher de sa personne.

— Tu as raison, et je me fie à toi, parce que j'ai remarqué tes façons prudentes. Elle ressemble, vois-tu, à une île de l'Océan, entourée de récifs et de sables mouvants ; sa verdure charme et attire, mais plus d'un brave navire y a fait naufrage, qui s'en est approché témérairement. Quant à toi, je suis tranquille, et nous ne devons pas, pour l'honneur de la maison, souffrir qu'elle prenne un repas sans qu'un des nôtres y assiste. Il peut arriver qu'elle meure par un décret d'en haut, ou que le démon du désespoir s'empare d'elle ; il nous faut prouver que, sous notre toit et à notre table, tout s'est passé loyalement et dans les règles. »

Une forte tape qu'il reçut sur l'épaule rappela désagréablement à notre curieux la récente aventure d'Adam Woodcock. Il se retourna, s'attendant presque à voir le page de l'hôtellerie Saint-Michel. C'était Catherine, dans une toilette bien différente, pour la forme et l'étoffe de celle qu'elle portait à leur première rencontre, mais qui seyait à son rang de fille d'un grand seigneur et de suivante d'une princesse.

« Eh! eh! beau page, » dit-elle, « l'art d'écouter est une des vertus de la confrérie, à ce qu'il paraît ?

— Gentille sœur, » riposta Roland du même ton, « si certain de mes amis est aussi ferré sur tous nos mystères que sur les jurons, les fanfaronnades et les coups de houssine, il n'a besoin d'interroger aucun page de la chrétienté pour connaître à fond le métier.

— A moins que ce joli discours ne signifie que vous avez tâté de la houssine depuis notre dernière entrevue, ce dont je me garde bien de douter, j'avoue que je renonce à y comprendre quoi que ce soit. Mais nous n'avons pas le temps d'approfondir la question ; voici l'heure du souper. S'il vous plaît, monsieur le page, faites votre devoir. »

Quatre domestiques entraient, portant des plats, et précédés du vieux majordome à mine rébarbative que Roland avait déjà vu. Georges Douglas parut à leur suite, les bras croisés sur sa poitrine et les yeux baissés. Avec l'aide du page, une table fut dressée dans le salon ; les domestiques y déposèrent les plats en grande cérémonie, et, le repas servi, le majordome et Douglas s'inclinèrent profondément, comme si leur royale prisonnière eût été assise devant eux.

La porte de la chambre à coucher s'ouvrit. Douglas s'empressa de lever les yeux, et les baissa aussitôt quand il vit Marie Fleming entrer seule.

« Sa Grâce, » dit-elle, « ne soupera pas ce soir.

— Espérons qu'elle reviendra sur sa décision, » répondit Douglas. En attendant, Madame, veuillez remarquer que nous remplissons notre office. »

Un domestique présenta le pain et le sel sur une assiette d'argent, et le majordome servit à Douglas, qui y goûta, un morceau de chacun des plats, comme c'était la coutume à la table des princes, pour écarter tout soupçon de nourriture empoisonnée.

« Alors, » demanda Douglas, « la reine ne quittera pas la chambre ?

— Tel est son bon plaisir.

— Notre présence devient donc inutile. Nous vous laissons, Mesdames, en vous souhaitant le bonsoir. »

Il se retira lentement, comme il était venu, et avec le même air de profond abattement, suivi des gens du château. Les deux dames prirent place à table, et Roland se prépara avec empressement à les servir. Catherine dit quelques mots à sa compagne, et celle-ci reprit à demi-voix, en regardant le page :

« Est-il de bon lieu et bien élevé ? »

La réponse qu'elle reçut lui parut satisfaisante, car elle dit à Roland :

« Asseyez-vous, mon jeune gentilhomme, et mangez avec vos sœurs de captivité. »

Mais Roland, jaloux de montrer qu'il connaissait toute la déférence prescrite par les règles de la courtoisie envers les dames et surtout les filles de qualité, s'écria :

« Mon devoir est de vous servir.

— Vous n'aurez pas, sire page, » dit Catherine, « trop de temps pour vous restaurer ; ne le perdez point en cérémonies, ou d'ici à demain vous pourriez vous en mordre les doigts.

— C'est parler trop librement, jeune fille, » dit la vieille dame ; « la modestie de ce jouvenceau devrait vous inspirer des façons plus réservées vis-à-vis d'une personne que vous voyez pour la première fois. »

Catherine baissa les yeux, non sans avoir jeté à Roland un regard de malicieuse intelligence.

Georges Douglas.

« Ne faites pas attention à elle, » continua la matrone en s'adressant à celui-ci d'un ton de protection ; « elle ne connaît du monde que les usages d'un couvent de province. Prenez place au bas de la table ; le voyage a dû épuiser vos forces. »

Roland, qui n'avait rien mangé depuis la veille, ne se fit point prier davantage ; Lindsay et ses soudards semblaient, en effet, pleins de mépris pour les besoins de l'humanité. Cependant, malgré la vivacité de son appétit, une certaine galanterie native, le désir de se montrer bien élevé et raffiné de politesse, peut-être le plaisir de servir Catherine, tinrent, pendant le repas, son attention éveillée sur ces mille petits soins que se gardaient bien d'oublier les galants de l'époque. Il découpa avec adresse et selon la bienséance, choisissant les meilleurs morceaux pour les offrir aux dames. Avant qu'elles eussent le temps de formuler une demande, il était debout, prêt à la satisfaire, versant le vin qu'il trempait d'eau, ôtant et changeant les couverts. Il fit, en un mot, les honneurs de la table avec un air de joyeux empressement, de profond respect à la fois et de gracieuse activité.

Quand il vit qu'elles avaient fini de manger, il se hâta de présenter à la vieille dame l'aiguière d'argent, le bassin et la serviette, grave et cérémonieux comme si elle eût été la reine en personne. Puis, ayant rempli le bassin d'eau fraîche, il l'apporta dans les formes à Catherine. L'espiègle qui avait résolu de lui faire perdre contenance, réussit, en se lavant les mains, à éclabousser quelque peu, comme par accident, le visage du zélé chevalier. Si tel était son méchant projet, elle en fut pour ses peines ; car Roland, se piquant d'honneur, ne broncha pas et ne se déconcerta nullement. Tout ce qu'elle gagna à cette malice fut une sévère remontrance de sa compagne, qui l'accusa de maladresse et de mauvaise tenue. Catherine ne répliqua point, et se rassit de l'air boudeur d'un enfant gâté, qui guette l'occasion de se venger sur le premier venu d'une semonce méritée.

Dame Fleming, cependant, était enchantée des prévenances du page.

« Vous aviez raison, Catherine, » dit-elle, « notre compagnon de captivité est bien né et bien élevé. Je ne voudrais pas lui inspirer de l'orgueil par mes louanges, mais ses services nous dispenseront de recourir à ceux de Georges Douglas, qui n'a d'attention pour nous qu'en présence de la reine.

— Hum ! je ne sais trop, » répondit Catherine ; « Georges Douglas est un des plus beaux cavaliers d'Écosse, et il y a plaisir à le voir, même dans cet affreux séjour qui a le don de tout assombrir, jusqu'à son visage. Se serait-on jamais douté, quand il était à Holyrood, que le brillant papillon de cour aurait consenti à venir ici jouer le rôle de geôlier, sans autre amusement que d'y enfermer sous triple serrure deux ou trois pauvres femmes abandonnées? Singulier office pour un chevalier qui porte un cœur sanglant sur son écusson! Que n'en laissait-il le souci à son père ou à ses frères?

— Peut-être, comme nous, n'a-t-il pas eu le choix. Peste! Catherine, pour avoir à peine entrevu la cour, vous vous rappelez la figure qu'y faisait ce jeune seigneur? Vous savez employer le temps.

— J'ai des yeux pour voir, à moins qu'on ne m'eût défendu de les ouvrir, et ils ne manquaient pas d'ouvrage, allez! Au couvent, ils ne me servaient à rien, et maintenant ils ne sont plus bons qu'à fixer cet éternel métier à tapisserie.

— Quoi! voilà comme vous parlez, au bout d'un séjour de quelques heures! Où est la jeune fille qui ne demandait qu'à vivre et mourir dans les fers, s'il lui était permis de servir sa royale marraine?

— Vous êtes fâchée? Alors je cesse de rire. En fait d'attachement pour ma pauvre marraine, je ne céderais pas à la plus grave de ses dames, eût-elle la sagesse sur les lèvres et une fraise double autour du cou; non, dame Fleming, je ne lui céderais pas, et c'est me faire injure que de dire le contraire.

— Elle va défier l'autre, » pensa Roland ; « elle lui jettera le gant, et si la vieille a le cœur de le relever, nous aurons un joli duel ! »

La réponse de la dame d'honneur fut, au contraire, de nature à calmer la tempête.

« Tu es une bonne fille, » dit-elle, « ma Catherine, et une fille fidèle ; mais gare à celui que tu es destinée à charmer et à taquiner tour à tour! Tu es de force à rendre fous une vingtaine de maris.

— Oh ! » fit Catherine en reprenant son insouciante gaieté, « il devra avoir le cerveau déjà fêlé celui qui me donnera pareille occasion. Vous ne me gardez pas rancune? Tant mieux. » Elle se jeta dans ses bras, et tout en l'embrassant sur les deux joues : « Vous savez, ma chère Fleming, » continua-t-elle d'un ton d'excuse amicale, « que j'ai à combattre en moi-même l'orgueil indomptable de mon père et l'esprit indépendant de ma mère. Dieu les bénisse! ils m'ont transmis ces bonnes qualités, n'ayant, pour le moment, guère autre chose à me laisser, et voilà ce qui m'a fait volontaire et arrogante. Bah! que j'aie seulement passé une semaine dans cette géhenne, et mon caractère sera aussi doux et sérieux que le vôtre. »

Le sentiment que dame Fleming avait de sa propre dignité, et son amour de l'étiquette, ne purent résister à cet appel affectueux. Elle embrassa Catherine avec amitié, et répondant à ses dernières paroles :

« A Dieu ne plaise, ma chère enfant, » dit-elle, « que vous ne perdiez rien de la vivacité, de la joyeuse humeur qui vous sied si bien! Seulement mettez la bride à votre espièglerie, et nous n'aurons qu'à nous en applaudir. Allons, petite folle, laissez-moi; j'entends Sa Grâce qui m'appelle. »

Et, s'arrachant des bras de Catherine, elle se dirigea vers la porte de la chambre à coucher, d'où venait le son adouci d'un sifflet d'argent, instrument ordinaire, faute de sonnettes, avec lequel les dames, même du plus haut rang, appelaient leurs domestiques. Avant d'entrer chez la reine, elle se retourna vers les jeunes gens qu'elle laissait en tête à tête, et leur dit à voix basse et d'un ton sérieux :

« Il ne peut arriver à quelqu'un de nous, je l'espère, et dans aucune circonstance, d'oublier que seuls, malgré notre petit nombre, nous formons la maison de la reine d'Écosse; dans son infortune, tous badinages, toutes plaisanteries ne serviraient qu'à donner un sujet de triomphe à ses ennemis, puisqu'ils ont trouvé leur compte à lui reprocher la légèreté et les folâtreries de sa jeune cour. »

Catherine parut frappée de cet avertissement. Elle se laissa tomber sur le siège qu'elle avait quitté dans un accès d'épanchement et resta quelque temps le front appuyé sur ses mains, tandis que, de son côté, Roland la regardait avec une émotion, dont il lui aurait été difficile d'expliquer la cause. En relevant la tête, la jolie coupable, un instant accablée sous les peccadilles de sa conscience, aperçut le page assis en face d'elle; la malice reprit le dessus, ses yeux s'animèrent, et elle fut la première à rompre le silence :

« Puis-je vous prier, beau sire, » dit-elle d'un ton presque solennel, « de me déclarer si vous voyez dans ma figure quelque chose qui puisse justifier les regards d'intelligence et de mystère dont il plaît à Votre Seigneurie de m'honorer? On dirait, à la triomphante subtilité de votre coup d'œil, qu'il y a de vous à moi, une intime accointance, et pourtant, bonne Vierge! je vous ai vu deux fois en tout.

— Deux fois! » répéta Roland. « Et si ce n'est pas trop demander, en quelle occasion bénie?

— D'abord au couvent de Sainte-Catherine; ensuite, durant cinq minutes d'une invasion qu'il vous plut de faire dans l'hôtel de mon seigneur et père. Vous en êtes sorti, il est vrai, à ma grande surprise, et probablement à la vôtre, avec un présent d'amitié et de reconnaissance, au lieu d'y avoir les os brisés, loyer bien naturel de votre audace, attendu l'humeur peu endurante de la famille des Seyton. Je suis très blessée, » ajouta-t-elle ironiquement, « de ce que vos souvenirs aient besoin d'être rafraîchis en telle matière; et c'est pour moi le comble de l'humiliation d'avoir les miens si présents.

— Soyez moins prompte à vous humilier, belle demoiselle; il y a une troisième rencontre que vous oubliez. A l'auberge de Saint-Michel, ne vous a-t-il pas plu de cingler mon camarade d'un coup de houssine, avec l'intention, j'en suis sûr, de montrer que dans la famille des Seyton ni l'emportement, ni l'usage du pourpoint et des chausses, ne sont soumis à la loi salique ou réservés exclusivement aux hommes?

— A moins que vous n'ayez la cervelle dérangée, je me perds à chercher le sens de vos paroles.

— Et moi, quand je serais aussi expert en sorcellerie que Michel Scott, je ne saurais, sur mon âme, expliquer l'énigme de votre personne. Hier au soir, ne vous ai-je pas vue dans l'hôtellerie d'Édimbourg? Ne m'avez-vous pas remis cette épée, à condition de ne la tirer qu'au commandement de ma légitime souveraine? N'ai-je pas fait ce que vous avez exigé de moi? Ou bien, cette épée est-elle une latte, ma promesse une fumée, mon souvenir un rêve, et faut-il jeter mes yeux en pâture aux corbeaux?

— Ma foi, si vos yeux ne vous servent pas mieux dorénavant que dans votre vision de Saint-Michel, je ne crois pas, douleur à part, que les corbeaux vous feraient grand tort. Chut! la cloche... On vient. »

En effet, le tintement lugubre de la cloche du donjon annonçait l'heure de la prière. Presque aussitôt parut le majordome avec son air rébarbatif, sa chaîne d'or et sa baguette blanche, suivi des mêmes domestiques qui avaient apporté le souper, et qui le desservirent avec les mêmes formalités cérémonieuses.

La besogne terminée, et la table débarrassée de ses tréteaux et rangée contre le mur, le majordome, qui n'avait bougé plus qu'un vieux portrait de famille, dit à haute voix, sans s'adresser à personne en particulier, et du ton d'un héraut qui lit une proclamation :

« Ma noble maîtresse, née dame Marguerite Erskine, et Douglas par son mariage, fait savoir à Madame Marie d'Écosse et aux gens de sa suite qu'un serviteur du véritable Évangile, son révérend chapelain, fera ce soir, comme à l'accoutumée, un sermon, une prière et une instruction, d'après les formes de l'église évangélique.

— Écoutez, cher Monsieur Dryfesdale, » dit Catherine ; « c'est affaire d'habitude de répéter tous les soirs cette formule, je le comprends. Veuillez cependant remarquer une chose : dame Fleming et moi, car votre invitation ne s'adresse qu'à nous, n'est-ce pas? nous avons choisi, pour aller au ciel, le chemin de saint Pierre. Ainsi je ne vois personne à qui vos bienfaits, sermon, prière, instruction, puissent profiter, hormis ce pauvre page, qui, étant comme vous-même entre les griffes de Satan, fera mieux de vous suivre que de nous troubler par sa présence dans nos dévotions mieux entendues. »

L'intéressé était sur le point de donner un démenti formel à l'assertion que renfermaient ces paroles; mais, se rappelant ce qui s'était passé entre lui et le régent, et voyant Catherine lever un doigt pour le mettre en garde, il se crut, ainsi que naguère au château d'Avenel, obligé de se soumettre à la dissimulation. Il descendit donc avec Dryfesdale jusqu'à la chapelle du château, et y entendit l'office du soir.

Le chapelain se nommait Élie Henderson. C'était un homme à la fleur de l'âge, et doué de grands talents naturels, qu'une bonne éducation avait développés. A ces qualités il joignait une logique claire et pressante, des mouvements d'éloquence et une mémoire bien meublée. La foi de Roland Græme, comme nous avons eu l'occasion de l'observer, loin de reposer sur une base solide, résultait simplement d'une obéissance passive aux volontés de son aïeule, et d'un désir taquin de contredire le chapelain d'Avenel. Les scènes dont il était depuis peu le témoin avaient agrandi le champ de ses idées, et il rougissait de ne rien comprendre à ces disputes si importantes, même pour le mouvement politique de l'époque, entre les docteurs de l'ancienne reli-

gion et de la religion réformée. Ce motif l'amena à écouter avec attention une discussion animée des principaux points qui séparaient les deux Églises.

Ainsi se passa le premier jour au château de Lochleven; et ceux qui le suivirent furent pendant quelque temps d'une monotone uniformité.

CHAPITRE XXIV.

> Une vie pénible en vérité ! Des voûtes au-dessus de la tête, des grilles et des barreaux autour de moi ; mes tristes heures passées avec de tristes compagnons, qui couvent en dedans leurs infortunes personnelles, et qui sont loin, bien loin de prendre part aux miennes.
>
> Le Forestier, drame.

E genre de vie auquel Marie et sa suite se voyaient condamnés était solitaire et retiré au dernier point ; l'unique distraction dépendait du temps, qui permettait ou défendait quelques tours de promenade dans le jardin ou sur les remparts.

La reine employait la plus grande partie de la matinée à travailler avec ses dames à ces ouvrages d'aiguille, dont plusieurs nous sont parvenus comme autant de preuves de son infatigable application. Roland était alors le maître de parcourir l'île et le château. Quelquefois Georges Douglas l'invitait à le suivre quand il allait chasser sur le lac ou le long des bords ; maigres distractions en somme, toujours assombries par l'air de mélancolie étendu à demeure sur les traits du jeune sénéchal. Il le portait dans ses moindres actions ; et si invétérée était cette tristesse, que le page ne l'avait jamais vu sourire, jamais ouï dire un mot en dehors de ce qui l'occupait.

Les moments de la journée les plus agréables pour Roland étaient ceux où la reine avait par hasard recours à ses services, et l'heure du souper, qu'il passait chaque jour avec dame Fleming et Catherine. Autant d'occasions alors d'admirer la gaieté, la verve et l'imagination fertile de la demoiselle, qui ne se lassait pas d'inventer des moyens de distraire sa maîtresse et de bannir, ne fût-ce qu'un instant, le chagrin qui lui rongeait le cœur. Elle dansait, elle chantait, elle racontait des histoires vieilles et nouvelles, avec cette éloquence naïve dont le charme ne consiste pas dans la vanité de briller aux yeux de l'auditoire, mais dans la conviction enthousiaste du conteur. Parmi ces rares qualités il y avait pourtant en elle un air de rusticité et d'étourderie plus propre à une jeune villageoise, à la reine des jeux autour du Mai, qu'à la noble fille d'un ancien baron. Une pointe d'audace, éloignée de l'effronterie, et ne ressemblant nullement à la grossièreté vulgaire, donnait un caractère piquant à tout ce qu'elle faisait. Marie, en la défendant quelquefois contre les gronderies de sa grave compagne, la comparait à une fauvette apprivoisée qui, échappée de sa cage, et ivre de liberté, répète de branche en branche les chansons qu'elle a apprises.

Les moments que le page pouvait passer en compagnie de l'enchanteresse s'écoulaient si rapidement qu'ils compensaient les lourds ennuis du reste de la journée.

Combien ils étaient mesurés d'une main avare! et jamais d'entretien particulier, même possible! Soit par suite d'un règlement particulier ou de sa théorie des convenances, dame Fleming semblait surtout veiller à écarter jusqu'à l'ombre d'intimité entre les jeunes gens; et dans l'unique intérêt de Catherine, elle employait le grand fonds d'expérience acquis dans la maison de la reine, alors que mère de ses filles d'honneur, elle s'était fait cordialement détester. Mais comment conjurer le hasard, si l'une mettait peu de soin à l'éviter, et l'autre trop d'ardeur à le saisir? Un sourire, une raillerie, un sarcasme, mitigé d'un coup d'œil malin, voilà les menus suffrages que l'occasion leur offrait de glaner. Il n'y avait pas là moyen de revenir sur les circonstances de leurs précédentes rencontres, ni d'éclaircir la mystérieuse apparition du page au manteau pourpre dans l'hôtellerie de Saint-Michel.

Les mois d'hiver avaient passé péniblement et le printemps était déjà avancé, lorsque Roland observa un changement graduel dans la conduite de ses compagnes de captivité. N'ayant pour son compte à s'occuper de rien, et assez curieux, comme tout individu de son âge et de sa condition, de ce qui se faisait autour de lui, il arriva par degrés à soupçonner, et finalement à se convaincre, qu'on tramait quelque chose dont on ne se souciait pas de l'instruire. Bien plus, il devint presque certain à ses yeux que, par des moyens à lui inconnus, Marie Stuart entretenait une correspondance au delà des murs et des flots qui entouraient sa prison, et qu'elle nourrissait un espoir secret de fuite ou de délivrance.

Ainsi, en causant devant lui avec ses femmes, il échappait à la reine de montrer qu'elle avait connaissance d'événements qui se passaient au dehors, et que lui Roland n'apprenait que par son entremise. Elle écrivait plus et travaillait moins qu'auparavant; d'un autre côté, comme si elle eût voulu endormir les soupçons, elle avait quitté le ton agressif vis-à-vis de la châtelaine, et semblait résignée à son sort.

« Elles s'imaginent que je suis aveugle, » se dit le page, « et que je ne mérite aucune confiance, à cause de mon âge, ou parce que j'ai été envoyé ici par le régent. Soit! elles seront peut-être bien aises de me trouver à la longue; et Catherine Seyton, tout effrontée qu'elle est, peut avoir en moi un confident aussi sûr que ce taciturne Douglas, après lequel elle court sans cesse. Au reste, il est possible qu'elles me gardent rancune de suivre les instructions de maître Élie Henderson. A qui la faute? elles m'y ont engagé; et si ce ministre parle avec bon sens et vérité, et ne prêche que la parole de Dieu, il vaut probablement le pape et les conciles. »

Il est à croire que, dans cette dernière conjecture, Roland avait deviné la véritable cause qui empêchait les trois dames de l'admettre dans leurs conciliabules. Il venait d'avoir plusieurs conférences avec Henderson au sujet de la religion, et lui avait donné à entendre qu'il avait besoin du secours de ses lumières, quoiqu'il n'eût pas jugé à

Catherine Seyton.

propos d'avouer qu'il avait suivi jusqu'alors les préceptes de l'Église catholique.

Élie Henderson, zélé propagateur de la religion réformée, s'était enfermé au château de Lochleven, dans l'intention expresse de détacher de Rome quelques-uns des serviteurs de la reine déchue, et d'affermir la foi de ceux qui avaient déjà embrassé les doctrines protestantes. Peut-être son ambition visait-elle plus haut ; peut-être élevait-il ses vues de prosélytisme jusqu'à la personne royale. L'obstination avec laquelle Marie et ses femmes refusèrent de le voir ou de l'entendre rendit un tel projet, s'il en caressait l'idée, tout à fait impraticable.

Cependant l'occasion d'augmenter les connaissances religieuses de Roland, et de lui faire concevoir un sentiment convenable de ses devoirs envers le ciel, fut considérée par l'honnête pasteur comme une porte ouverte par la Providence pour le salut d'un pécheur. Il ne s'imaginait pas, il est vrai, convertir un papiste ; mais, témoin de l'ignorance grossière du page, maître Henderson, tout en louant sa docilité en présence de la dame de Lochleven et de son petit-fils, manquait rarement d'ajouter que son vénérable frère, Henri Warden, devait avoir bien baissé en vigueur d'esprit pour avoir négligé à ce point un de ses catéchumènes. Celui-ci n'avait pas cru devoir lui en apprendre la véritable raison, à savoir, qu'il s'était fait un point d'honneur d'oublier tout ce que Henri Warden lui avait enseigné, sitôt qu'il n'avait plus été obligé de le répéter comme une chose de routine.

Les leçons de son nouveau guide, si elles n'avaient pas le même accent d'autorité, étaient reçues d'une oreille plus docile, et avec un sérieux désir d'apprendre ; la solitude du manoir était, d'ailleurs, propre à suggérer au page des pensées d'un ordre plus élevé. Il hésitait pourtant comme à moitié convaincu, mais l'assiduité dont il fit montre lui avait gagné les bonnes grâces de la sévère châtelaine : on lui permit une fois ou deux d'aller, avec de grandes précautions, au bourg voisin de Kinross, situé en terre ferme, pour remplir quelques commissions insignifiantes de la part de la reine.

Le jeune Græme put donc, un certain temps, conserver une espèce de neutralité entre les deux partis qui habitaient Lochleven. Mais, à mesure qu'il faisait des progrès dans la faveur de la vieille dame et de son chapelain, il s'aperçut, à son grand regret, qu'il perdait du terrain dans celle de Marie et de ses femmes.

Il en vint par degrés à sentir qu'il était regardé comme un espion. Au lieu de causer librement en sa présence comme autrefois, sans dissimuler aucun mouvement d'impatience, de chagrin ou de joie, ces dames bornaient leur entretien aux sujets les plus indifférents, affectant même d'y apporter une réserve étudiée. Ce manque évident de confiance était accompagné d'un changement analogue dans leur conduite personnelle à son égard. La reine, qui l'avait d'abord traité avec une bienveillance marquée, lui parlait à peine à présent, sauf pour les détails du service. Dame Fleming s'enfermait dans les termes d'une politesse froide et hautaine ; et Catherine Seyton, mettant plus d'amertume dans ses propos, devenait ombrageuse, maussade, irritable. Ce qui le choquait le plus, c'est qu'il voyait, ou croyait voir, entre la belle et Georges Douglas, des signes d'intelligence, autant d'importants secrets à l'œil d'un jaloux.

« Il n'est pas étonnant, » pensait-il, « que, courtisée par le fils d'un baron orgueilleux et puissant, elle n'ait plus une parole ou un regard pour un pauvre page sans sou ni maille. »

Bref, la situation de Roland devint tout à fait insupportable, et son cœur n'eut pas trop tort de se révolter contre l'injustice d'un traitement qui le privait de la seule consolation qu'il eût trouvée dans les ennuis de la solitude. Il accusait d'inconséquence la reine et sa favorite (l'opinion de dame Fleming le laissait insensible), elles semblaient lui en vouloir pour les suites naturelles d'un ordre qui venait d'elles-mêmes. Ne l'avaient-elles pas envoyé à l'école de ce prédicateur irrésistible?

« Ah! » se disait-il, « dom Ambroise connaissait mieux les côtés faibles de leur papisme, quand il m'ordonnait de réciter intérieurement des *ave*, des *credo*, des *pater*, tout le temps que prêchait le vieil Henri Warden, pour m'empêcher de prêter un seul instant l'oreille à ses doctrines hérétiques. Une pareille existence est intolérable, et j'en veux finir. Pensent-elles que je vais trahir ma maîtresse parce que je ne trouve pas sa religion parfaite? Ce serait, comme on dit, servir le diable pour l'amour de Dieu. Non, non. Je rentrerai dans le monde. A servir les belles dames on a droit d'attendre en retour des paroles et des regards de bonté, et je n'ai point reçu du ciel l'âme d'un vrai gentilhomme pour me soumettre à la froideur et au soupçon, sans compter une prison éternelle. J'en parlerai à Douglas. »

Il dormit à peine de la nuit, tant cette grave résolution le préoccupait, et le lendemain, il se leva sans être bien décidé à la tenir ou non. Or, au moment de sortir avec le sénéchal, il advint par aventure qu'il fut mandé devant la reine. Elle se trouvait au jardin, et, en le voyant entrer une ligne à la main, elle dit à sa dame d'honneur :

« Il faut, ma bonne amie, que Catherine nous cherche un autre amusement ; notre page s'est avisé du sien pour aujourd'hui.

— J'ai prévenu Votre Grâce, » dit la dame d'honneur. « Quelle ressource tirer de la compagnie d'un jeune homme si bien vu des huguenots, et qui a les moyens de passer son temps plus agréablement qu'avec nous ?

— Je souhaite, » ajouta Catherine, en rougissant de dépit, « que ses amis nous débarrassent de lui et ramènent en sa place un page, s'il s'en trouve encore un, fidèle à sa reine et à sa religion.

— Une partie de vos souhaits peut s'accomplir, Madame, » dit Roland Græme, incapable de retenir plus longtemps les sentiments qu'excitait en lui un tel accueil, et il fut sur le point d'ajouter : « Et moi, je vous souhaite de tout mon cœur en ma place un page, s'il peut s'en trouver un, qui soit capable d'endurer les caprices des femmes sans en devenir fou. »

Heureusement, il se rappela le remords qu'il avait senti pour avoir cédé à la vivacité de son caractère dans une occasion semblable, et retint sur ses lèvres un reproche si déplacé en présence d'une reine.

« Que faites-vous là ? » lui demanda Marie. « Vous allez prendre racine dans le jardin.

— J'attends les ordres de Votre Grâce.

— Je n'en ai point à vous donner. Allez, Monsieur ! »

Pendant qu'il s'éloignait, il entendit Marie réprimander une de ses dames en ces termes : « Vous voyez à quoi vous nous avez exposées. »

Cette petite scène détermina Roland à quitter le château, s'il était possible, et à faire part de son dessein à Douglas, sans plus attendre. Ce dernier, silencieux comme à l'ordinaire, était assis à la poupe de l'esquif qui servait à leurs parties de pêche ; il disposait ses engins, et indiquait par signes à son compagnon la direction à suivre. Quand ils furent en pleine eau, le page cessa de ramer.

« J'ai quelque chose d'important à vous dire, » dit-il tout à coup, « si votre plaisir est de m'écouter. »

Le visage de Douglas s'éclaircit, à l'instant ; il tressaillit, et leva la tête de l'air empressé d'un homme qui s'attend à une communication grave et alarmante.

« Lochleven, » reprit Roland, « m'ennuie à mourir.

— Est-ce tout? » dit Georges. « Aucun de ses habitants ne vous contredira là-dessus.

— D'accord. Pour moi, qui ne suis ni de la famille, ni prisonnier, je puis raisonnablement souhaiter d'en sortir.

— Seriez-vous l'un et l'autre, vous n'agiriez pas avec moins de raison.

— Non seulement la vie qu'on y mène me pèse, mais je suis décidé à m'en aller.

— C'est plus facile à dire qu'à faire.

— Pourquoi? si votre mère y consent avec vous.

— Vous vous trompez, Roland ; le consentement de deux autres personnes est également nécessaire, celui de madame Marie, votre maîtresse, et celui de mon oncle le régent, qui vous a placé auprès d'elle, et qui ne trouvera pas convenable de changer si tôt les gens de sa suite.

— Alors, » dit le page un peu effrayé d'une perspective qu'avec plus d'expérience il aurait dû prévoir, « il faut que je reste ici, bon gré mal gré?

— Du moins, vous devez y rester jusqu'à ce qu'il plaise à mon oncle de vous en faire sortir.

— Franchement, et pour parler comme à un gentilhomme incapable de me trahir, je vous avouerai que, si je me croyais prisonnier, ni murs ni lac ne seraient pour m'arrêter longtemps.

— Franchement, je ne pourrais vous blâmer d'en courir l'aventure. Néanmoins, pour cela seul, mon père, ou mon oncle, ou le comte, ou l'un de mes frères, ou n'importe quel partisan du roi entre les mains duquel vous viendriez à tomber, vous feraient pendre comme un chien, ou comme une sentinelle qui a déserté son poste ; et vous auriez de la peine à leur échapper. Mais dirigeons-nous vers l'île de Saint-Serf ; l'air fraîchit du côté de l'ouest, et en longeant l'île sous le vent, nous aurons, près du courant, du poisson en abondance. Dans une heure d'ici, nous reprendrons l'entretien. »

Leur pêche fut heureuse, quoiqu'il advint rarement à deux amateurs de ce plaisir solitaire d'échanger entre eux moins de paroles.

En revenant, Douglas prit les rames, et Roland, assis au gouvernail, dirigea la barque vers le castel. Bientôt le rameur s'arrêta au milieu de sa course, et après avoir jeté les yeux autour de lui :

« Il y a une chose, » dit-il, « que je pourrais vous révéler ; mais il s'agit d'un secret si profond que même à cette place, et sans autres témoins que le ciel et l'eau, je n'ai pas la force d'en ouvrir la bouche.

— Mieux vaut qu'il reste caché, » répondit Roland « si vous doutez de l'honneur de celui qui seul peut l'entendre.

— Je ne doute pas de votre honneur ; mais vous êtes jeune, étourdi, inconstant.

— Jeune, assurément ; étourdi, c'est possible ; mais qui vous a dit que je fusse inconstant ?

— Quelqu'un qui vous connaît mieux peut-être que vous ne vous connaissez vous-même.

— Ce quelqu'un-là s'appelle Catherine Seyton, n'est-ce pas ? Mais elle est cent fois d'humeur plus changeante que les flots qui nous ballottent.

— Mon jeune ami, n'oubliez pas, je vous prie, que Catherine est une demoiselle de naissance et de qualité, et dont on ne doit pas parler à la légère.

— Maître Georges de Douglas, ce discours m'a tout l'air d'une menace ; or, veuillez observer, je vous prie, que je me soucie d'une menace aussi peu que d'une truite morte. D'ailleurs, à vouloir défendre toutes les dames de naissance et de qualité qu'on accuse d'inconstance en affaires de cœur ou de toilette, on se prépare en vérité un peu trop d'ouvrage.

— Allons, » dit le sénéchal en plaisantant, « tu es un jeune fou, incapable de t'occuper plus sérieusement qu'à jeter un filet ou lancer un faucon.

— Si votre secret concerne Catherine Seyton, il ne m'intéresse pas, et vous êtes maître de le lui dire ; car elle sait se ménager des occasions de causer avec vous, comme elle l'a fait jusqu'à présent. »

La rougeur qui couvrit le visage de Douglas fit croire au page qu'il avait touché juste en parlant au hasard, et cette pensée lui fut un coup de poignard en plein cœur. Son compagnon, sans lui répondre, reprit les rames, et ils débarquèrent en quelques minutes en face du château. Les domestiques reçurent le produit de la pêche, et les deux jeunes gens s'étant séparés en silence, retournèrent chacun dans leur appartement.

Roland avait passé une bonne heure à maugréer contre Catherine, la reine, le régent, et toute la maisonnée de Lochleven, à commencer par Georges, quand vint le moment où son devoir l'appelait pour le repas de la reine. Tout en s'habillant, il regretta le temps consacré à ce qu'il avait regardé jusqu'alors, avec la fatuité de son âge, comme la grande affaire de la journée. Aussi, en prenant place derrière le fauteuil de la reine, eut-il un air de dignité offensée qui n'échappa point aux yeux de Marie; probablement cela lui parut assez ridicule, car elle fit en français une observation, qui fit rire dame Fleming et laissa Catherine à demi interloquée. Cette plaisanterie, qu'il ne comprenait pas, devint pour le malheureux garçon une offense nouvelle et redoubla sa maussaderie.

Avec ce tact tout particulier et cette finesse que jamais femme ne posséda à un plus haut degré, la reine ne chercha plus qu'à dissiper l'humeur noire de son serviteur. La bonté du poisson qu'il avait pris, le fumet délicieux, les belles couleurs rouges des truites, qui avaient donné une réputation au lac, la conduisirent d'abord à exprimer ses remercîments au page pour l'agréable supplément qu'il avait fourni à sa table, surtout *un jour de jeûne*. Puis elle s'informa de l'endroit où les poissons avaient été pris, de leur grosseur, de leurs qualités particulières, de la saison où ils étaient abondants, et à établir une comparaison entre les truites du Lochleven et celles qu'on trouve dans les lacs et rivières du sud de l'Écosse.

La bouderie de Roland disparut comme le brouillard devant le soleil, et il fut aisément engagé dans une dissertation savante et animée sur les différentes sortes de truite, celles de la Nith et celles du Lochmaben. Il allait poursuivre avec le feu et l'enthousiasme d'un amateur passionné, lorsqu'il s'aperçut que le sourire avec lequel la reine avait commencé à l'écouter disparaissait peu à peu, et que, malgré ses efforts pour les retenir, des larmes roulaient dans ses yeux. Il s'interrompit et demanda d'une voix triste s'il aurait eu à son insu le malheur de lui déplaire.

« Non, mon pauvre enfant, » répondit Marie ; « mais pendant que vous énumériez les lacs et les rivières de mon royaume, mon imagination, qui m'égare parfois, m'a transportée, hors de ce lugubre séjour, dans le vallon pittoresque de la Nith et près des tours royales de Lochmaben. O terre que mes pères ont si longtemps gouvernée, votre reine est privée des plaisirs que vous offrez en abondance, et la plus pauvre mendiante, qui erre librement de village en village, ne voudrait pas changer de sort avec Marie d'Écosse.

— Votre Grâce, » dit dame Fleming, « veut-elle se retirer?

— Oui, » répondit la reine ; « je ne veux pas affliger de jeunes cœurs par le spectacle de mes chagrins. »

Elle accompagna ces mots d'un regard de compassion qu'elle laissa tomber sur Roland et Catherine, qui demeurèrent dans le salon.

Notre page trouva la position tant soit peu embarrassante ; car, comme tout lecteur peut l'avoir éprouvé en pareille circonstance, il est très difficile de soutenir des airs de dignité offensée en présence d'une charmante fille, quelque raison qu'on ait d'être fâché contre elle. Catherine, de son côté, était comme un fantôme qui, connaissant la terreur que sa présence inspire, est disposé à donner au pauvre mortel qu'il visite le temps de reprendre son assiette et d'interroger le premier, suivant les grandes règles de la démonologie. Mais comme Roland ne semblait pas pressé de mettre à profit sa condescendance, elle ouvrit elle-même la conversation.

« Je vous en prie, beau sire, » demanda-t-elle, « s'il m'est permis de troubler votre auguste rêverie par une question si banale, qu'est devenu votre rosaire ?

— Je l'ai perdu, » dit Roland, partagé entre la colère et l'embarras, « et depuis un certain temps.

— Oserais-je vous demander, Monsieur, pourquoi vous ne l'avez pas remplacé par un autre ? J'ai presque envie de vous en offrir un, en souvenir de notre ancienne connaissance. »

En prononçant ces mots avec un léger tremblement dans la voix, elle tira de sa poche un chapelet à grains d'ébène monté en or. Le ressentiment du page s'évanouit, et d'un bond il accourut près de Catherine. Reprenant à l'instant le ton fier et hardi qui lui était familier :

« Je ne vous ai pas commandé, » dit-elle, « de venir vous asseoir à mes côtés, car la connaissance dont je parlais est froide et inerte, morte et enterrée il y a beaux jours.

— A Dieu ne plaise ! elle n'est qu'endormie, et maintenant que vous désirez qu'elle se réveille, belle Catherine, croyez que ce gage d'un retour de faveur...

— Non, non, » dit-elle en retirant le rosaire vers lequel il avançait la main ; « j'ai changé d'idée, et la réflexion me vient : que ferait un hérétique de ces grains sacrés qui ont été bénis par le père même de l'Église ? »

Roland était sur des charbons ardents : où tendait ce discours il le voyait bien, et c'était redoubler sa perplexité.

« N'en faisiez-vous pas, » objecta-t-il, « un gage d'amitié ?

— Oui certes, mais d'une amitié accordée au fidèle sujet, au loyal et pieux catholique, à celui qui s'était solennellement dévoué en même temps que moi à l'accomplissement d'un grand devoir ; vous le comprenez aujourd'hui, il s'agissait de servir l'Église et la reine. C'était à une telle personne, si vous la connaissez, que mon amitié était due et non à l'allié des hérétiques, et, ce qui est pire encore, à un futur renégat.

— J'aurais difficilement deviné, belle demoiselle, que la girouette de vos bonnes grâces tournait seulement au vent du papisme, en la voyant attirée vers Georges Douglas qui, je pense, est partisan du roi et protestant.

— Ayez meilleure opinion de lui et n'allez pas croire... » Elle s'arrêta comme si elle eût craint d'en avoir trop dit, et continua d'autre sorte : « Soyez assuré, cher sire, que vous faites beaucoup de peine à tous ceux qui vous veulent du bien.

— Hum ! le nombre n'en est pas grand, et leur peine, s'ils en ont, n'exigera pas dix minutes à se guérir.

— Tout au contraire, ils sont nombreux et vous portent intérêt, en quoi ils ont peut-être tort. Vous êtes le meilleur juge de votre propre conduite ; et si vous préférez l'or et les terres de l'Église à l'honneur, à la loyauté et à la foi de vos pères, pourquoi seriez-vous plus gêné que les autres ?

— J'en atteste le ciel, s'il y a quelque différence entre ma croyance et la vôtre... c'est-à-dire, si j'ai conçu des doutes sur quelques points, ils m'ont été inspirés par un désir sincère de connaître la vérité, et suggérés par ma conscience.

— Ah ! votre conscience ! nous y voilà, » dit-elle avec une emphase ironique ; « votre conscience ! c'est le bouc émissaire, votre conscience. Mais elle est solide, j'en réponds, et supportera le poids d'un des meilleurs manoirs de l'abbaye de Sainte-Marie de Kennaquhair, confisquée dernièrement au profit de notre noble seigneur le roi, sur l'abbé et sa communauté, pour crime de fidélité à leurs vœux monastiques. Pourquoi ne serait-elle pas octroyée par le très haut, très puissant, ainsi de suite, Jacques, comte de Murray, traître, à son excellent page de dames

Roland Græme, pour ses loyaux et fidèles services en qualité d'espion et geôlier en second, commis à la garde de sa souveraine légitime, la reine Marie ?

— Vous êtes d'une injustice cruelle à mon égard ; oui, Catherine, très cruelle. Dieu sait que je défendrais cette pauvre reine au risque de ma vie ; mais que puis-je faire, que peut-on faire pour elle ?

— Ce qu'on peut faire ? Tout, si les Écossais étaient aussi fidèles et braves qu'au temps de Bruce et de Wallace. Oh ! Roland à quelle entreprise vous refusez votre cœur et votre bras, et cela par froideur ou insouciance !

— Comment puis-je renoncer à une entreprise qu'on ne m'a point communiquée? La reine, vous, ou toute autre personne m'a-t-elle ordonné quelque chose à quoi je me sois refusé? Ne m'avez-vous pas toutes, au contraire, écarté de vos conseils, comme si j'avais été le plus dangereux des traîtres?

— Et qui aurait donné sa confiance à l'ami, à l'élève, au compagnon de l'hérétique Henderson? Vous avez choisi là un bon précepteur à la place de l'excellent père Ambroise, qui erre à présent sans feu ni lieu, s'il ne languit pas au fond d'un cachot pour avoir résisté à la tyrannie de Morton, et c'est son frère qui a hérité, par la grâce du régent, des biens de cette noble maison de Dieu!

— Eh! quoi, le digne abbé serait réduit à un tel abandon?

— S'il savait que vous renoncez à la foi de vos pères, il en recevrait un coup plus rude que de toutes les persécutions de la tyrannie.

— Mais pourquoi, » dit Roland très ému, « supposer que... que j'en suis venu où vous dites?

— Niez-le donc! N'avez-vous pas goûté au poison que vous auriez dû éloigner de vos lèvres? Nierez-vous qu'il fermente dans vos veines, s'il n'a pas encore corrompu les sources de la vie? Nierez-vous que vous avez des doutes, comme vous les appelez dans votre orgueil, touchant des questions dont c'est une impiété de douter un instant? Votre foi n'est-elle pas chancelante, sinon déjà renversée? Ce prédicant hérétique ne se glorifie-t-il pas de sa conquête? et la geôlière hérétique de cette prison ne vous cite-t-elle pas en exemple? La reine et dame Fleming vous regardent comme déchu. Y a-t-il ici quelqu'un, à une exception près, — oui, je l'affirme, et pensez de moi ce qu'il vous plaira, — y a-t-il une autre personne que moi qui conserve la moindre espérance de vous voir réaliser ce que nous pensions autrefois de vous? »

Pauvre Roland! On avait donc compté sur lui, et il l'apprenait, à sa confusion, de celle qu'il aimait le plus au monde; car rien n'avait pu bannir Catherine de sa pensée depuis leur première rencontre, et il s'était encore plus attaché à elle depuis son long séjour à Lochleven.

« J'ignore, » répliqua-t-il enfin, « ce que vous attendez ou ce que vous craigniez de moi. On m'a envoyé pour servir la reine Marie, et je suis prêt à le faire à la vie et à la mort. Si l'on avait réclamé de moi des services d'un autre genre, je n'étais pas homme à les rendre. Quant à l'Église réformée, je n'avoue ni ne désavoue ses doctrines. Voulez-vous connaître la vérité? Il me semble que c'est la corruption des prêtres catholiques qui a seule attiré ce malheur sur leurs têtes, et, qui sait? peut-être contribuera-t-il à les corriger. Mais trahir cette malheureuse reine, Dieu m'est témoin que je ne suis pas coupable d'une telle pensée. Eussé-je d'elle une opinion pire que je ne le dois comme serviteur, et que je ne l'ose comme sujet, je ne la trahirais pas; loin de là, je l'aiderais dans tout ce qui pourrait tendre à la justifier.

— Oui, oui, je vous crois, » interrompit Catherine en joignant les mains. « Alors vous ne nous abandonnerez pas si l'on nous fournit les moyens de mettre notre royale maîtresse en liberté, afin qu'elle puisse soutenir la justice de sa cause contre des sujets rebelles?

— Non, belle Catherine; mais écoutez un peu ce que Murray m'a dit en m'envoyant ici.

— Ce qu'a dit un faux sujet, un faux frère, un faux conseiller, un faux ami? Ah! plutôt écouter le diable. Voilà un homme qui vivait d'une chétive pension sur la cassette royale, élevé jusqu'au poste de ministre d'État et de distributeur des grâces; rang, fortune, titres, crédit, pouvoir, tout lui a poussé comme champignons, par l'affection d'une sœur généreuse. Et qu'a-t-il fait pour elle? il l'a confinée dans une horrible solitude, il l'a déposée, il l'assassinerait même s'il en avait l'audace.

— Oh! oh! je ne vais pas si loin, et à ne rien déguiser, » dit-il avec un sourire, « il suffirait du moindre salaire pour me faire embrasser, sans esprit de retour, un parti ou l'autre.

— N'est-ce que cela? » reprit la jeune enthousiaste. « Vous aurez pour salaire les prières des sujets opprimés, de l'Église dépouillée, des nobles offensés; un honneur immortel dans les âges futurs, une reconnaissance ardente pour le présent, la gloire sur la terre et la félicité dans le ciel! Votre pays vous bénira, votre reine vous devra tout, vous parviendrez d'un seul coup au plus haut rang de la chevalerie, tous les hommes vous honoreront, toutes les femmes vous chériront, et moi, qui ai juré avec vous de travailler à la délivrance de Marie Stuart, je... oui, je vous aimerai... bien plus qu'une sœur n'a jamais aimé son frère.

— Continuez! » dit Roland qui, fléchissant le genou, serrait la main qu'elle lui avait tendue dans la chaleur de ses remerciements. « Continuez, de grâce !

— Non, j'en ai déjà trop dit, beaucoup trop si vous n'êtes pas convaincu et trop peu si vous l'êtes. Mais je réussirai, ou plutôt la bonne cause l'emportera d'elle-même, et je vais vous y consacrer. »

A la grande surprise du jeune homme, elle avança la main vers son front, y figura, sans le toucher, le signe de la croix, et, le visage incliné, sembla baiser l'espace vide dans lequel elle avait tracé le pieux symbole. Puis, se redressant tout à coup, elle courut se réfugier dans la chambre de la reine.

La jeune enthousiaste était partie, et Roland, un genou en terre, immobile et retenant son souffle, ne détachait pas les yeux de l'endroit que venait d'occuper l'enchanteresse. S'il ne goûtait pas une joie sans mélange, la peine et le plaisir se fondaient du moins dans son âme en une sensation poignante et qui tient du ravissement, la liqueur la plus enivrante que la vie puisse nous offrir dans sa coupe si diversement remplie. Il se leva et sortit lentement ; et, quoique M. Henderson prêchât ce soir-là son meilleur sermon contre les erreurs du papisme, je ne répondrais pas qu'il ait été écouté avec fruit dans le dédale de ses raisonnements par le jeune prosélyte pour l'utilité duquel il avait choisi ce sujet.

CHAPITRE XXV.

> Lorsque la torche de l'amour a mis le cœur en feu, vient dame Raison avec ses *si* et ses *mais*: elle sert autant que le vieux bedeau à barbe blanche, qui du haut des voûtes de l'église fait jouer sa pompe délabrée pour lancer goutte à goutte un mince filet d'eau sur un incendie.
>
> *Ancienne Comédie.*

 out en rêvant, Roland Græme se rendit, le matin suivant, sur les remparts du château, comme en un lieu où il pourrait s'abandonner à ses réflexions sans risque d'être dérangé. La retraite était mal choisie, car il y fut joint par Élie Henderson.

« Je vous cherchais, jeune homme, » dit le prédicateur; « j'ai à parler d'une chose qui vous touche de près. »

Le page n'avait pas de prétexte pour éviter la conférence que lui offrait ainsi le chapelain, bien qu'il se doutât qu'elle allait devenir embarrassante.

« En vous enseignant, aussi bien que mes faibles moyens me l'ont permis, vos devoirs envers Dieu, » reprit Henderson, « je n'ai pas insisté assez fortement à mon gré sur vos devoirs envers le prochain. Vous êtes au service d'une dame, honorable quant à sa naissance, méritant la pitié de tous pour ses infortunes, et douée à un trop haut degré, hélas! de ces qualités extérieures qui gagnent les regards et l'attention des hommes. Avez-vous considéré ce que vous devez à Marie d'Écosse, sous tous les aspects et en sûreté de conscience?

— Je crois, mon révérend, » répondit le page, « connaître assez bien les devoirs qu'un serviteur tel que moi doit remplir envers sa royale maîtresse, surtout dans une situation si déchue et si douloureuse.

— Très bien ; c'est un sentiment honnête en soi, mais qui, dans la présente occasion, peut vous rendre coupable et traître.

— Comment? Je ne vous comprends pas.

— Je n'ai pas à vous rappeler les fautes qu'a commises cette femme imprudente, il ne sied point de les faire sonner aux oreilles d'un bon serviteur. Qu'il me suffise de dire que la malheureuse a rejeté plus d'invitations de la grâce que n'en ait jamais reçu princesse de la terre, et qu'au déclin de sa puissance, elle est enfermée dans ce château solitaire pour le bien commun du peuple d'Écosse, et peut-être pour le salut de son âme.

— Je sais trop bien, » dit Roland non sans un peu d'impatience, « que mon infortunée maîtresse habite une prison, puisque j'ai la malechance de la partager moi-même, ce qui, à vous parler net, m'ennuie cordialement.

— C'est de cela même que je veux vous parler, » dit le chapelain avec douceur. « Avant tout, mon cher enfant, jetez les yeux sur l'agréable campagne qui s'étend devant nous. Au milieu des arbres, ces panaches de fumée indiquent l'emplacement d'un village, séjour de la paix et du travail. De loin en loin, au bord d'un ruisseau, s'élève une vieille tour, dominant quelques chaumières, et là aussi chaque seigneur vit tranquillement, l'épée au fourreau et la lance suspendue à la muraille. Vous voyez aussi plus d'une belle église ; aux altérés on y offre les sources pures de la vie, et aux affamés le reconfort d'une nourriture spirituelle. Eh bien, que mériterait celui qui promènerait le fer et le feu dans une contrée si belle et heureuse? qui forcerait les nobles à tirer leurs épées et à les tourner les uns contre les autres? qui livrerait aux flammes la chaumière et la tour, et qui éteindrait leurs restes fumants dans le sang de ceux qui les habitent? Que mériterait celui qui tenterait de relever l'image de Dagon, abattue par l'élite de nos saints, et de rendre les temples du Seigneur aux autels de Baal?

— Vous venez de tracer un effrayant tableau ; quant à en faire une réalité, je ne vois pas qui serait le coupable.

— Dieu me préserve de dire que ce serait toi! Et cependant, Roland Græme, fais-y attention, si tu as des devoirs à remplir envers ta maîtresse, la paix de l'Écosse et la prospérité de ses habitants t'en imposent de plus grands. Songes-y ; sinon, tu peux être l'homme sur la tête duquel retomberont les malédictions et châtiments des aux crimes dont je t'ai offert le tableau. Si tu te laisses gagner au chant des sirènes au point d'aider la malheureuse princesse à fuir de ce lieu de pénitence et de sûreté, c'en est fait de ton pays : plus de paix pour ses chaumières ni de prospérité pour ses châteaux, et l'enfant à naître maudira un jour le nom du premier auteur des maux que déchaînerait une guerre entre la mère et le fils!

— Je n'ai nulle connaissance d'un tel projet ; ainsi je n'y puis apporter de l'aide. Mon devoir auprès de la reine Marie n'est que celui d'un simple page et c'est une tâche dont j'aurais bien voulu parfois être affranchi ; néanmoins...

— C'est pour vous préparer à jouir d'un peu plus de liberté, mon fils, que je me suis efforcé d'imprimer dans votre esprit la grave responsabilité qui pèse sur vous. Georges Douglas a dit à sa grand'mère que vous étiez las du service ; et comme il n'est pas possible de vous en libérer tout à fait, la bonne dame est presque décidée, sur mes instances, à vous charger de certaines missions au dehors, confiées jusqu'ici à des gens fidèles. Allons donc la trouver ensemble, car elle a, aujourd'hui même, un message de cette nature à vous donner.

— Je vous prie de m'excuser, mon révérend, » dit le page, qui sentait que trop de confiance d'un côté exciterait plus de défiance de l'autre ; « nul ne peut servir deux maîtres, et ma maîtresse à moi, j'en ai bien peur, ne me saura pas bon gré de recevoir d'autres ordres que les siens.

— Rassurez-vous ; on est certain de son agrément. Je crains plutôt qu'elle ne l'accorde trop volontiers, dans l'espoir de se ménager, par votre intermédiaire, des intelligences avec ses prétendus amis, qui feraient de son nom le mot d'ordre d'une guerre civile.

— De cette façon, je serai exposé au soupçon des deux côtés; ma maîtresse me considérera comme un espion placé près d'elle par ses ennemis, en me voyant si avant dans leurs bonnes grâces; et la châtelaine me croira toujours capable d'une trahison, parce qu'elle sera devenue toujours possible. Non, non, je préfère rester comme je suis. »

Il y eut un silence de quelques minutes, pendant lequel Henderson s'efforça de découvrir sur les traits de son interlocuteur si cette réponse n'avait pas une valeur secrète; mais ce fut en vain : Roland, page dès l'enfance, savait à propos dissimuler ses émotions sous un masque d'indifférence ou de froideur.

« Je ne vous comprends pas, mon ami, » reprit le ministre, « ou plutôt, à en juger d'après votre train ordinaire, je ne m'attendais pas à tant de circonspection. Il me semblait que le plaisir d'aller de l'autre côté du lac avec un arc, un fusil ou une ligne de pêche, l'aurait emporté sur tout.

— Cela n'eût pas manqué, » dit Roland, qui comprit le danger d'aggraver la défiance à demi éveillée d'Henderson; « oui, je n'aurais songé qu'au fusil ou à la rame, et à ces oiseaux sauvages que j'ai tant d'envie de poursuivre dans les joncs où ils se réfugient hors de portée; mais, ne l'avez-vous pas dit? en allant sur la terre ferme, je pouvais faire brûler le bourg et le château, et causer ainsi la chute de l'Évangile et le rétablissement de la messe.

— Bien! bien! suivez-moi chez la dame de Lochleven. »

Elle était à déjeuner avec son petit-fils.

« Que la paix soit avec Votre Seigneurie! » dit le chapelain en entrant. « Voici Roland Græme, qui attend vos ordres.

— Jeune homme, » dit-elle « notre chapelain, nous a répondu de ta fidélité, et nous avons résolu de te donner quelques commissions à faire pour nous dans notre bourg de Kinross.

— Pour moi, » ajouta froidement Douglas, « ce n'était pas mon avis.

— Aussi n'en ai-je rien dit, » riposta la dame d'un ton sec. « La

mère de votre père
est assez âgée, je
pense, pour savoir se conduire dans une
affaire si simple. Roland, tu prendras le bateau,
avec deux de mes gens que Dryfesdale ou Randal
désignera, et tu iras chercher à Kinross de la vaisselle et des tapisseries qui ont dû y arriver cette
nuit par le voiturier d'Édimbourg.

— Vous remettrez le paquet, » dit Georges, « à un de nos domestiques que vous trouverez là-bas. Il est chargé du rapport que j'envoie à mon père. »

La grand'mère approuva par un signe de tête.

« Ainsi que je l'ai déclaré à maître Henderson, » fit observer le page, « mon devoir m'attache au service de la reine, et sa permission est nécessaire, avant que je puisse accepter de votre commission.

— Avisez à cela, mon fils; les scrupules de ce jeune homme sont honorables.

— Sauf votre respect, je n'ai point envie de me présenter si matin, » répliqua Douglas avec indifférence ; « elle n'a qu'à le trouver mauvais, et la corvée en sera plus désagréable.

— Et moi, » ajouta l'aïeule, « quoique son caractère se soit adouci, je n'irai point sans nécessité m'exposer à ses sarcasmes.

— Si vous le permettez, Madame, » intervint le chapelain, « je porterai moi-même votre requête à la reine. Depuis que je suis arrivé, et il y a déjà un certain temps, elle n'a pas daigné me recevoir en particulier, ou venir entendre mes instructions ; et cependant, j'en atteste le ciel, l'amour de son âme et le désir de la faire entrer dans la bonne voie ont été mon principal but en venant ici.

— Vous êtes téméraire, mon révérend, » dit Georges, presque railleur ; « prenez garde de vous engager dans une aventure où l'on ne vous a point appelé. Un savant comme vous doit connaître l'adage : *Ne accesseris in consilium nisi vocatus*. Qui vous a donné une telle mission ?

— Le maître qui m'a appelé à son service, celui qui m'a commandé d'avoir du zèle à propos et hors de propos.

— Vous n'avez pas souvent, à ce qu'il me semble, fréquenté les cours et les princes.

— Il est vrai ; mais comme mon maître Knox, je ne vois rien d'effrayant dans la jolie figure d'une dame.

— Mon fils, » interrompit la châtelaine, « ne refroidissez pas l'ardeur de notre excellent ministre, et laissez-le monter chez la princesse.

— Volontiers ; il s'en tirera mieux que moi. »

Henderson se rendit avec le page à l'appartement de la royale prisonnière et demanda une audience, qui lui fut accordée.

Marie était occupée, ainsi que ses femmes, à son travail journalier, la broderie. Elle reçut le visiteur avec la politesse qu'elle montrait d'ordinaire à ceux qui l'approchaient, et celui-ci se trouva, dès les premiers mots, plus embarrassé qu'il ne l'aurait cru.

« La bonne dame de Lochleven, » commença-t-il, « s'il plaît à Votre Grâce.... »

Il s'arrêta un moment, et Marie dit en souriant :

« Il plairait, certes, infiniment à Ma Grâce qu'elle le fût en réalité. Continuez : quelle est la volonté de notre bonne dame de Lochleven ?

— Elle désire, Madame, que vous permettiez à ce jeune homme, votre page, d'aller chercher à Kinross les étoffes et les tapisseries envoyées d'Édimbourg pour meubler plus convenablement l'appartement de Votre Grâce.

— La dame de Lochleven, » répondit la reine, « emploie une cérémonie bien inutile, en sollicitant notre permission pour une chose qui dépend de son bon plaisir. Nous savons qu'on nous aurait depuis longtemps privée des services de ce jeune homme si l'on n'avait pas pensé qu'il était aux ordres de la bonne dame plutôt qu'aux nôtres. Quoi qu'il en soit, nous consentons de grand cœur à ce qu'il s'acquitte de sa commission ; jamais, de notre propre mouvement, nous ne condamnerons une créature vivante à la captivité que nous sommes obligée de souffrir.

— Il est sans doute naturel à l'homme de se révolter contre toute gêne. Cependant il est des gens qui, dans les jours passés au sein de la captivité temporelle, ont trouvé les moyens de se racheter de l'esclavage spirituel.

— Je vous vois venir, Monsieur ; mais j'ai entendu l'apôtre, Jean Knox en personne, et si j'avais dû être ébranlée, j'aurais volontiers laissé au plus éloquent des hérétiques le triste honneur qu'il aurait pu acquérir en triomphant de ma foi et de mes espérances.

— Madame, ce n'est point aux talents et à l'habileté du laboureur que Dieu accorde une récolte abondante. Les vérités qui vous ont été présentées en vain par celui que vous appelez à juste titre un apôtre, au milieu du tracas et des plaisirs de votre cour, peuvent mieux se faire entendre dans ces lieux où il vous est possible de méditer à loisir. Dieu sait que je parle dans la simplicité de mon cœur, et sans plus d'ambition de me comparer aux anges immortels qu'au saint homme que vous venez de nommer. Toutefois, si vous daigniez appliquer à un noble et légitime usage ces talents et cette instruction que tout le monde vous reconnaît ; s'il vous plaisait de nous donner le plus léger espoir que vous voulez entendre et méditer ce qu'on peut alléguer contre l'aveugle superstition et l'idolâtrie dans lesquelles vous avez été élevée, je suis sûr que les plus éloquents de nos frères, et Jean Knox lui-même, se hâteraient d'accourir ici pour retirer votre âme des faussetés de l'Église romaine, qui...

— Je vous suis obligée, ainsi qu'à eux, de tant de charité, » interrompit Marie ; « mais comme à présent je n'ai qu'une salle d'audience, je la verrais avec regret changée en un prêche huguenot.

— Du moins, Madame, ne fermez pas obstinément les yeux sur vos erreurs. Écoutez un homme qui a supporté la faim et la soif, qui a veillé et prié pour se rendre digne d'entreprendre l'œuvre de votre conversion, et qui mourrait avec joie à l'instant où serait accomplie cette victoire si avantageuse pour vous-même, et si utile à l'Écosse. Oui, Madame, si je pouvais ébranler la dernière colonne qui soutient chez nous le temple du paganisme, — permettez-moi d'appeler ainsi votre foi dans les mensonges de Rome, — je serais content de périr écrasé sous ses ruines !

— Je n'insulterai pas à votre zèle, Monsieur, en disant qu'au lieu d'écraser les Philistins vous leur serviriez de jouet. Votre charité mérite mes remercîments, car elle s'exprime avec chaleur, et dans une intention probablement sincère. Ayez donc de moi une opinion aussi bienveillante qu'est la mienne à votre égard, et, croyez-le bien, mon désir de vous rappeler dans la voie du salut, l'ancienne et la seule, n'est pas moins vif que votre souhait de m'y conduire par les traverses nouvellement frayées.

— Eh bien, Madame, puisque telle est votre généreuse intention, » dit le ministre avec feu, « qui nous empêche de consacrer une partie des loisirs forcés dont dispose Votre Grâce, à discuter une question si urgente ? Tout le monde sait que vous brillez à la fois par l'esprit et la science, et, quoique je n'aie pas les mêmes avantages, je suis fort dans ma cause comme dans une citadelle. Pourquoi ne chercherions-nous pas à découvrir lequel de nous s'est trompé?

— Non, je ne présume pas assez de ma force pour accepter le combat en champ clos avec un théologien de profession. D'ailleurs, la partie n'est pas égale. Vous, Monsieur, vous pourriez battre en retraite à la première défaillance, tandis que moi, liée au poteau, je n'aurais

pas la liberté de dire que le combat me fatigue. Je désire être seule. »

Elle accompagna ces mots d'une révérence en forme; et Henderson, qui ne poussait pas le zèle jusqu'au mépris des bienséances, salua la reine à son tour, en se préparant à sortir.

« Puissent mes vœux et mes plus ferventes prières, » ajouta-t-il, « procurer à Votre Grâce bonheur et consolation, surtout en ce qui est la vérité, aussi facilement qu'il lui suffit d'un signe pour m'éloigner de sa présence! »

Il se retirait, lorsque Marie lui dit de l'air le plus affable :

« Ne me faites pas injure dans votre pensée, cher Monsieur; il

41

se peut, si mon séjour ici se prolonge, ce qui, je l'espère, n'arrivera pas, car les factieux se repentiront de leur déloyauté, ou mes sujets fidèles auront le dessus ; il se peut, dis-je, en cas d'un plus long séjour, que je n'aie point de répugnance à écouter un homme de votre caractère, raisonnable et compatissant. Alors, au risque d'encourir vos dédains, j'essaierai de me rappeler les raisons que les conciles et les docteurs donnent à l'appui de ma foi, bien que je craigne, hélas ! d'avoir perdu mon latin avec tout le reste. Mais ce sera pour un autre jour. En attendant, que la châtelaine dispose de mon page comme elle l'entendra ; je ne veux pas éveiller les soupçons en lui disant un seul mot en particulier avant son départ... Roland, mon ami, ne perdez pas une occasion de vous amuser ; dansez, chantez, courez, sautez gaiement. Tout cela est possible de l'autre côté du lac ; mais ici, pour se livrer à de telles folies, il faudrait avoir plus que du vif-argent dans les veines.

— Hélas ! Madame, » s'écria le ministre, « à quoi invitez-vous la jeunesse, tandis que le temps passe et que l'éternité avance ? Est-ce par de frivoles plaisirs qu'on assure l'œuvre du salut ? est-il possible d'y travailler sans peur ni frisson ?

— Que parlez-vous de peur ? Marie Stuart ne connaît point de telles émotions. Mais si mes pleurs et mes chagrins peuvent compenser pour Roland une heure de distraction innocente, soyez sûr que la pénitence sera exactement remplie.

— C'est en quoi Votre Grâce est dans une grave erreur : nos chagrins sont une faible compensation de nos fautes, et quant à les faire servir à l'expiation de celles d'autrui, c'est là un sophisme qu'enseigne votre Église.

— Puis-je, Monsieur, sans vous offenser, vous prier de me laisser seule ? Le cœur me fait souffrir, et je ne saurais supporter une plus longue controverse... Tiens, Roland, prends cette petite bourse... Vous voyez, » ajouta-t-elle en montrant au chapelain ce qu'elle contenait, « qu'il y a seulement quelques testons d'or. Cette monnaie porte mon effigie, et cependant elle m'a fait plus de mal que de bien, tout comme mon peuple, qui, en s'armant contre moi, lançait encore mon nom pour cri de guerre... Cet argent servira du moins à ton plaisir, Roland. Et surtout, n'oublie pas de me rapporter des nouvelles de Kinross, de celles, bien entendu, qui pourraient sans soupçon ni offense affronter la présence du révérend ministre, ou de la bonne dame de Lochleven. »

Henderson se retira moitié mortifié, moitié content de sa réception ; car Marie, par une longue habitude, jointe à sa finesse naturelle, avait poussé à un degré extraordinaire l'art d'éviter une conversation pénible à ses sentiments ou préjugés, sans pour cela heurter ceux de ses interlocuteurs.

Roland suivit le chapelain sur un signe de sa maîtresse ; mais en sortant à reculons, et avec de profonds saluts, il remarqua un geste furtif de Catherine, qui, un doigt levé en l'air, semblait dire : « Rappelez-vous ce qui s'est passé entre nous. »

Le page reçut ensuite chez la vieille dame ses dernières instructions.

« C'est aujourd'hui fête au village, » dit-elle. « L'autorité de mon fils n'a pu encore détruire ce vieux levain de sottise, que les prêtres ont pétri jusque dans l'âme de nos paysans. Je ne te défends pas d'y prendre part ; ce serait tendre un piège à ta folie, où t'apprendre à mentir. Livre-toi avec modération à ces futilités, comme à des choses qu'il te faudra bientôt rejeter avec mépris. Notre bailli à Kinross, Luc Lundin, docteur, c'est le titre qu'il se donne, t'informera de ce que tu as à faire. Souviens-toi que tu as une mission de confiance ; tâche d'en être digne. »

Notre jeune homme n'avait pas encore dix-neuf ans, il avait passé sa vie dans le château solitaire d'Avenel, sauf quelques heures à Édimbourg et son dernier séjour à Lochleven, demeure qui n'avait pas beaucoup contribué à lui faire connaître les plaisirs du monde ; ce n'est donc pas merveilles que son cœur battît de joie et de curiosité à l'espoir de partager les amusements même d'une fête de campagne.

Il remonta d'un pied léger à sa chambrette, et mit sa garde-robe sens dessus dessous, une vraie garde-robe à la hauteur de son emploi et qui venait droit d'Édimbourg, probablement un cadeau du régent. Par ordre de la reine, qui portait le deuil, il ne l'approchait qu'en vêtements de couleur sombre. L'occasion étant propice, il choisit ce qu'il avait de plus brillant : un pourpoint écarlate, à crevés de satin noir, couleurs royales d'Écosse. Il peigna sa longue chevelure bouclée, arrangea sa chaîne d'or et son médaillon autour d'un chapeau de castor à la dernière mode, et suspendit à son côté, par un baudrier brodé, la splendide épée qu'il avait reçue et d'une manière si mystérieuse.

Ce costume, joint à une bonne mine et à une belle taille, faisait de Roland un type accompli des jeunes galants de l'époque. Il aurait voulu saluer la reine et ses dames avant de partir ; mais le vieux Dryfesdale l'entraîna dans sa barque.

« Non, non, mon maître, pas d'entretien privé, » dit le bourru. « Puisqu'on vous accorde quelque confiance, nous essaierons de vous éviter jusqu'à la tentation de la trahir. Dieu te soit en aide, garçon ! » ajouta-t-il en jetant un regard de pitié sur ses habits élégants. « S'il y a au village un meneur d'ours, prends garde de t'en approcher.

— Et pourquoi, s'il vous plaît ?

— De peur qu'il ne te prenne pour un singe échappé de sa cage.

— Ce n'est pas ta bourse qui a payé mes habits.

— Ni la tienne, mon fils ; autrement, ils siéraient bien plus à ton rang et à ton mérite. »

Roland retint avec peine la riposte qui lui vint aux lèvres ; et, enveloppé de son manteau d'écarlate, il sauta dans le bateau, que les deux rameurs, pressés d'avoir leur part des réjouissances, firent voler vers l'occident. En gagnant le large, il crut entrevoir la figure de Catherine, qui l'observait à la dérobée par l'embrasure d'une meurtrière. Il ôta son chapeau et l'éleva en l'air, geste d'adieu et de reconnaissance à la fois. Un mouchoir blanc flotta quelques secondes, et pendant le reste de la traversée, l'image de sa belle lutta dans son esprit avec l'idée des plaisirs qu'il allait goûter.

A mesure qu'il approchait du rivage, on entendait plus distinctement la musique et les chants joyeux, les rires, les cris et les clameurs. En un moment la barque fut amarrée, et Roland se mit tout de suite en quête du bailli afin de savoir ce qui lui resterait de temps à dépenser selon son gré.

CHAPITRE XXVI.

> Place au maître de l'anneau! Allons, rustres,
> ouvrez les rangs. Devant lui marchent le violon
> champêtre, le bruyant tambourin, la musette re-
> tentissante, et la trompe aux échos prolongés.
>
> SOMERVILLE, *les Plaisirs des champs.*

L ne se passa pas longtemps avant que le page découvrît, parmi la foule qui s'agitait en tumulte sur la berge du lac, un personnage d'une aussi grande importance que le docteur Luc Lundin. C'était à lui que revenait l'honneur de représenter le seigneur du pays, et il était escorté, pour soutenir son autorité, par deux musiciens, cornemuse et tambour, et par quatre vigoureux paysans armés d'antiques hallebardes garnies de rubans multicolores.

A la nouvelle que l'esquif du château venait d'arriver avec un jeune galant, habillé pour le moins comme le fils d'un baron, et qui demandait à lui parler sur-le-champ, ce dignitaire ajusta sa fraise et son pourpoint noir, tourna son ceinturon de manière à faire ressortir la poignée ciselée d'une longue rapière, et se dirigea solennellement vers le rivage. Et solennel il avait le droit d'être, même en des occasions moins importantes, car il avait été élevé dans l'étude vénérable de la médecine, comme il était facile, avec quelque science, de s'en apercevoir aux aphorismes dont il émaillait ses discours. Le succès n'avait pas égalé son ambition. Par bonheur, natif d'un comté voisin, et parent, on ne sait de quel côté, d'une vieille famille en relations avec les Douglas, il avait, par leur crédit, obtenu la position assez agréable dont il jouissait sur les rives du lac.

Les profits de son office de bailli étaient modiques, surtout en ces temps de troubles ; il les avait un peu améliorés par la pratique de son ancienne profession ; et les habitants du bourg et de la baronnie de Kinross n'étaient pas, disait-on, moins assujettis au moulin du seigneur qu'au monopole médical de son bailli. Malheur à la famille du riche paysan qui osait sortir de ce bas monde sans un passeport du docteur Luc Lundin! si les héritiers avaient quelque chose à régler avec le baron, chose presque inévitable, ils étaient sûrs de ne trouver qu'un ami bien froid chez son représentant. Il avait toutefois assez de justice pour délivrer gratuitement les pauvres de leurs maladies, et quelquefois aussi de tous leurs maux du même coup.

Doublement formaliste à titre de médecin et d'officier féodal, et orgueilleux des lambeaux de science qui rendaient ses discours à peu près inintelligibles, le docteur Luc Lundin approcha du rivage et salua le page qui venait à sa rencontre.

« Que la fraîcheur du matin descende sur vous, beau sire ! » dit-il. « Vous êtes envoyé, je gage, pour voir si nous suivons l'ordonnance de Sa Seigneurie, à l'effet d'extirper tout reste de superstitions et de sottes antiquailles en ces jours d'allégresse. Notre bonne maîtresse aurait désiré fort de les abolir et abroger entièrement ; mais, comme j'ai eu l'honneur de le lui dire, en citant un passage du savant Hercule de Saxe : *Omnis curatio est vel canonica vel coacta ;* ce qui signifie, beau sire (car la soie et le velours possèdent rarement leur latin *ad unguem*) : toute cure doit être un effet de l'art ou de la contrainte ; et les bons praticiens s'en tiennent au premier moyen. Or, Sa Seigneurie ayant bien voulu goûter cet argument, j'ai eu soin de mélanger avec le plaisir instructions et prudence, *fiat mixtio,* comme nous disons : en sorte que les esprits vulgaires seront, je le garantis, purgés et désinfectés des erreurs papistes et des préjugés de vieilles femmes par le médicament administré. Alors, la voie étant nettoyée, maître Henderson, ou tout autre pasteur capable, pourra appliquer les topiques et effectuer à fond une cure morale, *tuto, cito, jucunde.*

— Je ne suis pas chargé, » répondit le page, « docteur Luc Lundin, de...

— Ne m'appelez pas docteur ; aujourd'hui, j'ai mis de côté ma robe fourrée et mon bonnet, et je me borne à exercer ma charge temporelle de bailli.

— Oh ! Monsieur, » reprit Roland, qui connaissait par ouï-dire le caractère de cet original, « l'habit ne fait pas le moine. Qui n'a eu connaissance des cures opérées par le docteur Lundin ?

— Des amusettes, jeune homme, de pures bagatelles ! » répondit l'esculape en affectant le ton modeste d'un mérite supérieur ; « la pratique de hasard d'un pauvre gentilhomme retiré, en robe courte et en pourpoint ! Par bonheur, le ciel me vient en aide, et, je puis le dire, des médecins plus en vogue ont sauvé moins de malades. *Longa roba, corta scienza,* dit l'Italien. Vous comprenez cela, hein ? »

Roland ne crut pas nécessaire de déclarer au savant homme s'il l'entendait ou non ; laissant la question indécise, il s'informa de certains paquets qui avaient dû arriver la veille à Kinross.

« Merci de moi ! » dit le bailli-médecin, « je crains fort que notre messager ordinaire, Jean Auchtermuchty, n'ait fait quelque mauvaise rencontre, car il n'est pas arrivé la nuit dernière avec ses chariots. Vilain pays pour voyager, mon maître ! et l'imbécile veut marcher de nuit, comme s'il n'y avait pas toujours à point — sans parler des centaines de maladies, depuis la toux jusqu'à la peste, *tussis* et *pestis,* charriées dans l'atmosphère nocturne, — une demi-douzaine de coupe-jarrets pour le décharger de son bagage et de ses maux terrestres ! Il faut que j'envoie à sa recherche, puisqu'il a entre les mains des paquets pour le château. Par Notre-Dame ! il a aussi une commission pour moi et certaines drogues qu'on m'envoie de la ville pour la composition de mes alexipharmaques ; cela vaut la peine qu'on y regarde. Hodge, » dit-il en s'adressant à l'un de ses terribles gardes du corps, « toi et Tobie, prenez le grand bidet brun et la jument noire à courte queue ; allez du côté des Kerry-Craigs, et tâchez d'avoir des nouvelles d'Auchtermutchy et de ses chariots... Hum ! c'est plutôt la tisane de brandevin — la seule que l'idiot ait jamais avalée, — qui l'aura mis en retard... Enlevez-moi ces rubans, mes drôles, et endossez vos jaques, brassards et salades, afin que votre aspect impose aux malandrins, si vous en rencontrez. »

Se tournant ensuite vers le page : « Nous saurons bientôt à quoi nous en tenir, » lui dit-il. « En attendant, vous pourrez jeter un coup d'œil sur la fête. Mais d'abord entrez dans mon pauvre logis ; il faut prendre le coup du matin, suivant l'école de Salerne : *Poculum mane haustum restaurat naturam exhaustam.*

— Votre savoir est trop au-dessus de mes forces, » dit Roland, « et je crains qu'il n'en soit de même de votre boisson.

— Nullement, beau sire ; un cordial de vin des Canaries, arrosé d'absinthe, c'est souverain contre les miasmes, et, à vous parler franc, il y en a terriblement à cette heure dans l'atmosphère. Ah ! un heureux temps que le nôtre, jeune homme, » poursuivit-il d'un ton de gravité ironique, « et nous jouissons de mille agréments inconnus à nos pères. Ainsi l'Écosse possède deux monarques, l'un sur le trône, l'autre à côté. Un seul suffirait à la rigueur, s'il est bon, mais en veut-on davantage, on en peut trouver dans chaque tourelle. Si nous manquons de gouvernement, ce n'est pas, vous le voyez, faute de gouvernants. Ensuite, nous avons une guerre civile chaque année pour nous tirer du sang et pour empêcher le peuple de mourir, faute de quoi manger. Enfin, la peste se propose de nous faire une visite, et c'est la meilleure des recettes quand il s'agit d'éclaircir les rangs et de donner de l'avancement aux cadets de famille. A merveille ! et chacun son métier. A vous, jeunes cavaliers, les armes, la guerre et tout ce qui s'ensuit ; à moi, un duel à mort contre la peste, cela me sourirait. »

Tout en remontant la grand'rue du village, le docteur s'amusait à attirer l'attention de Roland sur les gens qu'ils rencontraient.

« Regardez ce compère coiffé de rouge, vêtu de bleu et un gros gourdin au poing. C'est un coquin qui est fort comme un bœuf. Depuis un demi-siècle qu'il pèse sur la terre, il n'a pas une seule fois encouragé les arts libéraux en achetant pour un son de drogues... Parlez-moi de cette face hippocratique, *facies hippocratica,* » il montrait du doigt un paysan maigre qui avait les jambes enflées et l'air d'un cadavre. « Voilà ce que j'appelle un des plus dignes sujets de la baronnie : il déjeune, goûte, dîne et soupe d'après l'avis, et jamais sans l'ordonnance du mé-

decin ; pour sa quote-part, il viendrait à bout, plus vite que la moitié du pays, de vider une boutique d'apothicaire. »

Et s'approchant du malade ambulant, il lui demanda d'un ton de condoléance :

« Comment va la santé, mon brave ?

— Cahin-caha, Monsieur, » répondit l'autre ; « l'électuaire que j'ai pris ne fait pas bon ménage avec la soupe aux pois et le lait de beurre.

— Que dites-vous là ? Et c'est un homme en traitement depuis dix ans qui observe si mal la diète ! Demain matin, vous avalerez une dose d'électuaire, et rien après pendant six heures. »

Le pauvre diable salua et s'éloigna, traînant la jambe.

Celui que le docteur daigna ensuite honorer de son attention était un boiteux qui ne méritait guère un tel honneur ; car, à la vue du médecin, il se mit à détaler clopin-clopant, et se perdit dans la foule.

« Chien d'ingrat, va ! » reprit Lundin. « Je l'ai guéri de la goutte au pied, et il geint sur la cherté de la guérison ; le premier usage qu'il fait des jambes que je lui ai rendues, c'est pour fuir son médecin. Sa *podagra* est devenue une *chiragra*, comme dit l'honnête Martial : la goutte lui est tombée dans les doigts, et il ne peut plus délier les cordons de sa bourse. C'est un vieil adage, et bien vrai : *Præmia cum poscit medicus, Satan est*. Nous sommes des anges quand nous venons pour guérir, des diables quand nous demandons le salaire ; mais j'administrerai une purgation à sa bourse, il peut s'y attendre. Précisément, voilà son frère, un fesse-mathieu de la même pâte... Holà ! Saunders, vous avez été malade, à ce qu'il paraît ?

— Ça s'est passé, » répondit le paysan, « juste au moment où l'on allait quérir Votre Honneur. A présent je suis solide, et puis ce n'était pas grand'chose.

— Or ça, maraud, et les quatre sacs d'orge, et la balle d'avoine de votre redevance, vous ne les oubliez pas, j'espère ? Et puis, n'envoyez plus de volailles semblables à celles de la dernière fois : on aurait dit des malades échappés d'un hôpital de pestiférés. Il y a aussi de l'argent à verser.

— Je faisais réflexion, Monsieur, » dit le rustre sans répondre directement à la question qui lui était adressée, « qu'après tout mieux vaudrait aller voir Votre Honneur et le consulter, de peur que ça ne revienne.

— Oui, vous ferez bien, et rappelez-vous ce que dit l'Ecclésiaste : « Donne place au médecin et ne le laisse pas s'éloigner de toi, car tu en as besoin. »

Le docteur fut interrompu par une apparition qui sembla le frapper d'autant de terreur qu'il en avait inspiré à la plupart de ses clients obligatoires.

Le personnage qui produisait un tel effet sur l'Esculape du village était une vieille femme de grande taille, qui portait un chapeau à forme haute et une espèce de voilette. L'un ajoutait évidemment à sa stature, et l'autre servait à cacher le bas de son visage ; et comme elle était coiffée en avant, on n'apercevait guère que ses pommettes brunies et ses yeux pleins de feu, qui brillaient sous des sourcils gris en broussaille. Elle avait une longue robe de couleur sombre et d'une coupe singulière, galonnée aux bords, et couverte sur la poitrine d'une broderie blanche, ressemblant aux phylactères des grands-prêtres juifs, et figurant des caractères d'une langue inconnue. Elle tenait à la main une canne d'ébène.

« Par l'âme de Celse, » dit le docteur Luc Lundin, « c'est la mère Nicneven ! elle est venue en personne me braver dans mes attributions et dans l'accomplissement des devoirs de ma charge. Gare à ta cotte, la vieille, comme dit la chanson. Hob Anster, empoignez-la, menez-la droit au violon, et s'il y a des camarades trop zélés qui veuillent baigner sa sorcellerie dans le lac, laissez-les faire. »

Les satellites du docteur Lundin ne montrèrent pas beaucoup d'empressement à lui obéir, et Hob Anster osa même lui adresser une remontrance. Certes il était prêt à exécuter les ordres de Son Honneur, et malgré ce qu'on disait de la malice et des sortilèges de la mère Nicneven, il lui mettrait, avec l'aide de Dieu, la main sur le collet, sans hésiter. Mais elle n'était pas une sorcière ordinaire, cette mère Nicneven, comme Jeanne Jopp qui était dans la loge des fous. Il y avait là un tas de seigneurs qui prendraient sa défense : Moncrieff de Tippermalloch, un papiste, et le sire de Carslogie, une âme damnée de la reine, suivis d'on ne savait combien d'épées et de boucliers. Pour sûr, ils feraient du tapage si l'on touchait à la vieille sorcière papiste, qui était leur amie. D'ailleurs, les meilleurs hommes d'armes du baron l'avaient escorté à Édimbourg, et en cas de bataille, le bailli n'aurait pas grand monde à ses côtés.

Le docteur acquiesça malgré lui à cet oracle de la prudence : il fut seulement consolé par la promesse que lui fit son satellite d'arrêter sans faute la vieille femme, la prochaine fois qu'elle mettrait le pied sur le territoire de la baronnie.

« Et en ce cas, » conclut le docteur, « le feu et les fagots célébreront sa bienvenue. »

Il prononça cette phrase assez haut pour être entendu de l'intéressée, qui, en passant, lui décocha de dessous ses sourcils gris un regard de supériorité méprisante.

« Par ici, » continua Lundin, en introduisant le page dans sa maison, « par ici... Prenez garde de vous heurter contre une cornue, car la voie des sciences est dangereuse au pied de l'ignorant. »

Il y avait, en effet, matière à précaution. Outre les oiseaux empaillés et les lézards, des serpents en bocaux, des paquets de simples suspendus à des cordons ou étendus pour sécher, et mille autres objets dont l'odeur nauséabonde trahissait une officine d'apothicaire, notre page avait à éviter des tas de charbon, des creusets, des fourneaux, des alambics et tout l'attirail d'un laboratoire de chimie.

Entre autres qualités philosophiques, notre savant se distinguait par le manque d'ordre et de propreté, et sa vieille servante dont la vie, disait-il, était employée à tout ranger, avait couru au champ de foire pour se divertir un brin avec la jeunesse. Aussi quel fracas, quel cliquetis de bocaux, de fioles et de bouteilles avant de mettre la main sur le breuvage salutaire par excellence! que de vases cassés, que de pots fendus à remuer pour découvrir une tasse à boire! Cette double recherche ayant abouti, le docteur donna l'exemple à son hôte en vidant une rasade du fameux cordial et en faisant claquer ses lèvres en signe d'approbation après l'avoir siroté. Roland, à son tour, se décida à boire la potion qui lui était offerte; il la trouva d'une si violente amertume qu'il lui tarda d'être dehors pour chasser ce mauvais goût avec une gorgée d'eau pure. En dépit de ses tentatives, il fut retenu par le bavardage de son hôte, qui voulait l'entretenir de la mère Nicneven.

« Je ne me soucie pas de parler d'elle en plein air, » dit-il, « et au milieu de la foule; non par crainte, comme ce poltron d'Auster, mais parce que je ne veux pas causer de bagarre, n'ayant pas le temps aujourd'hui de m'occuper de balafres, de blessures et d'os en capilotade.

Les gens appellent cette vieille gueuse une prophétesse; est-elle seulement de force à prédire quand une couvée de poulets sortira de la coquille? On dit qu'elle lit dans les astres; ma chienne noire en sait davantage alors qu'elle va, sur son séant, aboyer à la lune. On prétend que c'est une jeteuse de sorts, une magicienne, et je ne sais quoi. *Inter*

nos, je ne contredirai pas un bruit qui peut la conduire au bûcher qu'elle mérite si bien; mais, à mon sens, les contes de sorcières dont on nous rebat les oreilles ne sont que sottises, fourberies et radotages de commères.

— Qui est-elle donc, au nom du ciel, » demanda le page, « pour qu'elle vous horripile de la sorte?

— C'est une de ces pécores d'enfer, qui ont l'impudence de conseiller les malades, en prenant sous leur bonnet le droit de les traiter par la vertu de méchantes herbes ou de paroles magiques, par des juleps ou la diète, des potions ou des cordiaux.

— Oh! n'allez pas plus loin ; si elles fabriquent des cordiaux, que la peste les étouffe, elles et leurs pratiques!

— C'est parler d'or, ma foi. Pour ma part, je ne connais pas de plus grandes pestes de la société. Les vieilles diablesses ! toujours à l'affût des pauvres malades dont le cerveau déménage, elles se glissent auprès d'eux pour troubler, interrompre et gâter la marche régulière d'une cure savante et méthodique, avec quoi? des onguents de leur façon, du diascordium, du mithridate, de la poudre et des pilules de Mme Va-t'en voir si j'y suis. Voilà comme, en braconnant sur les terres de la science, elles font des veuves et des orphelins, et gagnent le nom de femmes habiles, de bonnes voisines, etc. Mais suffit! La mère Nicneven et moi, nous nous verrons un jour face à face, et elle saura ce qu'il en coûte à s'attaquer à un docteur.

— C'est la vérité, et plus d'un s'en est ressenti... Avec votre permission, je ne serais pas fâché d'aller prendre un peu l'air de la fête.

— Et moi aussi, pardieu ; il faut que je me montre là-bas. D'ailleurs, on m'attend pour commencer le spectacle. Aujourd'hui, *totus mundus agit histrionem*, il y a des farceurs partout. »

Ils sortirent ensemble pour aller savourer les réjouissances de la journée.

CHAPITRE XXVII.

>Voyez la foule qui s'amuse sur cette verte prairie, elle grossit à chaque instant. Les nymphes joyeuses s'avancent au bras de paysans gaillards. Toute distinction cesse; elle se perd dans la gaieté commune; et l'esclave hardi s'appuie sans scrupule sur le maître opulent.
>
>SOMERVILLE, *les Plaisirs des champs.*

'ARRIVÉE du chambellan sur le théâtre de la fête fut saluée de joyeuses clameurs; c'était l'assurance que la comédie, retardée à cause de son absence, allait enfin commencer.

Ce genre de distraction, le plus attachant de tous, était d'importation nouvelle en Écosse, et excitait d'autant plus l'attention publique. A l'instant les jeux furent interrompus. On cessa de danser autour du mai; la ronde se dénoua et chaque danseur, conduisant sa danseuse par la main, courut allègrement au théâtre champêtre. Il s'ensuivit une trêve entre un gros ours brun et plusieurs chiens, qui tiraillaient à belles dents sa robe fourrée; à force de taper sur le museau et de tirer la queue, suivant l'antique usage, on finit par séparer les malheureuses bêtes, dont l'acharnement faisait depuis une heure la joie d'une demi-douzaine de bouchers et de petits propriétaires. Un ménestrel ambulant se vit abandonné par les auditeurs qu'il avait réunis, au passage le plus intéressant de sa ballade, et juste au moment où son page s'apprêtait, la toque à la main, à recueillir les offrandes. Il s'arrêta court, tout indigné, au milieu de *Rosewal et Lilian;* et, remettant son violon à trois cordes ou *rebec* dans son étui de cuir, il se dirigea à contre-cœur vers le spectacle rival du sien. Un jongleur cessa de vomir des flammes et de la fumée, et se contenta de respirer à la façon des simples mortels, plutôt que de jouer gratis le rôle d'un dragon fantastique.

On se tromperait grandement si l'on voulait se faire une idée de ce pot-pourri dramatique d'après nos pièces modernes; car les farces grossières de Thespis différaient moins des tragédies d'Euripide, représentées sur le théâtre d'Athènes avec la magnificence des décors et la pompe des costumes. Scène ou salle, machines, parterres, loges, galeries, on ne voyait ici rien de tout cela; en revanche, la pauvre Écosse pouvait se consoler en songeant qu'on n'exigeait pas d'argent à la porte. Les acteurs avaient pour théâtre un tapis de verdure, et pour coulisses un buisson d'aubépine. Les spectateurs étaient assis sur la butte de gazon qu'on avait exhaussée en demi-cercle, l'accès du terre-plein étant abandonné aux mouvements de la troupe. Le bailli siégeait au premier rang, honneur bien dû à son importance. Tous les yeux brillaient de plaisir, et l'admiration ne laissait aucune place à la critique.

Les personnages qui paraissaient à tour de rôle devant un public attentif et charmé ressemblaient à ceux qu'on offre sur la scène dans le premier âge de toutes les nations : des vieillards trompés par leurs femmes et leurs filles, pillés par leurs fils, et dupes de leurs domestiques; un capitaine fracasse, un vendeur d'indulgences, un lourdaud de campagne, une coquette de la ville. Plus amusant peut-être que tous les autres ensemble était le fou privilégié, le *gracioso* du drame espagnol, avec sa marotte et son bonnet en crête de coq : il allait, venait et revenait, se montrant à chaque scène, n'ayant aucune part dans la pièce, distribuant ses lardons tantôt aux acteurs, tantôt aux spectateurs prêts à tout applaudir.

L'esprit de la pièce, qui n'était pas des plus polies, visait surtout les pratiques superstitieuses de la religion catholique. Cette artillerie de théâtre avait été montée par le docteur Lundin en personne. Non seulement il avait commandé au chef de la troupe de choisir une de ces satires en action qu'on avait lancées contre les papistes ; mais, à l'instar d'Hamlet, il y avait fait insérer, ou, selon son expression, infuser çà et là quelques drôleries de son cru, sur ce sujet inépuisable, dans l'espoir d'adoucir le rigorisme de la dame de Lochleven en fait de joyeusetés populaires. Aussi ne manqua-t-il pas de pousser le coude à Roland, assis comme lui au banc d'honneur, pour attirer son attention sur ces passages favoris. Quant au page, pour qui la seule idée d'un amusement pareil, même d'un genre si grossier, était chose tout à fait neuve, il en prenait sa part avec le ravissement commun à tout homme qui assiste pour la première fois à une représentation dramatique : il riait, s'exclamait, claquait des mains, sans se lasser.

Mais il survint un accident qui lui gâta son plaisir.

Un des principaux personnages du drame était un vendeur d'indulgences, frocard ambulant qui colportait à travers la campagne des reliques réelles ou supposées, au moyen desquelles il excitait la dévotion et la charité du peuple, de manière toutefois à tromper l'une et l'autre. L'hypocrisie, l'impudence et le dérèglement de ces vagabonds en avaient fait des sujets de satire depuis le temps de Chaucer. Celui dont nous parlons, fidèle à l'esprit du rôle, s'était muni d'os de porc en guise de reliques, de petites croix d'étain passées dans la sainte écuelle à Lorette, et de coquilles détachées de la châsse de saint Jacques de Compostelle.

Enfin le charlatan tira de sa besace une petite fiole d'eau claire, dont il vanta les vertus dans les rimes suivantes :

« Or, écoutez, mes bonnes gens !
Dans la terre de Babylone,
La première où le soleil donne
A l'Orient quand il rayonne
Hors des mers et des océans ;
Dans ce pays, on peut m'en croire,
Ainsi le raconte l'histoire,
D'un rocher vieux comme le temps
Jaillit un filet de rivière,
Qui tombe en un bassin de pierre,

Où Suzanne avait grand soulas
De baigner ses chastes appas.
Cette eau de vertu mirifique,
Dont vous allez voir la pratique,
Tient dans la fiole que voici,
Et, non sans peine et gros souci,
Je vous l'apporte jusqu'ici.
Femme ou fille a-t-elle en cachette
Commis le péché d'amourette
En se disant : Qui le saura ?
Qu'on lui passe ma gargoulette
Sous le nez, et crac ! la pauvrette,
Quoi qu'elle fasse, éternuera. »

Après avoir fait toutes les grimaces et bouffonneries de circonstance, notre homme présenta successivement son eau merveilleuse à chacune des actrices, dont pas une ne résista à l'épreuve de sagesse ; à la joie du public, elles éternuèrent plus longtemps et plus fort qu'elles n'y comptaient peut-être elles-mêmes. La plaisanterie paraissait épuisée, le moine allait passer à quelque nouvelle folie, quand le bouffon de la pièce, s'emparant en tapinois du flacon magique, le porta brusquement au nez d'une jeune fille, assise au premier rang des spectateurs. Ce qu'il contenait était bien propre à soutenir la prétendue véracité du charlatan, car la demoiselle se mit à éternuer avec violence, marque de sa fragilité que l'assistance accueillit par un éclat de rire unanime. Presque aussitôt il se renouvela, cette fois aux dépens du farceur : entre deux éternuements, la jeune fille insultée, retirant une main des plis de son manteau, lui appliqua un soufflet qui l'envoya mesurer la terre.

Personne ne plaint un bouffon dupe de sa bouffonnerie, et celui-là en fut pour ses doléances, lorsqu'il voulut faire appel à la sympathie du public. De son côté, le bailli, trouvant qu'on avait manqué de respect à sa personne, ordonna à deux hallebardiers de lui amener la coupable. En les voyant approcher, elle se campa sur la défensive, comme fermement résolue à la résistance ; aussi, après la preuve de force et de hardiesse qu'elle venait de donner, ne se montrèrent-ils pas empressés d'exécuter leur commission.

Cependant, après avoir réfléchi une demi-minute, la demoiselle chan-

La jeune fille insultée appliqua un soufflet au bouffon.

gea tout à coup de manières et d'attitude : elle enveloppa ses bras sous son manteau d'un air modeste et virginal, et se rendit de plein gré devant le grand homme, suivie et gardée par les deux braves estafiers. Dans sa démarche en traversant l'espace vide qui la séparait de lui, et surtout dans son maintien, lorsqu'elle se tint devant le tribunal du docteur, elle montra cette légèreté et cette grâce naturelle que les connaisseurs ne séparent presque jamais de la beauté. D'ailleurs son corsage de bure et sa jupe courte de même couleur laissaient apercevoir une taille fine et une jambe bien tournée. Ses traits étaient cachés plus d'à moitié sous un loup; mais le docteur, chez qui la gravité n'excluait pas certaines prétentions, en vit assez pour juger favorablement de l'étoffe par l'échantillon.

Il l'apostropha néanmoins d'un ton sévère :

« C'est donc vous, drôlesse, qui osez lever la main en ma présence? Je ne sais ce qui me tient d'ordonner qu'on vous fasse faire un plongeon dans le lac.

— Je le sais, moi, » riposta la coupable; « c'est que Votre Honneur ne juge pas le bain froid nécessaire à mon mal.

— La peste de friponne! » dit tout bas le docteur à Roland « et charmante avec cela, j'en réponds! Sa voix est un vrai sirop... Mais, la belle, vous nous montrez bien peu de votre visage. Ayez la complaisance d'ôter votre mentonnière.

— Votre Honneur me fera crédit, je l'espère, jusqu'à ce que nous soyons en particulier; j'ai des connaissances ici, et je ne voudrais pas qu'on sût dans le pays quelle est la pauvre fille qui a servi de plastron à ce misérable coquin.

— Ne crains rien pour ta réputation, mon petit morceau de sucre candi. Foi de bailli de Lochleven, Kinross et autres lieux, la chaste Suzanne elle-même n'aurait pu respirer cet élixir sans éternuer; c'est une curieuse distillation d'*acetum* rectifié, ou vinaigre du soleil, préparée de mes propres mains. En conséquence, puisque tu promets de venir m'exprimer en particulier tes regrets de la faute dont tu t'es rendue coupable, j'ordonne que la représentation continue comme s'il n'était rien arrivé. »

La demoiselle s'inclina et retourna lestement à sa place. Le spectacle continua, mais l'attention de Roland était désormais toute ailleurs.

La voix, la taille, et ce que le voile lui avait permis de voir du cou et des cheveux de la villageoise offraient tant de ressemblance avec Catherine Seyton, qu'il se sentait comme égaré dans le dédale d'un rêve fantastique. A l'instant, la scène mémorable de l'hôtellerie lui revint en mémoire, dans son cadre inexplicable. Le récit des enchantements qu'il avait lus dans les romans se réalisait-il chez cette fille singulière? Aurait-elle la faculté de se transporter hors des hautes murailles du château de Lochleven, entouré de son grand lac, — et il y jeta les yeux comme pour s'assurer s'il était à sa place, — et gardé avec la sévérité qu'exigeait le repos d'une nation tout entière? Avait-elle pu surmonter tant d'obstacles, et faire un usage aussi dangereux de sa liberté que d'engager publiquement une querelle dans une foire de village?

Roland ne savait que penser.

Perdu dans ses réflexions, il ne quittait pas des yeux celle qui en était l'objet; dans chacun de ses mouvements, il croyait de mieux en mieux reconnaître Catherine Seyton. Plus d'une fois, il lui vint à l'esprit qu'il se trompait peut-être en exagérant une ressemblance fortuite au point d'en faire une réalité; mais se rappelant la scène de l'hôtellerie, il lui semblait tout à fait invraisemblable que deux fois, et en des occasions différentes, son imagination lui jouât le même tour. Pour cette fois, il se promit d'éclaircir ses doutes, et resta jusqu'à la fin du spectacle, comme un chien tombé en arrêt devant un lièvre, et qui se tient prêt à lui courir sus au premier signe de fuite. La jeune personne, qu'il couvait de l'œil, de peur que, la pièce finie, elle ne se confondît dans la foule, ne paraissait aucunement avoir conscience d'être ainsi observée.

Quant au digne docteur, qui avait surpris le manège du page, il lui décocha gaiement deux ou trois plaisanteries salées, en disant que si on les offrait tous deux à la malade, il ne doutait pas qu'elle ne préférât le plus jeune, comme une potion bien plus sûre.

« Nous n'aurons pas de sitôt, » ajouta-t-il, « des nouvelles de ce coquin de voiturier, je le crains; car la vermine que j'ai dépêchée à sa rencontre me fait l'effet de ressembler au corbeau de l'arche. Ainsi, cher sire, vous avez une heure ou deux devant vous. La comédie est finie, les ménestrels commencent à râcler le boyau; si les pieds vous démangent, voilà la pelouse, et votre danseuse est assise là-bas. Que dites-vous de mon diagnostic? Infaillible. Il m'a suffi de la moitié d'un œil pour saisir la nature du mal, et le remède n'est pas déplaisant, hein? C'est que, comme dit Chambers :

Discernit sapiens res quas confundit asellus.

Le page entendit à peine la fin de la citation poétique et encore moins la recommandation de ne pas s'éloigner, les chariots pouvant arriver d'un moment à l'autre ; il n'avait qu'une hâte, se débarrasser du docte bonhomme et satisfaire sa curiosité sur l'inconnue. Tout en s'empressant de la rejoindre, il prit le temps de réfléchir que, pour s'assurer un entretien particulier, il ne fallait pas l'effaroucher par un abord trop brusque. Il composa donc son maintien, et, prenant fièrement le pas sur trois ou quatre jeunes gars qui avaient la même intention, mais beaucoup d'embarras pour l'exprimer bellement, il lui dit qu'à titre de substitut du vénérable bailli, il sollicitait l'honneur de danser avec elle.

« Ma foi, » répondit-elle en lui donnant la main, « il agit sagement, le vénérable bailli, en exerçant par ambassade cette partie de ses fonctions ; et sans doute les lois de la fête ne me laissent d'autre alternative que d'accepter son féal envoyé.

— Pourvu, belle demoiselle, que le choix ne vous soit pas tout à fait désagréable.

— Quant à cela, beau monsieur, je vous en dirai plus long après avoir dansé quelques mesures. »

Catherine, nous l'avons déjà dit, possédait un talent admirable pour la danse, et il lui arrivait souvent d'en faire montre pour distraire sa royale maîtresse. Roland même lui avait parfois servi de partner, d'après l'ordre de la reine ; il connaissait donc parfaitement sa manière de danser, et il remarqua que sa danseuse actuelle lui ressemblait pour la grâce, l'agilité, la justesse d'oreille et la précision des mouvements; toutefois la gigue écossaise, qu'il dansait maintenant avec elle, exigeait un déploiement plus violent de force et de vivacité que les pavanes majestueuses, les menuets et les courantes qu'il lui avait vu exécuter dans l'appartement de la reine Marie. L'exercice actif de la danse ne lui laissa que peu de temps pour réfléchir, et pas du tout pour lier la conversation ; mais dès qu'ils eurent fini leur pas de deux, au milieu des acclamations des villageois, qui n'avaient jamais rien vu de pareil, il saisit le moment où il cédait la pelouse à un autre couple pour user du privilège d'un danseur, et lier conversation avec la villageoise mystérieuse qu'il tenait encore par la main.

« Me sera-t-il permis, » dit-il, « de demander à connaître le nom de celle qui m'a accordé cette grâce?

— Demandez toujours; reste à savoir si je vous le dirai.

— Pourquoi?

— Parce que nul ne donne rien pour rien, et que vous ne pouvez rien me répondre qui m'intéresse.

— Ne puis-je vous apprendre mon nom et mon lignage en échange des vôtres?

— Non, car vous n'en savez pas grand'chose.

— Qu'entendez-vous par là?

— Ne vous fâchez pas pour si peu. Vous allez voir tout à l'heure que je vous connais mieux que vous-même.

— En vérité! pour qui me prenez-vous donc?

— Pour le faucon sauvage qu'un chien apporta dans sa gueule à certain castel, à peine éclos de sa coquille; pour l'épervier à qui l'on n'ose donner le vol, de peur qu'il n'abandonne la proie pour l'ombre, et qu'on est obligé de tenir chaperonné jusqu'à ce que ses yeux soient en état d'y voir clair et de distinguer le bon du mauvais.

— A votre aise, ma mie. Je devine une partie de votre parabole; mais peut-être en sais-je aussi long sur votre compte, et je puis fort bien me passer des renseignements dont vous êtes si avare.

— Prouvez-le, et je vous proclame un phénix de pénétration.

— A l'instant: votre nom commence par un S et finit par un N.

— Admirable! Poursuivez.

— Il vous plaît aujourd'hui de porter coiffe et jupon, et d'arborer demain les chausses, le pourpoint et la toque à plume.

— Touché! » s'écria l'inconnue, en réprimant une forte envie de rire. « Vous avez touché le but.

— Vous enlevez tous les regards ainsi que tous les cœurs. »

Roland prononça cette phrase d'une voix basse et tendre ; mais à son grand déplaisir, loin d'apaiser l'accès de gaieté qui s'était emparé de sa compagne, il ne fit que le redoubler. Elle eut à peine la force de lui répondre :

« Si vous trouvez cette main si dangereuse, pourquoi donc la serrer

si fort ? Mais je vois que vous me connaissez si bien qu'il est inutile de vous montrer mon visage.

— Belle Catherine, il serait indigne de votre vue celui qui, ayant demeuré si longtemps sous le même toit et servi la même maîtresse que vous, pourrait se méprendre sur votre air, votre maintien, votre démarche, votre danse, le contour de votre cou, l'élégance de votre taille. Nul ne pourrait être assez stupide pour ne pas vous reconnaître à tant de marques ; quant à moi, j'aurais deviné qui vous êtes, rien qu'à cette tresse de cheveux qui s'échappe de votre voile.

— Et mieux encore au visage qui est derrière ? » En même temps, elle dérangea son voile et fit voir les traits de Catherine ; une impatience voisine de la colère lui mit le feu aux joues quand elle voulut le replacer avec cette dextérité qui était un des premiers talents des coquettes de l'époque.

« Au diable le chiffon ! » fit-elle en voyant le léger tissu voltiger sur les épaules.

Elle se récria d'un ton si ferme et décidé que le page stupéfait l'envisagea encore, mais ses yeux ne pouvaient rien lui apprendre de plus. Il l'aida à remettre sa parure et tous deux gardèrent un instant le silence; la demoiselle fut la première à le rompre, car Roland ne revenait pas de la surprise où le jetaient les contradictions qu'il remarquait dans le caractère et la personne de Catherine.

« Vous êtes étonné, » lui dit-elle, « de ce que vous voyez et entendez ; mais les temps qui changent les femmes en hommes ne sont nullement propices aux hommes pour devenir des femmes ; et pourtant, c'est ce qui vous menace.

— Moi ?

— Oui, vous, en dépit de votre assurance. Quand vous devriez tenir fermement à votre religion, parce qu'elle est attaquée de tous côtés par des rebelles, des traîtres et des hérétiques, vous la laissez glisser hors de votre cœur comme de l'eau qui s'échappe entre les doigts. Si la crainte que vous inspire un renégat, vous éloigne de la foi de vos pères, n'est-ce pas faiblesse de femme? S'il suffit, pour vous entraîner, des artifices d'un prôneur d'hérésie ou des cajoleries d'une vieille puritaine ; et pour vous corrompre, de l'espoir d'une part au butin ou aux faveurs de cour, n'est-ce pas agir en femme? Vous semblez surpris de m'entendre proférer un jurement, et vous qui prétendez à un nom honorable, vous qui aspirez à la chevalerie, n'auriez-vous pas lieu d'être surpris cent fois de vous montrer lâche, sot, égoïste tout ensemble?

— Je voudrais qu'un homme m'adressât un tel reproche ; il verrait, avant d'être plus vieux d'une minute, s'il pourrait me traiter de lâche impunément.

— Ne montez pas sur des échasses ; vous me disiez tout à l'heure que je portais quelquefois pourpoint et haut-de-chausses.

— Portez ce que vous voudrez, » reprit le page en tâchant de lui reprendre la main, « et soyez toujours Catherine.

— Il vous plaît de m'appeler ainsi, » répliqua-t-elle en cherchant à l'éviter ; « mais j'ai bien plus d'un autre nom.
— Et ne répondrez-vous pas à celui qui vous élève au-dessus de toutes les filles d'Écosse? »

La demoiselle, insensible à ses flatteries, se tenait à l'écart, chantonnant un couplet d'une vieille ballade :

> Par-ci par-là Pierre on m'appelle,
> Guillaume aussi, ma toute belle ;
> Quand vers la cour j'ai pris mon vol,
> Chacun me nomme Jean le fol.

« Jean le fol! » s'écria Roland avec impatience, « dites plutôt un feu follet, car on ne vit jamais météore plus errant et plus trompeur que vous.
— Alors je n'engage pas les fous à me suivre ; et s'ils s'en avisent, tant pis pour eux! cela les regarde.
— De grâce, ma chère Catherine, soyez sérieuse un seul instant.
— Puisque vous persistez à m'appeler votre chère Catherine, quand je vous ai donné à choisir parmi tant d'autres noms, je vous demanderai comment, en me supposant échappée du donjon de là-bas pour deux ou trois heures de ma vie, vous pouvez avoir la cruauté d'exiger que je sois sérieuse pendant les seuls moments favorables à la gaieté que j'aie eus depuis bien des mois.
— Sans doute, mais, belle Catherine, il est des moments de passions vraies et sincères qui valent dix mille années de la plus vive gaieté ; et tel était celui d'hier quand vous étiez si près de...
— Si près de quoi?
— D'approcher vos lèvres du signe que vous aviez tracé sur mon front.
— Mère du ciel! » s'écria la virago d'un ton mâle et courroucé, « Catherine Seyton approcher ses lèvres du front d'un homme, et cet homme ce serait toi! Tu mens, vassal! »

Le page resta étonné ; mais, concevant qu'il avait effarouché la délicatesse de Catherine en faisant allusion à l'enthousiasme d'un moment, et à la manière dont elle l'avait exprimé, il s'efforça de balbutier des excuses. Quoiqu'il eût été incapable de leur donner une tournure régulière, sa compagne s'en contenta; du reste, elle avait réprimé son indignation après le premier éclat.

« N'en parlons plus, » dit-elle, « et séparons-nous; un si long entretien n'est bon qu'à nous faire remarquer, et cela ne conviendrait ni à l'un ni à l'autre.

— Eh bien, laissez-moi vous accompagner hors de cette foule.

— Vous ne l'oseriez pas.

— Où osez-vous donc aller, pour que je n'ose vous y suivre?

— Vous avez peur d'un feu follet; comment oseriez-vous braver un dragon de feu monté par une enchanteresse?

— Comme un vrai chevalier errant; mais peut-on voir ici de tels prodiges?

— Je vais chez la mère Nicneven, elle est assez sorcière pour monter à cheval sur le grand diable cornu, avec un fil de soie rouge pour bride, et une baguette de frêne en guise de fouet.

— J'irai avec vous.

— Marchez alors à distance. »

A ces mots, pliant son manteau autour d'elle avec plus d'adresse qu'elle n'en avait eue en ôtant et remettant son voile, elle se mêla dans la foule et s'achemina vers le village. Roland la suivit à quelques pas avec la précaution nécessaire pour ne pas être remarqué.

CHAPITRE XXVIII.

> Oui, celle dont les yeux ont suivi ton enfance et
> surveillé, dans un espoir incertain, l'aurore de ta
> jeunesse, maintenant, avec ces mêmes yeux ternis par l'âge et encore plus par les larmes, contemple ton déshonneur.
>
> *Ancienne Comédie.*

 l'entrée de la principale, ou pour mieux dire de l'unique rue de Kinross, la jeune fille dont Roland suivait les pas jeta un coup d'œil en arrière, comme pour s'assurer qu'il n'avait pas perdu ses traces ; puis elle entra dans une ruelle étroite, bordée de chaque côté par une rangée de misérables chaumières en ruine. Elle s'arrêta devant un de ces pauvres logis, reporta de nouveau ses yeux vers Roland, puis leva le loquet et disparut.

Quelque empressement que mît le page à suivre son guide, son entrée dans la chaumière fut retardée d'une minute ou deux par le loquet qui ne jouait pas à la façon ordinaire, et par la porte même qui ne cédait pas à son premier effort. Un couloir obscur avait, comme d'habitude, été pratiqué entre le mur extérieur et le *hallan* ou cloison de terre glaise ; au bout du passage, on pénétrait dans la *ben* ou chambre intérieure par une seconde porte.

Au bruit que fit la clanchette une voix de femme prononça ces mots :
Benedictus qui venit in nomine Domini, damnandus qui in nomine inimici!

En entrant dans la chambre, il aperçut celle que le bailli lui avait désignée sous le nom de mère Nicneven, assise près de l'humble foyer, mais seule. Il regarda autour de lui, surpris de ne point retrouver Catherine, et il ne s'occupait guère de la prétendue sorcière, quand elle força son attention par le ton bref dont elle lui demanda :

« Que cherches-tu ici ?

— Je cherche, » dit le page fort embarrassé, « je cherche... »

Il n'alla pas plus loin. La matrone, fronçant ses gros sourcils gris de manière à plisser son front de rides, et se redressant de toute sa hauteur, arracha le mouchoir qui lui couvrait la tête ; puis saisissant le jeune homme par le bras, elle traversa la chambre en deux enjambées jusqu'à une petite fenêtre, à travers laquelle la lumière tomba en plein sur son visage.

C'était Madeleine Græme.

« Oui, Roland, » dit-elle, « tes yeux ne te trompent pas ; c'est bien moi, celle que tu as trompée toi-même, dont tu as changé le vin en fiel, le pain de joie en amer poison, l'espérance en horrible désespoir. Oui, c'est elle qui te demande : « Que cherches-tu ici ? » Celle dont le plus grand péché envers le ciel a été de t'aimer plus que le bien de son Église ; celle qui ne pouvait sans déchirement te vouer à la cause de Dieu ! La voilà, qui te répète : « Que viens-tu chercher ici ? »

Tout en parlant, elle le fascinait de ses grands yeux sombres comme un aigle ferait de sa proie avant de la mettre en pièces. Roland se sentit pour le moment hors d'état d'articuler une parole. Cette femme extraordinaire avait en quelque sorte conservé sur lui l'ascendant qu'elle avait pris pendant son enfance ; d'ailleurs, il connaissait la violence de ses sentiments et combien elle souffrait mal une contradiction ; enfin, il le savait de reste, tout ce qu'il pourrait dire ne servirait qu'à la jeter dans un transport de rage. Il gardait donc le silence, et Madeleine continua son apostrophe avec une exaltation croissante :

« Encore une fois que viens-tu chercher, fourbe ?... Est-ce l'honneur auquel tu as renoncé, la foi que tu as abandonnée, les espérances que tu as détruites ?... ou bien, est-ce moi que tu cherches, moi, seule protectrice de ta jeunesse, le seul parent que tu aies jamais connu, afin d'insulter à mes cheveux blancs, comme tu as insulté à mon vœu le plus cher.

— Pardonnez-moi, » dit enfin Roland ; « mais, en vérité, je ne mérite pas votre blâme. Vous m'avez traité tous, vous-même, ma vénérable mère, aussi bien que les autres, comme un être privé de toute force de volonté, et qui n'a pas l'ombre de raison humaine, ou du moins jugé incapable de s'en servir. On m'a conduit dans un monde enchanté, on m'a entouré de maléfices, chacun m'est apparu sous un déguisement, chacun m'a parlé en paraboles ; j'ai marché comme dans un songe fatigant et confus ; et vous me reprochez de n'avoir pas le bon sens, le jugement, la fermeté d'un homme raisonnable, éveillé, sans illusions, qui sait ce qu'il fait et où il va. S'il faut vivre avec des masques et des spectres, qui changent de place comme il arrive dans la féerie, et non dans la réalité, il y a de quoi ébranler la foi la plus solide et tourner la tête la plus saine. Je cherchais, puisqu'il faut l'avouer, cette même Catherine Seyton, que vous avez été la première à me faire connaître, et que j'ai été fort surpris de rencontrer dans le village, luttant d'entrain avec les gens de la fête, quand, peu d'instants auparavant, je l'avais laissée au château bien gardé de Lochleven, triste suivante d'une reine captive. Voilà ce que je cherchais, et à sa place, je vous trouve, ma mère, encore plus étrangement déguisée qu'elle ne l'est elle-même.

— Et qu'avais-tu à démêler avec Catherine ? » dit sévèrement la matrone. « Sommes-nous dans un temps à suivre les jeunes filles, et à danser autour d'un mai ? Quand la trompette appellera tous les loyaux Écossais sous l'étendard de leur légitime souveraine, faudra-t-il aller te chercher jusque dans le boudoir d'une femme ?

— Non, de par le ciel, ni même derrière les tristes murailles d'un castel entouré par les eaux ! Qu'elle sonne donc la trompette ! elle aura peut-être la vertu de dissiper les visions chimériques qui m'entourent.

— N'en doute pas, elle se fera entendre, et résonnera si haut que l'Écosse n'en ouïra jamais pareils accents, avant ceux qui annonceront aux montagnes et aux vallées que le temps va faire place à l'éternité. En attendant, sois constant et brave, sers Dieu et honore ta souveraine ; sois fidèle à ta religion. Je ne puis, je ne veux, je n'ose te demander la vérité sur les terribles nouvelles que j'ai apprises de ton refroidissement. Ne consomme pas ce sacrifice maudit ! Même à cette heure, quoique bien tard, tu peux devenir ce que j'attendais du fils de mes espérances... Que dis-je ? tu seras l'espérance de l'Écosse, son orgueil et son honneur ! tes désirs les plus insensés, les plus absurdes pourront s'accomplir. J'ai honte de mêler d'indignes motifs au noble prix que je t'offre. J'ai honte, étant ce que je suis, de parler des folles passions de la jeunesse autrement qu'en termes de blâme et de pitié. Mais il faut, pour faire prendre aux enfants une médecine salutaire, les tenter par des douceurs, et c'est par l'attrait du plaisir qu'on excite les jeunes gens aux actions honorables. Retiens bien ceci : Catherine ne donnera son cœur qu'à celui qui travaillera à la délivrance de sa maîtresse ; et il peut être un jour en ton pouvoir de devenir cet heureux préféré. Chasse donc craintes et doutes ; prépare-toi à faire ce que ta religion réclame, ce que ton pays demande, ce que ton devoir comme sujet et serviteur exige impérieusement de toi. Et sois assuré qu'en suivant cette voie, tu verras s'accomplir ce que tu souhaites. »

Comme elle cessait de parler, un double coup se fit entendre à la porte intérieure. Madeleine ajusta promptement son mouchoir, et reprenant son siège près du foyer, elle demanda qui était là.

« *Salvete in nomine sancto,* » répondit-on du dehors.

« *Salvete et vos,* » répliqua-t-elle.

Un homme entra, vêtu à la manière des gens d'armes qui composaient alors la suite des seigneurs ; il portait à sa ceinture une épée et un bouclier.

« Je vous cherchais, » dit-il, « ma mère, ainsi que celui que je vois avec vous. » Puis, s'adressant à Roland, il ajouta : « N'êtes-vous pas porteur d'une missive de Georges Douglas ?

— Si, » dit le page, se rappelant tout à coup ce qu'on lui avait confié le matin ; « mais je ne puis la remettre à qui n'a pas le droit de me la demander.

— C'est juste, » reprit l'homme, et il lui dit à l'oreille : « La missive en question contient le rapport de Georges Douglas à son père. Cela suffit-il ?

— Oui ; voici l'objet. »

Il lui remit le paquet.

« Je reviendrai tout à l'heure, » dit l'autre, et il sortit de la cabane.

Roland était alors assez revenu de sa surprise, pour demander à son tour à son aïeule pourquoi il la trouvait si singulièrement accoutrée et dans un lieu si dangereux.

« Vous ne pouvez ignorer, » dit-il, « la haine que la dame de Lochleven porte aux personnes de votre... c'est-à-dire de notre religion. Votre déguisement vous expose à des soupçons d'un autre genre, et non moins à craindre; et, soit en qualité de catholique, ou de sorcière, ou d'amie de la reine, vous courrez le même danger, si l'on vous arrête sur les domaines des Douglas. En outre, pour des raisons qui lui sont particulières, vous avez dans le bailli, revêtu ici de l'autorité seigneuriale, un ennemi implacable.

— Je le sais, » dit la matrone, les yeux étincelants de la joie du triomphe; « je sais que, fier de sa fourberie scolaire et de sa sagesse charnelle, Luc Lundin voit avec haine et jalousie les grâces que les saints ont accordées à mes prières et aux saintes reliques, à l'attouchement et, bien plus, à la seule présence desquelles, la maladie et la mort ont si souvent fui! Je sais qu'il me déchirerait avec joie; mais il est une chaîne et une muselière pour contenir la furie du chien dévorant, et la servante du maître ne recevra aucun mal jusqu'à ce que l'ouvrage du maître soit terminé. Quand cette heure sera venue, que les ombres de la nuit descendent sur moi! Avec le tonnerre et la tempête, il sera bien venu le temps qui fermera mes yeux aux crimes et mes oreilles aux blasphèmes de la terre! Sois seulement fidèle, et remplis ton rôle comme je remplis et remplirai le mien; et mon affranchissement sera pareil à celui des bienheureux martyrs que les anges saluent avec des cantiques d'allégresse, tandis que le monde les poursuit de clameurs et de malédictions! »

Comme elle achevait ces mots, l'homme d'armes rentra dans la chaumière en disant :

« L'affaire va bien! Le moment est fixé pour demain soir.

— Quel moment? quelle affaire? » s'écria Roland. « J'espère que le paquet de Douglas n'est pas tombé en de mauvaises mains.

— Rassurez-vous, jeune homme; vous avez ma parole et la preuve que j'ai donnée.

— J'ignore si la preuve est bonne et, quant à la parole, je ne me fie guère à celle d'un étranger.

— Eh bien, » dit Madeleine, « quand même tu aurais remis dans les mains d'un sujet loyal le paquet que t'avait confié un des ennemis de la reine, il n'y aurait pas grand mal à cela, jeune étourdi.

— Par saint André! il y en aurait un sans remède. Mon premier devoir, dans ce premier pas de la chevalerie, est d'être fidèle à ceux qui m'emploient ; et quand le diable lui-même m'aurait confié un message, si j'avais engagé ma foi, je ne voudrais pas la trahir, fût-ce pour un ange de lumière.

— De par l'amour que je te portais jadis, » reprit la matrone, « j'aurais le courage de te tuer, oui, et de mes propres mains, quand je t'entends dire que ta foi appartient plus à des rebelles et à des hérétiques qu'à ton Église et à ta souveraine !

— Patience, ma bonne sœur, » interrompit l'étranger ; « je vais lui donner des raisons qui viendront aisément à bout de ses scrupules, fort honorables du reste, bien qu'assez intempestifs. Suivez-moi, jeune homme.

— Avant d'aller demander compte à cet étranger de sa conduite, » dit Roland à son aïeule, « ne pourrais-je rien pour votre bonheur et votre sûreté ?

— Rien, » répondit-elle, « absolument rien. Veille seulement à ce que je n'apprenne rien qui puisse entacher ton honneur, ton véritable honneur ! Les saints qui m'ont protégée jusqu'à ce moment me secourront au besoin ; suis le chemin de la gloire qui est ouvert devant toi, et ne pense à moi que comme à celle qui, sur la terre, sera la plus ravie d'entendre célébrer ton nom. Suis maintenant cet homme : il t'apprendra des nouvelles auxquelles tu dois t'attendre fort peu. »

L'étranger restait sur le seuil, comme s'il eût attendu le page ; et dès qu'il le vit prêt à sortir, il avança d'un pas rapide, s'enfonçant de plus en plus dans la ruelle. On n'y voyait plus de chaumières que d'un côté ; de l'autre s'élevait un vieux mur très haut, au-dessus duquel de grands arbres étendaient leurs branches. Arrivé à une porte bâtarde percée dans cette muraille, le guide s'arrêta, regarda autour de lui si personne n'était en vue, puis tirant une clef de sa poche il ouvrit la porte et entra, faisant signe à Roland de le suivre. Celui-ci obéit, et l'étranger ferma soigneusement la porte en dedans. Pendant ce temps, le page regarda autour lui, et vit qu'il se trouvait dans un petit verger, fort bien tenu.

L'étranger lui fit traverser deux ou trois allées bordées d'arbres chargés de fruits, et le conduisit sous un berceau de feuillage. Là, s'asseyant sur un banc de gazon, il fit signe à Roland de prendre place sur un autre en face de lui.

« Vous m'avez demandé, » commença-t-il, « une meilleure garantie que la parole d'un simple étranger, afin de vous prouver que j'étais autorisé par Georges Douglas à m'emparer de la missive qu'il vous avait confiée?

— C'est justement sur ce point que je vous prie de me donner satisfaction », dit Roland. « Je crains d'avoir agi un peu précipitamment ; s'il en est ainsi, il faut que je répare mon erreur comme je pourrai.

— Suis-je donc un étranger pour vous? Regardez-moi bien, et voyez si mes traits ne ressemblent pas à ceux d'un homme que vous avez connu autrefois. »

Roland le regarda avec attention ; mais les idées qui se présentaient à son esprit étaient peu d'accord avec l'espèce de livrée que portait son interlocuteur.

« Serait-il vrai? » murmura-t-il, et il s'arrêta, n'osant point exprimer l'opinion qui se formait involontairement en lui.

« Oui, mon fils, » dit l'étranger qui remarquait son embarras, « vous voyez réellement devant vous le malheureux dom Ambroise, qui se glorifiait de vous avoir garanti des pièges de l'hérésie, et qui est aujourd'hui condamné à vous pleurer, comme un réprouvé ! »

La bonté du cœur de Roland égalait au moins la vivacité de son caractère : il ne put supporter la vue de son ancien et honoré maître, son guide spirituel, réduit à une situation qui indiquait un si triste changement de fortune ; se jetant à ses pieds, il embrassa ses genoux en versant d'abondantes larmes.

« Que signifient ces pleurs, mon fils? » reprit l'abbé. « S'ils sont versés sur vos péchés et vos folies, certes c'est un orage bienfaisant, et qui peut vous être utile ; si c'est pour moi qu'ils coulent, ne vous affligez plus. Vous voyez à la vérité le supérieur de l'abbaye de Sainte-Marie sous l'habit d'un pauvre soldat, qui donne à son maître le service de son sabre et de son bouclier, et s'il le faut sa vie elle-même, pour une grossière livrée et quatre marcs d'argent par an. Un tel costume convient au temps, et au milieu des combats que soutient l'Église, il sied autant à ses prélats, que le rochet, la mitre et la crosse, au jour du triomphe.

— Par quelle fatalité... et encore, » dit le page en se reprenant, « pourquoi le demander ? Catherine Seyton m'avait en quelque sorte préparé à cette nouvelle. Mais que le changement ait été si absolu, la ruine si complète !..

— Oui, mon fils, vos propres yeux ont vu dans mon élévation à la dignité abbatiale, tout indigne que j'étais, le dernier acte solennel de piété qui ait été célébré à Sainte-Marie ; et il restera le dernier jusqu'à ce qu'il plaise au ciel de faire cesser la captivité de l'Église. Pour le moment, le berger est frappé... oui, abattu presque jusqu'à terre ; le troupeau est dispersé, et les tombeaux des saints, des martyrs et de nos pieux bienfaiteurs sont abandonnés aux hiboux de la nuit et aux loups du désert.

— Et votre frère, le chevalier d'Avenel, ne pouvait-il rien faire pour vous protéger ?

— Lui-même a encouru les soupçons des puissances du jour, qui sont aussi injustes envers leurs amis que cruelles pour leurs ennemis. Je ne m'en affligerais pas si cette disgrâce avait pour effet de le détourner de ses voies ; mais il sera conduit, je le crains, à prouver sa fidélité par quelque action encore plus nuisible à l'Église et plus offensante envers le ciel. Assez sur ce chapitre ; revenons au sujet de notre rencontre. Il vous suffira maintenant de recevoir ma parole que le paquet dont vous étiez porteur m'était envoyé par Georges Douglas ?

— Alors, Douglas serait...

— Un véritable ami de sa reine, Roland ; et avant peu j'espère que ses yeux s'ouvriront sur les erreurs de sa fausse Église.

— Mais quel rôle joue-t-il donc à l'égard de son père et de la dame de Lochleven, qui lui a servi de mère ?

— Le rôle de leur meilleur ami à tous deux, dans le temps et dans l'éternité, s'il devient l'heureux instrument qui rachètera le mal qu'ils ont fait et celui qu'ils préparent.

— Quoi qu'il en soit, je n'aime guère ce bon service qui commence par un manque de foi.

— Je ne blâme pas vos scrupules, mon fils ; la faute en est à notre malheureuse époque, qui, en rompant les liens des chrétiens envers l'Église et des sujets envers leur souverain légitime, a également dissous tous les autres liens de la société. En de pareils jours, les simples affections humaines ne doivent pas plus retarder nos progrès, que les ronces et les épines, qui s'attachent aux vêtements du pèlerin, ne doivent l'arrêter sur la route, et l'empêcher d'accomplir son vœu.

— Cependant... » objecta encore le jeune homme ; puis il s'arrêta tout à coup en hésitant.

« Parlez, mon fils, » dit l'abbé, « et parlez sans crainte.

— Ne vous offensez donc pas si je dis que c'est précisément là ce dont nos adversaires nous accusent : ils prétendent que nous arrangeons les moyens selon le but, que nous commettons volontiers le mal pour le faire servir à notre bien.

— Les hérétiques ont employé leur art ordinaire pour vous égarer, mon fils ; ils voudraient bien nous priver du pouvoir d'agir sagement et en secret, tandis que la supériorité de leur nombre nous empêche de lutter à force ouverte. Ils nous ont réduits à un état d'entier épuisement, et ils voudraient encore nous ôter les ressources par lesquelles, dans toute la nature, la faiblesse supplée au manque de force, pour se défendre contre de puissants ennemis. A ce compte, le chien aurait le droit de dire au lièvre : « A quoi bon recourir à la ruse pour m'échapper ? Combattons face à face. » De même les hérétiques, forts et en armes, demandent aux catholiques abattus et opprimés de mettre de côté la prudence du serpent, seul moyen de rétablir un jour la Jérusalem sur laquelle nous pleurons, et qu'il est de notre devoir de rebâtir... Nous en causerons plus longuement une autre fois. A présent, mon fils, je vous recommande, au nom de la foi, de me dire avec vérité et en détail tout ce qui vous est arrivé depuis notre séparation, et de me peindre fidèlement l'état actuel de votre conscience. Votre aïeule, notre sœur Madeleine, est une femme riche de dons précieux, d'un zèle que ni les doutes ni les dangers ne peuvent refroidir ; mais ce n'est pas tout à fait un zèle canonique. Je veux donc être moi-même votre directeur et votre conseiller en ces temps de ténèbres et de ruses. »

Avec tout le respect qu'il devait à son premier guide spirituel, Roland raconta en abrégé tous les événements qui sont connus du lecteur ; il ne déguisa même pas l'impression qu'avaient faite sur son esprit les arguments du prédicateur Henderson ; mais ce fut presque sans y penser qu'il laissa pénétrer à dom Ambroise l'influence que Catherine Seyton avait acquise sur lui.

« Je le vois avec joie, mon très cher fils, » reprit l'abbé, « j'arrive encore assez tôt pour vous arrêter sur le bord du précipice. Ces doutes dont vous vous plaignez sont comme les mauvaises herbes qui croissent naturellement dans une terre forte, et que la main du cultivateur doit extirper avec soin. Je vous donnerai un petit volume dans lequel, avec la grâce de Notre-Dame, j'ai éclairci, un peu mieux peut-être qu'on ne l'avait fait avant moi, les différences de doctrine qui existent entre nous et les hérétiques : j'y fais remarquer comment, pareils aux albigeois et aux lollards, ils sèment l'ivraie avec le froment.

« Ce n'est point par la raison seule qu'il vous faut espérer vaincre ces insinuations de l'ennemi ; c'est quelquefois par une résistance opportune, et plus souvent par une prompte fuite. Il faut fermer vos oreilles aux arguments de l'hérésiarque, quand les circonstances ne vous permettent pas de quitter sa compagnie. Ancrez vos pensées sur le service de la sainte mère du Sauveur, tandis qu'il épuisera en vain l'arsenal de ses blasphèmes. Si vous ne pouvez maintenir votre attention sur des sujets tout spirituels, pensez plutôt aux plaisirs d'ici-bas que de tenter la Providence en prêtant une oreille attentive à la doctrine erronée...

« Rêvez de faucons, de chiens, de filets et de fusils... Pensez même à Catherine Seyton, plutôt que de livrer votre âme aux leçons du tentateur. Hélas ! mon fils, ne croyez pas que votre vieil ami, épuisé par les peines et courbé par le chagrin encore plus que par les années, ait oublié l'influence que la beauté a sur le cœur d'un jeune homme. Même dans les veilles de la nuit, le cœur brisé par le souvenir d'une reine captive, d'un royaume détruit, d'une église dépouillée et ruinée, il me vient d'autres pensées, des sentiments qui appartiennent à une époque déjà ancienne et plus heureuse. Ainsi soit-il ! Il nous faut porter le fardeau qui nous est assigné. Et d'ailleurs, ce n'est pas en vain que ces passions ont été semées dans le cœur de l'homme ; car parfois, et tel est le cas où vous vous trouvez, elles servent à nous maintenir dans des résolutions qui ont un but plus solide. Cependant, soyez prudent, mon fils... Cette Catherine Seyton est la fille d'un des barons les plus orgueilleux, d'un des seigneurs les plus fidèles de l'Écosse, et votre condition ne vous permet pas d'aspirer aussi haut. Hélas ! il en est ainsi : le ciel accomplit ses œuvres en se servant des folies humaines ; et l'amour ambitieux de Douglas contribuera, aussi bien que le vôtre, à nous conduire à la fin désirée.

— Quoi ! mon père, mes soupçons étaient donc fondés ? Il aime...

— Oui, mon fils, et son amour est aussi déplacé que le vôtre ; mais prenez garde. N'allez pas le contrarier, l'aigrir...

— A lui plutôt de ne pas traverser mes voies, » interrompit le page; « car je ne lui céderai pas un pouce de terrain, quand il aurait en lui l'âme de tous les Douglas qui ont vécu depuis le fondateur de sa race !

— Du calme, jeune fou : considérez que vos projets ne peuvent jamais se trouver en opposition avec les siens... Trêve de ces vanités, et employons mieux le temps qui nous reste à passer ensemble. A genoux, mon fils, et revenons à la confession trop longtemps suspendue.

Arrive que pourra, il faut que cette heure trouve en vous un fidèle catholique débarrassé du poids de ses péchés par l'autorité de la sainte Église. Si je pouvais vous dire, Roland, la joie que j'éprouve en vous voyant dans cette humble posture, où il convient seulement que l'homme s'humilie! *Quid dicis, mi fili?*

— *Culpas meas,* » répondit le jeune homme ; et, suivant le rite catholique, il se confessa et reçut l'absolution, sous promesse d'accomplir certaines pénitences.

Cet acte pieux terminé, un vieillard, vêtu comme un paysan aisé, s'approcha du berceau, et salua l'abbé.

« J'ai attendu, » dit-il, « la fin de vos dévotions, pour vous faire savoir que le bailli cherche ce jeune homme, et qu'il ferait bien d'aller le trouver sans retard. Bienheureux saint François! s'il fallait que les hallebardiers vinssent le quérir ici, ils auraient tôt fait de bouleverser mon jardin... Tout à leur affaire, ils ne regarderaient pas à leurs pieds, et à chaque pas ils m'écraseraient une balsamine ou une giroflée.

— Nous allons le congédier, mon frère, » répondit l'abbé; « mais, hélas! est-il possible que des bagatelles puissent vous occuper dans la crise terrible qui se prépare!

— Révérend père, » dit le maître du jardin, « combien de fois vous ai-je prié de garder vos sublimes conseils pour de sublimes esprits comme les vôtres? Que m'avez-vous demandé sans l'obtenir aussitôt, quoique mon cœur en saignât?

— Ah! que n'êtes-vous resté vous-même! Rappelez-vous ce que vous avez été et ce qu'exigent vos premiers vœux.

— Moi, je vous dis, père Ambroise, que la patience du plus grand saint qui ait jamais récité le *pater noster* succomberait dans les épreuves auxquelles vous avez soumis la mienne. Ce que j'ai été, à quoi bon en parler maintenant? Personne ne sait mieux que vous à quoi j'ai renoncé, dans l'espoir de mener une vie douce et paisible pour le reste de mes jours; personne ne sait mieux comment on a envahi ma retraite, brisé mes arbres fruitiers, foulé aux pieds mes plates-bandes, exilé la tranquillité de ces lieux, et chassé le sommeil de mon lit; et tout cela depuis que cette pauvre reine, que Dieu la bénisse! a été envoyée à Lochleven. Je ne la blâme pas : étant prisonnière, il est naturel qu'elle cherche à sortir de ce vilain trou, dans lequel il y a à peine assez de place pour faire un jardin passable, et où, m'a-t-on dit, les brouillards du lac détruisent toutes les fleurs précoces. Non, je ne saurais la blâmer de chercher à reconquérir sa liberté. Mais pourquoi m'entraîner dans le complot? pourquoi mes innocents berceaux, que j'ai plantés moi-même, deviendraient-ils des rendez-vous de conspirateurs? pourquoi le petit quai, que j'ai moi-même bâti, pour ma propre barque de pêche, deviendrait-il un refuge d'embarcations secrètes? Enfin, pourquoi m'impliquer dans des affaires, dont le résultat peut fort bien être la hache ou la corde? Je vous certifie que, pour moi, je n'en sais rien du tout.

— Mon frère vous êtes un sage, et vous devez savoir...

— Sage! mais non, mais non, » interrompit le jardinier avec humeur et en se bouchant les oreilles, « on ne m'a jamais appelé sage, si ce n'est quand on voulait m'entraîner dans un acte de folie notoire.

— De grâce, mon bon frère...

— Je ne suis pas bon non plus; je ne suis ni sage ni bon. Si j'avais été sage, je ne vous aurais pas admis ici; et si j'étais bon, je vous enverrais ailleurs tramer vos complots, qui tendent à détruire la tranquillité du pays. Que sert-il de disputer pour un roi ou une reine, quand on peut rester en paix *sub umbra vitis suæ?* Et c'est ce que je ferais, d'après le précepte de l'Écriture sainte, si j'étais, comme vous dites, sage ou bon. Mais tel que je suis, ma tête est dans le lion, et vous faites peser sur moi le poids que vous voulez... Suivez-moi, jeune homme. Ce révérend père qui, avec son habit d'homme d'armes a l'air presque aussi révérend que moi, conviendra du moins d'une chose, c'est qu'il y a assez longtemps que vous êtes ici.

— Suivez le bon père, Roland, et souvenez-vous de mes paroles. Un jour approche qui éprouvera le cœur de tous les vrais Écossais. Puisse le vôtre se montrer comme l'acier de votre épée! »

Le page s'inclina en silence, et ils se séparèrent. Le jardinier, malgré son âge avancé, allait un bon pas, grommelant à demi-voix, en s'adressant tantôt à lui-même, tantôt à son compagnon, comme tous les vieillards dont l'intelligence est affaiblie.

« Quand j'étais dans les grandeurs, » disait-il, « et que j'avais à mes ordres une mule, et un palefroi accoutumé à l'amble, il m'aurait été aussi impossible de voler en l'air que de marcher si vite. J'avais la goutte, le rhumatisme et cent autres choses semblables qui me liaient les jambes. A présent, grâce à la sainte Vierge et à un travail honnête, je suis en état de suivre le plus hardi piéton de mon âge qui se trouve dans le comté de Fife. Pourquoi l'expérience nous vient-elle si tard! »

En murmurant ainsi, ses yeux se portèrent sur la branche d'un poirier qui pendait faute d'étai ; et oubliant tout à coup son empressement, le vieillard s'arrêta pour y porter remède. Roland était prompt, adroit et plein de bonne volonté ; il prêta aussitôt son aide, et en une ou deux minutes la branche fut étayée et attachée, à la satisfaction du vieillard, qui considérait son ouvrage avec complaisance.

« Ce sont des bergamotes, » dit-il, « et si vous voulez venir par ici en automne, vous en goûterez. On ne trouve pas leurs pareilles dans le château de Lochleven. Le jardin, là, est un misérable nid à vers ; et le jardinier, Hugues Houkham, ne connaît guère son métier. Ainsi, venez me trouver en automne, maître page, quand vous voudrez manger des poires. Mais à quoi pensé-je ? Avant ce temps-là, il se peut qu'on t'aie régalé de poires d'angoisse. Suis l'avis d'un vieillard, jeune homme ; il a vu passer bien des jours, et il a occupé des places plus hautes que celles que tu es en droit d'attendre. Troque ton épée contre une serpette et ton poignard contre une houe ; tu en vivras plus longtemps et en meilleure santé. Viens travailler à mon jardin ; je t'apprendrai la vraie manière de greffer à la française. Fais ce que je te dis et sans perdre de temps, car un ouragan va éclater, et les seuls arbres qui échapperont à sa furie sont ceux dont la tête est basse. »

A ces mots, il fit sortir Roland Græme par une autre porte que celle par où il était entré. Il fit un signe de croix, prononça un *benedicite* lorsqu'ils se séparèrent ; puis, toujours en rognonnant entre ses dents, il rentra dans le verger dont il ferma la porte.

CHAPITRE XXIX.

Prions Dieu, dans la crainte qu'un mâle courage ne s'empare bientôt d'elle.
SHAKESPEARE, *Henri VI*.

Quand Roland sortit du jardin il se trouva dans une closerie où paissaient les deux vaches laitières du vieillard, et il la traversa en réfléchissant au discours de l'abbé.

Dom Ambroise avait exercé sur lui cette influence révérée que les instituteurs de notre jeunesse conservent dans notre âge mûr. Cependant, un soupçon lui venait qu'il avait soigneusement évité d'entamer la controverse qui existait entre les Églises, au lieu de repousser les objections et d'éclaircir les doutes, fruits des leçons d'Henderson.

« Il n'en avait pas le temps, à la vérité, » se dit le page, « et je ne suis ni assez calme, ni assez savant pour juger de points aussi difficiles. D'ailleurs, il y aurait de la vilenie à quitter ma croyance quand la fortune lui est contraire, à moins d'être placé de manière à ce que ma conversion, si elle a lieu, ne paraisse être aucunement attribuée à des vues d'intérêt. Élevé dans la foi catholique, celle de Bruce et de Wallace, j'y persisterai jusqu'à ce que le temps et la raison me prouvent qu'elle est erronée. Je servirai cette pauvre reine avec le dévonement que doit un sujet à une princesse captive et opprimée. La faute retombe sur ceux qui m'ont envoyé, moi, gentilhomme élevé dans les voies de l'honneur et de la loyauté ; ils auraient dû choisir quelque drôle à double face, hypocrite et patelin, qui eût été le page respectueux de la reine et l'espion damné de ses ennemis. Puisque je n'ai de choix qu'entre l'aider ou la trahir, j'en déciderai ainsi qu'il convient à son serviteur et à son sujet. Mais Catherine Seyton ! Catherine aimée de Douglas et me rapprochant ou m'éloignant selon son bon plaisir et son caprice ! comment me comporter envers cette coquette ? De par le ciel, à la première occasion il faudra qu'elle me rende compte de sa conduite, ou je romps avec elle pour toujours. »

Tout en prenant cette résolution intrépide, il franchit la barrière qui conduisait hors du clos et presque au même instant il rencontra le docteur Luc Lundin.

« Ah ! ah ! mon jeune et excellent ami, » dit celui-ci, « d'où venez-vous ? Je devine. Oui, le jardin du voisin Blinkhoolie est un rendez-vous agréable, et à votre âge on regarde une jolie fille d'un œil, et une prune friande de l'autre. Eh ! mais, vous avez l'air tout encharibotté. Avez-vous trouvé la donzelle rébarbative ou les prunes trop vertes ? Cela se pourrait bien ; les prunes du bonhomme ont eu de la peine à traverser l'hiver ; et puis il épargne le sirop dans les confitures. Allons, courage ! jeune homme, il y a plus d'une Catherine au village, et quant au fruit vert, un doigt de ma double liqueur distillée, *aqua mirabilis...* »

Le page jeta un regard courroucé sur le médecin facétieux ; mais se rappelant aussitôt que le nom de Catherine, qui avait occasionné son déplaisir, n'était sûrement introduit que parce qu'il sonnait mieux qu'un autre, il réprima son dépit, et se contenta de demander si l'on avait des nouvelles du charretier.

« Comment ! » reprit le bavard, « voilà une heure que je vous cherche pour vous avertir. Tout est dans le bateau et l'on attend votre bon plaisir. Auchtermuchty avait seulement musé en compagnie d'un fripon de paresseux comme lui, avec un flacon d'*aqua vitæ* entre eux deux. Vos bateliers se reposent sur leurs rames, et l'on a déjà fait deux signaux de la tourelle de garde pour indiquer qu'on est impatient de vous revoir au château. Cependant vous avez encore le temps de prendre un léger repas, et, en qualité d'ami et de médecin, je ne trouve pas convenable que vous vous exposiez à l'air du lac sans avoir l'estomac garni. »

Roland ne songeait qu'à retourner, de toute la vitesse de ses jambes, à l'endroit où son bateau était amarré sur le rivage : il résista donc aux offres du docteur, bien qu'il promît de préluder à la collation par un apéritif bienfaisant, à savoir, une décoction d'herbes qu'il avait cueillies et distillées lui-même. Comme Roland n'avait pas oublié le petit coup du matin, il est possible que ce souvenir l'engageât à refuser fermement toute nourriture, quand il fallait la faire précéder d'une chose si peu agréable au palais.

Tandis qu'ils se rendaient ensemble au rivage, car la politesse cérémonieuse du digne bailli n'aurait pas permis au page de s'y transporter sans suite, Roland crut apercevoir le vêtement de Catherine Seyton au milieu d'un groupe assemblé autour de quelques musiciens ambulants. Faussant compagnie au docteur, il rejoignit lestement la demoiselle.

« Catherine, » lui dit-il à l'oreille, « que faites-vous ici ? Ce n'est pas prudent. Ne voulez-vous pas rentrer au château ?

— Allez au diable avec vos Catherines et vos châteaux ! » riposta la jeune fille d'un ton irrité. « N'avez-vous pas encore eu le temps de guérir votre folie ? Retirez-vous ! je ne me soucie pas de vous avoir à mes côtés, et il y aurait quelque péril à me suivre.

— Eh bien ! s'il y a péril, je le partagerai avec vous.

— Mais, sot que tu es, c'est toi qui es en péril. Puisqu'il faut parler net, tu cours grand risque d'avoir la bouche close avec le manche de mon poignard. »

En disant ces mots, elle se détourna de lui avec hauteur, et fendit la foule, qui céda tout étonnée à la vivacité masculine avec laquelle elle s'ouvrit un passage.

Roland, quoique hors de lui, se disposait encore à l'importuner, quand le docteur le saisit par le bras : il lui rappela le bateau chargé, les deux signaux de la tour, le danger de s'exposer à l'air froid avec un estomac vide, et enfin la folie de passer son temps à courir après des péronnelles revêches et des prunes encore vertes. Roland se laissa donc, pour ainsi dire, traîner jusqu'à la barque, pour retourner, malgré lui, au château de Lochleven.

Le petit voyage se fit promptement, et le page fut salué au débarcadère par les propos caustiques du vieux Dryfesdale.

« Vous voilà donc enfin de retour, mon jeune muguet, » dit-il, « après un retard de six heures et deux signaux du château ! Vous vous êtes arrêté à la bombance au lieu de faire votre devoir. Où est la note de la vaisselle et des meubles? Fasse le ciel que rien n'ait disparu entre les mains d'un coureur comme vous!

— Comment! disparu, Monsieur le majordome? » s'écria le page avec emportement. « Si vous parlez sérieusement, de par le ciel, vos cheveux gris protégeront mal votre langue insolente!

— Trêve de bravades, jeune homme! Nous avons des verrous et des cachots pour les querelleurs. Va retrouver ma maîtresse, et fais le fanfaron devant elle, si tu l'oses. Elle te donnera sujet de t'offenser, car il y a longtemps qu'elle t'attend avec impatience.

— Où est-elle, la dame de Lochleven? car je pense que c'est d'elle que tu veux parler.

— Et de qui donc? Hors la dame de Lochleven, qui a le droit de commander dans ce château?

— La dame de Lochleven est ta maîtresse, mais la mienne est la reine d'Écosse. »

Le majordome le considéra un instant d'un air où le soupçon et la haine étaient mal cachés sous une affectation de mépris.

« Le jeune coq batailleur, » dit-il, « se trahit par son chant précoce. J'ai remarqué le changement de tes façons à la chapelle... oui... et tes œillades pendant le repas avec une certaine bonne à rien de fille, qui, ainsi que toi, rit de tout ce qui est saint et sérieux. Il y a quelque chose en toi, maître page, qu'il est bon de surveiller. Quant à savoir si c'est la dame de Lochleven ou autre qui a le droit de commander, va dans l'appartement de là-haut; elles sont ensemble. »

Roland se hâta de s'y rendre; il n'était pas fâché d'échapper à la pénétration malveillante du vieillard, et il se demandait en même temps pourquoi la dame de Lochleven était dans l'appartement de la reine, à cette heure de l'après-midi, ce qui était contraire à son habitude. Sa perspicacité lui en fit aussitôt deviner le motif. « Elle désire, »

pensa-t-il, « voir comment je serai reçu de la reine à mon retour, afin de remarquer s'il y a quelque intelligence secrète entre nous ; il faut me tenir sur mes gardes. »

Plein de cette résolution, il entra dans le salon où la reine, assise sur une chaise, tandis que dame Fleming s'appuyait sur le dossier, tenait la châtelaine debout en sa présence depuis près d'une heure, ce qui avait singulièrement aigri l'humeur acariâtre de la bonne dame.

En entrant, Roland fit un profond salut à chacune des deux ennemies, puis s'arrêta comme s'il attendait leurs questions. Elles parlèrent presque en même temps.

La dame de Lochleven s'écria : « Enfin, jeune homme, vous voilà de retour ! »

Et elle s'interrompit d'un air indigné, tandis que la reine continuait, sans faire attention à elle :

« Roland, soyez le bienvenu. Vous avez imité la colombe fidèle, et non le corbeau vagabond. Néanmoins, je vous aurais pardonné si, une fois hors de cette arche entourée d'eau, vous n'étiez pas revenu nous trouver. Vous rapportez, je l'espère, une branche d'olivier, car notre bonne et digne hôtesse s'est grandement courroucée de votre longue absence, et jamais nous n'avons eu autant besoin d'un symbole de paix et de réconciliation.

— Je regrette d'avoir été retenu si longtemps, Madame, » répondit le page ; « la faute en est au voiturier qui était en retard.

— Là ! vous voyez, chère hôtesse. N'avions-nous pas raison de croire vos paquets en sûreté? Votre inquiétude, il est vrai, est excusable, si nous considérons que ces augustes appartements sont bien mal meublés ; nous n'avons pas même pu vous offrir un siège pendant tout le temps que vous nous avez procuré le plaisir de votre compagnie.

— La volonté, Madame, manquait plus que les moyens.

— Quoi ! » s'écria la reine en regardant autour d'elle et en affectant la surprise, « il y a donc des tabourets dans ce salon? Mais oui ; un, deux, pas moins de quatre, en comptant celui qui est disloqué. C'est un ameublement royal! Nous ne les avions pas vus. Plaira-t-il à Votre Seigneurie de s'asseoir?

— Non, Madame, je vais vous débarrasser de ma présence. Auprès de vous, mon corps usé supporte plus aisément la fatigue que mon esprit une politesse de rencontre.

— Oh ! si vous le prenez ainsi, » dit la reine en se levant et en lui offrant son fauteuil, « mettez-vous à ma place ; vous ne serez pas la première qui l'ait fait dans votre famille. »

La vieille dame esquissa une demi-révérence en signe de refus et se pinça les lèvres pour retenir la riposte qui allait s'échapper.

Pendant cet échange de paroles piquantes, l'attention du page s'était presque entièrement portée sur Catherine Seyton, qui venait de l'intérieur, vêtue comme à l'ordinaire ; rien chez elle ne décelait la hâte et la confusion que pouvait causer un changement précipité de costume, ou la crainte d'être découverte dans une démarche périlleuse. Il se hasarda à la saluer lorsqu'elle entra ; mais elle lui rendit son salut d'un air dégagé, qui lui parut peu d'accord avec la situation où ils se trouvaient l'un à l'égard de l'autre.

« Certes, » pensa-t-il, « elle ne peut raisonnablement s'attendre à me faire douter de ce qu'ont vu mes propres yeux, comme elle a voulu le tenter à propos de l'apparition à l'hôtellerie de Saint-Michel. J'essayerai de lui remontrer que ce serait une tâche inutile, et que la confiance est la route la plus sûre et la meilleure à suivre. »

Ces pensées s'étaient succédé rapidement dans son esprit, quand la reine, ayant terminé son altercation avec la dame du château, s'adressa de nouveau à lui.

« Que nous direz-vous de la fête de Kinross, Roland ? Elle m'a paru fort gaie, à en juger par les faibles échos qui arrivaient de si loin jusqu'à ces fenêtres grillées, et mouraient en y pénétrant, ainsi qu'il sied à tout ce qui ressemble à de la gaieté. Mais quelle mine d'enterrement ! Arriveriez-vous du prêche ?

— Peut-être, » reprit la puritaine, relevant la flèche qui était à son adresse. « Il n'est point impossible qu'au milieu même des puérils amusements d'une fête de village quelque âme pieuse ait fait entendre le langage d'une saine doctrine. Une religieuse pensée vaut mieux que tous ces vains plaisirs : ils ont un moment de bruit et d'éclat, comme un fagot d'épines sèches dans le foyer ; puis ils ne laissent aux fous qui s'en amusent que la poussière et des cendres.

— Marie Fleming, » dit la reine en s'enveloppant dans son manteau,

« je ne serais pas fâchée d'avoir dans la cheminée un ou deux fagots de ces bonnes épines que la dame de Lochleven sait si bien décrire. L'air humide de ce lac, qui n'abandonne point ces chambres voûtées, leur communique un froid mortel.

— On obéira au désir de Votre Grâce. Me permettra-t-elle seulement de lui rappeler que nous sommes en été?

— Je vous remercie de l'avis, ma bonne dame. Les prisonniers apprennent le changement des saisons par la bouche de leur geôlier plutôt que par ce qu'ils ressentent de leur influence. Encore une fois, Roland, que nous direz-vous de la fête?

— Elle était assez animée, Madame, mais fort ordinaire, et le récit en serait peu digne des oreilles de Votre Altesse.

— Oh! vous ne savez pas combien mon oreille est devenue indulgente pour tout ce qui touche à la liberté et aux amusements des gens libres. Il me semble que j'aurais eu plus de plaisir à voir danser les paysans autour du mai, que la plus brillante assemblée dans un palais. L'absence de murs de pierre, la certitude que ce pied qui foule le vert gazon est libre et sans entraves, voilà qui vaut tout ce que l'art ou la splendeur peut ajouter aux fêtes d'une cour.

— J'espère, » dit la châtelaine en s'adressant à son tour au page, « qu'il n'y a eu parmi ces folies aucune des querelles et des désordres qui en sont souvent la suite? »

Roland jeta un regard furtif sur Catherine comme pour attirer son attention, et répondit :

« Rien n'a troublé la bonne harmonie de la fête, Madame, sinon qu'une demoiselle hardie a établi un contact trop familier entre sa main et la joue d'un acteur, exploit pour lequel elle a couru le risque de prendre un bain dans le lac. »

Catherine, au lieu d'être mal à l'aise, soutint avec la plus grande sérénité de maintien ce qu'il jugeait ne pouvoir manquer d'exciter en elle terreur et confusion.

« Je ne gênerai pas plus longtemps Votre Grâce par ma présence, » reprit la dame de Lochleven, « à moins que vous n'ayez quelque chose à me commander?

— Rien, notre bonne hôtesse, » répondit la reine ; « nous vous prions, en toute autre occasion, de ne pas vous déranger d'une occupation plus utile, pour rester si longtemps près de nous.

— Vous plairait-il d'ordonner à ce jeune homme de nous accompagner afin qu'il me rende compte des objets qu'on a envoyés ici pour l'usage de Votre Grâce?

— Nous ne pouvons rien vous refuser, Madame. Accompagne cette dame, Roland, s'il est vrai qu'il faille nos ordres pour cela. Demain nous apprendrons l'histoire des plaisirs de Kinross. Pour ce soir, nous te dispensons de ton service. »

Roland Græme sortit avec la dame de Lochleven, qui ne manqua pas de lui poser force questions sur ce qui s'était passé à la fête. Il y répondit de manière à détourner les soupçons qu'elle aurait pu avoir sur sa disposition à favoriser la reine Marie, ayant grand soin d'ailleurs d'éviter toute allusion à la présence de Madeleine et de l'abbé Ambroise. Enfin, après avoir subi un assez long et rigoureux interrogatoire, on le congédia d'un ton qui, venant de la sévère matrone, pouvait paraître l'expression de la faveur et de la confiance.

Son premier soin fut de se rendre à l'office, où il trouva un maître d'hôtel plus accommodant que Dryfesdale, beaucoup trop enclin à lui appliquer ce dicton de comédie :

> Au premier appel qui ne viendra pas
> Ne mangera plus qu'au prochain repas.

Sa collation finie, il se rendit au jardin, où il avait permission de passer ses heures de loisir. Le dessinateur avait exercé son génie dans l'arrangement des allées, de manière à tirer tout le parti possible d'un petit espace : au moyen de compartiments, soit en pierres ornées de sculptures grossières, soit en haies toujours vertes, il avait formé autant de détours variés que l'espace limité le permettait.

Le jeune homme se promenait tristement en réfléchissant aux événements de la journée : il comparait ce qu'avait dit l'abbé avec ce que lui-même avait remarqué de la conduite de Douglas. « Oui, cela doit être, » telle fut la conclusion pénible et forcée à laquelle il arriva; « il faut que ce soit Georges qui l'aide ainsi à se transporter comme un fantôme, et à paraître à volonté de l'un ou l'autre côté du lac. C'est bien cela; elle entretient avec lui une correspondance suivie, intime et secrète, qui ne s'accorde guère avec la faveur qu'elle m'a souvent montrée. » Cependant, car l'amour se flatte encore quand la raison désespère, il lui vint à l'idée que peut-être accueillait-elle la passion de Douglas froidement, mais sans la repousser, de peur de nuire aux intérêts de sa maîtresse, et qu'elle avait d'ailleurs trop de franchise, de noblesse et de candeur, pour nourrir chez lui, Roland Græme, des illusions qu'elle ne voudrait pas changer en réalité.

Perdu dans ces conjectures, il s'assit sur un banc de gazon, d'où l'on apercevait à droite le lac, et à gauche la façade du château où étaient situés les appartements de la reine.

Il y avait quelque temps que le soleil était couché, et le crépuscule de mai s'évanouissait pour faire place à la sérénité d'une belle nuit. La tiède haleine des brises du sud formait sur l'eau des ondulations si légères que sa surface en était à peine ridée. On apercevait l'île de Saint-Serf, qui se dessinait vaguement dans le lointain : séjour que visitait jadis plus d'un pèlerin à sandales, comme la terre bienheureuse qu'avait foulée un homme de Dieu, maintenant négligé ou profané comme le refuge de prêtres fainéants, qu'on avait obligés de céder la place aux moutons et aux génisses d'un baron protestant.

Tandis que Roland contemplait ce point noir au milieu des ondes bleuâtres, il sentit son esprit s'égarer de nouveau dans le labyrinthe de la polémique religieuse. Était-ce avec justice qu'on avait banni ces hommes de leur asile, comme l'abeille industrieuse expulse de sa ruche le bourdon parasite? ou bien la main spoliatrice de la rapacité avait-elle chassé du temple, non les débauchés qui le souillaient, mais les prêtres fidèles qui gardaient l'arche sainte avec honneur et fidélité? A cette heure de méditation, les arguments d'Henderson se présentaient avec plus de force, et ne cédaient point à l'appel que dom Ambroise avait fait au sentiment; appel plus puissant au milieu du fracas d'une vie active que dans le calme propre à la réflexion.

Il lui fallut un effort pour détourner ses idées de ce sujet embarrassant; il se dit alors que le meilleur moyen était de porter ses yeux vers la tour, et d'épier la lumière vacillante qui partait de la croisée de la chambre de Catherine; cette lumière s'éclipsait chaque fois que la belle habitante passait entre la lampe et la croisée. Elle disparut enfin, ou on l'éteignit, et notre amant perdit encore ce sujet de méditation.

Oserais-je avouer le fait sans nuire à son caractère, en qualité de héros de roman? Ses yeux s'appesantirent peu à peu; ses doutes sur l'amour de sa maîtresse se mêlèrent confusément dans sa rêverie; les fatigues d'une journée active finirent par brouiller ses réflexions pénibles, et il s'endormit.

Son sommeil fut tranquille jusqu'à ce que tout à coup il fut interrompu par les tintements de la cloche du château, dont le son lugubre et prolongé, traversant le lac, éveilla les échos du Bennarty, montagne escarpée qui surplombe la rive méridionale. Roland se leva en sursaut, car on sonnait habituellement cette cloche à dix heures du soir : c'était le signal pour fermer les portes et remettre les clefs au sénéchal. Il courut à la porte qui communiquait du jardin au bâtiment; et il eut la mortification, au moment même où il y arrivait, d'entendre le verrou glisser sur ses crampons avec un bruit de ferraille et remplir la gâche en pierre du châssis de la porte.

« Un instant! arrêtez! » cria le page. « Laissez-moi rentrer avant de fermer le guichet. »

La voix de Dryfesdale répondit, avec son ton ordinaire de dureté amère :

« L'heure est passée, mon maître... Vous n'aimez pas l'intérieur de ces murailles... Prenez un congé complet, et passez la nuit dehors comme vous y avez passé la journée.

— Ouvre la porte, ou, par saint Gilles, ta chaîne d'or ne te défendra point de ma colère!

— Point de vacarme! » reprit l'impitoyable majordome. « Garde pour ceux qui s'en préoccupent tes imprécations criminelles et tes sottes menaces. Je fais mon devoir, et je vais porter les clefs au sénéchal. Adieu, mon jeune maître, l'air de la nuit rafraîchira votre sang. »

Le vieux serviteur avait raison : il ne fallait rien moins que l'influence des brises du soir pour apaiser l'accès de fureur qu'éprouva Roland, et le remède fut un certain temps avant d'opérer. Enfin, après plusieurs tours faits d'un pas rapide dans le jardin, en

épuisant sa colère par des vœux inutiles de vengeance, il commença à sentir qu'il y avait, dans sa situation, plus à rire qu'à se fâcher ; pour un chasseur, une nuit passée en plein air n'était qu'une misère, et la malice puérile du majordome était plutôt digne de son mépris que de sa colère. « Plaise à Dieu, » dit-il, « que le vieux bourru se contente toujours d'une vengeance si douce! Il a l'air capable parfois de nous jouer des tours plus noirs. »

Sur cette réflexion, le page retourna au banc de gazon, qui était en partie abrité par une haie de houx verts. Il s'enveloppa dans son manteau, s'étendit sur la verdure, et tâcha de retrouver le sommeil que la cloche du château avait interrompu si mal à propos.

Le sommeil, comme tous les autres biens terrestres, est avare de ses faveurs quand on le courtise. Plus Roland l'invoquait, plus il fuyait ses paupières. Il avait été complètement réveillé d'abord par le son de la cloche, ensuite par l'emportement de son caractère. Enfin, quand son esprit eut repassé une foule de pensées désagréables, il réussit à se plonger dans un état de somnolence qui n'est ni le repos ni la veille. Il en fut tiré par les voix de deux personnes, qui se promenaient dans le jardin.

Après que leur conversation se fût mêlée quelque temps aux rêves du page, elles finirent par l'éveiller tout à fait. Il se souleva doucement et s'assit sur le banc qui lui servait de lit, étonné d'entendre deux personnes s'entretenir à cette heure avancée sous les murs du château bien gardé de Lochleven. Était-ce encore quelque diablerie ou une tentative des amis de la reine? Il s'arrêta à cette idée que Georges Douglas, possédant les clefs, sortant et rentrant à volonté, pouvait profiter des droits de sa charge pour donner un rendez-vous à Catherine dans le jardin du château. Cette opinion fut confirmée par le son d'une voix qui demanda bien bas si tout était prêt.

CHAPITRE XXX.

> Il est des cœurs où la colère reste amassée
> et muette, comme le salpêtre sous la voûte d'un
> château, jusqu'à ce que l'occasion, semblable à
> un boute-feu, vienne l'enflammer. Alors éclatent
> tout à coup l'éclair et le tonnerre, et les échos
> lointains annoncent que tout est ruiné.
> *Ancienne Comédie.*

OLAND profita d'une brèche dans le couvert de houx, et, à la clarté de la lune, qui venait de se lever, il fut à portée d'examiner, sans être vu, quels étaient ceux qui avaient troublé son repos. Ce qu'il aperçut confirma les craintes de sa jalousie.

Deux personnes, debout à côté l'une de l'autre, tenaient une conversation mystérieuse à quelques pas de sa retraite. Il reconnut facilement la haute taille et la voix forte de Douglas, ainsi que le costume et le ton non moins remarquable du page de l'hôtellerie de Saint-Michel.

« J'ai été à la porte du page, » dit Douglas ; « il est absent, ou il ne veut pas répondre. Elle est verrouillée en dedans comme d'habitude, et il est impossible d'y pénétrer. Ce qu'il faut augurer de son silence, je n'en sais rien.

— Vous vous êtes trop fié à lui, » répondit l'autre ; « c'est un faquin d'étourdi, dont l'esprit changeant et la cervelle exaltée ne peuvent garder aucune impression.

— Ce n'était pas moi qui voulais me fier à lui ; on m'avait assuré qu'à l'occasion il serait bien disposé ; car... »

Mais il baissa la voix, et l'écouteur en fut pour sa peine ; ce qui le contraria d'autant plus qu'il s'agissait à coup sûr de lui.

« Bah ! » reprit l'étranger d'une voix plus haute, « je m'en suis débarrassé avec de belles paroles qui trompent les sots ; quant à vous, s'il vous paraît de trop au moment de l'exécution, servez-vous du poignard et faites-nous passage.

— C'est une violence inutile, et d'ailleurs, ainsi que je vous l'ai dit, la porte est fermée au verrou. Je vais encore essayer de l'éveiller. »

Græme comprit aussitôt que les dames, s'étant aperçues qu'il était dans le jardin, avaient fermé la porte de l'antichambre où il couchait d'ordinaire en sentinelle avancée, pour barrer l'unique accès aux appartements de la reine. Alors comment se faisait-il que Catherine fût dehors, si la reine et l'autre dame étaient dans leurs chambres, et l'entrée fermée au verrou ?

« Il faut que j'approfondisse à l'instant ce mystère, » pensait-il, « et je remercierai Catherine, si c'est bien elle, de l'usage aimable qu'elle exhortait Douglas à faire de son poignard. Il paraît qu'ils me cherchent, et ils ne me chercheront pas en vain. »

Douglas était entré dans le château par le guichet, qui maintenant se trouvait ouvert, et l'étranger restait seul dans l'allée, les bras croisés et les yeux, fixés impatiemment sur la lune, comme s'il l'eût accusée de vouloir les trahir par l'éclat de sa lumière. En un instant, Roland se campa devant lui.

« Voilà une belle nuit, » dit-il, « pour une demoiselle qui se promène déguisée dans l'attente d'un rendez-vous.

— Silence ! » dit le page étranger. « Paix ! stupide étourneau, et dis-moi, en un mot, si tu es ami ou ennemi.

— Comment serais-je l'ami d'une personne qui me trompe par de belles paroles, et qui voudrait que Douglas me traitât à coups de poignard ?

— Que le diable t'emporte, éternel brouillon, et Georges avec toi! Nous serons découverts, et la mort nous attend.

— Catherine, vous avez usé envers moi de fourberie et de cruauté, et l'heure d'une explication est arrivée ; elle ne m'échappera pas, ni à vous non plus.

— Insensé! je ne suis ni Catin ni Catherine. La lune brille assez en ce moment pour reconnaître le cerf de la biche.

— Cette défaite ne vous servira de rien, belle maîtresse, » dit le page en saisissant le pan du manteau de l'étranger ; « cette fois, au moins, je veux savoir à qui j'ai affaire.

— Lâchez-moi, » dit l'étranger en cherchant à se débarrasser des mains de Roland, et d'un ton où la colère semblait lutter avec l'envie de rire. « Auriez-vous si peu de respect pour la fille des Seÿton? »

Mais comme Roland, encouragé peut-être par ce rire étouffé, pensa que l'offense n'était pas impardonnable, et continuait à retenir l'inconnu par le pan de son manteau, celui-ci s'écria avec l'accent d'une franche irritation :

« Laisse-moi partir ; c'est une question de vie ou de mort. Je ne voudrais pas te faire de mal, mais gare à toi! »

En parlant ainsi, il fit un effort soudain pour se dégager, et dans ce mouvement, un pistolet, qu'il portait dans sa main ou à la ceinture, partit.

Ce bruit de guerre éveilla tout le château. Le guetteur donna du cor et mit en branle la cloche du beffroi, en criant de toutes ses forces : « Trahison! trahison! Aux armes! aux armes! »

La personne que le page avait lâchée au premier moment de surprise disparut dans l'obscurité, et un bruit de rames se fit entendre. Presque au même instant, on déchargea tour à tour cinq ou six arquebuses et un fauconneau du haut des remparts, comme si l'on tirait sur quelque objet en vue. Confondu de tous ces incidents, Roland ne trouva d'autre moyen de protéger Catherine — il la croyait dans le bateau qui venait de démarrer, — que de recourir à Georges Douglas. Il courut en hâte à l'appartement de la reine, où l'on menait grand bruit.

En y entrant, il tomba au milieu d'une foule de gens qui s'agitaient confusément d'un air effaré. Au fond du salon se tenait la reine en tenue de voyage, ayant à ses côtés dame Fleming et Catherine, qui semblait être partout, Catherine, vêtue des habits de son sexe, et por-

tant à la main la cassette où Marie serrait les joyaux qu'on lui avait permis de conserver. A l'autre bout, près de la porte, était la dame de Lochleven, habillée à la hâte comme une personne éveillée par une alarme subite, entourée de domestiques, les uns tenant des torches, les autres des sabres nus, des pertuisanes, des pistolets, enfin la première arme qu'ils avaient eue à portée dans le désordre d'une alerte nocturne. Entre les deux groupes on voyait Douglas, les bras croisés, les yeux fixés vers la terre, dans l'attitude d'un coupable surpris en flagrant délit qui ne sait comment nier, sans vouloir néanmoins se résoudre à avouer.

« Parle, Georges! » s'écria sa mère. « Parle, et dissipe l'horrible soupçon qui pèse sur ton honneur. Un Douglas n'a jamais été infidèle à sa foi, et tu es un Douglas. Répète cela, mon cher fils, et c'est tout ce que je te demande pour absoudre ton nom d'une accusation si affreuse. Dis que les artifices de ces malheureuses et la fourberie de ce garçon avaient seuls préparé une fuite si fatale à l'Écosse, si dangereuse pour la maison de ton père.

— Madame, » dit Dryfesdale, « voici ce que j'ai à dire pour cet imbécile de page : il n'a pu aider à ouvrir les portes, puisque moi-même je l'ai enfermé cette nuit hors du château. Quel que soit celui qui a projeté cette escapade nocturne, ce garçon paraît y avoir eu peu de part.

— Tu mens, Dryfesdale! » répliqua la dame, « tu voudrais jeter le blâme sur la maison de ton maître pour sauver la vie d'un misérable.

— J'aimerais mieux le voir mort que vivant, » riposta le bourru; « mais la vérité est la vérité. »

A ces mots, Douglas releva la tête, et du ton ferme et calme de l'homme qui a pris sa résolution :

« Qu'on n'inquiète personne, » dit-il; « c'est moi seul...

— Douglas, » interrompit la reine, « es-tu fou? Plus un mot, je te le défends.

— Madame, » reprit-il en saluant avec le plus profond respect, « j'obéirais avec joie à vos ordres ; mais il leur faut une victime ; autant que ce soit le coupable. Oui, » continua-t-il en s'adressant à sa grand'-mère, « je suis seul coupable en cette affaire. Si la parole d'un Douglas a encore quelque poids pour vous, croyez-moi, ce jeune homme est innocent ; et, sur votre conscience, je vous recommande de ne lui faire aucun mal. Que la reine ne souffre pas non plus d'avoir saisi l'occasion de délivrance que lui offrait un cœur loyal, sincère... et plein d'elle-même. Oui, j'avais projeté la fuite de la plus belle, de la plus indignement persécutée des femmes. Loin de regretter d'avoir, quelque temps, trompé la malice de ses ennemis, je m'en fais gloire, et je suis prêt à donner mon sang pour sa cause.

— Puisse Dieu consoler ma vieillesse, » s'écria la châtelaine, « et m'aider à supporter ce fardeau d'affliction! O princesse, née dans un jour de malheur, quand cesserez-vous d'être l'instrument de la séduction et de la ruine de tous ceux qui vous approchent! O ancienne maison de Lochleven, si longtemps renommée pour ta noblesse et ton honneur, maudite soit l'heure qui amena cette sirène dans tes murs!

— Ne parlez pas ainsi, » dit son petit-fils; « l'antique honneur de la lignée des Douglas n'en sera que plus brillant, quand un de ses descendants aura consenti à mourir pour la plus outragée des reines, pour la plus adorable des femmes.

— Douglas, » dit Marie, « faut-il en ce moment, oui, au moment même où je vais perdre à jamais un fidèle sujet, que j'aie à te reprocher d'oublier ce qui est dû à la reine?

— Malheureux enfant, » reprit l'aïeule éperdue, « es-tu donc enlacé à ce point dans les pièges de cette Moabite? As-tu troqué ton honneur, ta foi, ton serment de chevalier, tes devoirs envers ta famille, ton pays et ton Dieu, contre une larme hypocrite, un sourire des lèvres menteuses qui ont flatté le débile François de Valois, englué jusqu'à la mort l'imbécile Darnley, déclamé de tendres poésies avec Châtelard, répété les chants d'amour du mendiant Rizzio; des lèvres enfin qui ont pressé avec transport celles de l'infâme Bothwell.

— Ne blasphémez pas, ma mère! » dit Douglas. « Et vous, belle reine, et aussi vertueuse que belle, ne traitez point avec trop de sévérité, en un pareil moment, la présomption de votre vassal! Ne croyez pas que le simple dévouement d'un sujet soit le mobile qui m'a fait agir. Vous méritez certes que chacun de vos serviteurs meure pour vous; mais j'ai été plus loin, j'ai fait ce que l'amour seul pouvait exiger d'un Douglas, j'ai dissimulé. Adieu donc, reine de tous les cœurs, et souveraine absolue du mien! Quand ce vil esclavage cessera de peser sur vous, car vous serez libre un jour, je l'espère, s'il y a une justice au ciel; quand vous chargerez d'honneurs et de titres l'heureux mortel qui vous aura délivrée, accordez alors une pensée à celui qui n'aurait demandé d'autre récompense que le bonheur de vous baiser la main ; donnez un soupir à sa fidélité, et une larme à sa mémoire ! »

Il tomba à ses pieds, saisit sa main et y appuya longuement ses lèvres.

« Quoi ! sous mes yeux ? » dit la châtelaine. « Oses-tu caresser ton adultère maîtresse en présence de ta mère ? Qu'on les sépare et qu'on le mène en prison ! Qu'attendez-vous ? Saisissez-le, sur votre vie !

— Ils hésitent ! » dit Marie. « Sauve-toi, Douglas, je te l'ordonne ! »

Il se dressa d'un bond, et tout en s'écriant : « Ma vie vous appartient ! » il tira son épée, et se fit jour à travers les domestiques groupés entre lui et la porte. Son mouvement fut trop subit et vigoureux pour qu'on songeât à y mettre obstacle sans recourir à la violence ; et comme il était à la fois aimé et redouté des vassaux de son père, nul d'entre eux n'osa lui résister.

La dame de Lochleven demeura stupéfaite de cette fuite soudaine.

« Suis-je donc entourée de traîtres ? » s'écria-t-elle. « Courez-lui sus, coquins ! qu'on l'atteigne ! qu'on le poignarde ! qu'on le tue !

— Il ne peut quitter l'île, Madame, » fit observer Dryfesdale ; « j'ai la clef de la chaîne du bateau. »

Deux ou trois domestiques qui avaient poursuivi le fugitif, soit par curiosité ou pour obéir à leur maîtresse, s'écrièrent d'en bas qu'il s'était précipité dans le lac.

« Brave Douglas ! » dit la reine. « Loyal et noble cœur, qui préfère la mort à la captivité !

— Feu sur lui ! » dit l'aïeule. « S'il est ici un vrai serviteur de son père, qu'il donne la mort au fuyard, et que le lac ensevelisse notre honte. »

On entendit quelques coups de fusil qu'on avait tirés pour faire preuve de zèle et non de méchanceté ; et Randal, rentrant presque aussitôt, annonça que le jeune maître avait été recueilli par une barque qui se trouvait à peu de distance.

« Alors prenez l'esquif, et donnez-lui la chasse.

— Ce serait tout à fait inutile, » répliqua Randal ; « ils sont à présent à mi-chemin de la rive, et la lune est cachée dans un nuage.

— Il m'échappe, le traître ! » s'écria-t-elle en portant ses mains à son front avec un geste de désespoir. « L'honneur de notre maison est perdu à jamais, et nous serons tous accusés de complicité dans cette vile trahison.

— Dame de Lochleven, » dit Marie en s'avançant vers elle, « cette nuit même, vous avez anéanti mes plus belles espérances; vous avez changé en esclavage la liberté sur laquelle je comptais, et jeté loin de moi la coupe du bonheur, à l'instant où je croyais l'approcher

de mes lèvres; et cependant j'éprouve pour votre douleur la pitié que vous refusez à la mienne. Ce serait avec joie que je vous consolerais, s'il était en mon pouvoir; mais je voudrais au moins vous quitter en chrétienne.

— Retire-toi, femme orgueilleuse! Qui jamais mieux que toi sut faire les plus profondes blessures, sous le masque de la bonté et de la courtoisie? Depuis le plus grand et le plus infâme des traîtres, qui sut jamais si bien trahir par un baiser?

— Dame de Lochleven, tu ne saurais m'offenser en ce moment, pas même par ce langage grossier et peu digne d'une femme, que tu m'adresses en présence de tes serviteurs en armes. J'ai eu, cette nuit, tant d'obligation à un membre de ta famille, que je dois pardonner tout ce que peut te suggérer la fureur de l'emportement.

— Mille grâces, princesse, » dit la douairière, en passant du ton de la violence à celui d'une ironie amère. « Notre pauvre maison a rarement vu luire sur elle un sourire royal, mais c'est tout au plus, selon moi, si elle troquerait sa grossière intégrité pour les faveurs que Marie d'Écosse a maintenant à offrir.

— Ceux, » ajouta Marie, « qui savent *prendre* peuvent fort bien se dispenser de *recevoir*; et si j'ai maintenant peu de chose à offrir, c'est par la faute des Douglas et de leurs alliés.

— Ne craignez rien, Madame, vous conservez un trésor inépuisable, même pour un prodigue, et dont votre pays offensé ne saurait vous priver. Tant que vous aurez à vos ordres de belles paroles et des sourires séduisants, vous ne manquerez pas d'amorces pour entraîner de jeunes fous à leur perte. »

La reine jeta un regard de satisfaction sur une grande glace qui réfléchissait son beau visage.

« Notre hôtesse devient aimable, ma Fleming, » dit-elle. « Nous ne pensions pas que le chagrin et la captivité nous eussent laissée si bien pourvue de cette richesse que les femmes estiment au-dessus de toute autre.

— Votre Grâce va mettre cette mégère hors d'elle, » murmura Fleming à voix basse. « Je vous conjure de vous rappeler qu'elle est déjà cruellement offensée, et que nous sommes en son pouvoir.

— Je ne l'épargnerai pas, Fleming; cela n'est pas dans mon caractère. Elle a répondu à un bon mouvement par l'insulte et les injures, et je veux la mortifier à mon tour. Si elle n'a pas la riposte assez vive, qu'elle ait recours à son poignard.

— La dame de Lochleven, » dit la dame d'honneur à haute voix, « ferait bien de se retirer et de laisser reposer Sa Grâce.

— Oui, » répondit la châtelaine, « ou de laisser Sa Grâce et ses mignonnes chercher entre elles quelle sera la sotte mouche qui pourrait maintenant tomber dans leurs pièges. Mon fils aîné est veuf : ne serait-il pas plus digne des espérances flatteuses par lesquelles vous avez séduit son frère ?... Il est vrai qu'on a déjà usé trois fois du mariage; mais l'Église de Rome en fait un sacrement, et ses fidèles pensent peut-être qu'on n'y saurait participer trop souvent.

— En revanche, » répliqua Marie, qui rougissait d'indignation, « comme les sectateurs de l'Église de Genève considèrent que le mariage n'est pas un sacrement, on dit qu'ils se dispensent parfois de la cérémonie. »

Puis, comme si elle eût craint les suites de cette allusion aux erreurs de la vie première de la dame de Lochleven, la reine ajouta : « Venez, ma Fleming; nous lui faisons trop d'honneur en prolongeant cette altercation. Si elle veut nous déranger encore cette nuit, il faudra qu'elle fasse forcer la porte. »

A ces mots, elle se retira, suivie de ses deux femmes.

La dame de Lochleven, stupéfaite par ce dernier sarcasme, et persuadée qu'elle n'était pas la seule à sentir combien il était mérité, restait pétrifiée à la place où elle avait reçu ce sanglant affront. Dryfesdale et Randal cherchèrent à la distraire par leurs questions.

— Quels sont les ordres de Votre Seigneurie pour la sûreté du château ? » demanda Randal. « Ne faut-il pas doubler les sentinelles, et en placer une près des barques et une au jardin ?

— Voulez-vous qu'on envoie des dépêches à Édimbourg, » demanda le majordome, « pour instruire sire Ashton de ce qui s'est passé ? et ne faudrait-il pas donner l'alarme à Kinross, de crainte qu'il n'y ait par là une troupe ennemie ?

— Faites ce qu'il vous plaira, » répondit la dame en se remettant de son trouble. « Tu es un vieux soldat, Dryfesdale; prends toutes les précautions nécessaires... Juste ciel, être insultée si ouvertement !

— Serait-il dans votre bon plaisir, » dit Dryfesdale en hésitant, « que cette personne... cette dame... fût traitée avec plus de rigueur?

— Non, vassal! » dit-elle avec indignation. « Ma vengeance ne s'abaisse pas à des moyens si vils. Il me faut une réparation plus digne, ou la tombe de mes ancêtres couvrira ma honte.

— Et vous l'aurez, Madame, » reprit Dryfesdale; « avant que deux soleils aient passé sur votre injure, vous pourrez vous dire amplement vengée. »

La châtelaine ne fit pas de réponse ; peut-être ne l'entendit-elle pas, parce qu'elle sortait de l'appartement. Par ordre du majordome, tous les serviteurs se retirèrent, les uns pour faire la garde, les autres pour se reposer. Quant à lui, il aborda Roland avec un air de cordialité qui ne convenait guère à sa physionomie sévère.

« Jeune homme, » lui dit-il, « je t'ai fait du tort, et c'est ta faute, car ta conduite m'a paru aussi légère que la plume de ton chapeau ; et certes, ton habit fantasque et ta gaieté folle pouvaient servir d'excuse à un jugement défavorable. Mais j'ai vu, cette nuit, par ma croisée, tandis que je regardais comment tu t'étais arrangé dans le jardin, j'ai vu, dis-je, les efforts sincères que tu as faits pour retenir le compagnon du perfide qui s'est rendu indigne du nom de son père, et qui doit être retranché de l'arbre de sa maison comme une branche pourrie. J'allais venir à ton secours quand le pistolet a parti ; et le veilleur, un drôle que je soupçonne d'avoir été gagné tout exprès, s'est vu contraint de donner l'alarme, ce qu'il était de son devoir de faire plus tôt. Aussi, pour expier mon injustice envers toi, je suis prêt à te rendre un service, si tu veux l'accepter de moi.

— D'abord, » dit le page, « puis-je savoir de quoi il s'agit?

— Simplement de porter la nouvelle de cette découverte à Holy-Rood, ce qui peut te mettre en faveur aussi bien auprès du comte de Morton et du régent lui-même, que de sire Guillaume Douglas, attendu que tu as vu l'affaire d'un bout à l'autre, et que tu as rempli fidèlement ton devoir. Ta fortune sera dans tes mains, et j'espère que tu renonceras à tes folles vanités, et que tu marcheras en ce monde en homme qui songe à l'autre.

— Monsieur le majordome, je vous remercie de vos offices ; il m'est impossible de remplir cette commission. Je n'alléguerai pas qu'étant serviteur de la reine, je ne puis rien faire contre elle, mais il me semble, cette considération à part, que ce serait prendre une mauvaise route pour arriver à la faveur du baron de Douglas que d'être le premier à lui annoncer la faute de son fils. Le régent lui-même ne serait pas très satisfait d'apprendre la trahison de son vassal, non plus que Morton d'être instruit de la perfidie de son neveu.

— Hum ! » fit l'écuyer : exclamation inarticulée, qui exprimait en lui une surprise désagréable. « Alors, agissez comme il vous plaira ; car, avec les manières d'un franc étourneau, vous savez mener votre barque.

— Je vais vous faire voir que ma politique tient moins de l'égoïsme que vous ne le pensez ; à mon sens, gaieté et franchise valent mieux qu'artifice et gravité, et même, au bout du compte, finissent-elles par l'emporter. Tenez, Monsieur le majordome, vous ne m'aimez guère, et à présent moins que jamais. La confiance que vous me témoignez est un piège, et je suis décidé à ne pas accepter de belles phrases pour de bon argent. Reprenez votre ancienne marche : soupçonnez-moi, surveillez-moi à votre aise, je vous mets au défi. Vous avez rencontré à qui parler.

— De par le ciel ! jeune homme, » s'écria le vieux serviteur avec un mauvais regard ; « si tu oses tenter quelque trahison contre la maison de Lochleven, ta tête noircira au soleil sur la tour du Guet!

— Celui qui refuse la confiance ne médite pas de trahison, et, quant à ma tête, elle tient aussi solidement sur mes épaules que sur aucune tour bâtie de main d'ouvrier.

— Adieu donc, perroquet babillard ! Tu es glorieux de ton caquet et de ton plumage bigarré ; mais gare au trébuchet et à la glu !

— Adieu, vieux corbeau enroué ! ton vol pesant, ta livrée noire et ta voix rauque ne sont pas des charmes qui puissent te défendre contre la flèche d'une arbalète ou le plomb d'une arquebuse. Guerre ouverte entre nous ! chacun pour sa maîtresse, et Dieu protégera le bon droit.

— *Amen,* et il défendra son peuple. La châtelaine sera instruite de ta complicité avec cette engeance de traîtres. Bonsoir, Monsieur l'étourdi.

— Bonsoir, Seigneur l'acariâtre. »

Le vieillard sortit, et le page ne songea plus qu'à goûter un peu de repos.

CHAPITRE XXXI.

> Empoisonné... mauvais augure! mort abandonné, rejeté.
>
> SHAKESPEARE, le Roi Jean.

UELQUE dégoûté que fût Roland du château de Lochleven, quelque regret qu'il éprouvât d'avoir vu échouer les projets de Marie, jamais il ne s'était réveillé avec des pensées plus agréables que le matin qui suivit l'échec de l'entreprise de Douglas.

D'abord, il savait, à n'en pas douter, combien il s'était mépris aux allusions de l'abbé, et que l'amour de Douglas n'avait pas Catherine pour objet, mais bien la reine. Ensuite, par cette espèce d'explication qu'il avait eue avec le majordome, il se trouvait libre, sans manquer à l'honneur envers la famille de Lochleven, de contribuer de son mieux à toute tentative de délivrer la reine ; et indépendamment de la bonne volonté qu'il apportait de lui-même dans cette entreprise, c'était le moyen le plus sûr d'arriver à la faveur de Catherine Seyton. Il n'attendait que l'occasion de lui apprendre qu'il s'était dévoué à cette tâche, et la fortune complaisante lui en fournit une des plus favorables.

A l'heure ordinaire, Dryfesdale annonça gravement le déjeuner ; et

dès qu'il l'eut fait servir dans le salon, il ajouta d'un ton narquois :
« Je vous laisse, mon jeune Monsieur, vaquer à l'office d'écuyer servant. Assez longtemps il a été rempli par un Douglas.

— Eût-il été, » répliqua le page, « le phénix et le parangon de sa famille, c'était un honneur pour lui. »

Le majordome partit, sans répondre à cette bravade autrement que par le dédain.

Roland, enchanté de ce surcroît de fonctions, s'étudia à imiter de son mieux les façons courtoises et gracieuses dont Douglas avait le secret pour présider aux repas de la reine d'Écosse. Il y mettait plus qu'une vanité d'adolescent ; c'était le dévouement généreux d'un brave soldat qui prend la place d'un camarade tombé sur le champ de bataille. « Me voici, » disait-il, « leur unique champion à présent ; quoi qu'il advienne de bien ou de mal, je serai, autant qu'il dépendra de mon adresse et de mon pouvoir, aussi fidèle, aussi digne de confiance qu'aucun des Douglas aurait pu l'être. »

Au même instant, Catherine parut seule, contre sa coutume, et chose non moins extraordinaire, elle entra tenant son mouchoir sur ses yeux. Roland s'approcha d'elle, le cœur palpitant et les yeux baissés, et lui demanda, d'une voix basse et tremblante, si la reine se portait bien.

« Quelle question ! » répondit-elle. » Lui croyez-vous un corps de fer et une âme de bronze pour résister au cruel contre-temps d'hier au soir, et aux infamies de cette vieille puritaine ? Plût au ciel que je fusse un homme, pour l'aider plus efficacement !

— Si celles qui portent pistolets, houssines et poignards, ne sont pas des hommes, elles sont pour le moins des amazones, et l'une vaut bien l'autre.

— Le moment est bien choisi, Monsieur, pour faire assaut d'esprit ; je ne suis en humeur ni de le goûter, ni de vous répondre.

— Eh bien donc, écoutez-moi vous parler sérieusement. D'abord, souffrez que je vous le dise, le coup de main d'hier aurait pris meilleure tournure, si vous m'aviez mis dans la confidence.

— Eh ! c'était bien notre intention ; mais qui pouvait se douter de la fantaisie de Mons le page ? Aller bayer à la lune, en chevalier errant, au lieu d'être à son poste, où Douglas lui aurait communiqué notre projet.

— Et pourquoi différer si longtemps une confidence de cette gravité ?

— Vos relations avec Henderson, et... pardonnez-moi... l'impétuosité naturelle et l'inconstance de votre caractère, nous faisaient craindre de rien découvrir avant le dernier moment.

— Alors pourquoi au dernier moment ? » dit le page offensé de la franchise de cet aveu ; « pourquoi à ce moment-là ou à tout autre, puisque j'avais eu le malheur d'inspirer tant de soupçons ?

— Bon ! vous voilà encore fâché, » reprit Catherine. « Pour vous rendre la même monnaie, je devrais m'arrêter là ; mais je suis bonne personne, et je vais vous répondre. Sachez que nous avions double raison de tout vous apprendre : la première est que nous ne pouvions pas faire autrement, puisque vous occupiez la chambre qu'il fallait traverser ; la seconde...

— Oh ! je n'en ai que faire ; la première suffit. C'était une confiance forcée.

— Mais attendez donc ! La seconde, c'est qu'il y a parmi nous une sotte, qui s'est mis en tête que Roland Græme avait le cœur bon, mais la cervelle à l'envers, le sang pur, mais trop brouillant... et que sa foi et son honneur étaient invariables comme l'étoile polaire, quoique sa langue manquât par moments de discrétion. »

Catherine laissa échapper cet aveu à voix basse, et sans oser regarder le jeune homme.

« Et cette amie, » s'écria celui-ci, ravi au septième ciel, « la seule qui ait rendu justice au pauvre Roland Græme, et dont l'âme généreuse a su distinguer les folies de l'imagination des fautes du cœur, qui est-elle ? ne consentirez-vous pas à me dire, adorable Catherine, à qui je dois une éternelle reconnaissance ?

— Non, » dit Catherine, les yeux toujours baissés ; « cherchez dans votre cœur.

— Catherine ! » soupira-t-il en lui prenant la main, et le genou plié devant elle. « Ma chère aimée !

— Oui, cherchez bien dans votre cœur, » reprit-elle en retirant sa main, « et vous serez un ingrat si la bonté maternelle de dame Fleming...

— Assez! » dit-il en se relevant d'un bond. « Votre langue est aussi habile à se déguiser que votre personne. Mais vous raillez, cruelle fille; dame Fleming se soucie autant d'un homme que la dolente princesse figurée sur cette vieille tapisserie de cour.

— C'est possible, mais vous ne devriez pas parler si haut.

— Bah! » répondit le page, mais en baissant la voix aussitôt, « elle ne pense qu'à elle et à la reine. Vous le savez d'ailleurs, je n'attache aucun prix à la bonne opinion de personne, si ce n'est à la vôtre; non vraiment, pas même à celle de la reine!

— Fi! » répliqua-t-elle avec un grand calme, « c'est honteux.

— Pourquoi refroidir mes sentiments, quand je suis prêt à me vouer, corps et âme, à la cause de notre maîtresse?

— Parce qu'en agissant ainsi, vous ravalez une noble cause en y mêlant quelque chose d'étrange et de personnel. Croyez-moi, » ajouta-t-elle, les yeux étincelants et les joues enflammées, « c'est avoir une opinion indigne et fausse des femmes, de celles du moins qui méritent ce nom, quand on les juge uniquement esclaves de la vanité, et bien plus désireuses d'exciter chez leur amant l'admiration et l'amour que le sentiment du courage et de l'honneur. Qui sert sa religion, son prince et son pays, avec ardeur et dévouement, n'a pas besoin de plaider sa cause à l'aide des lieux communs d'une passion romanesque. La femme qu'il honore de son affection devient sa débitrice, et il est de son devoir de reconnaître ses glorieux travaux en le payant de retour.

— Quelle que soit la peine, » dit Roland avec enthousiasme, « la récompense est inappréciable.

— Rien qu'un cœur qui sait ce que vaut la peine. Quoi! arracher à cette prison une princesse outragée, la ramener au milieu des nobles guerriers qui brûlent de la revoir, ne serait-ce pas le fait d'un héros? et quelle est la fille d'Écosse qui ne se croirait pas honorée de son amour, fût-elle issue du sang royal, et lui le fils du plus pauvre laboureur qui ait conduit une charrue?

— Je suis décidé à tenter l'aventure. Dites-moi pourtant, belle Catherine, et parlez comme si vous étiez au confessionnal, cette pauvre reine... je sais qu'elle est malheureuse, mais la croyez-vous innocente? On l'accuse de meurtre.

— Dois-je croire l'agneau coupable, parce qu'il est tombé sous la griffe du loup? et le soleil doit-il me paraître souillé parce qu'un brouillard ternit ses rayons? »

Le page soupira et baissa les yeux.

« Hélas! que ma conviction n'est-elle aussi forte que la vôtre!... Enfin il y a une chose certaine, c'est son injuste captivité. Elle s'est rendue sur une capitulation, et les clauses n'en ont pas été observées. Comptez sur moi jusqu'à la mort!

— Vrai, bien vrai? » dit-elle en lui prenant la main à son tour. « Ayez seulement dans l'esprit autant de fermeté que vous avez de hardiesse et de promptitude à l'exécution ; gardez la foi jurée, et les âges futurs vous célèbreront comme le sauveur de l'Écosse.

— Mais quand j'aurai travaillé avec succès pour obtenir Lia, c'est-à-dire l'honneur, vous ne me condamnerez pas, ma Catherine, à un nouveau bail de services pour obtenir Rachel, c'est-à-dire l'amour?

— Nous aurons tout le temps d'en parler ; l'honneur étant le frère aîné, c'est lui qu'il faut gagner d'abord.

— Il se peut que je n'y arrive pas ; cependant j'essaierai de toute mon âme, et ce n'est pas au pouvoir de l'homme de faire plus. Apprenez du reste une chose, ma mie, et en même temps la plus secrète pensée de mon cœur : non seulement l'honneur, non seulement son aimable frère, dont il m'est défendu de parler, mais la loi sévère du devoir m'ordonne de travailler à la délivrance de la reine.

— En vérité! vous aviez naguère des doutes à ce sujet.

— Oui, mais sa vie n'était pas encore menacée.

— La croyez-vous donc plus en danger maintenant?

— Ne vous alarmez pas! Vous avez vu la manière dont se sont séparées votre royale maîtresse et la dame de Lochleven.

— Je ne l'ai vu que trop. Elle est incapable, hélas! de maîtriser son ressentiment et de ne point courir au-devant d'une bataille.

— Dans celle-là, il s'est passé des choses qu'une femme ne pardonne jamais à une femme. J'ai vu la vieille dame pâlir et rougir tour à tour, quand, en présence de tous ses serviteurs, et armée de toute sa puissance, la reine l'a humiliée jusqu'à terre en lui reprochant sa honte ; et j'ai entendu le serment de rage et de vengeance qu'elle a murmuré à l'oreille d'un homme qui, à en juger par sa réponse, ne sera que trop disposé à la servir.

— Vous me glacez d'effroi !

— Ne vous laissez pas abattre ; appelez à votre secours l'énergie de votre âme. Nous traverserons, nous détruirons ses projets, quelque dangereux qu'ils soient. Pourquoi me regarder ainsi en pleurant ?

— Hélas ! vous qui êtes là plein de force et de vie, enthousiaste,

aventureux, dans toute l'ardeur généreuse de la jeunesse et l'insouciante gaieté de l'enfance, si aujourd'hui, demain peut-être, vous n'étiez plus qu'un corps percé de coups, inanimé, gisant sur le sol de ces horribles cachots, Catherine Seyton aurait seule causé votre mort, et arrêté le cours d'une si noble carrière !... Ah ! celle que vous avez choisie pour tresser votre laurier aura peut-être la douleur de préparer votre linceul.

— Même à ce prix, Catherine, » s'écria-t-il au comble de l'exaltation, « je ne reculerai pas. Si tu mouilles mon linceul de ces belles larmes que t'en arrache la seule pensée, il fera plus d'honneur au mort qu'un manteau de roi n'en ferait au vivant. Loin de toi cette défaillance ! Les circonstances exigent de la fermeté. Sois une vraie femme, ou plutôt sois homme, Catherine; c'est une métamorphose qui te coûtera peu. »

Catherine sécha ses larmes et essaya de sourire.

« Oui, je sais ce qui vous tourmente, » dit-elle ; « ne m'interrogez pas... Avec le temps vous apprendrez, et même aujourd'hui... Silence! voici la reine. »

Marie sortit de son appartement plus pâle qu'à l'ordinaire, et paraissant épuisée par l'insomnie et les pensées pénibles qui pour elle avaient remplacé le repos. Cependant la langueur de ses regards, loin de nuire à sa beauté, n'avait fait que substituer la frêle délicatesse d'une femme charmante à la grâce majestueuse d'une reine. Contre son habitude, sa toilette avait été faite à la hâte, et ses cheveux, toujours artistement arrangés par dame Fleming, s'échappaient de dessous sa coiffe en longues boucles frisées sur la gorge entr'ouverte.

Dès qu'elle mit le pied sur le seuil de la porte, Catherine courut à sa rencontre, fléchit un genou, lui baisa la main, et, debout presque aussitôt, se montra jalouse de partager avec la vieille dame l'honneur de la soutenir. De son côté, le page avança le fauteuil royal, disposa le coussin et le marche-pied pour la recevoir, recula d'un pas, et se tint prêt à servir à la place qu'occupait habituellement le jeune sénéchal. Marie ne pouvait manquer de remarquer le changement de personnage. Elle n'était pas femme à refuser au moins sa compassion à un brave jeune homme qui avait souffert pour elle, quoiqu'il eût été guidé dans son entreprise par une passion trop présomptueuse ; et l'exclamation « Pauvre Douglas! » lui échappa, peut-être à son insu, et se renversant en arrière, elle porta son mouchoir à ses yeux.

« Oui, Madame, » dit Catherine en affectant un ton enjoué pour essayer de distraire sa souveraine, « nous avons perdu notre vaillant chevalier ; le sort ne lui a pas permis de nous délivrer... Mais il a laissé derrière lui un jeune écuyer non moins dévoué au service de Votre Grâce, et qui, par ma voix, vous offre son bras et son épée.

— S'ils peuvent, » ajouta Roland avec un profond salut, « lui être de quelque utilité.

— Hélas! » dit la reine, « à quoi bon, ma fille? Pourquoi choisir de nouvelles victimes pour les accabler du poids de mes malheurs? Ne vaut-il pas mieux cesser de lutter, et s'abandonner désormais au torrent plutôt que d'entraîner ainsi dans notre ruine les âmes généreuses qui veulent tenter un effort en notre faveur? Je n'ai été que trop entourée de complots et d'intrigues depuis le jour où je restai orpheline au berceau, tandis que les nobles combattaient à qui gouvernerait au nom d'un pauvre être innocent. Certes il est temps de mettre un terme à une si longue suite de périlleuses vicissitudes. J'appellerai ma prison un couvent, et ma captivité une séparation volontaire entre moi et les vanités du monde.

— Ne parlez pas ainsi, Madame, devant vos fidèles serviteurs, » répondit Catherine, « au risque de refroidir leur zèle et de briser leurs cœurs. Fille des rois, ne démentez pas votre origine. Allons, Roland, nous, ses plus jeunes suivants, montrons-nous dignes de servir sa cause. Prosternons-nous à ses pieds, et supplions-la de redevenir elle-même. »

Elle conduisit Roland au siège de la reine, et tous deux s'agenouillèrent devant elle. Marie se redressa sur son fauteuil, la tête haute, et tendit sa main à baiser au page, tandis que de l'autre elle caressait les boucles touffues de la vaillante fille.

« Ah! mignonne, » dit-elle, « faut-il que vous unissiez ainsi sans espoir à mon funeste sort le bonheur de vos jeunes ans! Regarde-les, Fleming : quel couple charmant! et n'est-il pas cruel de penser que je dois faire leur malheur?

— Non, » s'écria Roland, « c'est de nous, gracieuse souveraine, que vous aurez la liberté.

— *Ex ore parvulorum!* » reprit la reine en levant les yeux au ciel. « Si par la bouche de ces enfants, mon Dieu, tu m'appelles à reprendre les pensées qui conviennent à ma naissance et à mes droits, daigne leur accorder ta protection, et à moi les moyens de récompenser leur zèle. »

Puis, se retournant vers Fleming, elle ajouta :

« Tu sais, mon amie, si faire des heureux autour de moi n'a pas été mon passe-temps favori. Quand les farouches prédicateurs de Calvin m'accablaient de reproches, quand ma noblesse altière abandonna ma cause, n'est-ce point parce que je me mêlais aux jeux innocents d'une brillante jeunesse? parce que, pour son plaisir plus que pour le mien, je prenais part à ses fêtes et à ses danses? Eh bien, je ne m'en repens pas, quoique Knox ait appelé cela un péché, et Morton un avilissement. J'étais heureuse, parce que le bonheur régnait autour de moi. Malheur à celui qui fait un crime d'une gaieté expansive ! Fleming, si je remonte jamais sur le trône, n'aurons-nous pas un jour heureux, un charmant mariage? Je ne veux pas dire aujourd'hui quels seront les deux époux ; mais l'un recevra la baronnie de Blairgowrie ; c'est un présent royal ; et la guirlande de la fiancée sera enlacée des plus belles perles qu'on ait pêchées dans les profondeurs du lac Lomond. Toi-même, Marie Fleming, la plus habile coiffeuse qui ait jamais paré la tête d'une reine, toi qui dédaignerais de toucher à celle d'une femme d'un rang moins élevé, toi-même, pour l'amour de moi, tu tresseras ces perles dans les nattes de la jeune épouse. Vois, ma Fleming, suppose des boucles abondantes comme celles de notre Catherine, elles ne feraient pas honte à ton talent. »

En parlant de la sorte, elle passait et repassait sa main sur la tête de sa jeune favorite, tandis que la vieille dame lui répondait avec tristesse :

« Hélas ! Madame, où s'égarent vos pensées?

— C'est vrai, ma Fleming, » dit la reine ; « mais est-il humain de votre part de m'en faire apercevoir? Dieu sait si elles m'ont assiégée la nuit dernière. Allons, ne serait-ce que pour vous punir, je veux rappeler une illusion qui me plaît. Oui, à cette riante union, Marie elle-même oubliera le poids de ses peines et les soucis de l'État, et elle ouvrira le bal encore une fois. Quelle est la dernière noce à laquelle nous avons dansé, Fleming ? Le chagrin a troublé ma mémoire. Cependant quelque chose devrait m'en revenir... Ne m'aideras-tu pas? Je sais que tu le peux.

— Hélas ! Madame...

— Quoi ! tu refuses de me remettre sur la voie? C'est s'entêter bien mal à propos dans une gravité qui semble m'accuser de folie ! Mais tu as été élevée à la cour, et tu me comprendras si j'ajoute que la reine ordonne à dame Fleming de lui dire où elle a dansé le dernier branle. »

Pâle comme une morte, et prête à défaillir, la parfaite dame d'honneur, n'osant résister davantage, balbutia :

« Gracieuse souveraine... si ma mémoire ne me trompe pas,... c'était

Marie Stuart, en proie à d'horribles souvenirs, perdait l'usage de la raison.

à une mascarade... dans Holy-Rood... au mariage de Sébastien... »

L'infortunée princesse, qui l'écoutait parler en souriant de son hésitation, l'interrompit à ce nom fatal par un cri si violent que les voûtes du salon en retentirent. Les deux jeunes gens se relevèrent, saisis de terreur, et Marie, en proie à d'horribles souvenirs, ne se possédant plus, perdait jusqu'à l'usage de la raison.

« Traîtresse! » criait-elle. « Tu voudrais assassiner ta souveraine. Appelez ma garde!.. A moi! à moi! mes Français! Je suis assaillie par des traîtres dans mon propre palais... Ils ont tué mon mari!... Au secours! au secours de la reine d'Écosse! »

Elle s'élança de son siège; ses traits, d'une langueur exquise, décomposés par un transport de fureur, ressemblaient à ceux d'une Bellone.

« Nous entrerons nous-même en campagne, » poursuivit-elle. « Qu'on appelle Édimbourg aux armes! et le comté de Lothian et celui de Fife! Qu'on selle notre cheval barbe, et dites au Français Paris de charger notre arquebuse! Mieux vaut tomber à la tête des braves Écossais, comme notre aïeul à Flodden, que de mourir le cœur brisé comme notre infortuné père.

— Calmez-vous, ma reine bien aimée! » dit Catherine. « Revenez à vous. » Et s'adressant à sa vieille compagne, elle ajouta d'un ton colère : « Comment avez-vous pu rien dire qui lui rappelât son mari? »

Le mot frappa les oreilles de la reine, qui se mit à parler avec volubilité :

« Mon mari! Quel mari? Le roi de France? Non, il est malade au lit, il ne peut monter à cheval. Lennox? Non plus. Le duc des Orcades alors? Oui, c'est cela.

— Au nom du ciel, » dit Fleming, « un peu de calme!

— Eh bien, » reprit Marie, dont aucune prière ne pouvait arrêter les divagations, « dis-lui de venir à notre secours, et qu'il amène avec lui ceux qu'il appelle ses agneaux, Bowton, Hay de Talla, Black Ormiston et son parent Hob... Pouah! comme ils sont noirs... et qu'ils sentent le soufre!... Enfermé avec Morton?... Oh! si les Douglas et les Hepburn couvent le complot ensemble, l'oiseau, quand il pourra éclore, épouvantera l'Écosse, n'est-il pas vrai, ma Fleming?

— Elle s'égare de plus en plus, » fit observer cette dernière. « Il y a ici quelqu'un de trop.

— Roland, » dit Catherine, « de grâce, retirez-vous un moment. Vous ne pouvez nous être d'aucun secours. Laissez-nous la soigner seules. Partez! partez! »

Elle le poussa jusqu'à l'antichambre; mais, la porte fermée, il entendit encore la reine parler haut, d'un ton absolu, comme si elle donnait des ordres, jusqu'à ce qu'enfin sa voix éteinte ne proféra plus que des plaintes et des gémissements.

Alors Catherine vint trouver le page.

« Ne soyez pas inquiet, » dit-elle, « la crise est passée; mais tenez la porte close, et que personne n'entre avant qu'elle ait repris ses sens.

— Au nom de Dieu, que signifie tout cela? » demanda-t-il. « Qu'y avait-il dans les paroles de dame Fleming pour exciter un pareil transport?

— Ah! dame Fleming, dame Fleming, » répondit Catherine avec impatience; « dame Fleming est une sotte... Elle aime sa maîtresse; mais elle s'entend si peu à la façon de le lui prouver, que si la reine lui demandait du poison, elle se ferait un point d'honneur de lui obéir. J'aurais eu du plaisir à trépigner sa tête à perruque, et sa coiffe par-dessus. On m'eût arraché l'âme du corps plutôt que le nom de Sébastien de la bouche. Et dire que cette marionnette vivante est une femme, et qu'elle n'a pas l'esprit de forger un mensonge!

— Quelle est donc cette histoire de Sébastien? Vous parlez par énigmes.

— Vous n'avez pas plus de bon sens que Fleming, » reprit l'impatiente fille. « Ne savez-vous pas que la nuit où l'on assassina Henri Darnley, et où l'on fit sauter sa maison, la reine était absente? Elle assistait dans Holy-Rood à une mascarade, donnée par elle en l'honneur de ce Sébastien, un de ses domestiques favoris, qui épousait une fille attachée à son service.

— Par saint Gilles! je ne m'étonne plus de la crise où elle est tombée; mais qu'elle ait pu oublier un tel événement, je ne le conçois pas.

— Ni moi. Il est possible qu'une douleur immense, violente, mêlée d'horreur, trouble parfois la mémoire, et jette sur les circonstances où elle s'est produite un brouillard semblable à la fumée qui suit un coup de canon. Brisons-la. Je suis venue, non pour moraliser avec votre sagesse, mais pour laisser refroidir ma colère. La voilà un peu passée, et je puis revoir la maladroite sans être tentée de chiffonner son escoffion. En attendant, gardez bien la porte. Pour rien au monde, je ne voudrais qu'un de ces hérétiques la surprît dans ce misérable état; ils l'y ont précipitée à force de machinations, et ils ne manqueraient pas, dans leur jargon nasillard, de l'appeler un jugement de la Providence. »

Elle sortait de l'antichambre au moment où l'on soulevait le loquet de la porte extérieure; mais le verrou que Roland avait poussé en dedans résista aux efforts de la personne qui voulait entrer.

« Qui est là? » demanda Græme tout haut.

« C'est moi, » reprit la voix dure et lente de Dryfesdale.

« Vous ne pouvez entrer.

— La raison? Je viens, selon mon devoir, demander ce que signifient les cris qui partent de l'appartement de la Moabite. A présent, vous savez ce qui m'amène. Pourquoi n'entrerais-je pas?

— Simplement, parce que le verrou est poussé et que je n'ai nulle envie de le tirer; j'ai le bon côté de la porte, aujourd'hui, comme vous l'aviez hier au soir.

— Tu as tort, petit malotru, de me parler ainsi; j'instruirai ma maîtresse de ton insolence.

— Si insolence il y a, prends-la à ton compte, pour te punir de ta grossièreté habituelle. Quant à ta maîtresse, j'ai pour elle une réponse plus polie : la reine est malade, et ne veut être dérangée ni par les visites, ni par les messages.

— Je vous conjure, par le saint nom de Dieu, » dit le vieillard d'un ton solennel, « de me dire si la maladie paraît empirer.

— Elle n'a besoin d'aucun secours de toi ni de ta maîtresse; par conséquent, va-t'en, et ne nous trouble pas davantage. »

Après cette réponse positive, le majordome descendit en murmurant et fort peu satisfait.

CHAPITRE XXXII.

> Le malheur des rois est d'être entourés d'esclaves qui prennent leur mauvaise humeur pour un ordre de percer le cœur d'un ennemi.
>
> SHAKESPEARE, *le Roi Jean*.

EULE et assise dans sa chambre, la dame de Lochleven cherchait, avec un zèle sincère, mais infructueux, à fixer ses yeux et son attention sur une Bible gothique ouverte devant elle, reliée en velours, brodée, et ornée d'agrafes et de coins d'argent massif. Malgré tous ses efforts, elle ne parvenait pas à chasser l'amer souvenir de ce qui s'était passé la veille entre elle et la reine, et de ses sanglantes allusions à une faute qu'elle se reprochait depuis si longtemps.

« Pourquoi, » se disait-elle, « être si cruellement blessée de ce qu'un autre me reproche ce dont je n'ai jamais cessé de rougir moi-même ? Comment cette femme, qui recueille, ou du moins qui a recueilli les fruits de ma faute, et a écarté mon fils du trône ; comment ose-t-elle, à la face de tous mes domestiques et des siens, me reprocher ma honte ? N'est-elle pas en mon pouvoir ? ne me craint-elle pas ? Ah ! vil tentateur, je lutterai contre toi, et je me servirai d'armes supérieures à celles que peut me fournir mon pauvre cœur tout rempli d'iniquités. »

Elle reprit le volume et cherchait à fixer son attention sur les pages sacrées, quand on frappa à la porte de la salle. On ouvrit à son ordre, et Dryfesdale entra et se tint devant elle, le front couvert d'une expression sombre et inquiète.

« Qu'est-il arrivé, Dryfesdale? » interrogea-t-elle. « Qu'as-tu à me regarder ainsi? As-tu reçu quelque mauvaise nouvelle de mon fils ou de mes petits-fils?

— Non, Madame, » répondit le majordome ; « mais vous avez été cruellement insultée la nuit dernière, et je crains que vous ne soyez aussi cruellement vengée ce matin... Où est le chapelain?

— Que signifie cette façon de parler, et pourquoi cette question? Le chapelain, ainsi que vous le savez, est allé à Perth pour assister à une pieuse assemblée.

— Peu m'importe, au fond, ce n'est qu'un prêtre de Baal.

— Dryfesdale, » dit la dame d'un ton sévère, « j'ai ouï dire que dans les Pays-Bas tu as suivi les prédicateurs anabaptistes, ces sangliers qui arrachent la vigne du Seigneur ; mais la religion que je professe, ainsi que ma famille, doit suffire à mes serviteurs.

— J'aurais pourtant besoin des avis d'un homme de Dieu, » reprit le vieillard sans écouter la réprimande de sa maîtresse et semblant se parler à lui-même ; « cette femme de Moab...

— Parlez d'elle avec respect, elle est fille de roi.

— Qu'importe! Elle va quelque part où il y aura peu de différence entre elle et la fille d'un mendiant... Marie d'Écosse est mourante.

— Mourante! chez moi! » s'écria écria la châtelaine, en se levant saisie d'effroi. « Quelle maladie? quel accident.

— Patience! la chose est de mon fait.

— Traître! scélérat! tu as osé...

— On vous a insultée, Madame ; vous avez demandé vengeance ; je vous l'ai promise, et je vous en apporte des nouvelles.

— Dryfesdale, j'espère que tu rêves.

— Je ne rêve pas ; ce qui a été écrit de moi un million d'années avant ma naissance devait s'accomplir. Elle porte dans ses veines de quoi, j'en ai peur, tarir bientôt les sources de la vie.

— Monstre abominable! tu ne l'as point empoisonnée?

— Et quand cela serait, il n'y aurait pas grand mérite. On empoisonne bien la vermine ; pourquoi n'agirait-on pas de même avec ses ennemis? En Italie, cela se fait moyennant un écu d'or.

— Lâche brigand ! retire-toi de ma vue.

— Rendez plus de justice à mon zèle, Madame, et ne jugez pas sans regarder autour de vous. Lindsay, Ruthven et votre parent Morton tuèrent Rizzio à coups d'épée : voyez-vous du sang sur leurs riches habits? Le baron Semple a poignardé le baron de Sanquhar ; sa toque a-t-elle moins bonne grâce sur son front? Quel est le noble en Écosse qui, par politique ou par vengeance, n'a pas trempé dans de semblables affaires ; et lui en fait-on un reproche? Ne vous laissez pas abuser sur les mots. Le poison ou le poignard visent le même but, sans différer beaucoup : l'un est contenu dans une fiole de verre, l'autre dans une gaîne de cuir ; l'un agit sur le cerveau, l'autre épanche le sang. Cependant, je ne dis pas que j'aie rien donné à cette dame.

— Où tend ce verbiage? Aurais-tu l'audace de te jouer de moi? si tu veux sauver ton cou de la corde qu'il mérite, déclare-moi toute la vérité. Il y a longtemps que tu passes pour un homme dangereux.

— Oui, au service de mon maître, je puis être aussi froid et tranchant que mon sabre. Voici ce qu'il en est. La dernière fois que j'allai au bourg, je consultai une vieille femme habile et d'un grand pouvoir ; on l'appelle Nicneven, et tout le pays en parle depuis quelque temps. Des sots lui demandaient des charmes pour se faire aimer ; des avares, les moyens d'accroître leur trésor ; ceux-ci désiraient connaître l'avenir, souhait inutile, puisqu'il est impossible d'y rien changer ; ceux-là voulaient l'explication du passé, encore plus inutile, puisqu'on ne peut y revenir. Autant de requêtes qui me firent hausser le dos! Pour moi, je lui demandai de quoi me venger d'un ennemi mortel, parce qu'avec l'âge mon coup a moins de sûreté. Elle me remit un petit paquet, en ajoutant : « Mêlez ça dans un breuvage quelconque, et la vengeance sera complète. »

— Coquin! et tu l'as mêlé aux aliments de la princesse, au risque de déshonorer la maison de ton maître.

— Pour racheter, au contraire, son honneur outragé. J'ai donc

la poudre dans la carafe d'eau de chicorée; elles en boivent
s, et surtout la Moabite.

C'est une œuvre d'enfer, d'un côté et de l'autre! Va-t'en, mi-
le, et allons voir si les secours viendraient encore assez tôt.

On ne vous laissera pas entrer, Madame : je suis allé deux fois
porte, sans réussir à me la faire ouvrir.

On l'enfoncera, s'il le faut. Que Randal vienne sur-le-champ. »
rsque le serviteur se présenta :

Il est arrivé un malheur affreux, » lui dit sa maîtresse. « Dé-
e vite une barque à Kinross. On dit que le bailli, Luc Lundin,
talent. Amène-le ainsi que la Nicneven ; quand l'infâme sorcière
défait son ouvrage, on la brûlera toute vive dans l'île de Saint-
Surtout hâte-toi! Que tes hommes fassent force de rames,
veulent que la main des Douglas s'ouvre pour les récompenser.

Hum! » fit le majordome, « la mère Nicneven est difficile à
cher, et on ne l'amènera pas à de pareilles conditions.

Alors accorde-lui un sauf-conduit avec toutes les garanties
lle voudra... et toi, Dryfesdale, veille à l'exécution de mes ordres ;
e me répond de la guérison de cette dame.

J'aurais dû m'en douter, » répliqua l'intraitable majordome;
qui me console, c'est que j'ai travaillé à ma vengeance aussi
qu'à la vôtre : elle s'est moquée de moi, elle excitait son petit
lent de page à tourner en ridicule mon accent et ma démarche.
ais entre les mains de la destinée un instrument de vengeance.

Rends-toi à la tour de l'Ouest, et n'en sors pas avant que j'aie
a fin de tout ceci. Je connais ta résolution : promets-moi de ne
t t'échapper.

Pas même quand les murs seraient des coquilles d'œuf et le lac
vert de glace. Que fait l'homme de lui-même? Rien, c'est ma
ance absolue. Il ressemble à ces bulles d'air qui montent à la
ace des vagues, s'arrondissent et crèvent, non par leur propre effort,
s par une impulsion irrésistible, celle du destin. Néanmoins, dame,
m'est permis de hasarder un conseil, n'oubliez pas, dans cet empres-
ent à sauver la Jézabel d'Écosse, ce qui est dû à l'honneur de votre
ison, et tenez l'affaire secrète autant que possible. »

Là-dessus, le sombre fataliste se détourna et se rendit, avec le plus grand calme, à la prison qui lui était assignée. La châtelaine se conforma pourtant au dernier avis : elle exprima seulement ses craintes que la prisonnière n'eût pris quelque nourriture malsaine et ne fût dangereusement malade.

Le château fut aussitôt en émoi.

Pendant l'absence de Randal, elle était montée chez la reine et parlementait à la porte, suppliant en vain le page de lui ouvrir.

« Sot que tu es ! » dit-elle. « Il y va de la vie de ta maîtresse, et de la tienne. Ouvre, te dis-je, ou je fais enfoncer la porte.

— Je ne puis ouvrir sans l'ordre de la reine, » répondit Roland ; « elle a été très mal, et maintenant elle repose. Si vous l'éveillez par votre violence, que les suites retombent sur vous et sur vos serviteurs !

— Jamais femme se vit-elle dans une plus cruelle position ? Au moins, entêté d'enfant, qu'on se garde de toucher aux aliments, mais surtout à l'eau de chicorée. »

Elle monta ensuite à la tour, où elle trouva Dryfesdale tranquillement occupé à lire la Bible.

« L'effet de ton horrible potion, » lui demanda-t-elle, « devait-il être rapide ?

— Lent au contraire, » répondit le vieillard. « La sorcière m'a demandé ce que je voulais. « Une vengeance lente et sûre, » ai-je dit. « La vengeance étant le breuvage le plus délicieux qu'un mortel puisse goûter ici-bas, il doit le savourer à petits coups au lieu de l'avaler d'un trait.

— Et contre qui, malheureux, nourrissais-tu cette affreuse vengeance ?

— J'avais plusieurs choses dans l'idée, d'abord de punir ce page insolent.

— Ce jeune garçon !... barbare ! Qu'avait-il fait pour mériter ta haine.

— Il s'élevait dans votre faveur, et vous le chargiez de vos commissions... et d'un ! Il gagnait les bonnes grâces de Georges Douglas... et de deux ! Il était le favori du calviniste Henderson, qui me haïssait parce que je désavoue l'esprit de prêtrise. Il était cher à la femme de Moab... Les vents soufflaient pour lui des points les plus opposés, et l'on mettait au rancart un ancien serviteur... Du reste, dès la première fois que je l'ai vu, sa mort était décidée.

— Quel monstre ai-je gardé sous mon toit? Que Dieu me pardonne le péché de t'avoir nourri et vêtu!

— Vous n'aviez pas le choix, Madame. Longtemps avant que

ce château fût bâti... oui, et bien avant que cette île eût émergé des eaux, nous étions prédestinés, moi à être votre fidèle esclave, et vous mon ingrate maîtresse. Ne vous rappelez-vous pas qu'un jour, — c'était du temps de la mère de cette femme, — je me jetai au milieu des Français victorieux, et leur enlevai votre mari prisonnier, quand ceux qui avaient sucé le lait des mêmes mamelles n'osaient rien faire pour le délivrer? Une autre fois, l'esquif de votre petit-fils ne pouvant plus résister à la tempête, je me jetai à la nage et parvins à le conduire sain et sauf au rivage. Le serviteur d'un baron écossais ne ménage ni sa vie ni celle d'autrui, pour sauver son maître... Quant à la femme de Moab, j'aurais essayé beaucoup plus tôt la potion sur elle, si maître Georges n'eût pas dû y goûter. Sa mort... ne serait-ce pas la meilleure nouvelle qu'on pût apprendre à l'Écosse? n'est-elle pas de la race sanguinaire des Guises, dont l'épée a été si souvent rougie du sang de nos saints? N'est-elle pas la fille de Jacques, ce maudit tyran que le ciel a précipité du trône, et dont il a puni l'orgueil comme celui du roi de Babylone?

— Paix, scélérat! » dit-elle, l'esprit assailli de mille souvenirs au seul nom de son royal amant. « Paix! ne trouble pas la cendre d'un mort... d'un mort royal et infortuné. Lis ta Bible, et que Dieu t'accorde la grâce de mieux profiter de ses enseignements que tu ne l'as encore fait. »

Elle sortit précipitamment, et à peine hors de vue, les larmes lui montèrent aux yeux en telle abondance qu'elle fut contrainte de s'arrêter et de prendre son mouchoir pour les sécher.

« Je ne m'attendais pas à ceci, » dit-elle, « pas plus qu'à tirer de l'eau d'une pierre, ou de la sève d'un arbre mort. J'ai vu d'un œil sec l'apostasie et la honte de Georges Douglas, l'espoir de la maison de mon fils, l'enfant de ma tendresse ; et voilà que je pleure celui qui repose depuis si longtemps dans la tombe... celui à qui je dois les insultes de sa fille! Mais elle est sa fille... Mon cœur, endurci contre Marie par tant de causes, s'attendrit lorsqu'un regard d'elle me rappelle son père... Néanmoins sa ressemblance avec son odieuse mère; une véritable Guise, suffit à raffermir ma haine. Mais qu'elle périsse sous mon toit, il ne le faut pas. Retournons à son appartement... Et ce scélérat endurci, dont j'estimais tant la fidélité, et qui m'en avait donné tant de preuves, par quel miracle une méchanceté si noire s'unit-elle à un pareil dévouement ? »

La dame de Lochleven ne savait pas jusqu'où les esprits d'une trempe sombre et déterminée peuvent se laisser entraîner par un vif ressentiment des petites injures, quand il est attisé par l'égoïsme, la cupidité, un fanatisme aveugle que le malheureux avait puisé chez les sectaires insensés de l'Allemagne. Elle ignorait surtout combien la doctrine du fatalisme, qu'il avait embrassée si absolument, étouffe la conscience humaine en nous représentant nos actions comme le résultat d'une nécessité inéluctable.

Sur ces entrefaites, Roland avait communiqué à Catherine la conversation qu'il avait eue à la porte de l'appartement. La prompte intelligence de la jeune fille lui fit aussitôt comprendre ce qui avait dû se passer; mais ses préventions l'emportèrent alors au delà de la vérité.

« Ils voulaient nous empoisonner! » s'écria-t-elle avec horreur ; « et voilà le fatal breuvage qui devait accomplir l'œuvre! Oui, Douglas cessant de goûter nos aliments, on devait les préparer en conséquence. Et vous, Roland! qui en auriez fait l'essai, vous étiez condamné à mourir avec nous. Chère dame Fleming, pardon, pardon, pour les injures que je vous ai dites dans un accès de colère! Votre maladresse était une inspiration du ciel pour nous sauver la vie, et surtout celle de la reine. Qu'allons-nous faire? Ce vieux crocodile du lac va venir tout à l'heure verser ses larmes hypocrites sur notre agonie! Dame Fleming, conseillez-nous.

— Que la Vierge nous assiste! » répondit la dame d'honneur. « Je ne sais que vous dire, à moins d'adresser une plainte au régent?

— Adresser notre plainte au diable! et accuser sa mère au pied de son trône de feu!... Pendant que la reine dort, gagnons du temps. Il ne faut pas que cette empoisonneuse sache que son plan a échoué ; la venimeuse araignée n'a que trop de moyens de raccommoder sa toile déchirée. Roland, aidez-moi et déployez vos talents masculins. D'abord la carafe d'eau de chicorée ; videz-en le contenu dans la cheminée ou par la fenêtre; entamez les plats, dérangez les assiettes comme si nous avions fait notre repas ordinaire ; mais, pour Dieu, ne touchez à rien. Je vais m'asseoir au chevet de la reine, et lui dire, dès qu'elle s'éveillera, à quel danger nous avons échappé. Son esprit prompt et actif nous apprendra ce qu'il convient de faire. Jusque-là, Roland, souvenez-vous que la reine est plongée dans un lourd sommeil ; que dame Fleming est indisposée, — ce rôle, » dit-elle en baissant la voix, « épargnera tout travail à son esprit ; — et que moi, je le suis aussi, mais moins, vous entendez.

— Et moi? » dit le jeune page.

« Vous? vous vous portez à merveille. Est-ce bien la peine d'empoisonner un page! Pas plus qu'un roquet.

— C'est une comédie malséante, il me semble.

— Non, non ; si la reine m'approuve, je vois clairement que cette tentative manquée peut tourner à notre avantage. »

Elle se mit à l'ouvrage aussitôt, aidée de Roland ; la table du déjeuner parut bientôt comme si les dames avaient pris leur repas ordinaire, et elles se retirèrent le plus doucement possible dans la chambre à coucher de la reine.

A un nouvel appel de la châtelaine, le page ouvrit la porte et la laissa entrer dans l'appartement, demandant pardon de lui avoir résisté, et donnant pour excuse que la reine était tombée dans un profond sommeil depuis son déjeuner.

« Quoi ! » dit la dame. « Elle a bu et mangé ?

— Sans doute, » répondit le page, « selon l'habitude de Sa Grâce, hors les jours de jeûne commandés par l'Église.

— Et la carafe... est vide. Dame Marie a-t-elle tout bu ?

— Une grande partie, Madame, et j'ai entendu Catherine Seyton reprocher en riant à dame Fleming de ne lui avoir pas laissé sa ration.

— Comment se trouvent-elles toutes deux ?

— Dame Fleming se plaint d'un peu de somnolence, et paraît plus ennuyée qu'à l'ordinaire ; et Catherine Seyton se sent la tête un peu plus étourdie que d'habitude. »

Il éleva un peu la voix en disant ces mots, pour instruire les dames du rôle qu'elles avaient à remplir, et peut-être aussi dans le désir de faire entendre à Catherine la manière dont il les avait qualifiées.

« Il faut que j'entre chez la reine, » dit la dame de Lochleven ; « il s'agit d'une affaire importante. »

Comme elle avançait vers la porte, Catherine se prit à dire :

« Ne laissez entrer personne ; la reine dort.

— N'essayez pas de résister, ma jeune demoiselle : comme il n'y a pas de barre en dedans, j'entrerai malgré vous.

— Il n'y a pas de barre, en effet ; mais les crochets y sont, et j'y ai passé mon bras, à l'exemple d'une de vos ancêtres, qui, mieux avisée que les Douglas de nos jours, défendit ainsi aux assassins l'accès de la chambre de sa souveraine. Essayez donc votre force, et vous verrez si une Seyton ne peut rivaliser en courage avec une descendante des Douglas.

— Tenter le passage à un tel risque, c'est de la folie. Chose étrange ! Cette princesse, malgré le juste blâme dont elle est chargée, a su conserver de l'empire sur tout ce qui l'entoure... Jeune fille, je te jure sur l'honneur que l'intérêt de la reine, sa sûreté, m'ont seuls décidée à venir. Éveille-la, si tu l'aimes, et sollicite la permission de me recevoir. »

Ce disant, la châtelaine s'éloigna de quelques pas, laissant les deux suivantes délibérer entre elles.

« Vous n'allez pas, » interrogea dame Fleming, « éveiller la reine ?

— Peut-on faire autrement ? » répondit Catherine ; « et vaut-il mieux attendre que la douairière s'en charge elle-même ? Son accès de patience ne durera pas longtemps ; il faut que la reine soit prévenue de sa visite.

— Mais la troubler dans son sommeil, c'est l'exposer à une nouvelle crise !

— A Dieu ne plaise ! En ce cas, nous la ferions passer pour un effet du poison. Mais j'en augure mieux ; et la reine en s'éveillant, sera en état, j'en suis sûre, de nous tirer d'embarras. Pour vous, chère dame, tâchez d'avoir l'air aussi pesante et ennuyée que le permettra la vivacité de votre esprit. »

Catherine entra chez la reine, s'agenouilla près d'elle, et, lui baisant la main à plusieurs reprises, réussit à l'éveiller sans secousse. Marie parut surprise de se trouver sur son lit tout habillée ; elle se mit sur son séant, et Catherine, la voyant si calme, jugea convenable de l'informer, sans préambule, de ce qui s'était passé. La reine pâlit à la nouvelle du grand danger qu'elle avait couru, et fit plusieurs signes de croix ; mais semblable à l'Ulysse d'Homère, « à peine éveillée elle possédait déjà tout son sang-froid ; » et elle apprécia aussitôt la situation et du même coup ce qu'elle présentait de bon et de mauvais.

« Nous ne pouvons faire mieux, » dit-elle après une courte conférence avec Catherine, et en la pressant contre son sein, « que de suivre le plan si heureusement inventé par ta présence d'esprit et ton affection pour nous. Ouvre la porte à la dame de Lochleven : elle trouvera son égale en finesse, sinon en perfidie. Fleming, ferme le rideau et mets-toi derrière; tu es meilleure dame d'atours que bonne actrice : prends garde seulement à respirer avec peine, à gémir un peu même; c'est tout ce que j'exige de toi. Chut! on vient. A présent, Catherine de Médicis, puisse ton esprit m'inspirer, car un cerveau du Nord est trop engourdi pour cette scène! »

Conduite par Catherine Seyton, et marchant aussi légèrement que possible, la dame de Lochleven entra dans la chambre à coucher plongée dans un demi-jour, et s'approcha du lit. Marie, pâle et épuisée par une nuit sans repos et par l'agitation de la matinée, était étendue dans un état de prostration bien propre à confirmer les plus grandes craintes de son hôtesse.

« Ah! que Dieu nous pardonne nos péchés! » s'écria la châtelaine, oubliant son orgueil pour se jeter à genoux contre le lit; « ce n'est que trop vrai, elle est assassinée.

— Qui est là? » murmura la reine, comme si elle s'éveillait d'un profond sommeil. « Seyton, Fleming, où êtes-vous? J'ai entendu une voix étrangère. Qui est donc de service? Appelez Courcelles.

— Hélas! sa mémoire est à Holy-Rood et son corps à Lochleven. Pardonnez-moi, Madame, si je vous prie de porter votre attention sur moi. Je suis Marguerite Erskine, de la maison de Mar, et, par alliance, dame Douglas de Lochleven.

— C'est notre aimable hôtesse, » reprit la reine, « qui veille avec tant de soin sur notre logement et notre nourriture... Nous sommes pour vous, bonne dame, un lourd fardeau, et depuis longtemps; mais votre devoir d'hospitalité, je crois, touche à sa fin.

— Ces paroles me déchirent le cœur comme autant de coups de poignard... soupira la dame de Lochleven. C'est l'âme brisée que je supplie Votre Grâce de me dire où elle souffre, afin qu'on la soulage, s'il en est encore temps.

— Ce que je souffre n'est rien, ou du moins rien qui vaille la peine de déranger un médecin. J'ai de la pesanteur dans les membres, du froid au cœur, symptômes assez communs chez les prisonniers. Il me semble que l'air pur et la liberté me ranimeraient; mais, le conseil en a ordonné autrement, et la mort seule peut briser les portes de ma prison.

— S'il était possible, Madame, que la liberté pût vous rendre à une santé parfaite, je m'exposerais à la colère du régent, de mon fils, de tous mes amis, plutôt que de vous voir subir votre sort dans ce château.

— Hélas! » intervint dame Fleming, qui crut le moment favorable de prouver qu'on avait trop lestement condamné son savoir-faire, « il ne tient qu'à vous d'essayer, pour nous guérir, d'une dose de liberté. Quant à moi une simple promenade dans la prairie me ferait infiniment de bien. »

La châtelaine se releva; et jetant un regard pénétrant à la vieille valétudinaire :

« Eh! quoi, » dit-elle, « seriez-vous sérieusement malade, dame Fleming?

— Tout ce qu'il y a de plus sérieux, » répondit celle-ci, « et surtout depuis le déjeuner.

— Au secours! au secours! » s'écria Catherine, pour rompre une conversation qui menaçait de mal tourner. « La reine tombe en pâmoison... Soutenez-la, dame de Lochleven, si vous êtes encore une femme. »

La dame se hâta de soutenir la tête de la reine, qui, tournant vers elle des yeux languissants, s'écria :

« Merci, ma très chère hôtesse! En dépit de nos dernières difficultés, je n'ai jamais douté de votre attachement pour la maison de Stuart; vous l'avez prouvé, m'a-t-on dit, avant ma naissance. »

La vieille dame, qui s'était remise à genoux près du lit, se releva brusquement, fit deux ou trois tours dans le salon, et ouvrit une fenêtre comme si elle avait besoin de prendre l'air.

« Bonne sainte Vierge! » pensa Catherine. « Faut-il qu'une femme se plaise à dire des méchancetés! En voilà une qui, avec tout son bon sens, ne veut pas retenir sa langue, au risque de se perdre. » Et lui pressant légèrement le bras, elle dit à Marie : « De grâce, Madame, n'allez pas si loin!

— Vous vous oubliez, fillette, » et presque aussitôt elle ajouta : « Vois-tu, mignonne, quand j'ai senti les mains de cette infâme sorcière autour de ma tête, j'ai éprouvé tant de haine et de dégoût, qu'il me fallait dire quelque chose ou mourir. Va, j'apprendrai à mieux me conduire... seulement, veille à ce qu'elle ne me touche pas. »

Cependant, la châtelaine, qui se tenait à l'une des fenêtres du salon, poussa un soupir de soulagement.

« Dieu soit loué! » pensa-t-elle. « Voici la barque qui revient à toute vitesse... Elle ramène deux personnes, le docteur et une femme, celle qu'on cherchait, sans doute... Ah! que n'est-elle bien portante et hors d'ici, cette reine de malheur, et notre honneur sauf! Que n'est-elle sur la plus haute des montagnes de la Norvège, ou que n'y étais-je moi-même avant de prendre une telle charge! »

A l'autre fenêtre, Roland examinait aussi le bateau qui fendait les eaux du lac en les couvrant d'écume. Il reconnut, assis à l'arrière, le bailli médecin, drapé dans son manteau de velours noir, et debout à l'avant, sous le costume de la mère Nicneven, son aïeule, Madeleine Græme, les mains jointes, la tête penchée vers le donjon, dans l'attitude d'une fiévreuse impatience.

Ils débarquèrent enfin ; et tandis que la prétendue sorcière était détenue dans une chambre du rez-de-chaussée, on introduisit le médecin chez la reine. Lundin entra avec toute la gravité professionnelle.

« Malgré sa souquenille usée et sa barbe solennelle, » dit Catherine à l'oreille du page, « ce docteur me semble un âne qu'il n'est pas difficile de bâter ; mais votre grand'mère ! Son zèle nous perdra, si elle n'est pas prévenue. »

Roland, sans répondre, se glissa vers la porte, traversa le salon, et entra dans l'antichambre ; mais dès qu'il essaya de passer plus loin, le mot « Arrière ! » répété de l'un à l'autre par deux hommes armés de carabines, l'arrêta : les soupçons de la dame de Lochleven n'avaient pas cédé à ses alarmes, au point qu'elle oubliât de garder ses prisonniers. Il fut contraint de rentrer dans la salle d'audience, où il trouva la maîtresse du château en conférence avec son docte médecin.

« Sans jargon ni flagorneries, Lundin » (ce fut ainsi qu'elle accosta l'homme de l'art), « dites-moi en deux mots, si vous en êtes capable, l'état de cette dame ; a-t-elle rien pris de malsain ?

— Hum ! respectable dame... très honorée maîtresse... je suis votre homme lige en ma double qualité de bailli et de docteur ; mais entendez la voix de la raison. Si mon illustre malade ne veut répondre à mes questions que par des soupirs et des gémissements, si cette autre honorable dame ne fait que me bâiller au nez quand je l'interroge sur le diagnostic, et cette jeune demoiselle, qui est assurément une jolie fille...

— Il ne s'agit pas de beauté ni de filles, » interrompit la châtelaine ; « je demande si elles sont malades... Voyons, ont-elles pris du poison, oui ou non ?

— Les poisons, Madame, sont de diverses espèces. Il y a le poison animal, tel que le *lupus marinus*, mentionné par Dioscoride et Galien ; il y a les poisons minéraux et semi-minéraux, tels que le régule sublimé d'antimoine, le vitriol et les sels d'arsenic ; il y a les poisons tirés des herbes et des végétaux, par exemple l'*aqua cymbalariæ,* l'opium, l'aconit, les cantharides, et autres semblables; il y a aussi...

— Vraie science de lunatique! et je ne vaux pas mieux, moi qui attends un avis raisonnable d'une pareille bûche!

— Que Votre Seigneurie prenne patience... Si je savais de quels aliments ces dames ont fait usage, ou si je pouvais en voir les restes... car pour ce qui est des symptômes externes, ils ne disent rien de ce que vous m'annoncez; en effet, Galien, au second livre *de Antidotis*...

— Assez, rabâcheur! Qu'on m'envoie la sorcière; il faudra bien qu'elle déclare ce qu'elle a donné au misérable Dryfesdale, ou les poucettes de fer lui arracheront les doigts.

— L'art n'a pas d'autre ennemi que l'ignorance, » répliqua le docteur humilié, en ayant soin toutefois de s'exprimer en latin; puis il se tint à l'écart.

Au bout de quelques minutes, Madeleine entra, vêtue comme le jour de la fête, mais elle avait rejeté en arrière sa mentonnière, et laissé de côté tout déguisement. Elle était escortée par deux gardes dont elle semblait ne pas remarquer la présence, et qui la suivaient d'un air d'embarras, causé assurément par leur croyance en son pouvoir surnaturel, et par sa démarche intrépide. Elle regarda en face la dame de Lochleven, qui, après avoir tenté en vain de lui faire baisser les yeux, l'apostropha ainsi d'un ton de sévérité dédaigneuse :

« Maudite créature, quelle sorte de poudre as-tu remise à l'un de mes serviteurs, Gaspard Dryfesdale, pour accomplir lentement une vengeance secrète? Quelle en est la nature? Avoue-le franchement, ou, foi de Douglas, tu seras brûlée vive avant le coucher du soleil!

— Hélas! » répondit Madeleine, « depuis quand un Douglas, ou un serviteur de Douglas, aurait-il si peu de moyens de vengeance qu'il viendrait les demander aux mains d'une femme pauvre et solitaire? Les tours dans lesquelles vos captifs languissent jusqu'à ce qu'ils tombent dans la fosse sans être regrettés, ces tours sont encore fermes sur leurs fondations... Les crimes qui s'y sont commis n'en ont pas encore fait éclater les voûtes... Vos hommes ont encore leurs arbalètes, pistolets et poignards... Pourquoi auriez-vous recours aux herbes et aux charmes pour exécuter votre vengeance?

— Écoute-moi, damnée sorcière, » dit la dame de Lochleven... « mais à quoi bon lui parler davantage?... Qu'on amène Dryfesdale, pour les confronter ensemble.

— Épargnez cette peine à vos gens, » reprit Madeleine ; « je ne suis pas venue ici pour être confrontée avec un vil palefrenier, ni pour répondre aux questions de la concubine du roi hérétique Jacques... Je suis venue pour parler à la reine d'Écosse... Faites place! »

Et tandis que la dame de Lochleven était confondue de tant de hardiesse, et de l'insulte qui venait encore de la frapper, Madeleine passa devant elle, entra dans la chambre de la reine, et s'agenouillant, elle s'inclina comme si, à la manière orientale, elle eût voulu toucher la terre de son front.

« Salut, princesse! » dit-elle, « salut, descendante de tant de rois, mais bénie entre tous, puisque tu es appelée à souffrir pour la foi! Salut, toi dont la couronne d'or pur a été éprouvée dans la fournaise sept fois ardente de l'affliction! Écoute la consolation que Dieu et Notre-Dame t'envoient par la bouche de ton indigne servante... Mais auparavant... »

Elle s'arrêta, et baissant la tête, elle fit plusieurs signes de croix; puis, toujours à genoux, elle parut réciter rapidement quelque formule de dévotion.

« Qu'on la saisisse et qu'on la traîne à la geôle! qu'on jette dans le plus profond cachot la sorcière à qui le diable, son maître, a seul pu inspirer assez de hardiesse pour insulter chez elle la mère de Douglas! »

Ainsi parlait la châtelaine au comble de la fureur ; mais le médecin osa intervenir :

« Je vous supplie, honorée dame, de permettre qu'elle poursuive sans interruption ; peut-être apprendrons-nous quelque chose sur la médecine arcane, que, contre les lois et les règles de l'art, elle a osé distribuer à ces dames par l'intermédiaire de l'intendant Dryfesdale.

— Pour une bête, » reprit la dame de Lochleven, « l'avis est assez sage... Je contiendrai mon ressentiment jusqu'à ce que leur conférence soit finie.

— A Dieu ne plaise, honorée dame, » reprit le docteur Lundin,

« que vous le conteniez au delà... Rien ne pourrait mettre plus en danger votre respectable personne ; et véritablement, s'il y a du sortilège dans cette affaire, le vulgaire et même de bons auteurs sur la démonologie prétendent que trois scrupules des cendres de la sorcière, quand elle a été soigneusement brûlée à un poteau, sont un grand *catholicon* dans ce cas. Ils prescrivent de même *crinem canis rabidi,* le poil du chien enragé qui a mordu le malade dans le cas d'hydrophobie. Je ne garantis ni l'un ni l'autre de ces traitements, car ils sont hors de la pratique régulière des écoles ; mais, dans les circonstances présentes, il n'y aurait pas grand mal à en essayer la vertu aux dépens de cette vieille nécromancienne... *Fiat experimentum,* comme nous disons, *in corpore vili.*

— Paix, bavard ! elle va parler. »

A ce moment, Madeleine Græme se leva et se tourna vers la reine ; en même temps, elle avança un pied et étendit un bras, prenant le maintien et l'attitude d'une sibylle inspirée. Ses cheveux s'échappaient de sa coiffe, et son œil lançait du feu à travers ses sourcils épais. L'effet de ses traits expressifs, quoique amaigris, était rehaussé par un enthousiasme qui tenait de la folie, et son aspect frappa de terreur tous ceux qui étaient présents. Un instant, elle roula de côté et d'autre des regards égarés, comme si elle eût cherché quelque chose qui pût l'aider à s'exprimer ; ses lèvres avaient un mouvement convulsif et agité, comme celles d'un homme qui voudrait parler, mais qui rejette comme insuffisantes les paroles qui se présentent à lui.

Marie elle-même se sentit soumise à une sorte d'influence magnétique, et se soulevant sur son lit sans pouvoir détourner ses yeux de dessus Madeleine, il semblait qu'elle attendît l'oracle de la pythonisse. Elle n'attendit pas longtemps, car, dès que l'enthousiaste se fut recueillie, ses traits prirent une énergie déterminée, son regard devint tout à fait fixe ; et quand elle eut une fois commencé à parler, ses paroles coulèrent avec une abondante facilité, qui aurait pu passer pour de l'inspiration.

« Lève-toi, » dit-elle, « reine de France et d'Angleterre ! lève-toi, lionne de l'Écosse, et ne t'afflige pas, quoique les filets du chasseur aient pu t'enlacer ! Ne t'abaisse pas à feindre avec les traîtres ; tu les rencontreras bientôt sur le champ de bataille. L'issue du combat dépend du Dieu des armées ; mais c'est par les armes que ta cause

sera jugée. Mets donc de côté les artifices à l'usage des vulgaires mortels, et prends la confiance qui convient à une reine ! Vraie sentinelle de la vraie, de l'unique foi, l'arsenal du ciel est ouvert pour toi! illustre fille de l'Église, prends les clefs de saint Pierre pour lier et pour délier ; souveraine légitime de cette contrée, prends l'épée de saint Paul pour frapper et pour punir! Il y a de l'obscurité dans ton destin... mais ce n'est pas dans ces tours, ni sous les lois de leur orgueilleuse maîtresse que ta destinée s'accomplira... Dans d'autres pays, la lionne pourra succomber au pouvoir de la tigresse, mais non dans le sien... Ce n'est pas en Écosse que la reine d'Écosse sera longtemps captive, et le sort de la royale Stuart n'est pas entre les mains du traître Douglas. Que la dame de Lochleven double ses verrous, qu'elle fasse creuser ses cachots... ils ne pourront te retenir. Chaque élément te fournira des armes pour opérer ta délivrance... la terre aura ses tremblements, l'eau ses vagues courroucées, l'air ses tempêtes, le feu ses flammes dévorantes pour désoler cette demeure, afin que ses portes s'ouvrent devant toi.. Écoutez ceci et tremblez, vous tous qui combattez contre la lumière, car celle qui le dit en a reçu la révélation ! »

Elle se tut, et le docteur ébaubi s'écria : « Si jamais de nos jours il y eut une énergumène, une démoniaque, une possédée, c'est bien celle-là; le diable parle par sa bouche !

— Mensonge! » dit la dame de Lochleven, se remettant de sa surprise : « tout ceci n'est que feintise et imposture. Qu'on l'emmène au cachot!

— Dame, » interrompit Marie en se levant de son lit et en s'avançant avec sa dignité ordinaire, « avant de faire arrêter personne en ma présence, un mot, s'il vous plaît. J'ai été injuste en vous croyant complice de l'intention criminelle de votre vassal, et je vous ai trompée en vous laissant croire qu'elle s'était effectuée. J'ai eu tort envers vous, dame de Lochleven, car je vois que votre désir de nous secourir était sincère ; nous n'avons pas goûté au breuvage, et nous ne sommes pas malades, sinon que nous languissons après notre liberté.

— L'aveu est digne de Marie d'Écosse, » dit Madeleine ; « qu'on le sache d'ailleurs, quand même la reine aurait bu jusqu'à la dernière goutte de la liqueur, cette liqueur était inoffensive comme l'eau d'une source sanctifiée. Croyez-vous, femme orgueilleuse, » ajouta-t-elle en s'adressant à la dame de Lochleven, « que moi... moi... j'eusse été assez misérable pour confier du poison à un serviteur ou à un vassal de votre maison, sachant qui cette maison contenait? J'aurais tout aussi volontiers donné de quoi faire périr ma propre fille.

— Suis-je bravée à ce point dans mon château! qu'on la conduise à la tour. Elle subira le sort réservé aux empoisonneuses et aux sorcières.

— Écoutez-moi, dame de Lochleven, » dit Marie ; « et vous, » en s'adressant à Madeleine, « je vous ordonne de garder le silence. Votre intendant, Madame, a, suivant sa confession, attenté à ma vie et à celle de mes serviteurs, et cette femme a fait de son mieux pour empêcher ce crime, en lui procurant une substance qui ne pouvait nuire, au lieu des drogues fatales qu'il croyait recevoir. Je crois vous proposer un juste échange, en disant que je pardonne à votre vassal de tout mon cœur, et que je laisse la vengeance à Dieu et à sa conscience, pourvu que de votre côté vous pardonniez à cette femme sa hardiesse en votre présence ; car vous ne devez pas considérer comme un crime qu'elle ait substitué un breuvage innocent au poison mortel qui nous était destiné.

— A Dieu ne plaise, Madame, » dit la châtelaine, « que je considère comme un crime ce qui a épargné à la maison de Douglas le reproche d'avoir manqué à l'honneur et à l'hospitalité ! Nous avons écrit à notre fils, concernant le délit de son vassal, et il faut qu'il subisse sa peine, qui sera sûrement la mort. Quant à cette femme, elle fait un métier condamné par l'Écriture, et puni de mort par les sages lois de nos ancêtres. Elle aussi devra subir son arrêt.

— Et n'ai-je donc aucun droit ici en réparation du mal qu'on a tenté de me faire? Je ne demande que la vie d'une femme, faible et âgée, dont le cerveau, ainsi que vous pouvez en juger vous-même, paraît affaibli par les années et les souffrances.

— Si dame Marie, » reprit l'inflexible douairière, « a été menacée de quelque mal dans la maison de Douglas, on peut considérer ce moment d'alarme comme une compensation de ce que ses complots ont coûté à cette maison l'exil d'un fils précieux.

— Ne plaidez plus pour moi, gracieuse souveraine, » intervint Madeleine, « et ne vous abaissez pas à demander seulement grâce pour un de mes cheveux gris. Je savais le risque que je courais pour mon Église et pour ma reine, et j'ai toujours été prête à donner ma pauvre vie en rançon. J'ai la consolation de penser qu'en me faisant mourir, ou en me privant de ma liberté, ou même en touchant à un seul de ces mêmes cheveux gris, cette femme, qui vante si haut l'honneur de sa maison, aura comblé la mesure de sa honte par la violation d'un sauf-conduit revêtu des formes les plus solennelles. »

Et tirant un papier de son sein, elle le présenta à la reine.

« C'est une promesse formelle de sûreté, » dit la reine Marie, « avec permission de venir et de repartir sous la protection du bailli de Kinross, promesse accordée par ce fonctionnaire à Madeleine Graeme, plus connue sous le nom de mère Nicneven, en considération de ce qu'elle consent à passer vingt-quatre heures, s'il le faut, dans l'enceinte de Lochleven.

— Misérable ! » s'écria la dame du manoir en se tournant vers le bailli, « comment as-tu osé lui délivrer un tel sauf-conduit ?

— C'est, » répliqua le docteur, « d'après les ordres de Votre Seigneurie, transmis par Randal, qui peut porter témoignage ; j'ai agi comme l'apothicaire, qui compose les drogues d'après l'ordre du médecin.

— Je m'en souviens... je m'en souviens, » reprit la dame ; « mais je n'avais parlé de cette assurance que dans le cas où, demeurant sur une autre juridiction, elle n'aurait pu être arrêtée par notre ordre.

— Néanmoins, » dit la reine, « la dame de Lochleven est liée par l'action de son représentant.

— Madame, » reprit la châtelaine, « la maison de Douglas n'a jamais manqué à une parole donnée et n'y manquera jamais... Les Douglas ont trop souffert d'un manque de foi commis à leur égard, quand un des ancêtres de Votre Grâce, Jacques II, en dépit des droits de l'hospitalité et du sauf-conduit écrit de sa propre main, poignarda lui-même le brave comte de Douglas, à quelques pas de la table où il était assis un instant avant, en qualité de convive honoré du roi d'Écosse.

— Il me semble, » dit la reine d'un air d'indifférence, « que d'après un exemple si tragique et si récent, car il y a tout au plus cent vingt ans que l'événement a eu lieu, les Douglas devraient se montrer moins désireux de la compagnie de leurs souverains.

— Que Randal, » dit la dame, « reconduise donc la sorcière à Kinross et qu'il la mette en pleine liberté, la bannissant de nos terres à l'avenir, au péril de sa vie... Et que la sagesse de notre bailli lui serve d'escorte. Ne craignez rien pour votre réputation, savant docteur, si l'on vous rencontre en pareille compagnie ; car en admettant qu'elle soit sorcière, ce serait perdre ses fagots que de vous brûler, vous, comme sorcier. »

Le bailli, la crête basse, se préparait à partir ; mais Madeleine, se recueillant, semblait disposée à répondre. La reine intervint en disant : « Bonne mère, nous vous remercions de tout cœur de votre zèle sincère pour notre personne, et nous vous prions, comme notre sujette, de vous abstenir de tout ce qui pourrait vous jeter dans un danger personnel ; de plus, notre volonté est que vous partiez sans dire un mot à qui que ce soit dans ce château... Acceptez ce don de notre main : c'est un petit reliquaire qui nous a été donné par notre oncle le cardinal et a été béni par le saint-père lui-même... Et maintenant allez en paix et en silence. »

Marie s'adressa ensuite au médecin, qui tira sa révérence d'un air doublement embarrassé : en effet, par suite du respect que lui inspirait la présence de la reine, il craignait de faire trop peu, et, dans l'appréhension du déplaisir de sa maîtresse, il redoutait de faire trop :

« Quant à vous, savant docteur, ce n'est pas votre faute si nous n'avons pas eu besoin de votre talent, bien que ce soit certainement un bonheur pour nous ; toutefois il ne conviendrait pas, quelles que soient les circonstances, de permettre que notre médecin partît sans lui laisser telle marque de notre munificence qu'il est en notre pouvoir de lui offrir. »

En prononçant ces mots accompagnés de la grâce qui ne la quittait jamais, quoique dans ce cas il s'y mêlât peut-être un peu de persiflage, elle offrit une petite bourse brodée au bailli, dont la main était tendue, le dos courbé et le visage penché au point qu'un physionomiste placé derrière lui, voyant sa figure renversée se dessiner entre ses deux jambes, aurait encore pu le prendre pour sujet de ses observations métoposcopiques. Il était prêt à accepter la récompense offerte par une main si belle et si illustre ; mais la dame du manoir intervint, et, regardant le bailli dit à haute voix : « Nul serviteur de notre maison, à moins de renoncer aussitôt à ce titre et d'encourir notre extrême déplaisir, ne se permettra de recevoir une gratification quelconque des mains de dame Marie. »

D'un air déconfit et avec lenteur, le bailli releva sa taille courbée, jusqu'à ce qu'elle fût parvenue à son attitude perpendiculaire, et il quitta mélancoliquement la place, suivi de Madeleine Græme qui, avec un geste expressif, baisant le reliquaire que la reine lui avait donné, et levant vers le ciel ses mains jointes, avait paru implorer la bénédiction divine pour sa royale protectrice. Tandis qu'elle sortait du château et se rendait vers le quai où était amarrée la barque, Roland se jeta sur son passage, et tenta d'échanger quelques mots avec elle, ce qui semblait facile, attendu qu'elle n'était conduite que par le triste bailli et ses hallebardiers; mais elle semblait avoir pris à la lettre l'ordre que lui avait imposé la reine; car, aux signes répétés de son petit-fils, elle ne répondit qu'en portant un doigt sur ses lèvres.

Le docteur Lundin ne fut pas aussi réservé. La perte de la gratification avait affligé l'âme du digne officier et savant médecin.

« C'est ainsi, mon ami, » dit-il en serrant la main du page pour lui dire adieu, « que l'on récompense le mérite. Je venais pour guérir cette dame infortunée, et j'avoue qu'elle en mérite bien la peine; car, quoi qu'on en dise, elle a les manières les plus attrayantes, une voix douce, un sourire plein de grâce et un geste vraiment majestueux. Si elle n'a pas été empoisonnée, dites, mon cher monsieur Roland, est-ce ma faute, puisque j'étais prêt à la guérir, si elle l'eût été? et voilà qu'on me refuse la permission de recevoir des honoraires si bien gagnés. O Galien! ô Hippocrate! Le bonnet du gradué et l'hermine du docteur sont-ils déçus à ce point ! *Frustra fatigamus remediis ægros.* »

Il s'essuya les yeux, et monta sur le bateau qui s'éloigna du rivage et traversa rapidement le lac, légèrement agité par la brise.

CHAPITRE XXXIII.

> La mort éloignée ?... Non hélas ! elle est toujours près de nous, et nous lance son dard partout où nous nous trouvons ; elle est au fond de notre coupe quand nous sommes en santé ; elle s'assied près de notre lit de douleur, et se rit de nos médecins. Nous ne pouvons ni marcher, ni nous asseoir, ni courir, ni voyager, que la mort ne soit près de nous pour nous saisir au gré de son caprice.
>
> DRYDEN, *le Moine espagnol*.

PRÈS cette scène émouvante, la dame de Lochleven quitta l'appartement de la reine, et se retira dans le sien ; elle ordonna qu'on lui amenât le majordome.

« Eh quoi ! ne t'ont-ils pas désarmé, Dryfesdale ? » lui dit-elle en le voyant entrer, portant comme d'habitude son sabre et son poignard.

« Non, » dit le vieillard, « comment l'auraient-ils pu faire ? Quand Votre Seigneurie m'a ordonné de me rendre en prison, elle n'a pas parlé de me désarmer ; et je crois qu'aucun de vos vassaux n'oserait approcher Gaspard Dryfesdale pour un tel motif, sans votre ordre ou celui de votre fils. Voulez-vous que je vous remette mon sabre ? Maintenant il ne vaut plus grand'chose, car au service de votre maison il s'est usé comme le vieux couteau du panetier.

— Tu as tenté de commettre un crime horrible, l'empoisonnement d'une personne confiée à mes soins.

— Confiée à vos soins! Hem! je ne sais pas ce que Votre Seigneurie en pense, mais, dehors, le monde pense qu'elle vous est confiée pour cela; et il eût été bien heureux pour vous que tout se fût passé ainsi que je me le proposais : vous n'en seriez aujourd'hui que plus tranquille.

— Misérable! aussi imbécile que scélérat, tu médites un crime et ne sais pas l'accomplir!

— Je l'ai voulu aussi franchement qu'un homme peut vouloir; j'ai été chez une femme, sorcière et papiste; si je n'y ai pas trouvé de poison, c'est qu'il en était ordonné autrement. J'ai essayé pour tout de bon; mais la besogne à moitié faite peut s'achever, pour peu que vous le désiriez.

— Infâme! je vais envoyer un exprès à mon fils pour prendre ses ordres à ton égard. Prépare-toi à mourir, si tu le peux.

— L'homme qui envisage la mort, Madame, comme une chose à laquelle il ne peut échapper, une chose qui a son heure fixe et certaine, celui-là est toujours préparé à mourir. Celui qu'on pend au mois de mai ne mangera pas de flan à la Saint-Jean. Voilà la complainte qu'on pourra chanter sur le vieux serviteur. Mais qui, s'il vous plaît, chargerez-vous de cette belle commission?

— Il ne manquera pas de messagers.

— Si fait! certes, il en manquera : votre château est pauvrement fourni pour le nombre de gardes qu'il vous faut. Il y a l'homme du guet et deux autres que vous avez renvoyés pour avoir secondé messire Georges; alors pour la tour du Guet, la prison, le cachot, il faut cinq hommes par chaque garde; et les autres, en grande partie, sont obligés de se coucher tout habillés. Envoyer un seul homme au dehors, ce serait harasser les sentinelles, fatale prodigalité dans un château fort. Prendre de nouveaux soldats serait dangereux, attendu qu'un pareil service exige des gens d'une fidélité à l'épreuve. Je ne vois qu'un moyen : ce sera moi qui ferai votre commission près de sire William Douglas.

— La belle ressource! et quel jour d'ici à vingt ans seras-tu de retour?

— Cela dépend de la vitesse du cheval ; car, bien que je tienne peu à mes derniers jours, cependant je serais bien aise de savoir le plus tôt possible si mon cou appartient à moi ou au bourreau.

— Tiens-tu donc si peu à la vie?

— Si j'y tenais, j'aurais plus épargné celle des autres. Qu'est-ce que mourir? ce n'est que cesser de vivre... et qu'est-ce que la vie? une fastidieuse succession de nuits et de jours, de sommeil et de réveil, de faim et de satiété. Un homme mort n'a besoin ni de chandelle ni de pot à bière, ni de feu ni de lit de plume ; et la caisse du menuisier lui sert éternellement de justaucorps.

— Ne crois-tu donc pas qu'après la mort vient le jugement?

— Madame, vous êtes ma maîtresse, et il ne m'est pas permis de discuter avec vous. Mais, spirituellement parlant, vous êtes encore dans la captivité d'Égypte ; vous ignorez la liberté des saints ; car, ainsi qu'il m'a été démontré par un saint homme, Nicolas Schœfferbach, qui fut martyrisé par le sanguinaire évêque de Munster, il ne peut pécher, celui qui exécute ce à quoi il est prédestiné, puisque...

— Silence! » dit la châtelaine en l'interrompant, « ne me réponds pas par tes blasphèmes hardis et présomptueux, mais écoute-moi. Tu as été longtemps le serviteur de cette maison.

— Le serviteur né des Douglas : ils ont eu le meilleur de ma vie ; je les ai servis depuis que j'ai quitté Lockerbie : j'avais alors dix ans, et vous pouvez bientôt y ajouter les soixante.

— Ton affreux attentat a échoué. Ainsi, tu n'es coupable qu'en intention. Il ne serait que juste de te pendre sur la tour du Guet ; et, dans l'état actuel de ton esprit, ce ne serait que livrer une âme à Satan. J'accepte donc ton offre ; pars : voici ma missive ; je ne vais y ajouter qu'une ligne, pour que mon fils m'envoie une couple de fidèles serviteurs. Qu'il agisse envers toi ainsi qu'il lui plaira. Si tu es prudent, tu prendras la route de Lockerbie dès que ton pied touchera la terre, et tu laisseras porter le message par qui voudra, seulement aie soin qu'il parvienne à son adresse.

— Non, Madame ; je suis né serviteur des Douglas, et je ne deviendrai pas un messager infidèle dans ma vieillesse. Je m'acquitterai de ma mission auprès de votre fils aussi sincèrement que s'il s'agissait du cou d'un autre. Je fais mes adieux à Votre Honneur. »

La dame donna ses ordres, et le vieillard fut conduit sur l'autre rive pour s'acquitter de son pèlerinage extraordinaire. Le lecteur est prié de vouloir bien l'accompagner dans ce voyage qui ne fut pas de long cours : ainsi en avait décidé la Providence !

En arrivant au village, le majordome, quoique sa disgrâce fût déjà connue, trouva facilement un cheval, grâce à l'autorité du bailli ; et comme les routes n'étaient pas des plus sûres, il résolut de profiter de la compagnie du voiturier Auchtermuchty, qui partait pour Édimbourg.

Le digne voiturier, suivant la coutume de tous les rouliers, conducteurs de diligences et autres personnes de pareille condition, depuis les temps les plus reculés jusqu'à ce jour, ne manquait jamais de bonnes raisons pour s'arrêter sur la route aussi souvent que bon lui semblait ; et le lieu le plus attrayant pour lui était un relai peu éloigné d'un vallon romantique, bien connu sous le nom de Keirie-Craigs. Ce lieu pittoresque possède encore un charme bien différent de celui qui arrêtait la marche d'Auchtermuchty et de ses chariots, et nul ne le visite sans désirer d'y rester longtemps et d'y revenir bientôt.

Arrivé près de l'auberge favorite, toute l'autorité de Dryfesdale, bien diminuée par le bruit de sa disgrâce, ne put empêcher que le voiturier, aussi entêté que les animaux qu'il conduisait, ne s'y arrêtât quelques instants, quoique la petite distance qu'ils avaient parcourue laissât bien peu de prétexte à cette halte. Le vieux Keltie, l'aubergiste, qui depuis a donné son nom à un pont voisin de sa demeure, reçut le voiturier avec sa cordialité ordinaire, et le fit entrer dans la maison sous couleur d'affaires importantes, mais bien, je crois, pour vider ensemble un pot d'eau-de-vie. Tandis que le digne hôte et son convive étaient ainsi occupés, le majordome, portant une double expression de mauvaise humeur dans son geste et dans son maintien, se promenait d'un air mécontent dans la cuisine où se trouvait un voyageur. L'étranger était de petite taille, à peine sorti de l'adolescence. Il portait un habit de page et avait, dans son regard et ses manières, un air de hardiesse et d'insolence hautaine et aristocratique, qui aurait pu faire croire à Dryfesdale qu'il avait des prétentions à un rang supérieur, s'il n'avait su par expérience qu'on les rencontrait souvent chez les domestiques de la noblesse écossaise.

« Je vous souhaite le bonjour du pèlerin, vieillard, » dit le jeune homme. « Vous venez, je pense, du château de Lochleven. Quelles nouvelles apportez-vous de notre gente reine? Jamais plus belle colombe n'a été renfermée dans un si misérable colombier.

— Ceux qui parlent de Lochleven et des gens que ses murs renferment, » reprit Dryfesdale, « parlent de ce qui regarde les Douglas, et ceux qui parlent de ce qui regarde les Douglas le font à leur péril.

— Est-ce par crainte d'eux que vous parlez ainsi, vieillard, ou voulez-vous rompre une lance en leur faveur? J'aurais cru que l'âge aurait refroidi votre sang.

— Jamais, tant qu'il se trouve des faquins sans cervelle pour l'échauffer!

— La vue de vos cheveux blancs refroidit le mien, » dit en se rasseyant le jeune homme qui s'était d'abord levé.

« Tant mieux pour vous, ou je l'aurais rafraîchi avec cette baguette de houx, » reprit l'autre ; « je crois que vous êtes un de ces fanfarons qui criaillent dans les cabarets et les tavernes, et qui, si les paroles étaient des piques et les jurements des épées, auraient bientôt replacé la religion de Babylone dans le pays, et la femme de Moab sur le trône.

— De par saint Benoît de Seyton ! » s'écria le jeune homme, « j'ai grande envie de te souffleter, vieux radoteur hérétique!

— Saint Benoît de Seyton? » reprit l'intendant. « Bon répondant que saint Benoît, pour une portée de louveteaux comme les Seyton. Je t'arrête comme traître au roi Jacques et à notre bon régent. Holà! Jean Auchtermuchty, aide-moi à m'assurer d'un traître. »

Ayant ainsi parlé, il mit la main sur le collet du jeune homme et tira son épée. Jean Auchtermuchty accourut, mais voyant l'arme nue il ressortit plus vite qu'il n'était entré. Keltie, l'hôte du logis, ne voulait se ranger d'aucun parti, et seulement il criait : « Messieurs! messieurs! pour l'amour du ciel! » et autres exclamations pareilles.

Un assaut s'ensuivit, dans lequel l'inconnu, irrité de la hardiesse de Dryfesdale, et incapable de se débarrasser de la main vigoureuse du vieillard aussi aisément qu'il l'espérait, tira son poignard, et avec la promptitude de l'éclair, lui donna dans la poitrine et dans le corps trois coups dont le plus faible était mortel. Le vieillard, poussant un profond gémissement, tomba sur la terre, et l'hôte jeta un grand cri de surprise.

« Paix, chien de braillard! » dit le blessé; « les coups de poignard et les moribonds sont-ils de telles raretés en Écosse pour que vous poussiez des cris comme si la maison tombait?... Jeune homme, je ne te pardonne pas, car il n'y a rien entre nous qui soit à pardonner. Tu as fait ce que j'ai fait à beaucoup, et je souffre ce que je leur ai vu souffrir. Il était ordonné que tout se passerait ainsi et non autrement; mais si tu veux agir honnêtement avec moi, tu enverras cette lettre par une voie sûre à sire William Douglas, et ne permettras pas que ma mémoire soit ternie, comme si j'avais retardé mon message par crainte de la mort. »

Le jeune homme dont la colère s'était évanouie écoutait avec pitié et attention, lorsqu'une autre personne enveloppée d'un grand manteau entra dans la salle et s'écria :

« Grand Dieu! Dryfesdale expirant!

— Oui; et Dryfesdale voudrait être mort, » dit le blessé; « plutôt que d'entendre la voix du seul Douglas qui ait jamais été traître. Cependant tout est bien comme il est. Seulement, mon brave meurtrier, et vous tous, retirez-vous un peu, et permettez que je dise quelques mots à ce malheureux apostat. Agenouillez-vous près de moi, maître Georges. Vous avez appris sans doute comment l'espoir que j'avais de nous débarrasser de cette pierre d'achoppement moabite et de sa suite a été fatalement trompé. Je leur ai baillé ce qu'il fallait, selon moi, pour écarter de votre chemin une grande tentation; et ceci, quoique j'aie donné d'autres raisons à votre mère, je le faisais principalement par amour pour vous.

— Par amour pour moi, vil empoisonneur! aurais-tu pu commettre ce meurtre abominable et si peu mérité, et en même temps prononcer mon nom?

— Et pourquoi non, Georges Douglas? » répondit Dryfesdale. « A peine puis-je maintenant respirer, mais j'emploierai jusqu'à mon dernier soupir à vous prouver que vous avez tort. N'avez-vous pas perdu le respect filial la foi protestante, la fidélité politique, en vous laissant

séduire par les attraits de cette belle enchanteresse que vous vouliez aider à fuir de sa prison, pour remonter sur le trône dont elle avait fait un lieu d'abomination? Attendez, ne vous éloignez pas de moi; ma main, quoique défaillante, a encore assez de force pour vous retenir. Quel était votre but? d'épouser cette sorcière d'Écosse ; et je pense bien que vous auriez pu réussir, son cœur et sa main ont souvent été achetés à un prix moins élevé. Mais un serviteur de la maison de votre père pouvait-il vous voir subir le même sort que le sot Darnley, ou l'infâme Bothwell, lorsqu'une once de mort-aux-rats pouvait vous sauver?

— Songe à Dieu, Dryfesdale, » s'écria Georges Douglas, « et ne parle plus de ces horreurs ; repens-toi, si tu le peux, ou bien garde au moins le silence. Seyton, aidez-moi à soutenir ce malheureux qui se meurt, afin qu'il puisse se livrer à de meilleures pensées.

— Seyton! » répondit le mourant ; « Seyton! est-ce donc sous les coups d'un Seyton que je suis tombé? Il y a en cela quelque compensation, car j'ai failli priver cette famille d'un de ses enfants. » Fixant ses yeux éteints sur le jeune homme, il ajouta : « Il a ses traits et son maintien! Baisse-toi, jeune homme, je voudrais te voir de plus près, afin de te reconnaître quand nous nous rencontrerons dans l'autre monde, car les homicides y seront réunis, et je l'ai été moi-même. » Malgré quelque résistance, il attira la figure de Seyton plus près de la sienne, le regarda fixement, et ajouta : « Tu as commencé bien jeune, ta carrière sera de courte durée ; oui, tu seras bientôt atteint. Une jeune plante ne profite jamais lorsqu'elle a été arrosée avec le sang d'un vieillard. Cependant pourquoi te blâmerais-je? Bizarre coup du sort! » murmura-t-il, cessant de s'adresser à Seyton, « je n'ai pu venir à bout de ce que je me proposais, et il a fait ce qui n'était pas dans son intention. Chose étrange! que notre volonté prétende toujours s'opposer au torrent de l'irrésistible destinée, que nous voulions lutter contre le courant lorsqu'il doit infailliblement nous entraîner dans sa course! Mon esprit n'a plus la force de méditer une telle pensée : je voudrais que Schœfferbach fût ici ; mais pourquoi? Je suis sur un fleuve où le vaisseau peut se diriger sans pilote. Adieu, Georges Douglas ; je meurs fidèle à la maison de ton père. »

A ces mots il tomba en convulsions, et il expira peu d'instants après.

Seyton et Douglas regardaient le mourant, et lorsqu'il eut rendu le dernier soupir, Seyton fut le premier qui parla.

« Par le ciel, Douglas, je n'entends rien à ceci, et j'en suis fâché ; mais cet homme a mis la main sur moi, et m'a forcé à défendre ma liberté du mieux que j'ai pu avec mon poignard. Serait-il dix fois ton ami et ton serviteur, je ne pourrais que dire : J'en suis fâché !

— Je ne te blâme pas, Seyton, » répondit Douglas, « mais je suis affligé de son sort. Il y a une destinée qui nous tient sous sa puissance, quoique ce ne soit pas dans le sens que l'entendait ce misérable, qui, abusé par quelque visionnaire étranger, se servait de ce mot terrible comme d'une excuse à toutes fins. Il faut que nous examinions la missive. »

Ils se retirèrent dans une chambre plus reculée, et y demeurèrent engagés dans une délibération sérieuse, jusqu'à ce qu'ils fussent interrompus par l'arrivée de Keltie, qui, d'un air embarrassé, venait demander à maître Georges Douglas quelles étaient ses intentions relativement au corps. « Votre Honneur sait, » ajouta-t-il, « que les vivants et non les morts me font gagner mon pain ; et que le vieux Dryfesdale, qui était une pauvre pratique de son vivant, occupe ma salle publique, maintenant qu'il est mort, sans pouvoir me demander ni bière ni eau-de-vie.

— Attache-lui une pierre au cou, » dit Seyton ; « puis, lorsque le soleil sera couché, porte-le au lac de Cleish, jette-le dedans, et laisse-lui le soin d'en trouver le fond.

— Avec votre permission, Seyton, » dit George Douglas, « il n'en sera pas ainsi. Keltie, tu m'es dévoué, et tu ne te repentiras point de m'avoir servi. Porte ou envoie le corps à l'église de Ballingry, et fais l'histoire que tu voudras : par exemple, il aura succombé dans une querelle avec des inconnus. Auchtermuchty ne sait rien, et les temps ne sont pas assez tranquilles pour permettre de plus grandes recherches sur un semblable événement.

— Ah! qu'il dise la vérité, » s'écria Seyton, « pourvu qu'elle ne contrecarre pas nos projets. Dis qu'Henri Seyton l'a tué en duel, mon ami : toutes les querelles qui peuvent s'ensuivre me sont fort indifférentes.

— Une querelle avec les Douglas, » dit Georges d'un ton de grave mécontentement, « est toujours périlleuse.

— Non, quand j'ai de mon côté le meilleur de ceux qui portent ce nom.

— Hélas! Henri, si tu veux parler de moi, je ne suis que la moitié d'un Douglas dans cette entreprise, la moitié de la tête, du cœur et de la main; mais je penserai à *l'être* que jamais je ne saurais oublier, et j'égalerai, je surpasserai même le plus brave de mes ancêtres. Keltie, dis que c'est Henri Seyton qui a commis ce meurtre; mais garde-toi de me nommer! Qu'Auchtermuchty porte le paquet (il l'avait recacheté de son propre sceau) à mon père à Édimbourg; voici pour payer les funérailles du vieillard et la perte de tes pratiques.

— Et le lavage du plancher, » ajouta l'hôte, « qui sera une bonne corvée; car on dit que jamais le sang ne peut entièrement s'effacer.

— Quant à votre plan, » dit Georges Douglas s'adressant à Seyton comme s'il continuait à parler de ce dont ils s'entretenaient auparavant, « cela est fort bien; mais, avec votre permission, vous êtes trop vif et trop jeune; en outre, d'autres raisons vous empêchent de jouer le rôle que vous vous proposez.

— Sur cela vous consulterez le père abbé. Partirez-vous pour Kinross cette nuit?

— Oui, c'est mon intention; la nuit sera sombre et convient à un homme qui veut n'être point reconnu. Keltie, j'oubliais qu'il faudrait placer une pierre sur le tombeau de cet homme : l'inscription rappellera son nom et son seul mérite, qui fut d'être un fidèle serviteur des Douglas.

— Quelle était sa religion? Il se servait d'expressions qui me faisaient craindre d'avoir envoyé à Satan un sujet avant son heure.

— Je puis vous dire peu de chose là-dessus; il était connu pour n'aimer ni Rome, ni Genève, et parlait des lumières qu'il avait reçues des sectaires de la basse Allemagne. C'était une mauvaise doctrine, si nous en jugeons par ses effets. Que Dieu nous garde d'avoir la présomption de juger ses décrets!

— *Amen!* » ajouta le jeune Seyton, « et qu'il me garde, moi, de faire ce soir aucune rencontre!

— Ce n'est pas votre coutume de prier ainsi.

— Non, je vous en laisse le soin, » répliqua le jeune homme, « lorsque vous éprouverez quelques scrupules au moment de combattre les vassaux de votre père. Mais je voudrais bien que le sang de ce vieillard disparût de mes mains avant que j'en répandisse d'autre ; cette nuit, je me confesserai à l'abbé, et je crois que j'aurai une légère pénitence pour avoir purgé la terre d'un semblable mécréant. Tout ce qui m'afflige, c'est qu'il n'ait pas été de vingt années plus jeune ; du reste, il a dégaîné le premier ; c'est toujours une consolation. »

CHAPITRE XXXIV.

> Oui, Pedro, venez ici avec le masque et la lanterne, l'échelle de cordes et les autres outils qu'on manie au clair de lune. Eh bien, jeune étourdi, tu peux tromper la vieille duègne, flatter la femme de chambre et corrompre le valet ; mais sache que moi, père de la jeune fille, je joue le rôle d'un dragon, sans repos et sans sommeil ; que, le cœur fermé à toute séduction et à tout salaire, je garde le trésor caché de sa beauté.
>
> DRYDEN, le *Moine espagnol*.

E cours de notre histoire nous reporte au château de Lochleven, où nous reprendrons la suite des événements depuis le jour mémorable où Dryfesdale en a été renvoyé.

Il était midi sonné, heure habituelle du dîner ; et rien ne semblait préparé pour le repas de la reine. Marie était retirée dans sa chambre, où elle était occupée à écrire. Sa suite, réunie dans le salon, manifestait ses inquiétudes ; car on peut se rappeler que le déjeuner avait été interrompu. « Je crois, sur mon honneur, » dit le page, « que voyant le peu de succès du poison, et craignant de s'adresser encore à un mauvais marchand pour faire leur emplette mortelle, ils veulent essayer maintenant de nous faire mourir de faim. »

Cette observation alarma tant soit peu dame Fleming ; mais elle se rassura en observant que la cheminée de la cuisine avait fumé toute la matinée d'une manière qui prouvait que cette supposition n'avait pas de fondement.

« Les voilà, » s'écria Catherine, « qui traversent la cour avec les plats, précédés par lady Lochleven, parée de sa haute fraise, de son tour de cou, de ses manches de gaze, et de son ample jupe de velours cramoisi à l'ancienne mode.

— Je crois, sur ma foi, » dit le page s'approchant aussi de la fenêtre, « que c'est la même jupe avec laquelle elle fit la conquête de l'aimable roi Jacques, et qui procura à notre pauvre reine un si bon frère.

— Cela ne peut être, Monsieur Roland, » répondit dame Fleming, qui se rappelait parfaitement tous les changements de mode, « parce que les *farthingales* parurent pour la première fois quand la reine régente vint à Saint-André après la bataille de Pinkey, et alors ils portaient le nom de *vertugadins*. »

Elle aurait poussé plus loin cette importante discussion, mais elle fut interrompue par l'arrivée de la châtelaine, qui marchait devant les domestiques chargés des différents plats, et qui, ensuite, s'acquitta du soin de les goûter. Fleming, en personne de cour, témoigna son regret de ce que la dame de Lochleven s'était donné la peine de remplir l'office du sénéchal.

« Après l'étrange événement de ce jour, Madame, » repartit la dame du manoir, « il est nécessaire, et pour mon honneur et pour celui de mon fils, que je partage tout ce qui est offert à mon hôte. Voulez-vous bien apprendre à dame Marie que j'attends ses ordres.

— Sa Grâce, » répliqua Fleming d'un ton emphatique, et pesant sur chaque mot, « va être informée que la dame de Lochleven attend ses ordres. »

Marie parut aussitôt; et s'adressant à son hôtesse d'une manière polie, qui même approchait de la cordialité : « C'est agir noblement, Madame, » dit-elle ; « car bien que nous ne craignions aucun danger dans votre maison, nos dames ont été fort effrayées de l'événement de ce matin : votre présence, qui nous honore, pourra les rassurer et leur rendre leur gaieté. Veuillez vous asseoir. »

La châtelaine obéit aux ordres de la reine, et Roland remplit l'office d'écuyer tranchant, comme il avait coutume de le faire. Malgré ce que la reine avait dit, le repas fut silencieux et peu agréable : tous les efforts que fit Marie pour entretenir la conversation échouèrent contre les répliques froides et sévères de la douairière. Enfin il devint fort clair que la reine, qui avait considéré ces avances comme une condescendance de sa part, et qui se piquait à juste titre de son pouvoir de plaire, s'offensait de la conduite peu civile de son hôtesse. Après avoir regardé dame Fleming et Catherine d'une manière très significative, elle haussa légèrement les épaules et garda le silence.

« Je m'aperçois, Madame, » dit la maîtresse du logis, « que je suis un obstacle à la gaieté de votre réunion ; je vous prie de m'excuser, je suis une veuve isolée et à qui l'on impose ici une charge bien périlleuse : abandonnée par mon petit-fils, trahie par mes serviteurs, je suis peu digne de la faveur que vous me faites en m'offrant une place à votre table, où je sais que l'on attend de l'esprit et de la gaieté de chaque convive.

— Si la dame de Lochleven parle sérieusement, » dit la reine, « nous ne pouvons deviner ce qui lui donne à croire que nos repas soient assaisonnés de joie. Si elle est veuve, elle vit libre et honorée, à la tête de la maison de son époux défunt. Mais je connais au moins une veuve dans le monde, devant laquelle on ne doit jamais prononcer les mots d'abandon et de trahison, parce que personne plus qu'elle n'a l'amère expérience de ce qu'ils valent.

— En parlant de mes malheurs, Madame, je n'avais certes point l'intention de vous rappeler les vôtres. »

Tout retomba dans le silence.

Enfin Marie s'adressant à Fleming : « Nous ne pouvons, » dit-elle, « commettre de péchés mortels dans ce lieu, où nous sommes si bien gardées et surveillées ; mais, si nous le pouvions, ce silence de chartreux nous servirait comme d'une espèce de pénitence. Si tu as quelquefois mal arrangé ma guimpe, ma Fleming, ou si Catherine a fait un point de travers dans sa broderie lorsqu'elle pensait à quelque autre chose qu'à son ouvrage, ou si Roland Græme a manqué le canard sauvage à l'aile, et cassé un carreau dans la fenêtre de la tour, ainsi que cela lui est arrivé la semaine dernière, voici l'instant de penser à vos péchés et de vous repentir.

— Madame, je parle avec tout le respect possible, » dit la châtelaine ; « mais je suis âgée et réclame le privilège de la vieillesse. Il me semble que vos serviteurs pourraient avoir des motifs plus sérieux de repentir que les bagatelles dont vous parlez, comme si vous plaisantiez et du péché et de la réparation.

— Vous avez été notre dégustatrice, Madame, et je m'aperçois que vous voudriez joindre à ces fonctions celle de notre confesseur. Mais puisque vous désirez que notre conversation soit sérieuse, puis-je vous demander pourquoi la promesse du régent, c'est-à-dire de l'homme que votre fils nomme ainsi, n'a pas été tenue à mon égard ? De temps en temps, cette promesse a été renouvelée et constamment violée : il me semble que les personnes qui prétendent à tant de gravité et de sainteté ne devraient pas priver les autres des secours de la religion que leur conscience réclame.

— Madame, le comte de Murray fut, il est vrai, assez faible, pour accorder tant à vos malheureux préjugés ; et un ecclésiastique envoyé du pape se présenta de sa part dans notre ville de Kinross ; mais Douglas est maître de son château, et ne permettra pas que ses foyers soient un instant souillés par un émissaire appartenant à l'évêque de Rome.

— Il vaudrait mieux, je crois, » dit Marie, « que monseigneur le régent m'envoyât dans un endroit où il y aurait moins de scrupules et plus de charité.

— En ceci, Madame, vous vous méprenez sur la nature de la charité et de la religion : la charité donne aux malades privés de raison les médicaments qui conviennent à leur santé, mais leur refuse ces liqueurs qui, flattant le palais, augmentent la maladie.

— Ce que vous nommez charité, dame de Lochleven, est une cruauté pure sous le déguisement hypocrite de soins affectueux. Je suis opprimée parmi vous, comme si vous vouliez en même temps et la perte de mon corps et celle de mon âme ; mais le ciel ne permettra pas toujours une telle iniquité, et ceux qui en sont les agents les plus actifs peuvent s'attendre à recevoir bientôt leur récompense. »

En ce moment, Randal entra dans l'appartement avec une figure si renversée que dame Fleming poussa un cri; la reine tressaillit involontairement, et la châtelaine, trop fière pour donner des signes de crainte, demanda promptement ce que c'était.

« Dryfesdale est mort, Madame, » répondit-il; « il a été assassiné par le jeune maître Henri Seyton, aussitôt qu'il a eu mis le pied en terre ferme. »

Ce fut alors le tour de Catherine de tressaillir et de devenir pâle.

« Le meurtrier du vassal de Douglas s'est-il échappé?

— Il n'y avait personne pour le défier que le vieux Keltie et le voiturier Auchtermuchty, » répliqua Randal; « de semblables hommes ne pouvaient tuer un des plus fringants cavaliers de toute l'Écosse, et qui avait sans doute des amis et des partisans à fort peu de distance.

— La blessure est-elle sans remède?

— Un Seyton frappe rarement deux fois; mais le corps n'a pas été dépouillé, et le paquet de Votre Seigneurie sera porté à Édimbourg par Auchtermuchty, qui partira demain matin de bonne heure; il a bu deux bouteilles d'eau-de-vie pour se remettre de sa frayeur, et il les cuve maintenant à côté de sa charrette. »

Lorsque ce fatal récit fut achevé, il y eut un moment de silence. La reine et la douairière se regardaient l'une l'autre, comme si chacune d'elles pensait à tourner l'événement à son avantage dans la dispute qui existait continuellement entre elles. Catherine couvrit ses yeux de son mouchoir et pleura.

« Vous voyez, Madame, » commença la vieille dame, « les sanglantes pratiques des papistes.

— Voyez plutôt, » riposta la reine, « le jugement du ciel sur l'empoisonneur calviniste.

— Dryfesdale n'était pas de l'Église de Genève ou d'Écosse.

— Il était hérétique, quoi qu'il en soit; il n'y a qu'un guide vrai et certain, les autres conduisent à l'erreur.

— Eh bien, Madame, j'espère que cela vous réconciliera avec votre retraite, et que cette action vous montrera quel est le caractère de ceux qui prétendent vous mettre en liberté. Ce ne sont que des querelleurs altérés de sang, depuis le clan Randal et celui de Tosach dans le nord, jusqu'aux Fernihust et aux Buccleuch dans le midi... depuis les homicides Seyton à l'est jusqu'aux...

— Madame, » dit Catherine en se découvrant le visage qui était alors rouge d'indignation, « vous oubliez que je suis une Seyton?

— Et quand je l'aurais oublié, la belle, votre arrogance m'en ferait ressouvenir.

— Sachez que si mon frère a tué le scélérat qui voulait empoisonner sa souveraine et sa propre sœur, » dit Catherine, « je suis seu-

lement fâchée qu'il ait prévenu le bourreau. Bien plus, ce misérable eût-il été même le plus vaillant des Douglas, il aurait été honoré de tomber sous l'épée de Seyton.

— Adieu, ma mie, » dit la châtelaine en se levant pour sortir ; « des filles telles que vous mettent les disputes à la mode, et rendent les querelles sanglantes. Il ne faut rien moins que de pareils exploits pour se mettre dans les bonnes grâces de quelques évaporées, qui pensent traverser la vie comme si elles dansaient une gaillarde française. » Elle fit ensuite une révérence à la reine, et ajouta : « Adieu, Madame ; portez-vous bien, jusqu'à l'heure du couvre-feu ; alors je vous paraîtrai peut-être plus hardie qu'agréable en assistant à votre souper. Suis-moi, Randal, et raconte-moi plus au long cette catastrophe.

— C'est un événement extraordinaire, » dit la reine, lorsque la châtelaine fut sortie, « et tout méchant que fût cet homme, je voudrais que le ciel lui eût accordé le temps de se repentir. Nous ferons quelque chose pour le repos de son âme si jamais nous sommes remise en liberté; pour une fois, l'Église accordera cette faveur à un hérétique. Mais, dis-moi, Catherine, ma mignonne... ton frère, qui est si fringant, comme le disait cet homme, a-t-il encore avec toi autant de ressemblance que jadis?

— Votre Majesté veut-elle parler du caractère? Sur ce point, elle peut savoir si je suis aussi fringante...

— Hé mais, tu es assez prompte, vraiment! mais malgré cela tu seras toujours ma chère amie. Je voulais te demander si ton frère jumeau te ressemble de traits et de figure comme jadis. Je me rappelle que ta mère parlait de cela comme d'une raison qui devait te faire prendre le voile; car si vous étiez tous les deux dans le monde, on mettrait sur ton compte bien des fredaines de ton frère.

— Je crois, Madame, qu'il y a quelques personnes d'une simplicité peu ordinaire, qui, même à présent, peuvent à peine faire une distinction entre nous, particulièrement lorsque, pour se divertir, mon frère prend des habits de femme. »

Et tout en parlant, elle tourna les yeux sur Roland, dans l'esprit duquel cette explication venait de jeter un rayon de lumière, aussi agréable que celui qui pénètre dans le cachot d'un captif, quand la porte s'ouvre pour lui donner la liberté.

« Ce doit être un beau cavalier s'il te ressemble à ce point. Il est resté en France pendant ces dernières années, c'est pourquoi je ne l'ai pas vu à Holy-Rood.

— On lui accorde quelques agréments extérieurs; mais je voudrais qu'il eût moins de cet esprit hardi et obstiné qu'encouragent ces temps de troubles parmi la jeune noblesse. Dieu sait que je ne crains pas pour sa vie lorsqu'il l'expose pour la défense de Votre Grâce; et je l'aime pour l'ardeur qu'il met à votre délivrance.

Mais pourquoi se disputer avec un coquin de domestique? pourquoi souiller son nom d'une telle querelle, et ses mains du sang d'un malheureux et méprisable vieillard?

— Patience, Catherine; je ne veux pas que tu calomnies mon jeune et galant chevalier. Avec Henri pour champion, et Roland Græme pour écuyer fidèle, je me crois une princesse de roman, qui pourrait bientôt se rire des donjons et des maléfices de tous les magiciens. Mais l'agitation de ce jour m'a donné mal à la tête. Prends *la Mer des histoires*, et continue la lecture où nous en sommes restées mercredi... Que la sainte Vierge ait pitié de ta pauvre tête, jeune fille, ou plutôt de ton pauvre cœur!... je t'ai demandé *la Mer des histoires*, et tu m'as apporté *la Chronique d'amour*. »

Une fois embarquée sur *la Mer des histoires*, la reine continua de travailler à l'aiguille, tandis que dame Fleming et Catherine lurent tour à tour pendant deux heures.

Pour Roland Græme, il est probable qu'il s'égara mentalement dans le labyrinthe de la chronique d'amour, en dépit du blâme que la reine semblait jeter sur ce genre d'étude. Il se rappelait mille choses dans la voix et dans les manières, qui, s'il eût été moins prévenu, lui auraient sans doute fait distinguer le frère de la sœur; et il fut honteux, connaissant parfaitement les gestes et l'accent de Catherine, de l'avoir crue capable, quelque étourdie qu'elle fût, d'affecter la démarche libre, la voix haute, et l'assurance hardie, qui s'accordaient assez avec le caractère vif et mâle de son frère. Il s'efforça plusieurs fois de saisir un regard de Catherine qui pût lui faire deviner comment elle était disposée à son égard depuis qu'il avait fait cette découverte, mais ce fut sans succès; car lorsque Catherine ne lisait pas, elle semblait prendre le plus vif intérêt aux exploits des chevaliers de l'ordre Teutonique contre les païens d'Esthonie et de Livonie.

Mais, après la lecture, la reine descendit au jardin, et, peut-être à dessein, car l'inquiétude de Roland ne pouvait échapper à une si bonne observatrice, lui offrit une occasion favorable d'entretenir la jeune fille. Elle leur commanda de rester à quelque distance, tandis qu'elle causerait avec dame Fleming d'un sujet important. Nous avons appris de bonne part que la conversation roula sur les avantages du collet montant ou de la fraise rabattue. Roland aurait été le plus sot et le plus maladroit de tous les amants s'il n'eût mis à profit cette occasion.

« Belle Catherine, » dit le page, « je n'ai songé pendant toute la vêprée qu'à vous demander si vous ne m'avez pas trouvé bien fou et bien saugrenu d'avoir été capable de vous confondre avec votre frère.

— La méprise fait peu d'honneur à l'élégance de mes manières, » dit Catherine, « si on les confond si aisément avec celles de ce fougueux étourdi. Mais avec le temps je deviendrai plus sage; et dans cette vue je suis déterminée à ne plus penser à vos folies, mais à corriger les miennes.

— Quant à vous-même, » répliqua le page, « la peine ne sera pas grande.

— Je ne sais, » dit Catherine très gravement, « je crains que nous n'ayons été l'un et l'autre d'une folie impardonnable.

— J'ai été fou, » s'écria Roland, « fou à lier; mais vous, aimable Catherine...

— Moi, » reprit Catherine du même ton de gravité qui ne lui était point habituel, « j'ai trop longtemps permis que vous employiez envers moi de semblables épithètes, et je suis fâchée de vous le dire, si cela peut vous faire de la peine.

— Et qui peut avoir si soudainement changé nos relations ou altéré si cruellement la bonté que vous aviez pour moi?

— Je puis à peine le dire, à moins que ce ne soient les événements du jour qui m'ont fait voir qu'il était nécessaire d'observer plus de réserve entre nous deux; un hasard semblable à celui qui vous a révélé l'existence de mon frère peut avoir fait connaître à Henri les expressions familières dont vous usez envers moi. Hélas! toute sa conduite, aussi bien que la mort de Dryfesdale, me fait justement appréhender les conséquences qui pourraient en résulter.

— Ne craignez rien de ce côté, belle Catherine; je suis bien capable de me défendre contre des périls semblables.

— C'est-à-dire que vous voudriez vous battre avec le frère en témoignage de l'estime que vous faites de la sœur? J'ai ouï dire à la reine, dans ses moments de tristesse, que les hommes, soit dans leur amour, soit dans leur haine, sont les êtres les plus égoïstes de la nature; et votre indifférence dans ce cas le prouve parfaitement. Mais ne vous désolez pas : vous n'êtes pas pire que les autres.

— Vous me faites injure, Catherine : je pensais seulement qu'une épée me menaçait sans me rappeler dans quelle main votre imagination l'avait placée. Si votre frère était devant moi, l'épée nue à la main, vous ressemblant autant par les traits, par la grâce du maintien et par la voix, il pourrait répandre tout mon sang avant que je trouvasse le courage de me défendre.

— Hélas! il n'y a pas que mon frère au monde. Vous ne voulez vous rappeler que les circonstances singulières qui nous ont mis ensemble sur ce pied de familiarité, et presque d'intimité. Vous ne pensez pas que, lorsque je retournerai dans la maison de mon père, il se trouvera entre nous deux un gouffre que vous ne pourrez franchir sans craindre d'y perdre la vie. Votre seule parente connue est une femme singulière et d'une existence bizarre : elle sort d'un clan ennemi et détruit : le reste de vos parents est ignoré... Excusez-moi, si je vous dis ce qui est une vérité incontestable.

— L'amour, charmante Catherine, méprise les généalogies.

— L'amour le peut, mais le baron Seyton ne pense pas ainsi.

— La reine, votre maîtresse et la mienne, parlera en ma faveur. Oh! ne m'éloignez pas de vous à l'instant où je me crois si heureux! Et si j'aide à rendre la liberté à notre souveraine, ne m'avez-vous pas dit vous-même que toutes deux vous deviendriez mes débitrices?

— Ah! toute l'Écosse le deviendra; mais quant aux effets que ma reconnaissance doit vous faire espérer, il faut vous souvenir que je dépends entièrement de mon père; et la pauvre reine sera, pendant longtemps, plus dépendante du caprice de ses nobles et des gens de son parti que maîtresse de contrôler leurs actions.

— Soit! mes actions me mettront au-dessus du préjugé même. Nous vivons dans un temps où un homme peut s'élever par son seul mérite; et j'y parviendrai comme tant d'autres. Le chevalier d'Avenel, tout puissant qu'il est, sort d'une origine aussi obscure que la mienne.

— Fort bien! c'est ainsi que s'exprime un chevalier de roman qui veut se frayer un passage vers sa princesse captive, au milieu des fées et des dragons vomissant feux et flammes.

— Mais si je puis délivrer ma princesse, sur qui fixera-t-elle son choix?

— Délivrez-la d'abord, et elle vous le dira. »

Rompant tout à coup la conversation, elle rejoignit la reine avec tant de vitesse, que Marie s'écria à mi-voix :

« Plus de nouvelles de mauvais augure... point de dissension, j'espère dans ma pauvre maison? » Ensuite, regardant les joues rougissantes de Catherine, et l'œil brillant et expressif de Roland : « Non, non, » dit-elle, « je vois que tout est bien... Mignonne, monte dans mon appartement et va me chercher... attends... oui, va me chercher ma boîte à parfums. »

Et ayant ainsi disposé de sa fille d'honneur de la manière la plus convenable pour cacher sa confusion, la reine ajouta, en s'adressant à Roland : « Je voudrais au moins me faire de vous et de Catherine deux sujets reconnaissants ; car, quelle autre souveraine favoriserait si complaisamment votre amour? Bon! vous portez la main sur votre épée; votre petite flamberge n'est bonne à rien ici; mais dans peu de temps nous verrons si toute la fidélité qu'on nous jure est réelle. J'entends sonner le couvre-feu de Kinross. Rentrons dans notre appartement : cette vieille dame nous a promis de revenir près de nous lors du repas du soir. Si je n'avais l'espoir d'une prompte délivrance, sa présence me rendrait folle, mais j'aurai de la patience.

— J'avoue, » dit Catherine, « que je voudrais, pour un seul moment, être Henri et avoir tous les privilèges d'un homme; j'ai envie de jeter mon assiette à cette femme, à ce composé d'orgueil, d'affectation et de méchanceté. »

Dame Fleming réprimanda sa jeune compagne de cet accès d'impatience; la reine en rit, et tous retournèrent au salon, où entra presque aussitôt la dame du château, précédant les valets qui portaient le souper. La reine, déterminée à ne point dévier de la résolution qu'elle avait prise d'être prudente, supporta sa présence avec courage, jusqu'à ce que sa patience fût poussée à bout par une for-

malité nouvelle, qui n'avait pas encore fait partie du cérémonial. Lorsque les domestiques se furent retirés, Randal entra, portant les clefs du château attachées à une chaîne ; il les remit respectueusement à sa maîtresse en annonçant que les sentinelles étaient à leur postes et toutes les portes fermées.

La reine et ses dames se regardèrent d'un air de désappointement, de colère et de dépit ; et Marie dit tout haut : « Nous ne pouvons regretter l'exiguïté de notre cour, lorsque nous voyons notre hôtesse se charger en personne d'un si grand nombre d'emplois. Outre les charges de premier majordome de notre maison et de grand aumônier, elle remplit ce soir celle de capitaine des gardes.

— Et elle continuera de la sorte à l'avenir, Madame, » répondit la dame de Lochleven avec beaucoup de gravité ; « l'histoire d'Écosse est là pour m'apprendre combien les fonctions déléguées à des substituts sont toujours mal remplies : nous avons ouï parler de favoris de date plus récente et d'aussi petit mérite qu'Olivier Sainclair.

— Oh ! Madame, » reprit la reine, « mon père avait des favoris dans l'un et l'autre sexe. Il me semble qu'il y eut des dames Sandilands, Olifaunt et quelques autres ; mais leurs noms ne peuvent se conserver dans la mémoire d'une personne aussi grave que vous l'êtes. »

La châtelaine regarda la reine avec des yeux capables de la tuer sur la place ; mais, domptant son ressentiment, elle quitta le salon, emportant à la main l'énorme trousseau de clefs.

« Que Dieu soit loué pour les fautes de la jeunesse de cette femme, » s'écria la reine. « Si elle n'avait pas ce côté faible dans son passé, elle serait invulnérable : cette tache est l'opposé de celle que l'on appelle la marque de la sorcière, je puis la lui faire sentir, quoiqu'elle soit insensible partout ailleurs. Mais qu'en dites-vous ? Voici une nouvelle difficulté ; comment faire pour s'emparer de ces clefs ? Je crois qu'il n'y a pas moyen de tromper ou de corrompre ce dragon.

— Puis-je vous prier de répondre à deux simples questions ? » interrompit Roland. « Si Votre Grâce était hors des murs de ce château, pourrait-elle trouver un moyen de gagner la terre ferme, et une fois sur le rivage, trouverait-elle une protection assurée ?

— Nous le pensons, Roland », dit la reine ; « car sur ce point notre plan est passablement bien établi.

— Alors, si Votre Grâce me permettait de lui dire ma pensée, je lui serais de quelque utilité dans cette affaire.

— Comment, mon brave garçon? parlez, ne craignez rien.

— Mon patron, le chevalier d'Avenel, avait coutume d'obliger les jeunes gens élevés dans sa maison à apprendre l'usage de la hache et du marteau, et la façon de travailler le bois et le fer. Il nous parlait d'anciens champions du Nord qui forgeaient leurs propres armes, et du capitaine montagnard Donald-nan-Ord, ou Donald du Marteau, qu'il avait connu lui-même, et qui avait coutume de battre le fer sur l'enclume avec un marteau dans chaque main. Quelques-uns disent que si le chevalier estimait de pareilles industries, c'est qu'il ne sortait pas d'un sang noble. Quoi qu'il en soit, j'y réussis assez bien, ainsi que dame Catherine Seyton le sait quelque peu, car, depuis que nous sommes ici, je lui ai fait une épingle d'argent.

— Oui, » répliqua Catherine ; « mais », ajouta-t-elle malicieusement, « il faut tout dire à Sa Grâce : votre bijou était si peu solide qu'il s'est brisé et que je l'ai perdu.

— Ne la croyez pas, Roland, » reprit la reine ; « elle a pleuré lorsque l'épingle s'est cassée, et elle en a placé les morceaux dans son sein. Mais voyons votre projet. Pourriez-vous forger habilement de fausses clefs?

— Non, Madame, parce que je ne connais pas les serrures. Mais je suis convaincu que j'en pourrai faire un trousseau qui, au premier coup d'œil, ressemblera parfaitement à ce vilain paquet que la dame vient d'emporter tout à l'heure : de sorte qu'il ne s'agira que de faire ici une substitution adroite.

— Et la bonne dame, grâce au ciel, est tant soit peu aveugle, » ajouta la reine. « Mais il vous faut une forge, mon ami, et les moyens de travailler sans être observé?

— La forge de l'armurier du château, à laquelle j'ai travaillé quelquefois avec lui, se trouve sous la voûte ronde qui forme le souterrain de la tourelle. Il a été renvoyé avec l'homme du guet, parce qu'on lui supposait beaucoup trop d'attachement pour Georges Douglas. On est accoutumé à me voir travailler dans ce caveau, et je trouverai quelque excuse qui me permettra de me servir du soufflet et de l'enclume.

— Le projet semble assez bon, » dit la reine ; « mettez-vous à l'ouvrage, mon enfant, avec la plus grande promptitude, et prenez garde que l'on ne découvre la nature de votre travail.

— Oh ! je prendrai la liberté de pousser le verrou, si le hasard amenait quelques visiteurs, et j'aurais le temps de cacher mon ouvrage avant d'ouvrir la porte.

— Cela ne suffira-t-il pas pour élever des soupçons dans un lieu qui en inspire déjà naturellement ?

— Point du tout, » reprit Roland ; « Grégoire l'armurier, comme tout bon ouvrier, s'enferme lorsqu'il fait quelque chef-d'œuvre de son art. Après tout, il faut en courir le risque.

— Il est temps de nous retirer, » dit la reine, « et que Dieu vous bénisse, mes enfants ! Si Marie reprend jamais le dessus, vous vous élèverez avec elle. »

CHAPITRE XXXV.

C'est l'heure du danger, non celle du plaisir,
quand les ecclésiastiques prennent un masque.
DRYDEN, *le Moine espagnol.*

'ENTREPRISE de Roland prenait couleur de réussite. Avec quelques onces d'argent que la reine lui avait remises, il avait fait d'abord deux ou trois petits bijoux, dans lesquels la perfection du travail ne surpassait pas le prix de la matière. Ces bagatelles furent sagement offertes à ceux qui auraient pu les premiers s'inquiéter de ce que le page faisait avec la forge et l'enclume. Ce fut ainsi qu'il endormit les soupçons. En présence des curieux, le page travaillait à ces bijoux; en secret, il forgeait un certain nombre de clefs tellement semblables par le poids et par la forme à celles que l'on présentait chaque soir à la châtelaine qu'un simple coup d'œil n'aurait pu en faire apercevoir la différence. Il leur donna une couleur de vétusté en les plongeant plusieurs fois dans de l'eau salée; et, fier de son adresse, il les présenta enfin à la reine dans son salon, une heure avant qu'on sonnât le couvre-feu.

Marie les regarda avec plaisir, mais en même temps avec crainte.

« J'avoue, » dit-elle, « que les yeux de la dame qui ne sont pas clairvoyants, pourront s'y tromper, si nous parvenons à mettre ces clefs à la place des instruments de sa tyrannie. Mais comment y réussir, et qui de ma petite cour pourra essayer ce tour de jongleur avec quelque chance de succès ? Si nous pouvions l'engager dans une argumentation un peu vive... mais les discours que je lui adresse semblent produire cet effet qu'elle serre plus fortement les clefs dans sa main, comme si elle voulait me dire : « Voici ce qui me place au-dessus de vos sarcasmes et de vos reproches. » Et même pour obtenir sa liberté, Marie Stuart ne s'abaissera point à caresser cette orgueilleuse hérétique. Que faire donc ? Dame Fleming essaiera-t-elle son éloquence pour lui décrire les nouvelles coiffures arrivées de Paris ? Hélas ! la bonne dame n'a changé en rien, que je sache, aucune partie de son costume depuis la bataille de Pinkey... Ma mignonne Catherine lui chantera-t-elle un de ces airs touchants qui m'attendrissent l'âme et celle de Roland Græme ?... Hélas ! dame Marguerite Douglas aimerait mieux un psaume huguenot sur l'air : *Réveillez-vous, belle endormie...* Fidèles conseillers, que faut-il faire ? car nos esprits s'égarent en y songeant. Notre champion et garde du corps doit-il assaillir courageusement la vieille dame et lui enlever ces clefs *par voie de fait ?*

— Non pas, avec la permission de Votre Grâce, » dit Roland ; « je pense qu'il faut avoir recours à la ruse, bien que, pour votre service, je ne craigne pas...

— Un bataillon de vieilles femmes, » interrompit Catherine, « chacune armée d'une quenouille et d'un fuseau, encore qu'il n'ait aucun penchant pour les piques et les pertuisanes qui pourraient se montrer aux cris de *Douglas ! à l'aide, Douglas !*

— Ceux qui ne craignent pas la langue des belles dames, » reprit le page, « n'ont à craindre rien autre chose... Mais, gracieuse souveraine, je suis presque persuadé que je réussirai à substituer ces clefs à la place de celles de notre geôlière ; seulement je crains la sentinelle qui maintenant est posée chaque nuit dans le jardin, et près de laquelle il nous faudra passer.

— Nos amis de l'autre côté du lac ont promis, par leurs derniers avis, de nous secourir en cette occasion.

— Et Votre Grâce est-elle certaine de leur vigilance comme de leur fidélité ?

— Je répondrais de l'une et de l'autre sur ma vie. Et je veux sur-le-champ te faire voir, mon dévoué Roland, qu'ils sont aussi dévoués et aussi ingénieux que toi-même. Viens ici ; mais non, Catherine, suis-nous ; je ne conduirai pas seule un page si alerte dans ma chambre à coucher. Ferme la porte du salon, Fleming, et avertis-nous si tu entends le moindre bruit. Mais non, reste, Catherine, » dit-elle à voix basse, « ton oreille et ton esprit sont plus subtils. Bonne Fleming, accompagne-nous. » Et elle ajouta encore à voix basse en parlant à Catherine : « Ta respectable parente surveillera Roland aussi bien que tu le pourrais faire toi-même ; ne sois pas jalouse, mignonne. »

Comme elle parlait ainsi, dame Fleming les éclaira, et ils entrèrent dans la chambre à coucher, dont la fenêtre se projetait au dehors.

— Regarde par cette fenêtre, Roland, » dit Marie. « Vois-tu, parmi la quantité de lumières qui commencent à briller d'une lueur pâle à travers l'obscurité de la nuit dans le village de Kinross ; vois-tu, dis-je, une clarté un peu éloignée de toutes les autres, et qui semble au rez du rivage ? elle n'est pas plus brillante que le scintillement d'un pauvre ver luisant ; et cependant, mon brave écuyer, cette clarté est plus chère à Marie Stuart que toutes les étoiles qui étincellent dans la voûte azurée du ciel. Par ce signal je suis avertie que plus d'un cœur sincère s'occupe de ma délivrance ; et, sans cette persuasion et l'espoir de la liberté qu'elle me donne, il y a longtemps que j'aurais succombé sous le poids de mes infortunes. On a formé projet sur projet, et ils ont été abandonnés ; mais la lumière brille encore, et tant qu'elle brillera, l'espoir vivra dans mon cœur. Oh! combien de soirées j'ai passées dans le découragement, réfléchissant à nos projets déçus, et ne m'attendant plus à revoir ce signal tant désiré ; puis tout à coup il reparaissait plus brillant, et, tel que la clarté du feu Saint-Elme pendant une tempête, il m'apportait l'espoir, la patience et la consolation.

— Si je ne me trompe, » répondit Roland, « cette lumière vient de la maison du jardinier Blinkhoolie.

— Tu as de bons yeux, » dit la reine ; « oui, c'est là que mes fidèles sujets (que Dieu et les saints les bénissent!) se consultent sur les moyens de me délivrer. La voix d'une malheureuse captive mourrait sur ces ondes bleuâtres longtemps avant qu'elle pût se mêler à leurs conseils, et cependant il m'est possible de communiquer avec eux. Je vais leur demander si le moment de la grande entreprise est proche. Posez la lampe sur la croisée, Fleming. »

Elle obéit, et la retira immédiatement après l'avoir posée. Elle n'eut pas plutôt fait ce double mouvement que la lumière de la maison du jardinier disparut.

« Maintenant, comptez, » dit la reine ; « car mon cœur bat si fort que je ne puis le faire moi-même. »

Dame Fleming se mit à compter un, deux, trois, et quand elle fut arrivée au nombre dix, la pâle lumière brilla de nouveau.

« Maintenant, Notre-Dame soit louée! » dit la reine ; « il y a deux nuits, la lumière ne paraissait qu'au nombre trente ; l'heure de la délivrance approche. Que Dieu bénisse ceux qui travaillent pour moi avec une telle fidélité !... Hélas! qu'il vous bénisse aussi, mes enfants! Allons, il faut rentrer au salon. Notre absence pourrait exciter quelques soupçons si l'on venait à servir le souper. »

Ils rentrèrent dans le salon, et la soirée se termina comme à l'ordinaire.

Le jour suivant, à l'heure du dîner, il arriva un nouvel incident. Tandis que la vieille châtelaine remplissait sa charge de chaque jour, qui était de servir et de goûter les plats de la table de la reine, on vint lui dire qu'un homme d'armes, recommandé par son fils, venait d'arriver, mais qu'il n'apportait ni lettres, ses communications devant être verbales, ni signe de reconnaissance, parce qu'il n'avait qu'un mot d'ordre.

« Vous a-t-il répété ce mot? » demanda-t-elle.

« Il le réserve, je pense, pour l'oreille de Votre Seigneurie.

— Il a raison. Dites-lui de m'attendre dans la grand' salle... Mais non, avec votre permission, Madame, » ajouta-t-elle en parlant à la reine, « qu'il vienne me trouver ici.

— Puisqu'il vous est agréable de recevoir vos domestiques en ma présence, » dit la reine, « je ne puis choisir.

— Mes infirmités doivent être mon excuse, » reprit la dame de

Lochleven ; « la vie qu'il faut que je mène ici convient mal aux années qui pèsent sur ma tête, et me force à violer l'étiquette.

— Oh! ma bonne dame, » répliqua la reine, « je voudrais bien qu'il n'y eût rien dans votre château de plus pesant que les faibles chaînes du cérémonial ; mais les verrous et les barreaux sont des

choses plus pénibles à supporter. »

Pendant qu'elle parlait, l'homme d'armes que Randal avait annoncé entra dans la chambre, et Roland aussitôt reconnut l'abbé Ambroise.

« Quel est votre nom, mon ami ? » demanda la châtelaine.

« Édouard Glendinning, » répondit l'abbé en faisant un profond salut.

« Êtes-vous du sang du chevalier d'Avenel ?

— Oui, Madame, et même de fort près.

— La chose n'est point étonnante, car le chevalier est fils de ses propres œuvres, et d'une profonde obscurité il s'est élevé au rang important qu'il occupe aujourd'hui dans l'État ; mais il est d'une fidélité et d'un mérite reconnus, et son parent est le bienvenu au château. Vous avez probablement embrassé la vraie foi?

— N'en doutez pas.

— Sire William Douglas ne vous a-t-il pas chargé de quelque chose pour moi?

— Oui, Madame ; mais je ne dois vous le dire qu'en particulier.

— Vous avez raison, » dit la dame en se dirigeant vers l'embrasure d'une fenêtre ; « en quoi consiste ce mot d'ordre?

— Dans les vers d'un vieux barde.

— Répétez-les. »

L'abbé murmura à voix basse ces vers d'un ancien poème intitulé *la Hulotte :*

Ô Douglas! ô Douglas!
Ami tendre et fidèle!

« C'est un passage de Jean Holland ! » dit-elle en parlant du vieux poète ; « jamais cœur plus sensible n'inspira une chaste muse ! O sire Jean, l'honneur des Douglas fut toujours le thème favori qui fit vibrer les cordes de ta lyre !... Nous vous recevons dans notre garnison, Glendinning ; toi, Randal, veille à ce qu'il ne soit employé qu'à la garde extérieure tant que mon fils n'aura pas été consulté. Tu ne crains pas l'air de la nuit, Glendinning?

— Pour la cause de la dame devant laquelle je suis, je ne crains rien, Madame.

— Notre garde est plus forte à présent d'un digne et fidèle soldat. Rends-toi à l'office... Qu'on ait soin de cet homme, Randal. »

Lorsqu'elle fut seule, la reine dit à Roland, qui maintenant était presque toujours auprès d'elle :

« La physionomie de cet étranger me prévient en sa faveur ; je ne sais pourquoi, mais je suis persuadée que c'est un ami.

— La pénétration de Votre Grâce n'est point en défaut, » répondit le page; et il l'informa que cette nouvelle recrue n'était autre que l'abbé de Sainte-Marie en personne.

La reine fit le signe de la croix et leva les yeux au ciel.

« Indigne pécheresse que je suis! » s'écria-t-elle ; « pour moi un homme si saint et si élevé dans les ordres porte l'habit d'un vil soldat, et s'expose à la mort réservée aux traîtres!

— Le ciel protégera ses fidèles serviteurs, » dit Catherine ; « l'aide du père Ambroise attirerait les bénédictions sur notre entreprise, si elle n'était déjà bénie par elle-même!

— Ce que j'admire dans mon père spirituel, » ajouta Roland, « c'est la fermeté qu'il a montrée en me voyant : aucun signe de sa part n'a laissé soupçonner que nous nous connaissions dès longtemps. Je n'aurais pas cru la chose possible, si ce n'est dans le temps où j'étais persuadé qu'Henri était la même personne que Catherine.

— Mais n'avez-vous pas remarqué avec quelle finesse le bon père a éludé les questions de notre hôtesse, » dit la reine, « en lui disant l'exacte vérité, qu'elle interprétait toujours de manière à se tromper elle-même? »

Roland pensa au fond de son cœur que lorsqu'on disait la vérité dans le dessein de tromper, ce n'était guère mieux que déguiser un mensonge; mais ce n'était pas l'instant de discuter un tel cas de conscience.

« Et maintenant examinons le signal du rivage, » s'écria Catherine ; « mon cœur me dit que nous verrons cette nuit deux lumières, au lieu d'une, briller dans ce jardin qui est notre Éden. En ce cas, Roland, vous remplirez votre rôle bravement, et nous danserons sur la pelouse comme les fées à l'heure de minuit. »

Catherine ne s'était pas trompée dans ses conjectures. Le soir même, deux lumières au lieu d'une brillèrent dans la maisonnette, et le cœur du page lui battit bien fort en entendant poster le prétendu homme d'armes en faction à l'extérieur du château. Quand il apprit cette nouvelle à la reine, elle lui présenta la main : il s'agenouilla, et, en la portant à ses lèvres avec le respect dû à sa souveraine, il la sentit moite et froide comme le marbre.

« Pour l'amour de Dieu, Madame, » s'écria-t-il, « ne perdez pas courage !

— Appelez à votre aide la sainte Vierge, » dit dame Fleming, « appelez votre ange gardien.

— Appelez les esprits des cent rois dont vous êtes descendue, » dit le page ; « dans ce moment, la fermeté d'un monarque vaut mieux que le secours de tous les saints.

— Oh ! Roland Græme, » dit Marie d'un air abattu, « soyez-moi fidèle ; beaucoup m'ont trahie. Hélas ! je me suis trahie quelquefois moi-même. Mon imagination m'a toujours dit que je mourrai dans les fers, et que cette tentative hardie doit nous coûter la vie à tous. Un devin m'a prédit en France que je périrais en prison d'une mort violente, et voici l'heure qui arrive. Oh ! que Dieu m'y trouve préparée !

— Madame, » dit alors Catherine, « rappelez-vous que vous êtes reine. Il vaut mieux mourir tous en cherchant noblement à reconquérir notre liberté, que de rester ici pour y être empoisonnés comme des rats dont on veut débarrasser une vieille maison.

— Vous avez raison, Catherine, » répondit la reine ; « et Marie se conduira comme elle le doit. Mais, hélas ! votre esprit jeune et ardent ne peut interpréter les causes qui ont abattu le mien. Pardon, mes enfants ! je vais préparer mon esprit et mon corps à cette périlleuse tentative. »

Ils se séparèrent jusqu'au moment où la cloche qui annonçait le couvre-feu vint les rassembler de nouveau. La reine était grave, mais ferme et résolue ; dame Fleming, avec l'art d'un habile courtisan, savait parfaitement voiler ses terreurs secrètes ; quant à Catherine, ses yeux étincelaient, comme enflammés par la hardiesse de l'entreprise, et un sourire errant sur ses jolies lèvres exprimait son mépris de tout danger. Roland, qui sentait combien le succès dépendait de son adresse et de son audace, rassemblait toute sa présence d'esprit, et, s'il sentait son courage faiblir quelque peu, il jetait un regard sur Catherine, qui ne lui avait jamais paru si belle. « Je puis ne point réussir, » pensait-il ; « mais espérant une telle récompense, il faudra que nos ennemis appellent le diable à leur aide pour venir à bout de moi. » Ayant pris une telle résolution, il se tint comme un chien de chasse à la piste : sa main, son cœur et ses yeux prêts à saisir la moindre occasion favorable à ses projets.

Les clefs avaient été présentées à la châtelaine avec le cérémonial accoutumé. La fenêtre du salon, comme celle de l'appartement de la reine, donnait sur Kinross, et sur l'église située près du lac, à quelque distance de la ville, à laquelle elle était réunie par un chemin bordé de quelques chaumières. La vieille dame regardait avec plus d'attention que de coutume l'immense et lourd trousseau de clefs, instrument de tant de souffrances, ou du moins les prisonniers se le figuraient ainsi dans leur impatience de s'en emparer. Elle se tenait le dos tourné à la fenêtre, et le visage vers la table sur laquelle les clefs étaient placées depuis un instant, tandis qu'elle goûtait les différents plats. Comme elle achevait cet office accoutumé, et au moment où elle allait reprendre ses clefs, le page, debout près d'elle, et qui lui avait présenté tour à tour chaque plat, regarda de côté vers le cimetière, et s'écria qu'il y voyait briller une torche funèbre.

La dame ne laissait pas d'avoir sa part des superstitions de son siècle ; le sort de ses fils lui avait fait ajouter foi aux présages : or un flambeau vu dans le lieu où était le tombeau d'une famille passait pour le présage du trépas de quelqu'un de ses membres. Elle tourna la tête vers la fenêtre, vit une clarté éloignée, et perdit dans l'espace d'une seconde tous les fruits de sa longue vigilance. Roland tenait sous son manteau les clefs qu'il avait forgées, et avec une rare dextérité il les substitua aux véritables. Son adresse ne put point empêcher un bruit léger que fit la ferraille lorsqu'il s'en saisit.

« Qui touche à mes clefs ? » s'écria la dame ; et tandis que le page répondait que la manche de son habit les avait effleurées, elle regarda autour d'elle, s'empara du trousseau qui remplaçait le sien, et se retourna encore pour regarder la prétendue lueur funèbre.

« Je vous assure, » dit-elle, après un moment de réflexion, « que cette clarté ne vient pas du cimetière, mais de la maisonnette du vieux Blinkhoolie. Je ne sais quel métier fait ce coquin, mais, très avant dans la nuit, il a de la lumière chez lui. Je le croyais industrieux et paisible ;

mais, s'il vient à recevoir habituellement des paresseux et des coureurs de nuit, il faudra qu'il déguerpisse.

— Il travaille peut-être à ses paniers, » dit le page, qui cherchait à dérouter ses soupçons.

« Ou à ses filets, n'est-ce pas?

— Sans doute, pour la pêche aux saumons et aux truites.

— Ou à celle des fous et des vauriens. Nous verrons cela demain. Je souhaite une bonne nuit à Votre Grâce et à sa compagnie. Randal, suivez-moi. »

Et Randal, qui attendait dans l'antichambre, après avoir remis son paquet de clefs, servit d'escorte à sa maîtresse ainsi qu'à l'ordinaire, tandis que, laissant la reine dans son appartement, elle se retirait vers le sien.

« A demain! » dit le page en se frottant les mains avec joie, et en répétant ironiquement ce mot qu'avait employé la châtelaine. « Les fous remettent au lendemain, et les sages s'occupent durant la nuit. Pourrais-je prier Votre Grâce de se retirer pendant une demi-heure, jusqu'à ce que tout le château soit enseveli dans le sommeil? Il faut que j'aille frotter d'huile ces bienheureux instruments de notre liberté. Courage et constance, et tout ira bien, pourvu que nos amis de l'autre rive ne manquent pas de nous envoyer le bateau dont vous avez parlé.

— Ne craignez rien, » dit Catherine; « ils sont aussi sûrs que l'acier. Que notre chère maîtresse garde seulement son noble et royal courage!

— Ne doute pas de moi, Catherine, » répliqua la reine; « j'ai été vaincue par un instant de faiblesse; mais je reprends le courage de mes belles années, l'enthousiasme avec lequel je m'élançais suivie de mes nobles guerriers : car alors je désirais d'être homme, pour connaître la vie de ceux qui courent au combat, portant la cotte de mailles, le havresac, le bouclier et l'épée.

— Oh! l'alouette n'a pas une vie plus gaie; elle ne chante pas des airs plus vifs et plus légers que les joyeux soldats, » répondit Catherine. « Votre Grâce sera bientôt au milieu d'eux, et la vue d'une telle souveraine va tripler la force et le courage de chacun de ses sujets.

— Le temps presse, » fit observer la reine ; « une des deux lumières de la chaumière est éteinte, ce qui annonce que le bateau est au large.

— Ils marcheront avec précaution, » dit le page, « ou se serviront de l'aviron quand la profondeur de l'eau le permettra, afin d'éviter le bruit. Que chacun se dispose. Je vais parler à l'abbé. »

A l'heure silencieuse de minuit, lorsque tout fut calme dans le château, Roland mit la clef à la serrure du guichet qui donnait dans le jardin, et qui se trouvait au bas de l'escalier menant à l'appartement de la reine. « Maintenant, tourne légèrement et doucement, bon verrou, » dit-il, « si jamais l'huile a su adoucir la rouille. » Et il avait si bien pris ses précautions que le verrou n'offrit aucune résistance et ne produisit aucun bruit. Au lieu de traverser le péristyle, il fit signe à l'abbé déguisé, et lui demanda si la barque était prête.

« Depuis une demi-heure, » répondit-il, « elle est sous les murs du jardin, trop près de l'île pour être vue par l'homme du guet ; mais je crains qu'elle n'échappe pas aussi heureusement à sa vigilance en reprenant le large.

— L'obscurité, » reprit le page, « et notre profond silence peuvent faire qu'elle repasse sans être plus observée qu'à sa venue. Hildebrand a la garde de la tour : c'est un coquin qui prétend que la meilleure chose pour veiller toute une nuit est une bonne pinte de bière, et il dort pour tenir la gageure.

— Amenez donc la reine, » dit l'abbé, « et j'appellerai Henri Seyton pour aider les dames à s'embarquer. »

Sur la pointe du pied, du pas le plus léger, osant à peine respirer, et tremblant au moindre bruit que faisaient leurs vêtements, les belles prisonnières, guidées par Roland Græme, se glissèrent, l'une après l'autre, au bas de l'escalier : elles furent reçues à la porte du guichet par Henri Seyton et par dom Ambroise.

Le premier semblait prendre sur lui toute la direction de l'entreprise.

« Révérend abbé, » dit-il, « donnez votre bras à ma sœur ; je vais conduire la reine, et ce jeune homme aura l'honneur de servir de guide à dame Fleming. »

Ce n'était pas le temps de contester sur cette disposition, quoiqu'elle ne fût pas du goût de notre page. Catherine Seyton, qui connaissait les sinuosités du jardin, marchait la première, agile comme un sylphe : elle avait plutôt l'air de conduire l'abbé que de recevoir l'assistance de son bras. Le courage naturel de la reine l'emportant sur les craintes féminines et sur mille réflexions pénibles, elle avançait d'un air ferme appuyée sur le bras d'Henri Seyton, tandis que la tremblante Fleming tourmentait de ses craintes Roland qui suivait un peu en arrière, portant un paquet de choses nécessaires à la reine.

La porte du jardin communiquant sur le bord de l'île ne céda qu'après plusieurs tentatives et quelques moments d'inquiétude et de terreur, à l'une des énormes clefs dont Roland s'était emparé. Alors les dames furent à moitié conduites et à moitié portées sur la rive du lac, où une barque à six rames les attendait : les rameurs étaient tous couchés sur le pont pour être moins facilement aperçus. Henri Seyton plaça la reine à la poupe ; l'abbé se préparait à offrir son aide à Catherine, mais elle fut assise à côté de la reine avant qu'il lui eût tendu la main.

Enfin Roland venait de soulever dame Fleming pour la faire passer à bord, lorsqu'une pensée vint soudain frapper son esprit ; il s'écria : « Quel oubli ! quel oubli ! attendez-moi une demi-minute, » et il déposa sur le rivage la dame d'honneur, jeta le paquet de la reine dans la barque, et traversa le jardin avec la rapidité silencieuse de l'aile d'un oiseau qui plane dans les airs.

« Par le ciel ! c'est un traître, » dit Seyton ; « je l'ai toujours redouté.

— Il ne l'est pas, » répondit Catherine ; « il est aussi pur que le ciel qui s'étend sur nos têtes.

— Silence, mignonne, » dit son frère, « par pudeur si ce n'est par crainte. Camarades, tirez au large ; il y va de votre vie !

— Au secours ! » dit Fleming d'une voix plus haute que la prudence ne le permettait. « Emmenez-moi !

— Partez, partez ! » répéta Henri ; « abandonnons tout, pourvu que nous sauvions la reine !

— Le souffrirez-vous, Madame ? » dit Catherine d'un ton suppliant. « Laisserez-vous ainsi votre libérateur exposé à la mort ?

— Je ne le souffrirai point, » répondit la reine. « Seyton, je vous ordonne d'attendre, quoi qu'il arrive.

— Pardon, Madame, si je vous désobéis, » dit l'obstiné jeune homme; et d'une main enlevant dame Fleming, il se mit lui-même à pousser la barque.

Elle était à peine à deux brasses du bord, et les rameurs la faisaient déjà virer, quand Roland Græme, arrivant au pas de course, s'élança dans la barque et renversa Seyton, sur lequel il tomba. Le jeune homme jura, mais se retint, et, arrêtant le page qui allait vers la poupe, dit :

« Votre place n'est point avec de nobles dames; restez à la proue et orientez le bateau. Maintenant, partez, gagnez au large, pour Dieu et pour la reine! »

Les rameurs obéirent, et commencèrent à nager vigoureusement.

« Pourquoi n'avez-vous pas drapé les rames? » dit Roland. « Le bruit va réveiller la sentinelle; ramez, camarades, et mettez-vous hors de la portée de la balle; car si le vieil Hildebrand, le gardien, n'a pas soupé avec un potage de pavots, le clapotement devra l'éveiller.

— Ton retard est cause de tout ceci, » dit Seyton; « mais dans peu, c'est à moi que tu en rendras compte, ainsi que du reste. »

La crainte de Roland fut trop tôt réalisée pour qu'il pût se permettre de répondre. La sentinelle, dont le sommeil avait résisté au murmure des voix, fût alarmée du bruit des rames. Son cri fut aussitôt entendu. « Une barque! une barque! Abordez, ou je fais feu! » Et comme on se hâtait de s'éloigner, le soldat cria d'une voix forte : « Trahison! trahison! » sonna la cloche d'alarme, et déchargea son arquebuse sur la petite embarcation. A la lumière et au bruit de l'arme, les dames se précipitèrent les unes sur les autres comme des poules effrayées, tandis que les hommes pressaient les rameurs. Ils entendirent plus d'une balle raser la surface du lac, et siffler non loin d'eux; et par les lumières que l'on apercevait comme des météores à travers toutes les fenêtres, il était évident que tout le château était en émoi, et que la fuite de la reine était découverte.

« Ramez! » s'écria de nouveau Seyton; « faites force de rames, ou je vous exciterai à l'ouvrage avec mon poignard! Ils vont tout de suite lancer un bateau après nous!

— Cela est prévu, » dit Roland; « j'ai fermé la porte et le guichet sur eux avant de revenir, et aucun bateau ne bougera de l'île cette nuit, si des portes de bon chêne et des verrous de fer peuvent retenir des hommes dans ces murailles de pierre. Je me démets à présent de ma charge de portier de Lochleven, et en donne les clefs à garder à l'esprit des eaux. »

Tandis que les clefs pesantes, qu'il jeta à ces mots, s'enfonçaient dans le lac, l'abbé, qui jusqu'alors n'avait pas cessé de répéter ses prières, s'écria :

« Sois béni, mon fils, car ta prudence nous fait honte à tous.

— Je connaissais, » dit Marie, respirant plus librement, parce que la barque se trouvait maintenant hors de la portée de la mousqueterie, « je connaissais bien la fidélité, la promptitude et la sagacité de mon écuyer. Je veux qu'il devienne l'ami de mes fidèles chevaliers Douglas et Seyton... Mais où donc est Douglas?

— Ici, Madame, » répondit la voix mélancolique d'un rameur qui était assis près d'elle et qui remplissait les fonctions de timonier.

« C'était donc vous qui me faisiez un rempart de votre corps lorsque les balles pleuvaient autour de nous?

— Croyez-vous que Douglas, » dit-il à voix basse, « aurait souffert qu'un autre hasardât sa vie pour protéger celle de sa reine? »

Le dialogue fut interrompu par la décharge d'une des petites pièces d'artillerie nommées fauconneaux, alors en usage pour défendre les châteaux. Le coup fut trop mal dirigé pour avoir quelque effet ; mais la vive lumière, la bruyante détonation, répétée par l'écho de Bennarty, remplirent les fugitifs de terreur et les portèrent au silence. La barque était déjà parvenue le long d'une espèce de quai attenant à un grand jardin, qu'aucune des dames n'osait proférer une parole. Tout le monde prit terre ; et tandis que l'abbé, à haute voix, remerciait le ciel qui avait ainsi favorisé cette miraculeuse évasion, Douglas jouissait de la plus belle récompense de son entreprise désespérée : il prenait la main de la reine pour la conduire dans la maison du jardinier. Cependant, n'oubliant point Roland Græme dans ce moment de terreur et de fatigue, Marie donna ordre à Seyton de prendre soin de dame Fleming, et Catherine, de bon cœur et sans que la chose lui fût commandée, s'attacha au bras du page. Seyton confia aussitôt la dame d'honneur à l'abbé, alléguant qu'il avait à faire préparer des chevaux ; et ses domestiques, s'étant débarrassés de leurs cabans de matelots, se hâtèrent d'aller l'aider.

Tandis que Marie passait dans la maisonnette le temps nécessaire aux apprêts du départ, elle aperçut dans un coin le vieillard auquel le jardin appartenait, et lui dit d'approcher. Il obéit, mais presque avec répugnance.

« Eh ! quoi, » dit l'abbé, « venir si lentement pour accueillir votre souveraine et maîtresse, et la féliciter de ce qu'elle est libre dans son royaume ? »

Le vieillard, ayant reçu cet avertissement, s'approcha, et par un discours assez bien tourné félicita Marie sur sa délivrance. La reine lui rendit le remercîment de la manière la plus gracieuse, et ajouta :

« Il nous reste à récompenser sans délai votre dévouement ; car nous n'ignorons pas que votre maison a longtemps été le lieu où nos fidèles serviteurs se sont rassemblés afin de prendre des mesures pour notre liberté. »

Ayant parlé ainsi, elle lui offrit de l'or, en promettant de reconnaître plus convenablement ses services par la suite.

« A genoux, mon frère, » dit l'abbé ; « agenouillez-vous et remerciez Sa Grâce de son extrême bonté.

— Bon frère, qui étais jadis à quelques degrés au-dessous de moi, et qui es encore plus jeune de beaucoup d'années, » répliqua, non sans quelque aigreur, le jardinier, « laisse-moi faire mes remercîments à ma façon. Autrefois des reines se sont agenouillées devant moi, et en vérité mes genoux sont trop vieux et trop raides pour fléchir même devant cette dame charmante. Puisse-t-il plaire à Votre Grâce, si ses serviteurs ont occupé ma maison de manière à ce que je ne la puisse appeler mienne ; si, dans l'empressement de leur zèle, pendant leurs allées et venues nocturnes, ils ont foulé aux pieds mes fleurs et détruit l'espérance des fruits de l'année, en conduisant leurs chevaux de bataille dans mon jardin ; puisse-t-il plaire, dis-je, à Votre Grâce que je la conjure d'établir sa résidence le plus loin possible de mon habitation. Je suis un vieillard qui se traîne vers le tombeau, et qui veut y descendre en paix et bonne volonté.

— Je vous jure, bonhomme, » répondit la reine, « que je ne reprendrai pas le château pour résidence, si je puis m'en dispenser; mais acceptez cet argent, il vous dédommagera du dégât que nous avons fait dans votre jardin et votre verger.

— Je remercie Votre Grâce; mais cet argent n'offre à mes yeux aucune compensation, » dit le vieillard; « tout le travail de l'année d'un homme, qui peut-être n'a que cette année-là à vivre, une fois qu'il est

détruit, ne saurait être remplacé. En outre, on dit qu'il faut que j'abandonne ce lieu pour errer le reste de ma vie, moi qui n'ai rien autre chose sur la terre que ces arbres fruitiers, quelques vieux parchemins, et des secrets de famille qui ne méritent pas d'être connus. Quant à l'or, si je l'avais aimé, je serais resté abbé de Sainte-Marie, et cependant j'aurais eu tort; car si l'abbé Boniface n'est que le pauvre paysan Blinkhoolie, son successeur l'abbé Ambroise est encore plus mal transformé en un porteur d'épée et de bouclier.

— Est-il possible que ce soit là cet abbé Boniface de qui j'ai entendu parler ? » s'écria la reine. « C'est moi qui dois fléchir le genou pour recevoir votre bénédiction, mon père.

— N'en faites rien, Madame, la bénédiction d'un vieillard qui n'est plus abbé vous suivra sur la colline et dans le vallon. Mais j'entends le pas des chevaux.

— Adieu, mon père, » dit la reine. « Lorsque nous rentrerons dans Holy-Rood, nous n'oublierons ni vous ni votre jardin.

— Oubliez-nous tous deux, » dit l'ex-abbé Boniface, « et que Dieu soit avec vous ! »

Comme ils sortaient de la maison, ils entendirent le vieillard qui murmurait encore quelques paroles en se hâtant de mettre les verrous et les barres derrière eux.

« La vengeance des Douglas s'étendra sur le pauvre homme, » dit la reine. « Que Dieu me protège !... Hélas ! je cause la ruine de tous ceux que j'approche.

— On a pourvu à sa sûreté, » dit Seyton ; « il ne doit pas rester ici ; il sera secrètement conduit dans un lieu d'asile. Mais je voudrais que Votre Grâce fût déjà partie ; allons, à cheval ! à cheval ! »

La petite troupe de Seyton et de Douglas était augmentée d'environ dix de leurs partisans qu'ils avaient laissés avec les chevaux. La reine et les dames, et tout le reste de ceux qui étaient sortis de la barque, furent aussitôt en selle. S'éloignant du village que le feu du château avait déjà mis en alarme, ayant Douglas pour guide, ils se trouvèrent bientôt en plaine et commencèrent à galoper aussi vite qu'il était possible en gardant un bon ordre.

CHAPITRE XXXVI.

> Il monta lui-même le coursier noir, et la plaça sur un cheval d'un gris roux ; il avait un cor qui pendait à son côté, et tous deux galopèrent rondement.
>
> *Ancienne Ballade.*

'AIR frais de la nuit, le bruit des pas des chevaux, la rapidité de la course, le galop onduleux de son palefroi, et surtout le sentiment de la liberté reconquise, dissipèrent peu à peu le malaise qu'éprouvait la reine. Elle ne put enfin cacher à la personne qui marchait à ses côtés, et qu'elle croyait être l'abbé Ambroise, l'espèce d'abattement qui d'abord s'était emparé d'elle.

Quant à Seyton, avec l'impétuosité de son âge, fier avec raison du succès de sa première aventure, il affectait des airs d'importance comme chef de la petite troupe qui escortait, selon le langage de cette époque, la fortune de l'Écosse. Tantôt il était à l'avant-garde, tantôt il réprimait l'ardeur de son coursier jusqu'à ce que l'arrière-garde fût passée : il exhortait les uns à marcher d'un pas régulier quoique rapide, et ordonnait aux autres de jouer de l'éperon, et de ne pas laisser tant d'intervalle entre leurs lignes ; puis parfois il allait près de la reine et des autres dames pour leur demander comment elles supportaient la rapidité de leur voyage, et si elles n'avaient point d'ordres à lui donner.

Tandis que Seyton se démenait ainsi avec quelque avantage et beaucoup d'ostentation, le cavalier placé auprès de la reine lui prodiguait toutes ses prévenances, comme s'il veillait à la sûreté de quelque être supérieur. Lorsque la route était dangereuse, il ne prenait presque plus garde à son propre cheval, et tenait constamment sa main sur la bride de celui de la reine ; un large ruisseau ayant traversé leur route, de son bras gauche il la soutint en selle.

— Je ne croyais pas, révérend père, » dit la reine après avoir gagné l'autre bord, « que le couvent eût de si bons cavaliers. »

Celui à qui elle s'adressait soupira sans répondre.

« Je ne sais, » continua Marie, « mais le bonheur de la liberté ou le plaisir que me procure mon exercice favori, dont je n'ai pu jouir depuis si longtemps, ou tous les deux à la fois, semblent me donner des ailes. Jamais poisson ne glissa dans les eaux, jamais oiseau ne fendit les airs avec ce sentiment de liberté et de ravissement que je savoure en aspirant les brises de la nuit au milieu de ces campagnes. Telle est la magie de cet instant, que je me croirais presque montée sur ma chère Rosabelle, ma jument favorite, qui n'eût jamais d'égale en Écosse pour la légèreté, la douceur de la marche et la sûreté du pied.

— Et si le cheval qui porte un fardeau si précieux pouvait parler, » répondit la voix du mélancolique sénéchal, « il vous dirait : « Nulle « autre que Rosabelle ne devait servir aujourd'hui sa maîtresse chérie, « et nul autre que Douglas ne devait la guider dans sa course. »

La reine tressaillit ; elle prévit d'un coup d'œil tous les maux que causerait à elle et à lui-même la violente passion de ce jeune homme ; mais la reconnaissance et la pitié l'empêchèrent de paraître offensée, et elle s'efforça de continuer la conversation d'un air indifférent.

« Il me semblait, » dit-elle, « avoir entendu dire que, lors du partage de mes dépouilles, Rosabelle était devenue la propriété de la maîtresse du comte de Morton, la belle Alice.

— Il est vrai que la noble bête avait été avilie à ce point, » répondit Douglas ; « elle était gardée sous clef et confiée à la charge d'une nombreuse troupe de palefreniers et de domestiques ; mais la reine Marie avait besoin de Rosabelle, et Rosabelle est ici.

— Est-il possible, Douglas, que, parmi les dangers de toute espèce qui nous entourent, vous alliez en augmenter le nombre pour un sujet si peu important qu'un palefroi?

— Appelez-vous une chose de si petite importance celle qui peut vous donner un moment de plaisir? N'avez-vous pas tressailli de joie lorsque je vous ai dit que vous étiez montée sur Rosabelle? Ah! pour acheter ce plaisir, n'eût-il que la durée d'un éclair, Douglas aurait risqué mille fois sa vie.

— Oh! silence, Douglas, silence! Ce n'est pas là un langage convenable ; en outre, je voudrais parler à l'abbé de Sainte-Marie. Mais Douglas, je ne permettrai pas que vous quittiez avec humeur les rênes de mon cheval.

— Avec humeur, Madame! hélas! le chagrin est tout ce que peut me faire éprouver votre mépris. Je me révolterais aussi bien contre le ciel s'il se refusait au désir le plus extravagant que puisse former un mortel.

— Eh bien, continuez donc de tenir mes rênes ; il y a de l'autre côté assez de place pour le seigneur abbé ; et puis je doute que, si la route l'exigeait, son secours fût aussi utile à Rosabelle et à moi-même que l'a été le vôtre. »

L'abbé vint se mettre à ses ordres, et la reine entama aussitôt une conversation avec lui sur l'état des différents partis et le plan qu'il lui était le plus opportun de suivre, à présent qu'elle se trouvait en liberté. Douglas prenait peu de part à cet entretien, et ne parlait que lorsqu'il était interrogé par la reine ; son attention semblait entièrement dirigée sur la sûreté de sa personne. Elle apprit cependant qu'elle lui avait une nouvelle obligation, puisque c'était grâce à lui que l'abbé, pourvu du mot d'ordre de la famille, s'était introduit dans le château comme appartenant à la garnison.

Longtemps avant la pointe du jour, ils arrivèrent au but de leur voyage périlleux et précipité, devant les portes de Niddrie, château du West-Lothian appartenant au baron Seyton. Quand la reine fut sur le point de descendre de cheval, Henri, prévenant Douglas, la reçut dans ses bras, et mettant un genou en terre, la pria d'entrer dans la maison de son père, son fidèle serviteur.

« Votre Grâce, » ajouta-t-il, « peut se reposer ici en parfaite sûreté. La maison est déjà pourvue d'une garnison assez forte pour la défendre ; tout à l'heure j'ai envoyé un exprès à mon père, qui arrive à la tête de cinq cents hommes. C'est pourquoi ne vous inquiétez pas si votre sommeil se trouvait interrompu par le bruit des chevaux, et rappelez-vous seulement que c'est un renfort de pétulants Seytons qui viennent vous défendre.

— Une reine d'Écosse ne saurait être gardée par de meilleurs amis, » répliqua Marie. « Rosabelle a été aussi vite que la brise d'été, et avec autant de douceur ; mais il y a longtemps que je n'ai voyagé, et je sens que le repos me sera salutaire. Catherine, ma mignonne, vous dormirez cette nuit dans ma chambre, et me ferez les honneurs du château de votre noble père. Merci à vous, mes libérateurs, merci !.. Des remercîments et une bonne nuit, c'est tout ce que je puis vous offrir maintenant ; mais si je ressaisis une fois la roue de la Fortune, elle ne m'aveuglera pas. Marie Stuart tiendra les yeux ouverts et distinguera ses amis. Seyton, je n'ai pas besoin de recommander le vénérable abbé, Douglas et mon page à vos soins et à votre hospitalité. »

Henri salua. Suivie de Catherine et de dame Fleming, la reine monta dans son appartement, où, leur avouant qu'il lui serait difficile en ce moment de tenir la promesse qu'elle venait de faire d'avoir les yeux ouverts, elle s'abandonna au sommeil.

Il était grand jour lorsqu'elle se réveilla.

La première pensée de Marie, en ouvrant les yeux à la lumière, fut de douter de sa liberté ; elle ne put s'empêcher de s'élancer hors de son lit ; et ayant jeté à la hâte un manteau sur ses épaules, elle se mit à regarder par la fenêtre de son appartement. O vue délicieuse ! au lieu des linceuls de cristal de Lochleven, un beau paysage se déployait devant elle, et le parc qui entourait le château était occupé par les troupes de ses plus fidèles amis.

« Debout ! Catherine ! lève-toi, » s'écria la princesse dans son ravissement. « Lève-toi et viens ici !... Des épées et des lances sont dans des mains dévouées, et des armures brillent sur des poitrines loyales.

Voici des bannières qu'agite le vent, légères comme les nuages d'été...
Grand Dieu! quel plaisir éprouvent mes yeux fatigués, en revoyant
ces couleurs! Voici celle de ton brave père... celle d'Hamilton le magnifique... celle du fidèle Fleming... Regarde, regarde! ils m'ont aperçue,
et se pressent vers cette fenêtre. »

Elle ouvrit la croisée; et la tête nue, ses superbes cheveux tombant en désordre, et son beau bras à peine recouvert par sa mante,
elle répondit par un geste et des signes de tête aux cris de joie des guerriers, que l'écho répétait à plusieurs milles à la ronde. Lorsque le premier élan d'allégresse fut passé, elle se rappela qu'elle était vêtue à
la légère, et, mettant ses mains sur son visage qui se couvrit de rougeur, elle se retira précipitamment de la fenêtre. On devina aisément
la cause de sa retraite : ce qui augmenta l'enthousiasme général
pour une princesse qui, dans son empressement à reconnaître le service
que ses sujets venaient de lui rendre, avait oublié la dignité de son
rang. Les attraits sans parure de cette femme charmante touchèrent
plus la foule des cavaliers, que n'auraient fait les pompeux ornements
de ses habits royaux; et ce qui aurait semblé trop libre dans sa
manière de se présenter à leurs yeux fut plus qu'excusé par l'ivresse
du moment, et par la délicatesse que fit voir sa retraite précipitée.
A peine les acclamations étaient-elles éteintes qu'elles se renouvelaient
aussitôt, et leurs sons se perdaient encore dans les bois et dans les
montagnes. Ce matin-là, beaucoup jurèrent sur la croix de leurs épées,
que la main ne se dessaisirait point de son arme tant que Marie
Stuart ne serait point rétablie dans ses droits. Mais que sont les
espérances des mortels? Dix jours plus tard, ces braves devaient être
morts, ou captifs, ou en fuite.

Marie se laissa tomber sur le siège le plus voisin, et, encore rouge
de pudeur et le sourire sur les lèvres, elle s'écria :

« Ma mignonne, que vont-ils penser de moi?.. m'être montrée ainsi
les pieds dans mes pantoufles... sans autre vêtement qu'un léger
manteau... les cheveux dénoués sur mes épaules, et mes bras et
mon cou nus?... Oh! ce qu'ils peuvent penser de mieux est que ce
long séjour dans un donjon a tourné la tête de leur reine. Au fait,
mes sujets rebelles ont bien vu le désordre de ma toilette quand j'é-

tais dans la plus profonde affliction : pourquoi garderais-je une plus froide cérémonie avec ces gens fidèles et pleins d'honneur? Appelle Fleming, cependant... Je me flatte qu'elle n'a pas oublié le petit coffret ; nous devons être aussi bien parée que nous le pourrons, mignonne.

— Mais, Madame, notre bonne dame Fleming n'était pas en état de se rappeler quoi que ce fût.

— Vous plaisantez, Catherine, » dit la reine tant soit peu mécontente ; « il ne lui est pas naturel d'oublier son devoir à tel point que nous n'ayons pas nos habits de cérémonie.

— Roland Græme, Madame, en a eu soin, » répondit Catherine ; « car, au moment où il courait fermer la porte, il a jeté dans la barque une malle pleine de vêtements et de bijoux. Jamais je ne vis un page si maladroit ; le paquet m'est tombé presque sur la tête.

— Il te fera réparation pour cette offense et pour toutes les autres, mon enfant, » dit la reine en riant. « Mais appelle Fleming, et faisons une toilette digne de recevoir nos féaux seigneurs. »

Tels avaient été les préparatifs, et telle était l'habileté de dame Fleming, que la reine parut devant ses nobles assemblés dans une toilette aussi brillante qu'il convenait, quoiqu'elle ne pût rehausser sa dignité naturelle. Avec la grâce la plus séduisante, elle exprima à chacun sa reconnaissance, et honora d'une attention particulière non seulement les plus nobles comtes, mais jusqu'aux moindres gentillâtres.

« Et maintenant, Messeigneurs, » dit-elle, « quel chemin avez-vous résolu de prendre ?

— Celui du château de Draphane, » répondit sire Arbroath, « si Votre Grâce le trouve bon, et de là nous irons à Dumbarton, lieu où Votre Grâce sera en sûreté ; ensuite, nous verrons si les traîtres oseront se montrer sur le champ de bataille.

— Et quand partirons-nous ?

— Si Votre Grâce n'est pas trop fatiguée, » dit le baron Seyton, « nous nous proposons de monter à cheval après le repas du matin.

— Votre bon plaisir sera le nôtre, Messeigneurs, » dit la reine ;

Marie Stuart ouvrit la croisée, et répondit par un geste aux cris de joie des guerriers

« c'est par votre sagesse que nous réglerons notre voyage maintenant, et nous espérons qu'à l'avenir elle nous aidera à gouverner notre royaume. Permettez-moi, ainsi qu'à mes dames, de déjeuner avec vous, mes amis. Nous devons être à moitié soldats et mettre de côté l'étiquette. »

A cette marque de condescendance, beaucoup de têtes se courbèrent avec respect. Alors la reine, jetant les yeux sur les chefs réunis, regretta de ne pas y trouver Douglas et Roland Græme, et demanda tout bas à Catherine où ils étaient.

« Ils sont dans l'oratoire, Madame, et paraissent assez tristes ; » dit Catherine ; et la reine observa que sa favorite avait les yeux rouges et humides de pleurs.

« Ceci ne doit pas être; » reprit la reine. « Amusez la compagnie, et j'irai les chercher pour les y introduire. »

Elle alla dans l'oratoire, où elle rencontra d'abord Georges Douglas, qui était debout, ou plutôt incliné dans l'embrasure d'une fenêtre, le dos appuyé contre la muraille, et les bras croisés sur la poitrine. A la vue de la reine, il tressaillit, et pendant un instant l'expression du ravissement se peignit sur sa figure, qui reprit aussitôt sa mélancolie.

« Que signifie tout cela? » dit la reine. « Douglas, pourquoi le premier auteur de notre délivrance, celui qui est parvenu si heureusement à nous mettre en liberté, évite-t-il ses nobles compagnons et la souveraine à laquelle il a rendu service ?

— Madame, » répliqua Douglas, « ceux que vous honorez de votre présence ont des soldats pour soutenir votre cause, de l'or pour maintenir votre rang ; ils peuvent vous offrir des salons pour vous recevoir et des châteaux forts pour vous défendre. Je suis sans feu ni lieu... déshérité par mon père et accablé de sa malédiction... renié par mes parents ; je ne puis rien porter sous votre étendard qu'une simple épée et ma misérable vie.

— Prétendez-vous me faire un reproche, Douglas, en m'étalant ce que vous avez perdu pour me servir?

— Dieu m'en préserve, Madame ! » interrompit le jeune homme avec vivacité ; « si c'était encore à faire, et si j'avais dix fois plus de titres et de richesses, et vingt fois plus d'amis à perdre, mes pertes seraient bien payées par le premier pas que vous auriez fait en liberté sur le sol de votre royaume.

— Et qu'avez-vous donc pour ne pas venir partager la joie qu'inspire à tous un événement si heureux?

— Madame, quoique déshérité et répudié, je suis encore un Douglas, et beaucoup de ces nobles sont en guerre avec ma famille depuis des siècles; une froide réception de leur part serait une insulte, et un accueil amical une humiliation.

— Fi, Douglas! » répondit la reine, « éloignez cette tristesse indigne de vous! je puis vous rendre l'égal du plus illustre d'entre eux et par le titre et par la richesse. Croyez-moi, je le ferai; venez donc parmi eux, je vous l'ordonne.

— C'est assez de ce dernier mot, » dit Douglas, « je vous suis. Souffrez que je vous dise que je n'aurais rien fait ni pour le rang ni pour la fortune. Il n'est ni à la volonté de Marie Stuart ni au pouvoir de la reine de me récompenser. »

A ces mots, il sortit de l'oratoire, se mêla avec les nobles, et se plaça au bout de la table. La reine le regarda et porta son mouchoir à ses yeux.

« Ah! sainte Vierge, ayez pitié de moi, » dit-elle; « car les peines que me causait ma prison ne sont pas plutôt finies que d'autres m'assiègent et comme femme et comme reine. Heureuse Élisabeth! pour qui l'intérêt politique est tout, et dont le cœur n'a jamais trahi la tête!... A présent, il faut que j'aille chercher cet autre jouvenceau, si je veux empêcher qu'il n'y ait des poignards tirés entre lui et le jeune Seyton. »

Roland était resté dans l'oratoire, mais à une telle distance de Douglas qu'il n'avait pu entendre ce qui s'était passé entre lui et Marie. Il était aussi triste et rêveur; mais son front s'éclaircit à la question que lui fit la reine.

« Eh bien, Roland, vous négligez votre service ce matin; êtes-vous donc trop fatigué?

— Non certes, noble dame, » répondit Græme, » mais on m'a dit que le page de Lochleven n'était pas celui de Niddrie; c'est pourquoi il a plu à Henri Seyton de me démettre aujourd'hui de ma charge.

— Le ciel me pardonne! » dit la reine. « Que ces jeunes coqs commencent à chanter de bonne heure! Au moins je puis être reine avec des enfants et de jeunes garçons. Je veux que vous soyez amis. Qu'on m'envoie Henri Seyton. »

Comme elle prononça ce dernier mot à haute voix, celui qu'elle avait nommé entra dans l'oratoire.

« Venez, » dit-elle, « Henri Seyton; je veux que vous donniez votre main à ce jeune homme, qui a tant fait pour favoriser mon évasion.

— Volontiers, Madame, » répondit Henri, « si c'est comme une assurance qu'il ne touchera jamais celle d'un autre Seyton que je connais. Déjà il lui est arrivé de prendre ma main pour la sienne. S'il veut gagner mon amitié, il faut qu'il abandonne toute pensée d'amour pour ma sœur.

— Henri Seyton, » dit sévèrement la reine, « vous convient-il d'ajouter des conditions à mes ordres?

— Madame, » riposta Henri, « je suis le sujet du trône de Votre Grâce, fils de l'homme le plus loyal d'Écosse; nos biens, nos châteaux, nos jours sont à vous; mais nous gardons notre honneur. J'en pourrais dire davantage, mais...

— Eh bien, poursuivez, jeune présomptueux, » dit la reine. « A quoi sert que je sois délivrée de Lochleven, si je suis asservie sous le joug de mes prétendus libérateurs, et que je ne puisse rendre justice à celui qui a aussi bien mérité de moi que vous-même?

— Ne vous irritez pas à cause de moi, noble souveraine, » dit Roland; « ce jeune gentilhomme étant le fidèle serviteur de Votre Grâce et le frère de Catherine Seyton, cette double considération aurait le pouvoir de calmer ma colère à l'instant où elle serait la plus violente.

— Je t'avertis encore une fois, » dit Henri avec hauteur; « tes discours ne doivent pas faire penser que la fille du baron Seyton puisse être jamais pour toi autre chose que ce qu'elle est pour le dernier paysan d'Écosse. »

La reine allait encore s'interposer, car la rougeur de Roland rendait douteux que son amour pour Catherine l'emportât sur la vivacité naturelle de son caractère ; mais l'arrivée d'une personne, qui jusqu'alors n'avait pas été aperçue, prévint cette intention. Il y avait dans l'oratoire une chapelle, fermée par une haute cloison de chêne sculpté à jour, dans laquelle était placée une image de saint Benoît, particulièrement révérée.

Madeleine sortit soudain de cette retraite, où elle avait probablement été occupée à remplir ses dévotions, et s'adressant à Henri, pour répondre à ses dernières expressions offensantes :

« Et de quelle terre sont donc faits ces Seyton, » dit-elle, « que le sang de Græme n'est pas digne de se mêler avec le leur? Sachez, jeune orgueilleux, qu'en appelant ce jeune homme le fils de ma fille, j'affirme qu'il descend de Malise, comte de Strathern, surnommé le Tison Ardent ; et je ne crois pas que le sang de votre maison sorte d'une si noble source.

— Bonne mère, » répliqua Seyton, « il me semble que votre sainteté devrait vous mettre au-dessus de ces vanités mondaines ; et en vérité il paraît que vos occupations pieuses vous font oublier une chose importante : pour être de famille noble, le nom et le lignage du père doivent être aussi bien qualifiés que ceux de la mère.

— Et si je dis que, du côté de son père, il sort de la race d'Avenel, » répliqua Madeleine, « ne nommerai-je pas un sang d'une couleur aussi belle que la tienne ?

— D'Avenel ! » dit la reine ; « mon page serait-il de la famille d'Avenel ?

— Oui, noble princesse ! il est le dernier héritier mâle de cette ancienne maison : Julien Avenel était son père ; il mourut en combattant contre les Anglais.

— On m'a raconté sa malheureuse histoire, » dit la reine. « Était-ce donc ta fille qui suivit l'infortuné baron sur le champ de bataille, et expira sur son corps? Hélas! combien de routes ne prend pas l'affection d'une femme pour travailler à sa perte! Son histoire a souvent été dite et chantée dans les salons et dans les boudoirs. Et toi, Roland, tu es cet enfant du malheur qui fut abandonné parmi les morts et les mourants? Henri Seyton, par le sang et par la naissance, il est ton égal.

— Il le serait à peine, » dit Henri, « même s'il était légitime ; mais si l'histoire est telle qu'on la rapporte et qu'on la chante,

Julien Avenel était un chevalier déloyal, et sa maîtresse une fille crédule et fragile.

— Oh ! par le ciel, tu mens ! » dit Roland, posant la main sur son épée.

L'entrée du vieux Seyton arrêta cette querelle.

« A mon secours, baron ! » dit la reine, « et séparez ces esprits violents et indomptables.

— Comment, Henri ! » dit le baron, « sous mon toit, en la présence de la reine, tu ne peux réprimer ton insolence et ta vivacité ? Et avec qui cette dispute ? A moins que mes yeux ne m'abusent, c'est avec le jeune page même qui m'a secouru si bravement dans l'escarmouche contre les Leslies. Permets-moi de regarder, mon ami, la médaille que tu portes à ton chapeau. Par saint Benoît, c'est bien lui ! Henri, je t'ordonne de cesser toute querelle, si tu fais cas de ma bénédiction.

— Et si vous respectez mes ordres, » ajouta la reine ; « il m'a rendu des services éminents.

— Sans aucun doute, Madame, » répliqua Henri. « Par exemple, le jour où il vous porta à Lochleven la lettre renfermée dans le fourreau de cette épée ; par le ciel ! le pauvre diable ne savait pas plus ce qu'il portait qu'un cheval de bagage.

— Mais moi, qui le dévouai à cette œuvre, » dit Madeleine ; « moi qui, par mes avis et mes efforts, ai fait sortir d'esclavage l'héritière de nos rois ; moi, qui n'épargnai pas le dernier espoir d'une noble maison dans cette grande emprise ; moi, enfin, je savais et je conseillais. Or, quelque mérite que je puisse avoir, souffrez, noble reine, que la récompense en soit donnée à ce jeune homme. Ici, mon ministère est fini : vous êtes libre, princesse souveraine, à la tête d'une brave armée, entourée de vaillants barons : mes services ne peuvent s'étendre plus loin. Votre fortune maintenant repose sur le courage et l'épée des hommes. Puissent-ils prouver qu'ils sont aussi fidèles que des femmes !

— Vous ne me quitterez pas, ma mère ! vous dont les démarches en notre faveur ont été si puissantes ; vous qui avez affronté pour nous tant de dangers ; qui vous êtes revêtue de tant de déguisements pour tromper nos ennemis et raffermir le courage de nos amis ; vous ne nous quitterez pas à l'aurore de notre fortune naissante, avant que nous ayons le temps de vous connaître et de vous remercier.

— Vous ne pouvez connaître celle qui ne se connaît pas elle-même, » répondit l'enthousiaste. « Il y a des temps où, dans ce corps de femme, se trouve la force du vainqueur de Gaza ; dans cet esprit fatigué, la sagesse du plus prudent conseiller. Et ensuite un brouillard m'environne : ma force devient faiblesse, et ma sagesse folie. J'ai parlé devant des princes et des cardinaux ; oui, noble princesse! même devant des princes de votre propre maison de Lorraine ; et je ne sais d'où me vinrent les paroles persuasives qui sortirent de ma bouche et furent goûtées par leurs oreilles. Maintenant que j'en ai encore plus besoin, ma voix hésite et il m'est impossible de parler.

— S'il est en mon pouvoir de faire quelque chose qui puisse vous plaire, il suffit de le dire simplement : vous n'avez pas besoin d'éloquence.

— Souveraine dame, » répliqua Madeleine, « j'ai honte que dans ce moment un mouvement de l'humaine fragilité puisse agiter une personne dont les saints ont exaucé les vœux, et dont le ciel a fait prospérer les efforts en faveur de la cause légitime ; mais il en sera toujours ainsi tant que l'esprit immortel sera entouré de cette fange terrestre. Je céderai à cette faiblesse, » ajouta-t-elle en versant des larmes, « et ce sera la dernière. »

Alors saisissant la main de Roland, elle le conduisit aux pieds de la reine, et, mettant elle-même un genou en terre, força Roland de plier les deux genoux :

« Puissante princesse, » dit-elle, « regardez cette fleur ; elle a été trouvée par un bienfaisant étranger sur un champ de bataille, et bien des jours se passèrent avant que mes yeux inquiets eussent revu, que mes bras eussent pressé ce qui restait de ma fille unique. Pour vous et pour la foi sainte que nous professons toutes deux, j'abandonnai cette plante, bien tendre encore, à la culture de mains étrangères, et même d'ennemis, par qui, peut-être, son sang aurait été versé comme du vin, si l'hérétique Glendinning avait su qu'il tenait dans sa maison l'héritier de Julien Avenel. Dès lors, je ne l'ai plus revu, si ce n'est dans de rapides moments d'incertitude et de crainte ; et maintenant je me sépare de l'enfant de mon affection, je m'en sépare pour toujours !... oui... pour toujours !... Oh ! au nom de toutes les démarches que j'ai faites pour votre juste cause dans cette terre et sur les rives lointaines, accordez votre protection à l'enfant que je ne dois plus appeler le mien !

— Je vous jure, ma mère, » dit la reine, profondément émue, « que pour vous et pour lui je me charge de son bonheur et de sa fortune.

— Je vous remercie, fille des rois, » dit Madeleine ; et elle pressa de ses lèvres la main de la reine, et ensuite le front de son petit-fils. « Et maintenant, » dit-elle en essuyant ses larmes et se relevant avec dignité, « maintenant que la terre a eu ce qui lui appartenait, le ciel réclame le reste. Lionne d'Écosse, marche et sois victorieuse ! et si les prières d'une femme qui t'est dévouée peuvent t'être utiles, elles s'élèveront dans beaucoup d'endroits éloignés, consacrés par les reliques des bienheureux. J'irai, tel qu'un spectre, de terre en terre, de temple en temple ; et là où le nom de mon pays est inconnu, les prêtres demanderont qui est la reine de cette lointaine contrée du Nord, pour qui la vieille pèlerine prie avec tant de ferveur. Adieu !... Que l'honneur et la prospérité soient ton partage sur la terre, si telle est la volonté de Dieu ! sinon, puisse ta pénitence ici-bas assurer ton bonheur éternel ! Que personne ne me parle, que personne ne me suive ; ma résolution est prise, mes vœux ne peuvent être violés. »

A ces mots, elle disparut, et son dernier regard se dirigea sur son petit-fils bien-aimé. Il se serait levé pour la suivre, mais la reine et le baron l'en empêchèrent.

« Ne la contrariez pas maintenant, » dit celui-ci, « si vous ne voulez pas la perdre pour toujours. Nous avons revu bien des fois la sainte mère, et souvent dans les moments les plus difficiles ; mais mettre obstacle à sa retraite ou traverser ses projets est un crime qu'elle ne pardonne pas. J'espère que nous la verrons encore dans les heures du danger. Il est certain que c'est une sainte femme et vouée entièrement à la pénitence ; si les hérétiques la dédaignent comme folle, les catholiques la révèrent comme sainte.

— Qu'il me soit donc permis d'espérer, » dit la reine, « que vous, baron, vous m'aiderez à satisfaire à sa dernière demande.

— S'agit-il d'être utile à mon jeune défenseur ? avec grand plaisir ;

c'est-à-dire, dans tout ce que Votre Grâce croira convenable de me demander. Henri, donne sur-le-champ la main à Roland d'Avenel, car je pense que c'est ainsi que nous devons l'appeler.

— Et il sera seigneur de la baronnie, » ajouta la reine, « si Dieu daigne bénir nos armes.

— Ce sera pour la rendre à ma bonne protectrice, qui l'a maintenant en son pouvoir, » dit le page ; « j'aimerais mieux être sans terres toute ma vie que de lui en ôter un seul pouce.

— Eh bien, » dit la reine, en regardant le vieux seigneur, « ses sentiments vont de pair avec sa naissance. Henri, tu ne lui as pas encore donné la main.

— La voici, » dit Henri. Il la présenta avec une apparente courtoisie, tout en murmurant à l'oreille de Roland : « Malgré tout, tu n'auras pas celle de ma sœur.

— Votre Grâce, » dit Seyton, « voudrait-elle, à présent que ces petits différends sont terminés, honorer de sa présence notre repas? Il est temps que nos bannières se réfléchissent dans la Clyde. Nous remonterons à cheval aussitôt que possible. »

CHAPITRE XXXVII.

> Oui, Monsieur, notre antique couronne, dans ces temps orageux, a souvent dépendu d'un coup... Le ducat du joueur, si souvent parié et perdu, et encore regagné, parcourt à peine autant de chances.
>
> DRYDEN, *le Moine espagnol.*

L n'entre point dans notre plan de retracer les événements historiques du règne de l'infortunée Marie, ou de raconter comment, dans le cours de la semaine qui suivit sa fuite de Lochleven, ses partisans se rangèrent autour d'elle avec leurs forces, ce qui formait une brillante et valeureuse armée, s'élevant à six mille hommes. Il suffit de rappeler que le quartier général de Marie étant à Hamilton, le régent et ses partisans, au nom du roi, s'étaient rassemblés à Glasgow; il est vrai qu'ils étaient inférieurs en nombre aux troupes de la reine; mais ce qui les rendait formidables, c'était les talents militaires de Murray, de Morton, du laird de Grange, et d'autres qui, dès leur jeunesse, avaient fait la guerre dans leur pays et à l'étranger.

Dans ces circonstances, la politique de la reine Marie exigeait qu'on évitât le combat; car, sa personne une fois en sûreté, le nombre de ses partisans devait s'augmenter journellement, tandis que les forces de ses ennemis, comme il était arrivé fréquemment sous les règnes précédents, devaient rapidement diminuer et leur courage se perdre. Ceci paraissait si évident à ses conseillers, qu'ils résolurent de s'occuper d'abord de mettre la reine en sûreté dans le château fort de Dumbarton, pour y attendre les événements, l'arrivée des secours promis par la France et les levées qui étaient faites par ses adhérents dans tous les comtés de l'Écosse. En conséquence, des ordres furent donnés pour que tous les soldats, tant de la cavalerie que de l'infanterie, se missent sous les armes prêts à suivre l'étendard de la reine en ordre de bataille, et à l'escorter jusqu'au château de Dumbarton, pour l'y installer en dépit de l'ennemi.

On passa la revue dans la plaine d'Hamilton, et l'on se mit en marche avec toute la pompe des temps féodaux ; la musique militaire se faisait entendre, les bannières et les étendards étaient déployés, les armures brillaient, et les lances étincelaient comme des étoiles dans un ciel d'hiver. Le beau spectacle de cette pompe guerrière était rehaussé par la présence de la reine, qui, entourée d'un brillant cortège de dames et de serviteurs formant sa maison, et d'une garde particulière de gentilshommes, parmi lesquels se distinguaient Henri et Roland, donnait à la fois de l'éclat et de la confiance à l'armée, qui étendait ses longues lignes de tous côtés autour d'elle. Beaucoup d'ecclésiastiques s'étaient aussi réunis à la cavalcade, et plusieurs d'entre eux ne se faisaient pas scrupule de prendre les armes, et de déclarer leur intention de les porter pour la défense de Marie et de la foi catholique. Il n'en était pas ainsi de l'abbé de Sainte-Marie. Roland n'avait pas aperçu ce prélat depuis leur fuite de Lochleven, et il le voyait maintenant revêtu de l'habit de son ordre, et placé près de la reine. Roland se hâta d'ôter son casque et de demander à l'abbé sa bénédiction.

— Je te la donne, mon fils ! » dit le prêtre. « Je te vois à présent sous ton véritable nom, et sous le costume qui t'appartient. Le casque orné de la branche de houx convient à ton front ; il y a longtemps que j'attendais l'heure où tu pourrais le prendre.

— Vous saviez donc qui j'étais ?

— Sans doute, mais ta grand'mère me l'avait dit sous le sceau de la confession ; il ne m'était pas permis de faire connaître ce secret jusqu'à ce qu'elle-même jugeât à propos de le révéler.

— Et quelle raison avait-elle pour n'en rien dire ?

— Peut-être la crainte de mon frère, crainte bien mal placée, car Albert ne voudrait pas gagner un royaume s'il fallait nuire à un orphelin ; d'ailleurs, en des temps de calme, même si ton père avait rendu à ta malheureuse mère cette justice que j'attendais de lui, ton droit n'aurait pu balancer celui de la femme de mon frère, qui était l'unique enfant du frère aîné de Julien.

— Ils n'ont rien à craindre de ma part. L'Écosse est assez vaste, et il y a plus d'un château à conquérir sans ruiner mon bienfaiteur. Mais prouvez-moi, mon révérend père, que je puis me dire le légitime héritier du nom d'Avenel, et je vous saurai une éternelle reconnaissance.

— Oui, je le sais ; les Seyton reprochent cette tache à ton écusson. Cependant j'ai appris du dernier abbé Boniface certaines particularités qui pourraient...

— Apprenez-moi cette bienheureuse nouvelle, et ma vie tout entière...

— Quelle rage d'impatience ! » reprit l'abbé, « je ne pourrais qu'augmenter le feu de tes désirs en excitant des espérances qu'il me serait impossible de réaliser. Et sommes-nous dans un temps propice pour te satisfaire ? Songe quelle marche périlleuse nous avons entreprise ; si tu as sur le cœur un péché qui ne soit pas confessé, ne néglige pas le seul moment que le ciel t'accorde peut-être pour la confession et l'absolution.

— Il y aura assez de temps pour toutes les deux, je pense, jusqu'à ce que nous arrivions à Dumbarton.

— Ah ! mon fils, voilà que tu chantes aussi haut que les autres... Nous n'y sommes pas encore à Dumbarton, et il y a un lion sur notre route.

— Vous voulez dire Murray, Morton, et les autres rebelles de Glasgow ? Bon ! ils n'oseront regarder la bannière royale.

— Beaucoup de gens qui devraient être plus sages que toi parlent ainsi, » répliqua l'abbé. « Je reviens des provinces du Sud, où j'ai trouvé plusieurs chefs de renom, armant pour les intérêts de la reine. J'avais laissé ici des gens sages et prudents ; à mon retour je les trouve pleins de folie. Ils veulent, par pur orgueil et vaine gloire, faire passer la reine comme en triomphe, sous les murs de Glasgow pour narguer l'armée ennemie. Le ciel sourit rarement à une confiance si présomptueuse. On nous attaquera, et c'est nous qui l'aurons voulu.

— Tant mieux ! Un champ de bataille fut mon berceau.

— Prends garde, mon fils, qu'il ne soit ton lit de mort ; mais à quoi sert d'expliquer à de jeunes louveteaux les périls de la chasse ? Tu sauras peut-être avant la fin du jour quels sont les hommes dont tu fais si peu de cas.

— Eh bien, quels sont-ils ? » demanda Henri Seyton, qui venait de les rejoindre. « Ont-ils des nerfs de cuivre et de la chair de bronze ? sont-ils à l'épreuve du plomb et de l'acier ? S'ils ne sont pas invulnérables, révérend père, nous n'avons pas grand'chose à craindre.

— Ce sont des hommes méchants, » dit l'abbé ; « mais le métier des armes ne demande pas des saints. Murray et Morton sont connus pour être les meilleurs généraux de l'Écosse ; jamais on ne vit reculer Lindsay ou Ruthven ; le connétable de Montmorency nommait Kirkaldy de Grange le premier chevalier de l'Europe ; mon frère, qui porte un trop beau nom pour une telle cause, est bien connu depuis longtemps pour un soldat.

— Tant mieux ! tant mieux ! » s'écria Henri d'un air triomphant ; « nous aurons tous ces traîtres de rang et de nom sur un champ de bataille devant nous. Notre cause est la meilleure, notre nombre est le plus fort, notre courage et nos bras valent les leurs... Par saint Benoît, en avant ! »

L'abbé ne fit aucune réponse, mais sembla se perdre dans ses réflexions ; et ses craintes se communiquèrent en quelque sorte à Roland, qui, chaque fois que la marche conduisait l'armée sur une hauteur, jetait un regard inquiet vers les tours de Glasgow, comme s'il s'attendait à voir les ennemis en sortir. Ce n'était pas frayeur du combat, mais les suites étaient d'une extrême importance pour sa patrie et pour lui-même, et déjà le feu naturel de son courage commençait à brûler avec moins de vivacité, quoique avec plus de chaleur. L'amour, l'honneur, la fortune, tout semblait dépendre de l'issue d'un combat hasardé témérairement, et devenu inévitable.

Quand enfin l'armée de la reine vint à suivre une ligne parallèle à la ville de Glasgow, Roland vit que les hauteurs qui se trouvaient en face étaient déjà en partie occupées par des troupes qui déployaient aussi la bannière écossaise. Ces troupes allaient être soutenues par une colonne d'infanterie et un escadron de cavalerie, que la ville avait vus sortir de ses portes. Cavalier sur cavalier arrivaient de l'avant-garde avec la nouvelle que Murray occupait la colline avec toute son armée ; que son but était d'arrêter la marche de la reine, et son projet de hasarder une bataille. Ce fut alors que l'esprit des soldats fut soumis à une épreuve soudaine et sévère : ceux qui avaient trop facilement présumé qu'ils pourraient passer sans combattre furent tant soit peu déconcertés en se voyant aussitôt en face d'un ennemi déterminé.

Les chefs se rassemblèrent immédiatement autour de la reine, et tinrent en hâte un conseil de guerre. Les lèvres tremblantes de Marie décelaient ses alarmes secrètes ; elle s'efforçait de les dissimuler sous l'apparence de la résolution et de la dignité ; mais tous ses efforts échouaient devant le pénible souvenir des suites désastreuses de la bataille de Carberry-Hill, où, pour la dernière fois, elle avait paru au milieu de l'armée. Et quand elle voulut consulter ses généraux sur les dispositions à prendre pour le combat elle demanda involontairement s'il n'y aurait pas quelque moyen de l'éviter.

« L'éviter ! » répéta Seyton. « Si nous étions un contre dix devant les ennemis de Votre Grâce je pourrais penser à le faire, mais lorsque nous sommes trois contre deux, jamais !

— Bataille ! bataille ! » s'écrièrent tous les chefs. « Nous débusquerons les rebelles de leur position avantageuse : quand le lièvre gagne les hauteurs, le lévrier sait le forcer en le tournant.

— Il me semble, Messeigneurs, » dit l'abbé, « qu'il conviendrait d'empêcher d'abord Murray de prendre cet avantage. Notre route passe au travers du village qui est sur la hauteur ; et celui qui saura s'emparer le premier de ce point trouvera, dans ses petits jardins et ses enclos, un excellent poste de défense.

— Le révérend père a raison, » dit la reine. « Hâte-toi, Seyton.

hâte-toi; puisses-tu y arriver avant eux! Ils marchent aussi vite que le vent. »

Seyton salua profondément, et tourna de ce côté la tête de son cheval.

« Votre Grâce m'honore, » dit-il, « je vais y courir promptement et m'emparer du passage.

— Non pas avant moi, » dit le sire d'Arbroath; « est-ce que je ne commande pas l'avant-garde?

— Avant vous, et avant tous les Hamilton d'Écosse, » dit Seyton; « j'ai reçu les ordres de la reine. Suivez-moi, Messieurs, amis et vassaux. Saint Benoît, en avant!

— A moi, » riposta Arbroath, « nobles amis, braves soldats!

Nous verrons qui le premier arrivera à ce poste dangereux. Pour Dieu et la reine Marie !

— Précipitation de mauvais présage ! malheureuse querelle ! » dit l'abbé, qui les vit s'empresser tumultueusement de gravir la hauteur, sans attendre que leurs soldats fussent placés en bon ordre. « Et vous, Messieurs, » continua-t-il, en s'adressant à Roland et à Henri, l'un et l'autre prêts à suivre le torrent « allez-vous donc laisser la reine sans gardes ?

— Oh ! ne me quittez pas, mes amis, » s'écria Marie, « Roland et Seyton, ne me quittez pas ; il y a bien assez de bras qui frapperont dans cette affreuse bataille ; ne me retirez pas ceux sur qui je me confie pour ma sûreté.

— Nous ne pouvons quitter Sa Grâce, » dit Roland en regardant Henri et ramenant son cheval.

« Je n'en attendais pas davantage de toi, » répondit l'orgueilleux jeune homme.

Roland ne fit point de réponse, mais se mordit les lèvres jusqu'au sang, et piquant son cheval, il le dirigea vers le palefroi de Catherine, à laquelle il dit à voix basse :

« Je n'ai jamais pensé avoir rien fait pour vous mériter ; mais aujourd'hui, je me suis entendu accuser de poltronnerie, et mon épée est restée au fourreau, et tout cela à cause de vous.

— Il y a un esprit de vertige parmi nous, » dit-elle ; « mon père, mon frère et vous, Roland, vous êtes tous privés de votre raison... Vous ne devriez songer qu'à la pauvre reine, et vous vous laissez inspirer par vos absurdes jalousies... Il n'y a ici qu'un seul soldat, un seul homme de bon sens, c'est le moine... Monseigneur l'abbé, » s'écria-t-elle à haute voix, « ne serait-il pas plus prudent de nous retirer à l'ouest, pour y attendre l'événement que Dieu nous enverra, au lieu de rester ici sur la grande route ? La reine est exposée et embarrasse le passage des troupes.

— Vous avez raison, ma fille, » répondit Ambroise, « si nous avions seulement quelqu'un pour nous guider dans un lieu où la personne de la reine pût être en sûreté... Nos nobles volent au combat sans penser à celle qui est la cause de la guerre.

Un chevalier bien monté s'avança, complètement couvert d'une armure noire, ayant la visière de son casque baissée, et ne portant ni cimier à son casque, ni devise sur son bouclier.

« Suivez-moi, » dit-il.

« Nous ne suivrons point un inconnu, » répliqua l'abbé, « sans quelque garantie de sa foi.

— Cet étranger se remet entre vos mains, » dit le chevalier ; « si vous désirez en savoir davantage, la reine sera ma caution. »

Depuis le commencement de l'action, Marie était restée fixée à la même place, comme si la crainte eût absorbé toutes ses facultés ; cependant elle souriait machinalement, saluait et faisait signe de la main chaque fois que des bannières se baissaient devant elle, et que les escadrons la saluaient de leurs lances à mesure qu'ils défilaient, pour se précipiter sur l'ennemi avec les mêmes sentiments de rivalité que nous avons déplorés dans Arbroath et Seyton. Mais à peine le chevalier noir eut-il murmuré quelques mots à l'oreille de la reine qu'elle se rendit à ce qu'il lui disait ; et alors d'un air impérieux :

« Messieurs, la reine veut que vous me suiviez ! »

Marie fit entendre avec une sorte d'empressement ce seul mot : « Oui. »

En un instant, tout se mit en mouvement. Le chevalier noir, quittant cette espèce d'apathie qu'indiquait d'abord son maintien, rangea la petite suite de la reine dans un meilleur ordre, et il la conduisit sur la gauche, vers un château qui, couronnant une éminence belle et imposante, avait une vue magnifique sur le pays d'alentour, et particulièrement sur les hauteurs que se hâtaient d'occuper les deux armées, et qui semblaient devoir être bientôt le théâtre du combat.

« Ces tours, » demanda l'abbé « à qui appartiennent-elles ? Est-ce à des amis ?

— Elles n'ont point de propriétaire, » répondit l'inconnu, « ou du moins elles ne sont pas entre des mains ennemies. Mais priez les jeunes gens, seigneur abbé, de se hâter davantage. Ce n'est pas l'instant de satisfaire leur curiosité en regardant un combat auquel ils ne doivent pas prendre part.

— Tant pis pour moi, » dit Henri qui l'entendit ; « j'aimerais mieux être à présent sous la bannière de mon père que d'être créé chambellan d'Holy-Rood, pour me récompenser d'avoir rempli avec patience ma présente fonction de paisible gardien.

— Votre place sous la bannière de votre père sera bientôt des plus dangereuses, » dit Roland, qui, tout en poussant son cheval du côté de l'ouest, avait encore les regards tournés vers les deux armées ; « car je vois un corps de cavalerie qui, venant du levant, atteindra le village avant que le baron Seyton puisse y arriver.

— Eh bien! ce n'est que de la cavalerie ; elle ne peut se maintenir dans le village sans arquebuses.

— Regardez plus attentivement; vous verrez que chaque cavalier qui vient avec tant de rapidité de Glasgow porte en croupe un fantassin.

— Par le ciel, il a raison! » s'écria le chevalier noir. « Un de vous deux doit porter cette nouvelle à Seyton et à Arbroath, afin qu'ils ne se montrent pas avant les gens de pied.

— C'est moi qui la porterai, » dit Roland, « puisque c'est moi qui le premier ai remarqué le stratagème de l'ennemi.

— Avec votre permission, » dit Henri, « la bannière de mon père est en danger, et il est plus convenable que ce soit moi qui l'aille secourir.

— Je m'en rapporte à la reine, » reprit Roland.

« Encore un défi! une nouvelle querelle! » s'écria Marie. « L'armée qui nous attaque n'est-elle donc pas assez nombreuse? et faut-il que, parmi les amis de la reine, il se trouve des ennemis?

— Madame, » dit Roland, « le jeune maître de Seyton et moi nous disputons seulement pour savoir qui de nous quittera votre personne pour porter à l'armée un message de haute importance. Henri croit que son rang lui en donne le droit, et moi je suis persuadé que le moins important de nous deux doit seul courir ce danger.

— Non pas, » répondit la reine, « si l'un de vous doit me quitter, que ce soit Seyton. »

Henri Seyton salua si profondément que la plume blanche de son casque alla toucher la crinière de son cheval de bataille. Ensuite, se raffermissant en selle, il brandit sa lance d'un air de triomphe et de résolution, et faisant sentir l'éperon à sa monture, il vola vers la troupe de son père qui gravissait encore la colline. Rien ne put l'écarter de la ligne droite, et il fit franchir à son coursier tous les obstacles qui se trouvaient sur son passage.

« Mon frère! mon père! » s'écria Catherine avec l'expression de la plus terrible inquiétude; « les voilà au milieu du danger, et je suis en sûreté!

— Plaise à Dieu, » ajouta Roland, « que je fusse avec eux, et que je pusse racheter chaque goutte de leur sang au prix du mien.

— Ne savais-je pas que vous le feriez? » dit Catherine. « Une femme peut-elle dire à un homme ce que je vous ai dit, et penser qu'il pourrait ressentir quelque crainte ou quelque faiblesse dans le fond de son cœur? Il y a dans ces bruits éloignés qui annoncent l'approche d'une bataille quelque chose qui me plaît et qui en même temps me glace de terreur. Je voudrais être homme et pouvoir éprouver cette joie sans qu'elle fût mêlée de frayeur?

— Hâtez-vous, hâtez-vous! » cria l'abbé tout en galopant, et comme ils arrivaient sous les murs du château. « Venez aider dame Fleming à soutenir la reine; elle s'affaiblit de plus en plus. »

On fit halte pour enlever Marie de dessus sa selle, et on la portait vers le château, lorsqu'elle dit d'une voix faible :

« Non... non... ces murs ne me reverront jamais!

— Soyez reine, Madame, » dit l'abbé, « et oubliez que vous êtes femme.

— Oh! il faut que j'oublie beaucoup, beaucoup de choses, » répondit l'infortunée Marie d'une voix défaillante, « avant que mes yeux puissent voir d'un regard assuré des lieux si tristement connus!... Il faut que j'oublie les jours que je passai ici étant déjà l'épouse de celui... dont le sang...

— C'est le château de Crookstone, » dit Fleming à voix basse; « la reine y tint sa première cour lorsqu'elle fut mariée à Darnley.

— O ciel! » dit l'abbé, « ta main s'appesantit sur nous! Prenez courage, Madame, vos ennemis sont les ennemis de la sainte Église, et Dieu décidera aujourd'hui si l'Écosse doit être catholique ou hérétique. »

Une violente décharge de coups de canon et de mousqueterie se fit entendre comme il proférait ces mots, et sembla rappeler les esprits de la reine.

« Allons sous cet arbre, » dit-elle, montrant un if qui s'élevait sur une butte près du château ; « je le connais bien... De là vous pourrez avoir une vue aussi étendue que du pic de Schehallion. »

Et, se dégageant des bras de ceux qui l'entouraient, elle marcha d'un pas déterminé, et qui avait quelque chose d'égaré, vers l'if majestueux. L'abbé, Catherine et Roland la suivirent, tandis que dame Fleming restait en arrière avec les personnes inférieures de sa suite. Le chevalier noir suivit aussi la reine, ne la quittant pas plus que son ombre, mais restant toujours à la distance de deux ou trois pas. Il croisait les bras sur sa poitrine, tournait le dos au combat, et ne semblait occupé que de regarder Marie à travers la visière de son casque. La reine ne le regardait pas, mais fixait ses yeux sur l'if à l'épaisse ramure.

« Eh bien ! » dit-elle, comme si à sa vue elle eût oublié ce qui se passait, et surmonté l'horreur que le premier aspect de Crookstone lui avait fait éprouver : « arbre superbe et majestueux, tu es encore aussi verdoyant et aussi beau qu'autrefois, quoique, au lieu de serments d'amour, tu entendes le fracas de la guerre. Tout a trouvé sa fin depuis que je te saluai... amour et amant... serments et celui qui les prononçait... roi et royaume... Eh bien ! seigneur abbé, comment va la bataille ? Nous avons le dessus, j'espère... Cependant de cet endroit les yeux de Marie ne peuvent être témoins que de malheurs. »

Tous avaient les regards fixés sur le champ de bataille ; mais ils ne pouvaient rien découvrir, si ce n'est que l'affaire se poursuivait avec acharnement. Les petits enclos et les jardins des chaumières du village, qu'ils pouvaient distinguer parfaitement avec leurs allées de sycomores et de frênes, beaux et tranquilles à la douce lumière du soleil de mai, étaient couverts d'une ligne de feu et d'un dôme de fumée ; et le bruit constant de la mousqueterie et du canon, mêlé aux cris des combattants qui se heurtaient, prouvaient qu'aucun des deux partis n'avait cédé le terrain.

« Sous les coups de ces affreux tonnerres, » dit l'abbé, « une foule d'amis partent pour leur séjour éternel, pour le ciel ou l'enfer. Pendant ce terrible combat, que ceux qui croient à la sainte Église supplient avec moi le Très Haut d'accorder la victoire au bon droit.

— Pas ici.., pas ici ! » dit la malheureuse reine, « je vous en conjure ; pas ici, mon père, ou priez en silence... Ici le passé et le présent se disputent trop mon âme pour que j'ose approcher du trône de Dieu... Ou si vous voulez prier, que ce soit pour une infortunée dont les plus tendres affections ont fait les plus grands crimes, et qui n'a cessé d'être reine que parce qu'elle fut sensible et qu'elle fut trompée.

— Ne serait-il pas bien, » demanda Roland, « que j'allasse faire un tour du côté des combattants pour savoir quel est le sort des armes?

— Courez-y, au nom de Dieu, » dit l'abbé ; « car si nos amis sont repoussés, nous devons nous hâter de fuir... mais prenez garde de ne pas trop approcher du lieu du danger, plus d'une vie dépend de votre retour.

— Oh! ne vous hasardez pas trop, » ajouta Catherine, « et ne manquez pas de voir comment se battent les Seyton, et quelle est leur fortune.

— Ne craignez rien, je serai sur mes gardes, » dit Roland.

Puis, sans attendre de réponse, il courut vers le lieu du combat. Cependant il avait soin de tenir les chemins hauts et ouverts et de regarder autour de lui avec précaution, de peur de se laisser envelopper par un parti ennemi. Comme il approchait, le bruit du feu retentit de plus en plus à ses oreilles, les clameurs devinrent de plus en plus fortes, et il sentit ce violent battement de cœur, ce mélange d'appréhension naturelle, d'entraînante curiosité et d'angoisse pénible qu'éprouve le plus brave lorsqu'il s'approche du théâtre d'une scène intéressante et pleine de danger.

Enfin il s'avança tellement près que d'une hauteur masquée par des buissons et des bois taillis, il put distinguer l'endroit où le combat était le plus animé.

C'était un chemin creux qui conduisait au village de Langside, et que l'avant-garde de la reine avait suivi lorsqu'elle s'avança avec plus de courage que de prudence pour s'emparer de ce poste important. Mais ces téméraires guerriers trouvèrent les enclos et les jardins occupés par l'ennemi, qui avait à sa tête le célèbre Kirkaldy Grange et le comte de Morton, et ils firent de grandes pertes en s'efforçant d'arriver jusqu'à leurs adversaires. Toutefois, comme les partisans de la reine étaient la fleur des nobles et des barons, suivis de leurs vassaux, ils avaient réussi à se porter en avant, malgré les obstacles et le péril. Lorsque Roland arriva, ils s'étaient rencontrés face à face avec les ennemis dans le défilé, et s'efforçaient de les faire déguerpir du village à la pointe de leurs lances, tandis que les protestants, également déterminés, gardaient leur avantage, luttant avec obstination pour repousser les assaillants.

Les deux partis se défendaient pied à pied, et pour ainsi dire corps à corps, de manière que les longues lances des hommes du premier rang avaient la pointe fixée sur le bouclier, le corselet, la cuirasse des combattants opposés : leur effort ressemblait à celui de deux taureaux, qui, ajustant l'un contre l'autre leurs têtes monstrueuses, restent longtemps dans la même position, jusqu'à ce que la force supérieure ou l'opiniâtreté de l'un des deux contraigne l'autre à prendre la fuite, ou le précipite à terre. C'est ainsi que les pelotons opposés s'étaient, pour ainsi dire, enlacés d'une étreinte mortelle : ils s'ébranlaient lentement, tantôt en avant, tantôt en arrière, suivant le parti qui obtenait momentanément l'avantage ; et la terre se jonchait de morts et de blessés, que foulaient indistinctement ennemis et amis. Ceux dont les armes étaient brisées se retiraient du premier rang et faisaient place à d'autres, pendant que les rangs de derrière, ne pouvant avoir part autrement à la lutte, faisaient feu de leurs pistolets, lançaient contre l'ennemi leurs poignards, les pointes et les tronçons des armes rompues, comme si c'eût été des javelines.

« Dieu et la reine ! » était le cri qui retentissait d'un côté des combattants ; de l'autre le cri de « Dieu et le roi ! » roulait comme un tonnerre : c'était au nom de leurs souverains que des concitoyens versaient par la main les uns des autres les flots les plus purs de leur sang ; c'était au nom du Créateur qu'ils tuaient des créatures faites à son image. Au milieu du tumulte, souvent on entendait la voix des capitaines donnant leurs ordres, ainsi que celle des soldats qui répétaient les mots de ralliement : à tous ces cris se mêlaient les

gémissements des blessés et des mourants.

Il y avait environ une heure que durait le combat. Les forces des deux partis paraissaient épuisées ; mais leur acharnement n'était point dompté, leur rage n'était point abattue. Soudain Roland, qui jetait les yeux de tous côtés et qui avait l'oreille au guet autour de lui, vit une colonne d'infanterie, précédée de quelques cavaliers, tourner le pied de la hauteur qu'il occupait, et, la lance en avant, attaquer par le flanc l'armée de la reine, déjà furieusement engagée sur son front. Au premier coup d'œil, Roland s'aperçut que l'auteur et le chef de ce mouvement n'était autre que le chevalier d'Avenel, son ancien maître ; et au second, il comprit que cette action déciderait de la victoire. En effet, cette attaque, faite avec des troupes fraîches sur le flanc d'une armée fatiguée d'une lutte aussi tenace que meurtrière, eut un prompt résultat.

L'armée de la reine, qui tout à l'heure offrait aux regards une ligne menaçante, épaisse et serrée de casques et de panaches, fut, en un instant, enfoncée et précipitée pêle-mêle du plateau dont elle s'efforçait de s'emparer. En vain la voix des chefs, qui rappelait les fuyards au combat, se faisait-elle entendre ; en vain résistaient-ils encore, alors même que toute résistance était inutile. La plupart se faisaient massacrer ou tombaient couverts de blessures, tandis que le reste était emporté par le flux rapide et confus des fuyards.

A l'aspect de cette déroute, Roland eut le cœur serré, et sentit qu'il ne lui restait plus à lui-même qu'à tourner bride pour aller mettre en sûreté la personne de la reine. Toute poignante qu'était sa douleur ou sa honte, il oublia tout, quand du plateau qu'il occupait il aperçut en ce moment au bas de la hauteur Henri Seyton, séparé de son parti dans la confusion de la défaite, couvert de sang et de poussière, se défendant en désespéré contre quelques soldats ennemis qui le serraient de près, attirés par l'appât de sa magnifique armure. Roland descendit la colline au galop, tomba au milieu d'un groupe ennemi, fit mordre la poussière à deux d'entre eux, et força les autres à s'éloigner ; puis tendant la main à Henri, il lui dit de saisir la crinière de son cheval.

« Dans cette journée nous vivrons ou nous mourrons ensemble, » s'écria-t-il : « mon cheval est à vous ; tenez-vous-y ferme, jusqu'à ce que nous soyons hors de danger. »

Seyton obéit, il rassembla tout ce qui lui restait de force : Roland l'eût bientôt conduit loin du danger et du lieu où ses propres yeux avaient été témoins de l'issue fatale de la bataille. Mais ils ne furent pas plutôt parvenus sous un couvert d'arbres qui se trouvaient là, que Henri lâcha prise, et malgré les efforts de Roland pour le soutenir, il tomba sur la pelouse.

« Ne vous mettez plus en peine de moi, » dit-il, « c'est ma première et ma dernière bataille ; j'en ai trop vu pour avoir le désir d'assister à la fin. Hâtez-vous ! sauvez la reine... Rappelez-moi au souvenir de Catherine. On ne la confondra plus avec moi... ce dernier coup d'épée a fait entre nous deux une distinction éternelle.

— Allons ! que je vous aide à monter en selle, » dit Roland avec vivacité ; « ne désespérez pas du salut ; pour moi, je puis m'en aller à pied. Tournez la tête et la bride de mon cheval vers l'ouest, et il vous emportera aussi vite que le vent.

— Jamais plus je ne monterai à cheval, » dit le blessé. « Adieu ! je vous aime mieux en mourant que je ne pense vous avoir aimé dans ma vie... Je voudrais que mes mains ne se fussent pas rougies du sang de ce vieillard... *Sancte Benedicte, ora pro me*... Ne vous arrêtez pas près d'un mourant... Hâtez-vous, sauvez la reine. »

Sa voix, en prononçant ces mots, avait fait un dernier effort ; à peine les eut-il achevés qu'il expira. Cet appel rappela à Roland le devoir qu'il avait un moment négligé, mais d'autres oreilles que les siennes l'avaient entendu.

« La reine ! où est la reine ? » dit Albert Glendinning, qui, suivi de deux ou trois cavaliers, parut au même instant.

Roland, sans répondre, tourna la bride de son cheval, et se fiant à sa vitesse et à ses éperons, se dirigea au galop vers le château de Crookstone, franchissant collines et vallées. Plus pesamment armé, et monté sur un cheval moins léger, sire Albert le poursuivait, la lance dans les reins, en lui criant :

« Chevalier à la branche de houx, arrête, et montre que tu as des droits à porter ce signe verdoyant ; ne fuis pas comme un lâche, et ne déshonore pas cette enseigne des braves. Halte, poltron ! ou, par le ciel, je te traverserai le dos de ma lance, et je t'arracherai la vie comme un lâche que tu es. Je suis le chevalier d'Avenel, je suis Albert Glendinning. »

Mais Roland, qui n'avait nulle envie de se mesurer avec son

ancien maître, et qui, d'un autre côté, savait bien que la sûreté de la reine dépendait de la diligence qu'il ferait, ne répliqua point un mot au défi et aux injures dont sire Albert ne cessait de le poursuivre; mais, faisant plus que jamais usage de ses éperons, il fuyait avec plus de vitesse qu'auparavant, et avait gagné plus d'une centaine de pas sur Albert, quand, arrivant près de l'if où il avait laissé la reine, il vit que sa garde était prête à monter à cheval. Alors il cria, autant qu'il avait de voix :

« L'ennemi! l'ennemi! A cheval, belles dames, à cheval! Braves gentilshommes, faites votre devoir. »

Il parlait encore, que, opérant une rapide volte-face, et évitant avec adresse le choc de sire Albert, il chargea l'un de ses hommes d'armes avec tant d'impétuosité, que d'un coup de lance il renversa le cavalier et sa monture; alors, tirant son épée, il attaqua le second. Cependant le cavalier noir se précipita au-devant de Glendinning, et tous les deux se jetèrent l'un sur l'autre avec tant de furie, que les chevaux furent renversés et que leurs cavaliers roulèrent sur la pelouse. Ni l'un ni l'autre ne se releva, car le chevalier noir avait le corps traversé par la lance de Glendinning, et le chevalier d'Avenel, accablé sous le poids de son propre cheval et meurtri de sa chute, semblait être dans un pire état que celui-là même qu'il venait de blesser à mort.

« Rends-toi, chevalier d'Avenel, bon gré, mal gré, » dit Roland, qui venait de tuer son second adversaire, et qui se hâtait de prévenir les efforts de Glendinning pour recommencer la lutte,

« Je ne puis faire autrement que de me rendre, » dit sire Albert, « puisque les forces me manquent pour combattre, mais je rougis de honte de dire à un lâche comme toi : Je me rends.

— Ne me nomme pas lâche, » dit Roland levant sa visière, et aidant son prisonnier à se relever; « sans tes anciennes attentions pour moi, et surtout sans les bontés de ta noble dame, tu aurais rencontré en moi un autre adversaire.

— Le page favori de ma femme! » dit sire Albert avec étonnement. « Ah! malheureux enfant, j'ai appris ta trahison à Lochleven.

— Ne la lui reproche point, mon frère, » dit l'abbé, « il ne fut que l'agent de Dieu.

— A cheval, à cheval! » s'écria Catherine Seyton; « montez vite, allez-vous-en, ou nous sommes tous perdus. Je vois nos braves soldats s'enfuir dans toutes les directions. A cheval, seigneur abbé;

à cheval, Roland; à cheval, chère princesse; nous devrions déjà être à plus d'une lieue d'ici.

— Regardez ces traits, » dit Marie lui montrant le chevalier prêt à rendre le dernier soupir, et dont une main compatissante avait détaché le casque; « regardez-le bien, et dites-moi si celle qui cause la mort ou la ruine de quiconque l'a aimée, doit elle-même faire un pas de plus pour sauver sa misérable vie. »

64

Depuis longtemps le lecteur doit avoir deviné ce que la reine avait elle-même découvert avant que ses yeux le lui confirmassent. Cette figure était celle de Georges Douglas, sur laquelle la mort avait imprimé son triste sceau.

« Regardez-le bien, regardez-le encore, » reprit la reine ; « tel a été le sort de tous ceux qui ont aimé Marie Stuart ! La couronne de François, l'esprit de Chastelard, le pouvoir et la courtoisie de l'aimable Gordon, le mélodieux talent de Rizzio, la noble taille et la grâce du jeune Darnley, l'audacieuse fierté, les manières galantes de Bothwell, et aujourd'hui l'amour profond et si dévoué du noble Douglas, rien n'a pu sauver aucun d'eux : leurs yeux et leurs cœurs se sont tournés vers l'infortunée Marie ; ils l'ont aimée, et leur amour fut un crime digne d'une mort prématurée. Aussitôt qu'une de ces tristes victimes avait conçu dans son âme une douce pensée en ma faveur, la coupe empoisonnée, la hache et le billot, le poignard, les mines, les cachots étaient là tout prêts pour la punir de son affection pour une misérable telle que moi. Cessez vos prières, tout m'importune ; je ne veux point fuir d'un pas ; je ne dois, je ne puis mourir qu'une fois, et c'est ici que je veux mourir. »

Pendant qu'elle parlait ainsi, ses larmes ruisselaient sur la figure du chevalier mourant. Pour lui, il tenait constamment fixés sur la reine des yeux dans lesquels brillait encore le feu d'une passion que la mort prochaine ne pouvait éteindre.

« Ne vous affligez pas ainsi pour moi, » dit-il d'une voix si faible qu'on l'entendait à peine ; « c'est à votre sûreté qu'il faut penser. Je meurs en Douglas, et je meurs pleuré de Marie Stuart ! »

Il expira en prononçant ces mots, sans détourner les yeux de dessus cette figure adorée. La reine portait un cœur formé par la nature pour la bonté et la tendresse ; et, dans une condition privée, avec un époux plus convenable à cette trempe d'âme que Darnley, elle aurait pu goûter le bonheur. Elle restait immobile, et arrosait de ses larmes le corps inanimé. L'abbé, qui cette fois trouva nécessaire d'user envers elle d'une remontrance plus hardie qu'en toute autre circonstance, la rappela à elle-même.

« Nous aussi, Madame, » dit-il, « nous, dévoués serviteurs de

Votre Grâce, nous avons aussi des amis et des parents à pleurer. Je laisse un frère dans un danger imminent ; l'époux de dame Fleming, le père et les frères de dame Catherine, sont tous sur le champ du carnage, ou tués ou prisonniers. Nous oublions le malheureux sort de ce que nous avons de plus proche et de plus cher, pour servir notre reine, tandis qu'elle, tout occupée de ses propres douleurs, ne nous donne pas la moindre place dans sa pensée.

— Je ne mérite point un tel reproche, mon père, » répondit la reine en essuyant ses pleurs ; « mais j'y suis sensible. Où faut-il que j'aille ? que faut-il faire ?

— Il nous faut fuir, et sur-le-champ, » reprit l'abbé ; « dire où n'est pas si facile ; chemin faisant, nous discuterons là-dessus. Allons, mettez-la en selle, et partons. »

On partit.

Roland différa un moment, afin d'ordonner aux gens du chevalier d'Avenel de conduire leur maître au château de Crookstone, et d'avoir le temps de lui dire que tout ce qu'il demandait de lui pour prix de sa liberté était sa seule parole que lui et ses compagnons garderaient le secret sur la direction que la reine avait prise dans sa fuite.

Comme il tournait la bride de son cheval pour partir, l'honnête physionomie d'Adam Woodcock, qui le regardait avec des yeux où se peignait la surprise, le frappa, et dans un autre temps elle aurait excité son hilarité. Adam était un des hommes d'armes qui avaient fait l'expérience de la pesanteur du bras de Roland; tous deux en cet instant se reconnurent, Roland ayant relevé sa visière, et le bon archer ayant jeté à terre son casque dont la grille de fer le gênait, pour secourir plus promptement son maître. Dans ce casque, qui se trouvait encore sur la pelouse, Roland n'oublia pas de laisser tomber quelques pièces d'or, fruit de la libéralité de la reine.

Puis, l'ex-page, après avoir fait un signe de souvenir et d'ancienne amitié, s'éloigna au grand galop, afin de rejoindre Marie, dont la suite, qui était déjà loin, laissait derrière elle au bas de la colline un épais nuage de poussière.

« Ce n'est parbleu pas de la fausse monnaie, » dit le brave Adam ramassant et pesant dans sa main les pièces d'or. « Ah! oui, c'est bien maître Roland en personne, la chose est certaine... la même main ouverte... et, mes épaules le savent, le même poignet... Voilà une nouvelle qui fera plaisir à notre bonne maîtresse, qui n'a cessé de le regretter comme si c'était son fils... Et quelle tournure pimpante! Ces gars si légers, ça ne manque pas de s'élever; c'est comme la mousse qui monte à la surface d'un pot de bière. Affaire à nous, de carrure plus solide, de rester toujours fauconnier. »

Tout en ruminant de la sorte, Adam alla rejoindre ses camarades, qui étaient alors en grand nombre, et les aida à transporter son maître dans le château de Crookstone.

CHAPITRE XXXVIII.

Terre natale, adieu!
BYRON.

SPÉRANCES trompées, sombre lendemain, nombreux amis perdus, coûtèrent bien des larmes amères à la reine durant sa fuite précipitée. La mort du brave Douglas et celle de l'impétueux et vaillant Seyton semblaient affecter cette princesse plus que la perte de son trône, sur lequel elle avait été si près de se rasseoir. Catherine dévorait en secret son chagrin, et ne songeait qu'à soutenir le courage abattu de sa maîtresse; et l'abbé, portant ses pensées inquiètes vers l'avenir, s'efforçait vainement de former quelque plan qui justifiât une ombre d'espoir.

Roland se mêlait aussi dans les vives discussions qui avaient lieu parmi les dévoués serviteurs qui entouraient la reine : il délibérait avec eux sur ce qui restait à faire, et son courage ne l'abandonnait pas.

« Votre Grâce, » dit-il, « a perdu une bataille; votre aïeul Bruce en a perdu sept successivement avant de monter triomphant sur le trône d'Écosse, et de proclamer d'une voix victorieuse l'indépendance de son pays dans la plaine de Bannockburn. Ces bruyères que nous traversons ne sont-elles pas plus agréables que le château de Lochleven entouré d'eau, si bien fermé et si bien gardé ?... Nous sommes libres... Il y a là de quoi consoler de toutes les pertes. »

Il frappait une corde retentissante ; mais le cœur de Marie n'eut point d'écho pour elle.

« Que ne suis-je encore dans Lochleven, » répondit-elle, « au lieu d'être témoin du carnage fait par des rebelles sur des sujets qui, pour moi, se sont offerts à la mort ! Ne me parlez pas de nouvelles tentatives, elles vous coûteraient la vie, à vous et aux amis qui me les conseilleraient. Je ne voudrais pas sentir une seconde fois ce que j'ai éprouvé lorsque j'ai vu de cette montagne le sabre des cruels cavaliers de Morton se souiller du sang des fidèles Seyton et des braves Hamilton, pour les récompenser de leur loyauté envers leur reine. Non, devrais-je régner sur toute la Grande-Bretagne, je ne voudrais pas encore sentir ce que j'ai souffert lorsque le sang de Douglas a teint mon manteau. Trouvez-moi quelque endroit où je puisse cacher cette misérable tête, qui porte malheur à tout ce qui l'aime ; c'est la dernière faveur que Marie demande à ses fidèles sujets. »

Ce fut dans cette accablante tristesse que, fuyant avec une rapidité extrême, l'infortunée Marie, après que le baron Herries et d'autres partisans l'eurent rejointe, arriva enfin à l'abbaye de Dundrennan, située à une vingtaine de lieues du champ de bataille. Dans cet endroit retiré du comté de Galloway, les moines n'avaient pas été aussi rigoureusement poursuivis par la réformation, et quelques-uns languissaient encore dans leurs cellules sans y être persécutés ; le prieur, les yeux noyés de larmes, vint recevoir avec respect la reine fugitive à la porte de son couvent.

« Mon bon père, » dit la reine en descendant de son palefroi, « je vous apporte le malheur.

— Qu'il soit le bien venu, » répondit le prieur, « s'il vient à la suite du devoir. »

Mise à terre et soutenue par ses femmes, Marie regarda un instant sa monture qui, harassée et baissant la tête, semblait s'affliger des infortunes de sa maîtresse.

« Bon Roland, » dit la reine, à voix basse, « qu'on ait soin de Rosabelle pour... Interroge ton cœur, et il te dira pourquoi je fais cette petite prière dans un moment si terrible. »

On la conduisit à son appartement, et dans le conseil en désordre de ses partisans, on adopta la fatale résolution d'une retraite en Angleterre. Dans la matinée, elle y donna son assentiment, et un messager fut envoyé au gouverneur anglais des frontières pour lui demander un sauf-conduit et l'hospitalité de la part de la reine d'Écosse.

Le jour suivant, l'abbé Ambroise, en se promenant dans le jardin avec Roland, lui témoigna combien il désapprouvait le parti qu'on venait de prendre.

« C'est folie et malheur, » dit-il ; « mieux vaudrait abandonner sa personne aux sauvages montagnards ou aux brigands des frontières, qu'à la bonne foi d'Élisabeth. Une femme à une rivale !... une héritière présomptive à la garde d'une reine jalouse et sans héritiers !... Herries est un sujet loyal, mais ses conseils ont perdu sa souveraine.

— Oui, le malheur nous suit partout, » dit un vieillard, qui tenait une bêche en main, et sous l'habit d'un frère lai : l'abbé ne l'aurait point aperçu, sans la véhémence de cette exclamation. « Ne me regardez pas avec cet air stupéfait !... Je suis celui qui fus l'abbé Boniface à Kennaquhair, qui fus le jardinier Blinkhoolie à Lochleven ; chassé de partout, je suis revenu où j'ai fait mon noviciat ; et maintenant vous voilà arrivé pour me faire encore déguerpir !... Quelle vie de tribulations pour un homme qui n'avait rien de plus cher au monde que sa tranquillité !

— Bientôt, mon père, » répondit l'abbé, « vous serez débarrassé de notre compagnie, et la reine, je le crains, ne vous troublera plus jamais.

— Bon ! vous en disiez là-bas tout autant, » reprit le dolent vieillard, « et cependant j'ai été chassé de Kinross, et pillé sur la route par les soldats... Ils m'ont enlevé le certificat dont vous aviez besoin, celui du baron... Du reste, c'était un maraudeur, aussi, comme eux... Vous m'aviez demandé ce papier, et je ne le trouvais pas ; eh bien, ils l'ont trouvé, eux : il certifiait le mariage de... de... La mémoire me manque... Voyez comme les hommes dégénèrent ! Le père Nicolas vous aurait dit cent histoires sur l'abbé Enguerrand que Dieu lui fasse miséricorde! Il avait, je vous assure, nonante-six ans, et moi, je n'ai pas plus de... Attendez...

— N'est-ce pas le nom d'Avenel que vous cherchez, mon bon père, » dit Roland avec feu, modérant cependant sa voix de peur d'offenser ou d'alarmer le pauvre vieillard.

« C'est cela... Avenel, Julien Avenel... vous dites parfaitement le nom... Je conservais toutes les confessions particulières, pensant que mes vœux exigeaient que j'agisse de la sorte.... je n'ai pu trouver celle-là quand mon successeur Ambroise m'en a parlé... Mais les soldats l'ont trouvée, et le chevalier qui commandait le détachement se frappa la poitrine quand il lut cette pièce, tellement que son haubert résonna comme une cruche vide.

— Sainte Marie! » dit l'abbé, « quel était donc celui à qui un tel papier inspirait un si grand intérêt? quelles étaient sa tournure, ses armes, ses couleurs?

— Vous m'embrouillez avec vos questions... A peine osai-je le regarder... On m'accusait de porter des lettres pour la reine, on fouilla dans ma malle... Tout cela à cause de votre belle équipée à Lochleven.

— J'espère que Dieu a fait tomber ce papier entre les mains de mon frère, » dit l'abbé à Roland qui, debout devant lui, frémissait d'impatience; « j'ai ouï dire qu'il avait été avec ses partisans à la découverte, entre Stirling et Glasgow... Le chevalier ne portait-il pas sur son casque une branche de houx?... Cherchez bien dans votre mémoire.

— Ma mémoire! ma mémoire! » dit Boniface d'un ton d'aigreur. « Quand vous aurez autant d'années que moi, si vos complots vous le permettent, vous verrez combien de choses vous resteront en mémoire... A peine si je me rappelle les poiriers que j'ai greffés ici de mes propre mains il y a cinquante ans. »

En ce moment, un cor sonna du côté de la mer.

« C'est le signal de la chute du trône de Marie Stuart, » dit Ambroise; « la réponse du gouverneur anglais a été reçue favorablement sans doute, car a-t-on jamais vu fermer la porte d'une trappe à la proie qui se présente?... Ne t'afflige pas, Roland; nous reviendrons sur ce qui t'intéresse... mais nous ne devons pas quitter la reine... Suis-moi... remplissons notre devoir, et pour ce qui en arrivera, remettons-nous à la Providence... Adieu, mon père... je reviendrai bientôt. »

Tandis qu'il sortait du jardin, suivi de Roland qui l'accompagnait bon gré mal gré, l'ex-abbé reprit sa bêche.

« Leur sort m'afflige, et celui de cette pauvre reine aussi, » murmurait-il ; « mais que sont les peines d'ici-bas pour un octogénaire ?... D'ailleurs, il a tombé une belle rosée, et le temps est favorable pour semer nos choux de primeur.

— L'âge l'accable, » dit Ambroise en entraînant Roland vers le bord de la mer ; « il faut lui laisser le temps de se recueillir... nous ne devons maintenant penser qu'au sort de la reine. »

Ils trouvèrent Marie sur le rivage de la mer, entourée de sa petite suite, et ayant à ses côtés le shériff de Cumberland, gentilhomme de la maison de Lowther, richement vêtu et accompagné de soldats. La figure de la reine offrait un singulier mélange d'ardeur et de répugnance à s'éloigner. Son langage et ses gestes parlaient d'espérance et de consolation à ses partisans ; et elle semblait chercher à se persuader que la démarche qu'elle allait faire était pour sa sûreté, que la promesse qu'elle avait reçue d'un accueil favorable était une garantie plus que satisfaisante ; mais ses lèvres tremblantes et ses yeux égarés trahissaient à la fois l'angoisse qu'elle éprouvait de quitter l'Écosse, et ses craintes de se confier à la foi douteuse de l'Angleterre.

« Soyez le bienvenu, Seigneur abbé, » dit-elle, « et vous, Roland d'Avenel, nous avons de bonnes nouvelles à vous donner : l'officier de notre aimable sœur nous offre, en son nom, un sûr asile contre les rebelles qui nous ont chassée de notre royaume. Mon seul chagrin est d'être obligée de me séparer de vous, même pour un peu de temps.

— Nous séparer, Madame ! » s'écria l'abbé ; « est-ce donc vous accueillir convenablement en Angleterre que de commencer par diminuer votre suite et renvoyer vos conseillers ?

— Ce n'est pas tout à fait cela, » répondit Marie. « Le gouverneur et le shériff, serviteurs fidèles de ma royale sœur, jugent nécessaire d'obéir à ses ordres, même à la lettre, dans la circonstance présente, et ne peuvent recevoir que moi et mes femmes. On dépêchera bientôt un exprès de Londres afin de m'assigner un lieu de résidence, et vous serez tous prévenus dès que ma petite cour sera formée.

— Votre cour en Angleterre! avec Élisabeth vivante et sur le trône? Ce sera quand nous verrons deux soleils au firmament.

— N'en croyez rien, » reprit la reine ; « nous ne doutons pas de la bonne foi de notre sœur. Élisabeth aime la gloire, et tout ce qu'elle en a gagné par son pouvoir et par sa sagesse n'égalera pas ce qu'elle en acquerra en étendant son hospitalité sur une sœur infortunée ! Non, tout ce qu'elle pourrait faire par la suite de bon, de grand et de sage, n'empêcherait pas le reproche qu'on lui ferait d'avoir abusé de notre confiance. Adieu, mon page, ou plutôt mon chevalier, adieu pour peu de temps ! J'essuierai les larmes de Catherine, ou je pleurerai avec elle jusqu'à ce que nous ne puissions plus pleurer. »

Elle tendit la main à Roland, qui, se précipitant à ses genoux, la baisa avec la plus vive émotion. Il se préparait à rendre le même hommage à Catherine, quand la reine, affectant un air d'enjouement, dit :

« Sur ses lèvres, maladroit! Allons, Catherine, tu peux le permettre ; il faut montrer à ce seigneur anglais que, même dans notre froid climat, la beauté sait récompenser la bravoure et la fidélité !

— Nous n'avons pas attendu jusqu'à présent pour apprécier la beauté ou la valeur écossaise, » dit le shériff avec courtoisie. « Je voudrais qu'il fût en mon pouvoir d'accueillir en Angleterre les personnes disposées à suivre celle qui est elle-même une souveraine de beauté, et de leur prodiguer tous les égards qu'elles méritent ; mais notre reine a donné des ordres positifs pour le cas qui se présente et il ne sied point à un sujet de les discuter. Puis-je rappeler à Votre Grâce que la marée est favorable ? »

Le shériff offrit la main à la reine ; et elle avait déjà posé le pied sur la passerelle par où elle devait entrer dans le bateau, quand l'abbé, sortant de la stupeur où l'avaient fait tomber les paroles du shériff, s'élança dans l'eau et saisit Marie par le bord de sa mante.

« Elle l'a prévu ! elle l'a prévu ! » s'écria-t-il ; « elle a prévu que vous fuiriez dans son royaume, et le prévoyant, elle a donné des ordres pour la réception qui vous est faite. Princesse aveugle, trompée et condamnée, votre sort sera résolu dès que vous aurez quitté le pays.

Reine d'Écosse, tu n'abandonneras pas ainsi ton héritage! » continua-t-il en la retenant encore ; « tes fidèles sujets seront rebelles à tes volontés, afin de te pouvoir soustraire à l'esclavage et à la mort. Ne redoute ni les lances, ni les mousquets de ce courtisan ; nous les repousserons par la force. Oh! pourquoi n'ai-je pas les armes de mon vaillant frère?... Roland, mets l'épée à la main! »

La reine s'arrêta, irrésolue et effrayée, un pied sur la planche et l'autre sur le sable de sa terre natale, qu'elle allait quitter pour toujours.

« Il n'est pas besoin de violence, seigneur prêtre! » dit le shériff de Cumberland ; « je suis venu ici à la prière de votre reine pour lui rendre service, et si elle rejette le secours que je peux lui offrir, elle n'a qu'à dire un mot. Ce n'est point une merveille que la sagesse de notre reine ait pu prévoir un semblable événement au milieu des troubles d'un état mal affermi ; et que, tout en voulant accorder l'hospitalité à sa royale sœur, elle ait cru prudent d'interdire l'entrée des frontières anglaises aux soldats d'une armée débandée.

— Vous entendez, » dit la reine Marie, dégageant doucement sa robe de la main de l'abbé ; « c'est de notre pleine volonté que nous quittons ce rivage, et sans nul doute il nous sera libre d'aller en France ou de retourner dans nos domaines, à notre choix. D'ailleurs, il est trop tard... Donnez-moi votre bénédiction, mon père, et que Dieu vous le rende!

— Puisse-t-il avoir pitié de toi, pauvre princesse, et te l'accorder aussi, » dit l'abbé en se retirant. « Mais mon cœur me dit que je t'ai vue pour la dernière fois! »

Les voiles furent déployées, et le navire traversa légèrement le bras de mer qui sépare les bords du Cumberland de ceux de Galloway. Mais jusqu'à ce qu'il eût disparu à leurs yeux, les compagnons de la reine, inquiets, tristes et isolés, ne cessèrent de rester sur la plage ; et longtemps, longtemps encore ils purent distinguer le mouchoir que Marie agitait comme le signe répété de l'adieu qu'elle adressait à ses fidèles amis et aux rivages de l'Écosse (D).

Si Roland avait pu être consolé du départ de sa maîtresse et des infortunes de sa souveraine par de bonnes nouvelles qui le concernaient tout particulièrement, il eût éprouvé un sensible plaisir quelques jours après que la reine eut quitté Dundrennan. Un courrier hors d'haleine, qui n'était autre qu'Adam Woodcock, apporta des dépêches que sire Albert Glendinning envoyait à son frère; il le trouva avec Roland, car tous deux résidaient encore à l'abbaye, où ils mettaient Boniface à la torture par leurs questions incessantes.

Le paquet contenait une pressante invitation faite à l'abbé de venir au château d'Avenel.

« La clémence du régent, » disait le chevalier, « a étendu son pardon et sur Roland et sur vous, à condition que vous resterez tous deux quelque temps sous ma surveillance. J'ai à vous communiquer, touchant la famille de Roland, des choses que vous serez bien aise de connaître, et qui, en qualité de mari de sa plus proche parente, m'obligent à prendre un nouvel intérêt à sa fortune. »

L'abbé lut cette lettre, et s'arrêta, comme s'il réfléchissait à ce qu'il aurait de mieux à faire.

De son côté, Woodcock tira Roland à l'écart.

« Or çà, » lui dit-il, « prenez garde, Monsieur Roland, de ne pas vous laisser entraîner hors du droit chemin, par quelque glu papiste, vous ou le prêtre. Vous vous êtes toujours conduit comme un gentilhomme. Lisez cela, et remerciez Dieu qui a jeté sur notre passage le vieil abbé Boniface, que deux des soldats de Seyton conduisaient ici, à Drundennan. Nous l'avons fouillé pour avoir des nouvelles de votre bel exploit de Lochleven, qui a coûté la vie à tant d'hommes, et à moi des os brisés : nous avons trouvé ce qui vaut mieux pour vous que pour nous. »

Le papier qu'il avait remis à Roland était une attestation du père Philippe, où il avait écrit de sa main :

« Moi, sacristain indigne et frère de la maison de Sainte-Marie, certifie que, sous le sceau du secret, j'ai uni par le saint sacrement du mariage Julien Avenel et Catherine Græme ; mais que, Julien s'étant repenti de cette union, moi, père Philippe, j'ai été assez coupable pour lui promettre de céler et de déguiser cette même union, selon un complot imaginé entre moi et ledit Julien Avenel, d'après lequel la pauvre demoiselle fut induite à croire que la cérémonie avait été célébrée par une personne qui n'avait pas été ordonnée, et qui n'avait pas de pouvoir à cet effet. Plus tard, moi, sacristain, j'imaginai que ce coupable secret était la cause pour laquelle je me trouvais abandonné à la mauvaise influence d'une fée ondine, qui me tenait sous un charme, et de plus m'avait, dès lors, affligé de douleurs rhumatismales. C'est pourquoi j'ai déposé ce témoignage et cette confession, avec le jour et la date dudit mariage, entre les mains de mon légitime supérieur Boniface, abbé de Sainte-Marie, *sub sigillo confessionis*. »

Il paraissait par une lettre de Julien, pliée soigneusement avec le certificat, que l'abbé Boniface s'était, en effet, mêlé de cette affaire, et avait obtenu du baron la promesse de déclarer son mariage ; mais la mort de Julien et de son épouse, l'ignorance où il était du sort de leur progéniture, la démission de l'abbé, et par-dessus tout son caractère inactif et insouciant, avaient laissé tomber cette histoire dans un profond oubli, jusqu'au moment où elle fut rappelée par hasard dans une conversation avec Ambroise sur la famille d'Avenel. A la prière de son successeur, Boniface chercha ces papiers ; mais comme il ne voulait se faire aider de personne en visitant le peu d'archives spirituelles et de confessions importantes qu'il avait respectueusement conservées, ces pièces y seraient restées pour toujours ensevelies, si Glendinning ne les avait examinées avec la plus stricte attention.

« Ainsi, maître Roland, vous serez enfin l'héritier d'Avenel, après que mon maître et ma maîtresse seront morts, » dit Adam. « Quant à moi, je n'ai qu'une faveur à vous demander, et j'espère que vous ne me laisserez pas le bec dans l'eau.

— Non, s'il est en mon pouvoir de te dire *oui*, mon bon ami.

— Eh bien donc, je voudrais, si je vis assez longtemps pour voir ce jour, continuer à nourrir vos jeunes faucons avec de la viande non lavée, » dit Woodcock en insistant, et comme s'il n'était pas bien certain que sa demande fût accueillie favorablement ; « de la viande non lavée...

— Tu les nourriras comme tu voudras, » répondit Roland en riant. « Je ne suis pas de beaucoup de mois plus vieux qu'à mon départ du château, mais j'ai acquis assez de bon sens pour ne pas tourmenter un homme habile en sa profession.

— Alors je ne troquerais pas ma place contre celle de fauconnier du roi... ni de la reine. A ce qu'on dit, elle sera cloîtrée et n'en aura jamais besoin... Je vois que cela vous chagrine d'y penser, et je me chagrinerais de compagnie... Mais qu'y faire? La fortune a son vol à elle, et il n'y a pas de sifflet pour la rappeler. »

L'abbé et Roland se mirent en route pour Avenel, où le premier fut reçu affectueusement par son frère, tandis que la dame du château pleurait

de joie en trouvant dans l'orphelin qu'elle aimait à protéger le dernier rejeton de sa propre famille.

Sire Albert Glendinning et toute sa maison ne furent pas peu surpris du changement qu'une si courte connaissance du monde avait produit sur leur ancien hôte. Ils se réjouirent de voir que l'enfant gâté, impertinent et présomptueux, était devenu un jeune homme modeste et raisonnable, qui avait trop bien conscience de sa situation pour exiger avec arrogance ce qu'on s'empressait de lui accorder. Le vieux majordome Wingate fut le premier à chanter ses louanges, et dame Lilias lui servit enfin d'écho, espérant que Dieu ferait un jour connaître à l'ex-page son véritable évangile.

En effet, le cœur de Roland avait toujours été porté secrètement vers ce véritable évangile, c'est-à-dire vers la réformation ; et le bon abbé ayant passé en France afin de s'y retirer dans quelque maison de son ordre, ce départ leva toutes les difficultés qu'il aurait pu apporter au changement de croyance de son ami.

Ce qu'il devait à Madeleine Græme aurait encore pu ajouter un nouvel obstacle. Mais il apprit, avant d'avoir été longtemps au château d'Avenel, que sa grand'mère était morte à Cologne en remplissant une pénitence trop rigoureuse pour son âge, et qu'elle s'était imposée par amour pour l'Église et la reine d'Écosse aussitôt après la perte de la bataille de Langside

Le zèle de l'abbé Ambroise fut plus sage ; il se retira dans un couvent écossais à... et il y vécut de telle sorte, que la congrégation fut portée à demander pour lui les honneurs de la canonisation. Mais il devina ce projet, et pria les moines, sur son lit de mort, de ne rendre aucun honneur à un corps qui avait autant péché que chacun d'eux, mais d'envoyer son cœur à Avenel, pour y être enterré dans la chapelle sépulcrale du monastère de Sainte-Marie, afin que le dernier abbé de cette maison si célèbre reposât en paix parmi les ruines.

Longtemps avant cette époque, Roland d'Avenel épousa Catherine Seyton, qui, après avoir passé deux ans auprès de son infortunée maîtresse, avait été renvoyée lorsque cette princesse fut réduite à une plus étroite prison. Elle retourna chez son père ; et comme Roland était reconnu pour le successeur et le légitime héritier de la maison d'Avenel, et que ses biens étaient fort augmentés par l'habile administration de sire Albert Glendinning, il n'y eut rien qui s'opposât à leur mariage.

Sa mère venait de mourir lorsqu'elle entra pour la première fois au couvent, et son père, dans les temps de troubles qui suivirent la fuite de Marie en Angleterre, ne fut pas contraire à l'alliance d'un jeune homme qui, lui-même fidèle à la reine, avait encore, par le moyen du chevalier, un certain crédit auprès du parti qui s'était emparé du pouvoir.

C'est pourquoi Roland et Catherine furent unis en dépit de la différence de religion. Et l'on vit la Dame Blanche, dont les apparitions avaient été fort rares lorsque la maison d'Avenel semblait pencher sur son déclin, se réjouir au bord de sa fontaine, avec une ceinture d'or aussi large que le baudrier d'un comte.

NOTES.

A, page 1. — *Le roman de* l'Abbé.

Ce roman est, en quelque sorte, une suite du *Monastère*. On a contesté à l'auteur l'opportunité du titre qu'il lui a donné. « Je reconnais ma faute sur ce point, » a-t-il répondu dans sa courte préface ; « mais par la substitution d'un nouveau titre aurait été détruite la connexion indispensable de cet ouvrage avec *le Monastère*, qui l'a précédé ; ce que j'aurais eu quelque répugnance à faire, puisque ces deux histoires sont de la même époque, et que plusieurs des personnages sont aussi les mêmes. »

B, page 80. — *Tu as conservé l'oiseau dans ton sein.*

Expression dont se servit Ralph Percy, tué en 1464 à la bataille d'Hedgely-Moor ; c'est ainsi qu'en mourant il rappela son inébranlable fidélité à la maison de Lancastre.

C, page 197. — *Morton nous a ramené une fillette.*

L'auteur joue ici sur le mot *maiden*, qui signifie en anglais fillette ou pucelle, et qui désignait alors une espèce de guillotine. Ce fut, en effet, le comte de Morton qui introduisit dans son pays l'usage de cet instrument de supplice, déjà connu à Rome et même en France ; par un bizarre revers de la fortune, il en fut lui-même la victime lorsqu'à la suite d'une révolte, on le condamna à mort (2 juin 1581).

D, page 516. — *Marie Stuart.*

Nous nous bornerons à ajouter quelques détails historiques à l'admirable portrait que Walter Scott a tracé de cette femme célèbre.

Jacques V mourut le 14 décembre 1542, à l'âge de trente et un ans. Six jours auparavant, il apprit que sa femme, Marie de Lorraine, venait de lui donner une fille, et il dit tristement, en faisant allusion à la couronne d'Écosse, qu'une descendante de Robert Bruce avait apportée à la maison de Stuart : « Par fille elle est venue, et par fille elle s'en ira. » Cette fille était Marie, reine au berceau, dont la longue minorité devait accroître la domination anarchique de la noblesse sans parler de la révolution accomplie dans les croyances religieuses et qui ajouta de nouvelles causes de discorde aux anciennes.

Conduite en France au mois de juin 1548, Marie fut élevée à la cour d'Henri II, avec les enfants de Catherine de Médicis. Nous ne dirons rien de sa beauté qui de bonne heure « commença de paraître, dit Brantôme, comme la lumière en beau plein midi ». On la regardait comme un prodige au milieu de cette cour, la plus élégante et la plus lettrée de l'Europe. A dix ans, elle écrivait à sa mère sur les affaires de l'Écosse avec un sens délicat et précoce ; à treize, elle déclamait, en pleine salle du Louvre, un discours latin qu'elle avait composé elle-même. « Votre fille, » disait à sa sœur le cardinal de Lorraine, « est tellement creue et croist tous les jours en grandeur, beauté, sagesse et vertus, que c'est la plus parfaite et accomplie en toutes choses honnestes et vertueuses qu'il est possible, et ne se voit aujourd'hui rien de tel en ce royaulme. » Outre le latin, qu'elle parlait bien, elle était instruite en histoire, connaissait plusieurs langues vivantes, excellait dans la musique, chantait fort agréablement, aimait la poésie et faisait des vers que louaient Ronsard et du Bellay. D'un esprit vif et ouvert, d'un caractère aimable, « elle gouvernoit le roy et la royne. »

Le 24 avril 1558, la « reinette, » comme on l'appelait, épousa le dauphin, depuis François II. Par un acte secret de son contrat de mariage, elle souscrivit à la donation pure et simple de l'Écosse aux rois de France en considération des services qu'ils avaient rendus de tous temps à ce pays ; acte de la plus périlleuse gravité, et qui lui valut l'inimitié mortelle d'Élisabeth.

Veuve à dix-huit ans (5 décembre 1560), et mal vue de Catherine de Médicis, qui haïssait les Guise, ses oncles, Marie résolut de retourner dans son royaume, malgré les menaces d'Élisabeth, qui lui refusa un sauf-conduit pour traverser l'Angleterre. Et cependant elle « apprehendoit comme la mort ce voyage, et désiroit cent fois plus de demourer en France simple douairière ». Elle s'embarqua, le 14 août 1561, à Calais, avec trois de ses oncles et beaucoup de noblesse. Brantôme qui l'accompagna, a laissé de son départ un récit touchant : « La galère, » dit-il, « estant sortie du port et s'estant eslevé un petit vent frais, on commença à faire voile... Elle, les deux bras sur la pouppe, du costé du timon, se mist à fondre à grosses larmes, jettant toujours ses beaux yeux sur le port et le lieu d'où elle estoit partie, prononçant toujours ces tristes paroles : « Adieu, France ! » jusqu'à ce qu'il commença à faire nuict. » Ces regrets qu'elle éprouvait, et qu'elle ne mit point en vers, comme on l'a souvent répété, Ronsard les exprima avec une grâce mélancolique :

> Le jour que votre voile aux vents se recourba,
> Et de nos yeux pleurans les vostres déroba,
> Ce jour-là mesme voile emporta loin de France
> Les Muses qui souloient y faire demourance.

Avertie des dangers qui l'attendaient, Marie eut d'heureux commencements, et gouverna d'une manière adroite, grâce à l'influence de son frère, le comte de Murray, dont l'ambition de régner ne se révéla que plus tard. Mais, tout en promettant de maintenir le protestantisme en Écosse tel qu'il existait avant son arrivée, elle ne trouva pas pour elle-même le même respect pour sa croyance. Jean Knox déchaîna contre elle le fanatisme de ses sectaires. On lui interdit le droit de faire célébrer la messe dans son palais; on lui reprocha l'élégance de ses manières, et jusqu'aux passetemps les plus innocents ; on lui fit un crime des témérités de ses adorateurs. Les embarras du présent, de plus en plus inextricables, lui firent sentir le besoin de se donner un protecteur et un époux. Son choix tomba sur Henri Darnley, beau jeune homme de dix-huit ans, fils du comte de Lennox, et catholique. Cette union, contractée le 29 juillet 1565, souleva contre elle les protestants, l'aristocratie et son frère Murray. A la tête d'une armée de 10,000 hommes, Marie marcha résolument au-devant des rebelles, les poussa jusqu'à la frontière, leva des contributions et prit un château. Trois fois elle partit ainsi en campagne, à cheval, supportant les fatigues avec gaieté, et regrettant de n'être pas un homme pour manier la claymore et le bouclier. Après avoir réduit ses adversaires à l'impuissance, elle ne dissimula plus son projet de rétablir l'ancienne religion, et accéda à la grande ligue formée entre la France, l'Espagne et l'empire pour la destruction du protestantisme en Europe. Elle avait auprès d'elle un Italien, David Rizzio, qui avait su capter ses bonnes grâces par son talent pour la musique; elle le nomma son secrétaire et le chargea de toute sa correspondance. Les calvinistes l'accusaient d'être un agent du parti catholique, ce qui était probable, et Darnley, enflammé d'une sotte jalousie, prétendit qu'il avait déshonoré son lit nuptial. Des deux côtés, la perte du favori fut résolue : en présence de Marie, alors grosse de six mois, le malheureux Rizzio fut percé de cinquante-six coups de poignard (9 mars 1566).

Cependant les complices de Darnley, trahis par lui, le dénoncèrent à leur tour, et placèrent sous les yeux de la reine, qui voulait encore douter de sa participation au meurtre de l'Italien, le pacte où sa signature figurait en tête de toutes les autres. « C'est alors, » dit M. Rathery, « que paraît sur la scène un personnage qu'on peut appeler le mauvais génie de Marie, le comte de Bothwell, amiral héréditaire d'Écosse, longtemps exilé, puis mêlé aux troubles de ces derniers temps; du reste, débauché, sans principes, faisant aussi peu de cas de la vie d'un homme que de l'honneur d'une femme, mais brave et susceptible d'exercer sur le sexe le plus faible la séduction de l'énergie et du courage. » Quelques services rendus les rapprochèrent l'un de l'autre : l'intrigue exploita ces germes d'inclination naissante, et un complot, dont la trame est restée obscure, fut formé pour les envelopper dans une même ruine. Ce qu'il y a de certain, c'est que Marie parut se réconcilier avec son époux, le ramena malade de Glasgow à Édimbourg, et l'établit dans une petite maison située hors la ville. Dans la soirée du 9 février 1567, comme elle venait de le quitter pour se rendre aux noces de deux de ses serviteurs, une épouvantable explosion se fit entendre, et l'on trouva, le lendemain, sous les décombres, les cadavres de Darnley et de son page. Ce fut de toutes parts un cri de réprobation unanime. Trois mois après la mort de son mari, la reine, aveuglée par la passion, donnait publiquement sa main à celui que tout le monde désignait comme le meurtrier (15 mai 1567).

Bientôt il lui fallut se défendre contre une nouvelle ligue des seigneurs. Marie ne put réunir cette fois plus de 2,000 hommes, qu'elle vit se débander, presque sans combat, à l'affaire de Carberry-Hill. Séparée de son indigne époux qui s'était enfui à l'étranger, elle fut ramenée à Édimbourg, et traitée non plus en reine, mais en prisonnière. « Dans la nuit du 16 au 17 juin 1567, elle fut arrachée du palais d'Holy-Rood, » rapporte Mignet, « et conduite sur une mauvaise haquenée, entre les farouches Lindsay et Ruthven, au château de Lochleven. Il appartenait à William Douglas, frère utérin du comte de Murray. La captive royale devait y être placée sous la surveillance de la personne qui la détestait le plus, Marguerite Erskine, mère de William Douglas et ancienne maîtresse de Jacques V. Autrefois belle, maintenant âgée, toujours dure et altière, la châtelaine de Lochleven avait eu du père de Marie Stuart un fils, qui était, à ses yeux, le véritable héritier de la couronne d'Écosse. Au ressentiment de l'orgueil blessé et de l'ambition déçue s'ajoutaient chez elle les sévères ardeurs d'une piété intolérante; elle était zélée presbytérienne. » Comme Marie se montrait inébranlable dans son attachement pour Bothwell et qu'elle s'obstinait à ne pas séparer son sort du sien, les membres du conseil secret résolurent de la mettre dans l'impossibilité de leur nuire en la déposant. On lui fit signer de force l'abdication de ses droits (25 juillet), et son fils fut couronné roi, sous la régence de Murray.

La captivité de Marie fut encore plus dure que ne l'a raconté W. Scott. Ainsi, elle ne pouvait écrire que durant les repas ou le sommeil de ses gardiens, dont les filles couchaient même auprès d'elle. « Mais toutes ces précautions devaient être insuffisantes, » dit le même historien. « Sa beauté, sa grâce ses malheurs, exerçaient un irrésistible pouvoir sur ceux qui l'approchaient. Un des fils de Marguerite Erskine, Georges Douglas, se laissa gagner à sa douceur et toucher par ses afflictions. Une première fois (25 mars 1568), il la fit sortir du château sous les vêtements de la blanchisseuse qui lui apportait son linge à Lochleven. La captive, ainsi déguisée, avait franchi toutes les portes sans être reconnue. Elle était entrée dans le bateau qui devait la conduire sur l'autre bord. Mais, au milieu de la traversée, un des bateliers, la prenant pour ce qu'elle semblait être, s'approcha d'elle, et voulut, en forme de plaisanterie, soulever son voile. Marie y porta vivement la main, afin de ne pas laisser voir son visage, et le batelier, en apercevant cette main belle et blanche, devina sur-le-champ que c'était la reine qu'il conduisait. » Elle fut ramenée dans la forteresse. Après cette malheureuse tentative, Georges Douglas n'y avait pas reparu sans s'éloigner toutefois des environs du lac. Il entretenait des communications avec un page de sa mère, qu'on appelait le petit Douglas, et ce fut à l'aide de ce page, âgé de seize ans, qu'il prépara l'évasion de la reine. « Le dimanche 2 mai fut marqué pour cette seconde fuite, mieux concertée que la première et devant être plus heureuse. Les repas se faisaient en commun à Lochleven, et pendant que tout le monde mangeait, les portes de la forteresse étaient fermées et les clefs en étaient placées sur la table à côté du châtelain. Au repas du soir, le petit Douglas, en posant un plat devant celui-ci, déroba adroitement les clefs, qu'il couvrit d'une serviette. Il courut ensuite avertir et prendre la reine, qui le suivit sous le costume d'une des femmes attachées à son service. Ils sortirent sans obstacle du château, dont le jeune page ferma aussitôt la porte pour empêcher toute poursuite. Ils entrèrent dans un petit esquif, que le page démarra en toute hâte et qu'il conduisit, à force de rames, de l'autre côté du lac. Il déposa heureusement sur la rive opposée Marie Stuart, qu'attendait Georges Douglas, et que rejoignit, quelques instants après, lord Seyton. Elle monta joyeuse et légère à cheval, se dirigea vers l'ouest et galopa une partie de la nuit. » Elle ne s'arrêta qu'au château de Niddry, puis à celui d'Hamilton.

A Langside, où la bataille fut perdue à cause de la fougue de ses partisans (13 mai), Marie « vit tomber ses dernières espérances avec ses derniers défenseurs. » Elle n'avait plus qu'à fuir. Suivie d'un petit nombre de serviteurs, elle gagna l'abbaye de Dundrennan et s'embarqua, le 16 mai 1568, sur un bateau de pêcheur pour passer en Angleterre. Au lieu d'un asile sûr, elle n'y devait trouver qu'une prison perpétuelle et la mort sur l'échafaud (18 février 1587), dont sa résignation et son courage ennoblirent l'infamie.

TABLE DES GRAVURES.

N. B. Les planches hors texte sont désignées en caractères italiques.
Les lettres initiales des chapitres ont été composées dans le style du seizième siècle.

		Pages.
1.	*Marie Stuart*	Frontispice.
2.	Titre et attributs...............	1
3.	La dame d'Avenel...............	5
4.	Roland est sauvé par un chien......	9
5.	Le chien se mit à grogner.........	12
6.	La dame d'Avenel caresse Roland...	13
7.	Madeleine Graeme rejeta les pièces d'or sur la table................	17
8.	Albert Glendinning et ses cavaliers rentrant au château............	21
9.	Albert Glendinning...............	25
10.	« *Roland, en baiser la main du chevalier,* » *dit la châtelaine*.........	31
11.	Roland culbute Woodcock dans le bassin.......................	37
12.	Le fauconnier Adam Woodcock....	41
13.	Roland Graeme.................	45
14.	Sermon d'Henri Warden..........	49
15.	Attributs du fauconnier..........	52
16.	Lilias leva les bras au ciel........	53
17.	Roland se jeta aux pieds de la dame d'Avenel....................	57
18.	Le majordome et Lilias se régalent de friandises.................	60
19.	Le majordome estima les grains du chapelet.....................	63
20.	Livre d'heures et rosaire.........	66
21.	Roland menace un jeune paysan...	67
22.	Roland caresse le faucon de Woodcock..........................	73
23.	Fauconnière et branche de houx...	76
24.	L'ermitage de Saint-Cuthbert......	77
25.	« *Bien trouvé(s), bon et fidèle serviteur* » *a dit Madeleine*...........	81
26.	Madeleine prépare un lit de feuilles sèches.....................	87
27.	Statue de saint Cuthbert..........	92
28.	*Madeleine surprend Roland au milieu de ses réflexions*............	93
29.	Madeleine réprimande Roland.....	95
30.	Ils arrivèrent devant le guichet de l'ancien couvent................	96
31.	La tante Brigitte examine Roland...	101
32.	Catherine se mit à rire en regardant Roland....................	104
33.	Roland se rapproche de Catherine...	108
34.	Les deux matrones sur le balcon...	111
35.	Catherine prépare le repas........	112
36.	« Voilà une bête royalement logée, » dit Roland....................	119

		Pages.
37.	Catherine souhaite le bonsoir à Roland.......................	122
38.	Madeleine donne sa bénédiction aux passants...................	123
39.	Madeleine et Roland à la petite porte de l'église..................	127
40.	L'abbé Ambroise................	131
41.	Débris de statues................	133
42.	L'abbé à l'autel..................	134
43.	*L'abbé Ambroise en présence de l'abbé de la Déraison*...........	139
44.	Madeleine menace les profanateurs...	145
45.	Roland donne un coup de poignard à l'abbé de la Déraison........	147
46.	Sire Albert asséna deux bons coups en plein corps du dragon........	153
47.	Entrée de Madeleine pendant la conversation des deux frères.......	161
48.	Sire Albert boit à la santé de son frère.	164
49.	Roland trotte à la suite de sire Albert.	165
50.	Sire Albert fait avancer Woodcock et Roland...................	169
51.	Vue du château de Craigmillar....	173
52.	« D'où vient cette ruine ? » dit Roland........................	175
53.	*Roland s'élança au-vaiseau de la bagarre*.	181
54.	Six jeunes gens se ruèrent dans le vestibule.....................	187
55.	Le baron Seyton.................	190
56.	Entrée du palais d'Holyrood......	192
57.	Michel verse de la bière à ses hôtes...	195
58.	« C'est le sang du signor David, » dit le guida..................	199
59.	Entrée de Morton dans la salle du conseil........................	205
60.	Murray congédie le page..........	210
61.	Ornement du XVIe siècle.........	211
62.	Woodcock s'étala dans un fauteuil..	215
63.	Intérieur de la cour de l'hôtellerie....	219
64.	Altercation entre le fauconnier et un jeune page.................	227
65.	Roland reconduit le fauconnier....	229
66.	Adieux de Woodcock et de Roland...	230
67.	Roland est introduit auprès du comte de Murray.................	235
68.	« *Est-ce là le mayot de page ?* » *demanda le baron Lindsay*........	239
69.	Le château de Lochleven.........	245
70.	Le patron et Roland débarquent...	248
71.	La dame de Lochleven...........	249

TABLE DES GRAVURES.

		Pages.
72.	Roland est présenté à Marie Stuart...	253
73.	Lindsay planta son arme la pointe au sol.	261
74.	Arrivée de Ruthven et de G. Douglas.	265
75.	« A une telle demande, Marie d'Écosse n'a pas de réponse. »	267
76.	Catherine ramasse le feuillet de parchemin	275
77.	*Lindsay serra, de sa main gantée de fer, le bras de la reine.*	281
78.	Départ des envoyés	285
79.	Catherine tape sur l'épaule de Roland.	287
80.	Georges Douglas	289
81.	Le majordome annonce un sermon pour le soir	295
82.	Les domestiques reçoivent le produit de la pêche	296
83.	Catherine Seyton	299
84.	Douglas et Roland partent pour la pêche	305
85.	Catherine retire le rosaire que Roland voulait prendre	309
86.	Le bourg de Kinross	313
87.	Douglas remet un paquet au page	317
88.	Marie Stuart donne une bourse à Roland	321
89.	Roland agite son chapeau en signe d'adieu	325
90.	Le docteur Luc Lundin	329
91.	Le docteur et son escorte rencontrent la mère Nicneven	333
92.	Attributs d'apothicaire	334
93.	Combat d'un ours contre des chiens.	335
94.	*La jeune fille insultée appliqua un soufflet au bouffon*	339
95.	Roland danse une gigue écossaise...	345
96.	Roland remet à l'homme d'armes le paquet de Douglas	349
97.	Roland reconnaît sa grand'mère	351
98.	« Vous voyez dom Ambroise sous l'habit d'un soldat. »	357
99.	Un vieillard salue l'abbé	361
100.	Roland aide le vieillard à étayer la branche du poirier	364
101.	Roland retrouve le docteur Lundin...	365
102.	Marie Stuart offre son siège à la dame de Lochleven	369
103.	Roland arrive après la fermeture du guichet	376
104.	Roland veut saisir le manteau de l'étranger	378

		Pages.
105.	« Je suis seul coupable, » dit Douglas.	381
106.	Douglas se fit jour à travers les domestiques	385
107.	Catherine entra en tenant son mouchoir sur ses yeux	390
108.	Catherine serre la main de Roland....	395
109.	*Marie Stuart, en proie à d'horribles souvenirs, perdait l'usage de la raison.*	399
110.	Dryfesdale devant la dame de Lochleven	404
111.	La dame de Lochleven visite Dryfesdale dans sa prison	409
112.	« Au secours ! » s'écria Catherine.	415
113.	Madeleine Græme dans l'attitude d'une sybille	421
114.	Le voiturier et Dryfesdale s'arrêtent devant l'auberge	427
115.	Mort de Dryfesdale	433
116.	Henri et Douglas examinent la missive	437
117.	Les domestiques chargés de différents plats	438
118.	Randal annonce la mort de Dryfesdale.	443
119.	Randal apporte les clefs	449
120.	Monnaie de Marie Stuart	452
121.	Roland montre les clefs qu'il a forgées.	453
122.	La châtelaine interroge dom Ambroise déguisé en soldat	457
123.	Embarquement des fugitifs	465
124.	La barque filant sur le lac	469
125.	Roland substitue les clefs	471
126.	Arrivée de la reine et de sa suite au château de lord Seyton	472
127.	*La reine répondit par un geste aux cris de joie des guerriers.*	477
128.	Entrée de lord Seyton dans l'oratoire pendant la dispute	483
129.	La revue dans la plaine	488
130.	« La reine veut que vous me suiviez, » dit le chevalier noir	493
131.	Roland porte secours à Henri	501
132.	Mort de Douglas	505
133.	Roland jette des pièces d'or dans le casque de Woodcock	508
134.	Arrivée de la reine et de ses partisans à l'abbaye de Dundrennan	509
135.	La reine permet à Roland d'embrasser Catherine	515
136.	Retour de Roland au château d'Avenel.	519
137.	La Dame blanche sur les bords de sa fontaine	521

TYPOGRAPHIE FIRMIN-DIDOT. — MESNIL (EURE).

Texte détérioré — reliure défectueuse

NF Z 43-120-11

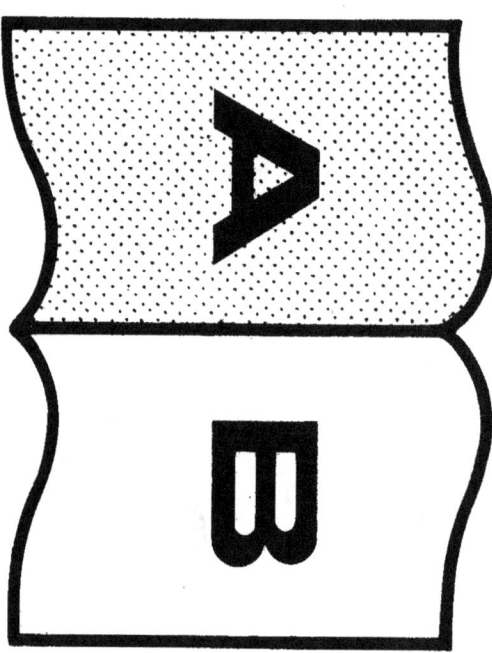

Contraste insuffisant
NF Z 43-120-14

www.ingramcontent.com/pod-product-compliance
Lightning Source LLC
Chambersburg PA
CBHW071412230426
43669CB00010B/1522